Ingo Elbe

Antisemitismus und postkoloniale Theorie

Ingo Elbe ist wissenschaftlicher Mitarbeiter und Privatdozent am Institut für Philosophie der Universität Oldenburg. Er veröffentlichte zahlreiche Arbeiten zur Marxismusforschung, zur politischen Philosophie und zum Thema Antisemitismus.

Eine Publikation der

GESELLSCHAFT FÜR KRITISCHE BILDUNG www.kritischebildung.de

Edition
TIAMAT
Deutsche Erstveröffentlichung
Herausgeber der Reihe Critica Diabolis:
Klaus Bittermann
3. Auflage: Berlin 2025

Grimmstr. 26 – 10967 Berlin

www.edition-tiamat.de
Buchcovergestaltung: Felder Kölnberlin Grafikdesign
ISBN: 978-3-89320-314-7

Ingo Elbe

Antisemitismus und postkoloniale Theorie

Der »progressive« Angriff auf Israel, Judentum und Holocausterinnerung

Critica
Diabolis
328

Edition
TIAMAT

Inhaltsverzeichnis

1

Einleitung: Die ›progressive‹ Wiederkehr der ›Judenfrage‹

> »Bigoted ways of thinking have more purchase if they can be held by people who believe they oppose bigotry.«
>
> (David Hirsh)[1]

Als im Frühjahr 2020 in der Bundesrepublik eine Debatte über das politische Engagement und die theoretischen Positionen des postkolonialen Historikers Achille Mbembe zu den Themen Antisemitismus, Holocaust und Israel begann, ahnten wahrscheinlich die wenigsten, dass dies nur der Auftakt eines unaufhörlichen Trommelfeuers deutscher akademischer Institutionen, tausender sogenannter Kulturschaffender und bedeutender Medien gegen das bisherige Holocaustgedenken, gegen den jüdischen Staat und zugunsten internationaler wie migrantischer Israelfeinde sein würde – einer Aneinanderreihung von Kampagnen, die mit dem Gestus des Antirassismus und der Dekolonisierung auftraten. In immer kürzeren Abständen folgten die Artikel, Unterschriftenlisten und Buchpublikationen. Aus der Mbembe- wurde die Michael-Rothberg-Debatte über ›multidirektionale‹ Holocaust-Erinnerung. Dieser folgte die Kontroverse um den australischen Genozidforscher A. Dirk Moses, der antrat, den Deutschen ihre angebliche Holocaustreligion und Israelsolidarität durch einen Anti-Katechismus auszutreiben. Flankiert von unzähligen offenen Briefen, großzügig finanzierten Konferenzen und dem Versuch, eine neue Antisemitismusdefinition zu etablieren, die es erlaubte, Äußerungen und Taten eines Akteurs je nach dessen Herkunft als ›nicht per se antisemitisch‹ zu ex-

1 Hirsh 2013, 1406.

kulpieren[2], erreichte dieser Diskurs im Sommer 2022 einen vorläufigen Höhepunkt mit einer Reihe von Antisemitismusskandalen auf der Kunstschau *documenta fifteen* sowie mit der unter anderem vom Zentrum für Antisemitismusforschung und dem Einstein-Forum organisierten, im edlen Haus der Kulturen der Welt ausgetragenen Tagung »Hijacking Memory«, deren antizionistische Schlagseite in den deutschen Medien jenseits von *Welt* und *Jüdischer Allgemeiner* kaum kritische Beachtung fand.[3] Es sind die ideologischen Motive hinter dieser Entwicklung, die auch den Nährboden für die antiisraelische Radikalisierung erheblicher Teile des öffentlichen Diskurses seit dem antisemitischen Massaker islamistischer Mörderbanden vom Oktober 2023 bilden.

Was sich hier kundtut, ist allerdings nichts Neues. Bereits Ende der 1970er Jahre ereignete sich international allmählich ein Umbau linker Theoriegebäude. Unter anderem die immer deutlicher werdende Krise des Realsozialismus, die zur Formelhaftigkeit erstarrte Ideologie des parteioffiziellen Marxismus und der Niedergang vermeintlich säkularer nationaler Befreiungsbewegungen bei gleichzeitigem Aufstieg des Islamismus im Nahen Osten führten zu einer politischen Identitätssuche der Linken, die im Werk eines amerikanischen Literaturwissenschaftlers arabischer Herkunft ein Ende fand: Edward Saids Buch »Orientalismus« aus dem Jahr 1978 sollte die neue Mao-Bibel einer sich nun als kultursensibel verstehenden akademischen Linken werden. Hinzu gesellten sich vor allem die indischen *Subaltern Studies* und der südamerikanische *Dekolonialismus*-Ansatz. Allen gemeinsam waren eine mehr oder weniger ausgeprägte Orientierung sowohl am antiimperialistischen als auch am poststruk-

2 Gemeint ist die sogenannte »Jerusalem Declaration on Antisemitism«. Zur Kritik dieses politischen Pamphlets vgl. Rensmann 2023. Ein Beispiel für die fatalen Konsequenzen einer Antisemitismusanalyse im Gefolge dieser Deklaration waren die Interventionen Meron Mendels auf der *documenta fifteen*. Zur Kritik daran vgl. Elbe 2022.
3 Vgl. u.a. Casper 2022a, Sznaider 2022b.

turalistischen Denken sowie der Versuch, die Erforschung kolonial geprägter Gesellschaften zu einer Infragestellung der Fundamente der meist pauschal als ›westlich‹ bezeichneten Kultur zu radikalisieren, zu der nun auch Marx und seine Erben gezählt wurden. Ironischerweise war es damit eine weitgehend dem postmodernen Denken verpflichtete Strömung, die eine neue ›große Erzählung‹ in die Welt setzte. Der historische Kolonialismus trat darin immer mehr in den Hintergrund und wurde durch das Prinzip der »Kolonialität« (Mignolo 2019, 49) ersetzt – einen Sammelbegriff für die Diagnose einer (dem Verständnis dieser Strömung gemäß) heillos korrumpierten, den sogenannten globalen Süden seit über 500 Jahren mit Armut, Ausgrenzung, Lagersystemen, physischem und ›epistemischem‹ Genozid überziehenden westlichen Weltordnung. ›Der Westen‹ müsse seine grundlegenden Konzepte von Vernunft und legitimer politischer Ordnung als bloße Kehrseite dieser kolonialen Wirklichkeit betrachten und letztlich dekolonisieren – eine meist bewusst vage gehaltene Vorstellung. Trotz aller Beschwörung von Komplexität und Intersektionalität wurde dabei das Motiv der ›Kolonialität‹ zum Hauptkriterium von Geschichtsbetrachtung, philosophischer Reflexion und Sozialkritik erklärt.

Hatte Said bereits den Antisemitismus in Orientalismus aufgelöst und den Zionismus zum rassistischen Kolonialismus dämonisiert[4], so etablierte sich im nachfolgenden postkolonialen Diskurs unter anderem im Kontext der Debatte über die Singularität des Holocaust in den US-amerikanischen Genozid-Studien Mitte der 1990er Jahre[5] auch die Einordnung der Shoah in ein kolonialismustheoretisches Analyseraster. Während der Orientalismusansatz den antiimperialistischen Hass auf die ›chauvinistisch-rassistische Entität‹ Israel beerbte, ersetzte die postko-

4 Vgl. u.a. Koch 2016, Stosberg 2021, Stosberg 2022.
5 Eine kritische Einordnung dieser Debatte bieten Rosenfeld 1999, Michman 2014 und Rosenfeld 2015.

loniale Umdeutung des Holocaust nun die klassische linke Einebnung desselben in faschismustheoretischen Positionen. Schnell entdeckte man in Hannah Arendt oder den antirassistischen bzw. antikolonialen Klassikern W.E.B. Du Bois und Aimé Césaire Vorläufer der Idee von Auschwitz als Resultat eines kolonialen Bumerangeffekts und kombinierte ihre Beiträge mit den postmodernen Theorien von Michel Foucault und Giorgio Agamben über den staatlichen Rassismus der ›Bio-Macht‹. Dieses postkolonial-postmoderne Theoriekonglomerat ist inzwischen im akademischen Bereich, aber auch darüber hinaus, vielfach tonangebend. Bereits 1997 sprach der Historiker Jürgen Osterhammel davon, »die Saidsche Revolution« habe akademisch »in großen Bereichen gesiegt« (Osterhammel 1997, 597) und Robert J.C. Young meint gar, »›die Begriffe und Werte des postkolonialen Denkens haben sich als eine der vorherrschenden Weisen etabliert, in denen westliche und in gewissem Umfang auch nicht-westliche Gesellschaften sich selbst sehen und darstellen.‹«[6]* (Zit. nach Albrecht 2020, 10) Dass die postkoloniale und postmodern-antirassistische Ideologie zugleich von rechts herausgefordert wird, am deutlichsten in den USA, ist kein Argument gegen deren enormen Einfluss.[7] Die rechte Bedrohung ist ein ernstzunehmendes Problem, wird aber gerade von postkolonialen Akteuren immer wieder angeführt, um von der kritischen Thematisierung des eigenen Diskurses abzulenken.

In diesem Diskurs kristallisierte sich nun ein systematischer Zusammenhang von begrifflicher Einebnung des Antisemitis-

6 »›concepts and values of postcolonial thought have become established as one of the dominant ways in which Western and to some extent non-Western societies see and represent themselves.‹«

7 Leicht durchschaubar ist der Versuch von Wolfram Stender (Stender 2023, 104), die Diagnose eines zunehmenden Einflusses postmodern-antirassistischer und postkolonialer Ansätze mit dem Hinweis auf rechte Cancel-Culture in den USA und die Denomination von Professuren in Deutschland abzuwehren (unter dem Motto: Wo nicht Rassismusforschung oder Postkolonialismus draufsteht, ist auch kein (postkolonialer) Antirassismus drin). Dass die amerikanischen *Humanities*

mus, Relativierung des Holocaust, De-Thematisierung vor allem der islamischen Judenfeindschaft und Ressentiment gegen Israel heraus. Diese im akademischen Feld etablierten Motive beeinflussen heute auch den politischen Aktivismus, viele Medien sowie zivilgesellschaftliche Institutionen und werden vielfach massiv staatlich gefördert. Dass sich nicht nur große Teile der UNO, sondern auch Amnesty International oder Human Rights Watch einem Israel dämonisierenden Aktivismus verschrieben haben, kann als Symptom verstanden werden.[8] Inzwischen haben wir es mit einer globalisierten ideologischen Offensive gegen Israel, Holocausterinnerung und Judentum zu tun, die neben klassischen Rechten und Islamisten auch sich als links, antirassistisch und postkolonial verstehende Akteure vollziehen – der

von poststrukturalistischen oder postkolonialen Ansätzen mindestens enorm stark, wenn nicht gar hegemonial geprägt sind, dürfte kein ernstzunehmender Beobachter des US-Universitätssystems bezweifeln. Dass die Denomination von Lehrstühlen nichts darüber aussagt, ob diese postkolonialen Theorieströmungen folgen, dürfte auch klar sein. Ob sich die Lehrstühle Diversity-Studies, Migrationswissenschaft, Literaturwissenschaft, Genderforschung, Soziologie, Globalgeschichte oder Philosophie nennen, in ganz Deutschland finden sich postkoloniale Vertreter in inzwischen immenser Zahl auf diesen Positionen. Ich nenne hier beispielhaft nur Susan Arndt, Iman Attia, Manuela Boatcă, Robin Celikates, Sebastian Conrad, Nikita Dhawan, Andrea Geier, Sabine Hark, Paul Mecheril, Encarnación Gutiérrez Rodríguez, María do Mar Castro Varela, Aram Ziai und Jürgen Zimmerer. Auch staatlich wird das Paradigma gepusht, z.B. in Gestalt einer mehrere Millionen Euro umfassenden Förderung (vgl. u.a. DeZIM 2020, 16, Bundestag 2023) des u.a. von Naika Foroutan und Noa K. Ha geleiteten DeZIM-Instituts, das eine starke Orientierung an *Postcolonial* und *Critical Race Studies* aufweist, oder in Gestalt der Einrichtung des Unabhängigen Expertenkreises Muslimfeindlichkeit, dem ursprünglich auch Yasemin Shooman und Iman Attia angehörten. Wer sich die Mühe machen will, die Verkaufszahlen und prominenten Medienauftritte von Autorinnen der *Critical Whiteness-Studies* wie Alice Hasters, Natasha Kelly, Tupoka Ogette, Emilia Roig, Peggy Piesche oder Noah Sow zu ermitteln, wird auch daran erkennen, dass postmoderner Antirassismus heute in Deutschland keineswegs ein Nischenprojekt ist.

8 Vgl. dazu: Feuerherdt/Markl 2018 (zur UNO), Johnson 2022, Safian 2022 (zu Amnesty), Safian 2021 (zu HRW).

Politikwissenschaftler Lars Rensmann spricht für das 21. Jahrhundert mit Recht von einem »globalized mainstreaming of antisemitism« (Rensmann 2020, 83). Man fragt sich unweigerlich, an welchem Realitätsverlust eine Antisemitismusforschung leiden muss, die versichert, die Diffamierung Israels als »Inbegriff des Westens, des Kolonialismus und Imperialismus« sei »im linken Spektrum eher randständig« (Holz 2023)[9], oder die angesichts der institutionellen Macht dieser Strömung behauptet: »Der ›Metadiskurs‹, der die Fragen nach dem Verhältnis von Antisemitismus- und Rassismuskritik öffnet, wird immer mehr erdrückt – nun aber nicht mehr hauptsächlich von einer den Antisemitismus beschönigenden Linken oder Öffentlichkeit, sondern von einer identitätspolitischen Antisemitismuskritik« (Holz/Haury 2021, 241) – soll heißen: von (pro-) zionistischen Akteuren. Die Rede ist gar von einem »›Mc Carthyismus‹, der mit Macht mundtot machen will, wer nicht explizit dasselbe bekennt.« (Ebd.)[10] Wie noch zu zeigen sein wird, gehören solche grotesken Wahrnehmungsverzerrungen – die Linguistin Monika Schwarz-Friesel spricht treffend von »De-Realisierung[en]«

9 Die ganze Stelle lautet: »Das ist – im linken Spektrum eher randständig, im islamistischen zentral – der Antisemitismus. Die Gemeinsamkeit liegt dabei darin, dass sich dieser Antisemitismus (zumindest vordergründig) hauptsächlich als Antisemitismus gegen Israel äußert. Israel erscheint links wie islamistisch dann als Inbegriff des Westens, des Kolonialismus und Imperialismus.« (Holz 2023)

10 Von Holz/Haury erwähnte angebliche Belege für diese Tendenzen sind mehr als fragwürdig. So wird z.B. dem Journalisten Thomas Thiel unterstellt, er habe dem Zentrum für Antisemitismusforschung (ZfA) deshalb eine israelfeindliche und antisemitismusverharmlosende Tendenz attestiert, »weil es sich auch […] Fragen des Verhältnisses von Antisemitismus und Rassismus zuwandte« (Holz/Haury 2021, 254). Der zentrale Vorwurf war hingegen (neben jenem der *Verharmlosung* des islamischen Antisemitismus und der *falschen Gleichsetzung* von Antisemitismus mit angeblicher Islamophobie durch Vertreter des ZfA) vielmehr, das ZfA und das Jüdische Museum Berlin hätten mit radikal israelfeindlichen islamistischen Aktivisten zusammengearbeitet. Vgl. dazu: Feuerherdt 2018, Thiel 2019.

(Schwarz-Friesel/Reinharz 2013, 209) – bis hin zu explizit verschwörungstheoretischen Konstruktionen eines angeblich übermächtigen Einflusses der israelischen Regierung auf die deutsche Holocaust- und Antisemitismuswahrnehmung inzwischen zum Standard einer sich aufgeklärt wähnenden akademisch-medialen Linken.

Der Philosoph Balázs Berkovits diagnostiziert in diesem Zusammenhang zu Recht die Wiederbelebung des »Jewish Problem« oder einer ›Jewish Question‹ in progressiven Kreisen (Berkovits 2019, 53). Eine »reductive universalization« (64) führe dazu, Antisemitismus und Holocaust ihrer antijüdischen Spezifik zu entkleiden und jedes Beharren auf dieser Spezifik als Ausdruck eines ›jüdischen Exzeptionalismus‹ zu diffamieren, der den weißen, privilegierten Charakter der Juden nach 1945 beweise.[11] In der Konsequenz dieser ideologischen Operationen, auf die noch genauer einzugehen sein wird, muss dann auch eine jüdische Antwort auf den Antisemitismus, nämlich der Zionismus, als weiteres ›Jewish Problem‹ erscheinen, das ›gelöst‹ werden muss. Wenn Antisemitismus und Holocaust in verschiedenster Weise eingeebnet werden und die angebliche Privilegierung jüdischer Opfer zurückgewiesen wird, so muss auch der jüdische Staat »demontiert« (»dismantled«, Mamdani 2014) werden, der nun gerade aufgrund der vermeintlich identitären Ausdeutung und Ausbeutung der Shoah das Privileg genieße, Menschenrechte und Menschheit dem jüdischen Partikularismus zu opfern, so die hegemoniale Auffassung der mit dem Thema befassten postkolonialen Ideologen. Der Entjudung des Antisemitismus und des Holocaust folgt schließlich eine Entjudung des »Namens ›Jude‹« (»name ›Jew‹«, Badiou 2011, 160) selbst. Besonders

11 So geschehen bei Abigail Bakan 2014 oder Jackie Walker 2020. Farid Esack meint exemplarisch: »Eine Form des Rassismus – in diesem Fall den Antisemitismus – zu einer eigenen Klasse zu erheben, […] ist in Wahrheit eine weitere Manifestation der privilegierten Stellung der Weißen« (zit. nach Wuliger 2019).

interessant ist das vom Literaturwissenschaftler Bruno Chaouat diagnostizierte Wiederaufleben genuin christlich judenfeindlicher Topoi und ihre Kombination mit modern antisemitischen Motiven im Rahmen einer säkularisierten postmodernen Substitutionstheologie: Der wahre Jude, folgt man Enzo Traverso, Judith Butler, Alain Badiou und vielen anderen, muss ein universelles, ›nichtjüdisches Judentum‹ annehmen (traditionell: zum Christentum als ›wahrem Judentum‹ konvertieren) und seine partikularistisch-archaische Verstocktheit (einst: die blinde Synagoga als Symbol jüdischer Weigerung, den Messias zu erkennen) aufgeben.

Dieser Diskurs bedient sich aber vor allem der erwähnten modifizierten antisemitischen Topoi und ›Lösungskonzepte‹ einer neuen ›Judenfrage‹: *erstens* des Topos des unverdient herrschenden, privilegierten Juden in Gestalt des ›weißgewordenen‹ Juden. Daraus folgt bestenfalls die Forderung, diese Privilegien, falls das überhaupt als möglich erachtet wird, zu ›verlernen‹, das heißt, im Rahmen einer neorassistischen Affirmative-Action-Politik erneut diskriminiert zu werden. Er bedient sich *zweitens* des Vorwurfs, die Juden betrachteten sich als ›auserwählte Opfer‹ eines ›exzeptionalistisch‹ gedeuteten Verbrechens. Als Konsequenz daraus ergeht die linke Forderung einer Umdeutung des Holocaust von einem spezifisch antijüdischen in ein koloniales Verbrechen sowie das Postulat eines Schlussstrichs, also des ›Vergessens‹ oder ›Beendens‹ der Shoah, d.h. ihrer Ausblendung im Kontext des arabisch-zionistischen Konflikts, was immer auch mit der Verleugnung des arabischen oder islamischen Antisemitismus einhergeht. Und *drittens* bedient er sich des Motivs des Juden unter den Staaten in Gestalt von Israel als ›privilegiertem, rassistischem und kindermordendem Kolonialgebilde‹ – mit der daraus hervorgehenden Forderung der Vernichtung der ›zionistischen Entität‹ als Teufel der säkularen Staatenwelt und Feind der Menschheit. Bisweilen werden daran sogar erlösungsantizionistische Hoffnungen geknüpft: »palestine will set us free« lautet dann die Parole.[12] Diese Vernichtungsintention gegenüber dem jüdischen Staat kann dabei offen und militant, bisweilen mit einem Lob der Hamas verbunden, oder (wie in Deutschland üblich) in humanitäre Phrasen von einem ›binationalen Gemeinwesen mit gleichen Rechten für alle‹ gekleidet auftauchen. Die Konsequenz beider Strategien ist die Schutzlosstellung der Juden gegenüber einer jahrzehntelang antisemitisch verhetzten Bevölkerung.[13] Dabei wird insbesondere die deutsche Erinnerungskultur als Komplize des angeblichen Siedlerkolonialstaats Israel angeprangert. Diese Erinnerungskultur habe gar das Telos der Billigung des »Massenmords« an »Semiten« in Gaza, wie A. Dirk Moses auf einer Veranstaltung im November 2023 fabulierte.[14] Wer sich in Deutschland vom verbrecherischen Partikularismus Israels lösen wolle, so das Leitmotiv dieses Milieus, müsse der (bereits auf der *documenta fif-*

12 So steht für Ramon Grosfoguel im Kampf gegen Israel »die Zukunft der Menschheit auf dem Spiel.« Er phantasiert im Februar 2024 einen »zutiefst spirituellen und messianischen Moment: Entweder wir organisieren uns und beenden diese Ungerechtigkeit [den jüdischen Staat und den vermeintlichen Genozid in Gaza], oder wir bewegen uns unaufhaltsam auf die Zerstörung des Lebens auf dem Planeten Erde zu. […] Der palästinensische Sieg wird die Menschheit auf eine höhere Bewusstseinsebene führen.« (Grosfoguel 2024, eigene Übers.). Ähnliche Gedanken finden sich mit direktem Bezug auf die Juden in Hitlers »Mein Kampf«, vgl. Hitler 1943, 69f.

13 Zur revanchistischen und antisemitischen Indoktrinierung sowie der Produktion eines »expulsionist mindset« (Morris 2008b, 409) in der palästinensischen Bevölkerung durch PLO, Hamas und Konsorten vgl. u.a. Schwartz/Wilf 2022, Markl 2022. 2014 stimmten 93% der Befragten in den palästinensischen Gebieten mindestens 6 von 11 offen antisemitischen Statements zu (Anti Defamation League 2014). Im November 2023 befürworteten 83,1% der Bewohner des Westjordanlands und 63,6% von Gaza das Massaker der Hamas vom 7. Oktober. 77,7% im Westjordanland und 70,4% in Gaza stimmen einer rein palästinensischen Einstaatenlösung zu, also einer, die auch einen Staat für zwei Völker ausschließt (AWRAD 2023).

14 »The telos of German memory culture is not just deportation of different Semites this time, but approval of their mass murder in Gaza.« (Moses 2023)

teen zu hörenden und im Oktober 2023 von Studenten vor dem Auswärtigen Amt skandierten) Parole »Free Palestine from German guilt« folgen.

Wer von einem postkolonialen oder postmodern-antirassistischen Antisemitismus spricht, erklärt ihn allerdings nicht automatisch zum exklusiven Problem dieses Antirassismus oder der Identitätspolitik einer kulturellen Linken. Es gibt traditionsmarxistische, antipostmoderne Linke, die sich antisemitisch oder israelfeindlich äußern. Dass der israelbezogene Judenhass seit den 1950er Jahren die Staatsräson des Ostblocks und der antisemitische Antizionismus auch schon früher in der radikalen Linken zu finden war, ist unleugbar.[15] Auch gehören heute vermeintliche Universalisten, die sich dezidiert gegen die postmoderne Ideologie wenden, zu den Wortführern der sogenannten ›Israelkritik‹. Dies widerspricht aber nicht der Feststellung, dass hegemoniale theoretische Ansätze innerhalb des postkolonialen Antirassismus in ihrer genuinen theoretischen Form Probleme mit sich bringen, wenn es um die Frage des Antisemitismus geht. Selbstverständlich ist es das Problem eines Antirassismus, wenn dieser keine begrifflichen Mittel besitzt, um die Spezifik des Antisemitismus und des Holocaust zu erfassen und stattdessen Antisemitismus umstandslos als Rassismus gegen Juden oder Orientalismus als Antisemitismus gegen Araber und Muslime begreift sowie die Shoah zur Variante staatlicher Biopolitik oder kolonialer Massenmorde des Westens erklärt. Es ist auch das Problem eines Antirassismus, wenn dieser unfähig ist, die Spezifik des Zionismus zu begreifen und diesen stattdessen ohne Berücksichtigung der jüdischen Geschichte, der konkreten Realitäten des arabisch-zionistischen Konflikts, der antisemitischen Bedrohung und der Shoah als ›weißen Siedlerkolonialismus‹ tituliert. Dass sich traditionsmarxistische Antiimperialisten und postkoloniale Antirassisten beim Thema Israel einig sind und da-

15 Vgl. u.a. Wistrich 1987, Kloke 1990, Poliakov 1992, Haury 1992/2002, Grigat 2014, Kistenmacher 2016, Herf 2019.

bei auch ihre sonstigen Differenzen gerne vergessen, ist problematisch genug – die Gegenwart und Zukunft im Bildungswesen und in den Medien gehören aber eindeutig Letzteren.

Antirassismus, das wird in diesem Buch zu zeigen sein, ist postkolonial zu einer Weltanschauung mutiert. Diese Weltanschauung besteht darin, für bestimmte Zusammenhänge gültige Erkenntnisse unzulässig auf qualitativ andere Sachverhalte auszudehnen und einen eurozentrischen, reduktionistischen und mit »doppelte[n] Standard[s]« (Albrecht 2023, 145) versehenen Blick auf den Kolonialismus zu etablieren. Des Weiteren werden theoretische Konzepte wie das des ›Otherings‹ – der Konstruktion eines herabgewürdigten kollektiven ›Anderen‹ – schablonenhaft verwendet, ohne empirische Gehalte zu prüfen. Dem wird eine standpunktrelativistische und machtreduktionistische Wissenskonzeption zugrunde gelegt und dabei eine aktivistische Kulturwissenschaft etabliert, die die Beschreibung und Erklärung der Realität dem Primat politischer Ressentiments oder volkspädagogischer Absichten opfert. Es geht der Kritik dieser Weltanschauung keineswegs um eine »Kampagne gegen Antirassismus«, wie der postkoloniale Professor Jürgen Zimmerer in einem ebenso wütenden wie sachlich substanzlosen Tweet über ein von ihm wahrscheinlich nicht gelesenes Buch behauptet.[16] Es geht darum, den gegenwärtigen Antirassismus von seinen antisemitischen Gehalten zu befreien, was aber bedeutet, auch die postmoderne theoretische Fundierung dieses Antirassismus selbst der Kritik auszusetzen. Es wird, so versuche ich zu zeigen, nämlich nicht ausreichen, den postkolonialen Ansätzen in Bezug auf die Themen Judentum und Antisemitismus einfach ein ›Count us in‹ zuzurufen, also mehr Sensibilität für die ›Sichtbarmachung‹ spezifisch jüdischer Diskriminierungserfahrungen einzufordern. Die Empfänglichkeit für solche intersektionale

16 Vgl. Zimmerer 2022. Es handelt sich um den von mir mitherausgegebenen Sammelband »Probleme des Antirassismus« (vgl. Elbe, Henkelmann, Stahl u.a. 2022).

Kritik, wie man sie bei dem Juristen David Schraub oder den postmodernen Autorinnen Judith Coffey und Vivien Laumann findet, wird durch das Festhalten an den elementaren Konstruktionsfehlern der Said'schen Tradition postkolonialen Denkens verunmöglicht. Diese Tradition war nicht nur von Anfang an eine politaktivistisch-antizionistische Engführung postkolonialer Ideen, die auch bei Islamisten Anklang fand, und deren politische Schlagseite heute den Mainstream der postkolonialen Studien prägt. Sie kann auch bereits als angewandter, wenn auch inkonsequenter Postmodernismus auf dem Gebiet der Kulturwissenschaft begriffen werden, der erhebliche Probleme mit sich bringt.

Man sollte sich hier von der betont ›universalistischen‹ exoterischen Ebene der postkolonialen Israelfeindschaft nicht täuschen lassen. Bedeutenden Vertretern des »postkoloniale[n] Wissensregimes« (Albrecht 2023, 136) wie Judith Butler, Walter Mignolo, Dipesh Chakrabarty, Chantal Mouffe oder Ramón Grosfoguel geht es keineswegs um eine weltweite Verteidigung liberaler demokratischer Werte. Was hier etabliert wird, ist eine kulturrelativistische Aushöhlung menschenrechtlicher Standards zugunsten einer multipolaren Großraumordnung.[17] Oft versteckt unter dem phrasenhaften und wolkigen Vokabular eines ›Grenzdenkens‹ der ›kulturellen Hybridität‹ oder des ›Pluralismus indigener Demokratien‹, wird hier eine genuin postkoloniale Variante des rechten Ethnopluralismus präsentiert – kein Wunder, dass nicht selten der faschistische Denker Carl Schmitt als Säulenheiliger dieser Strömung bemüht wird.[18] Mehr noch: Nicht nur öffnen post- und dekoloniale Autoren einen Raum für die kulturrelativistische Ausdeutung von Menschenrechten, die Autokratien in Russland, China oder dem Iran gelegen kommt. Die »postkoloniale[…] Ideologie« (Albrecht 2023, 154) ist viel-

17 Vgl. dazu Kapitel 5 dieses Buches.
18 So bei Mouffe 2007, 100-108, 151ff., Kalyvas 2018, Mignolo 2009, 86 oder Mignolo 2019, 107, 167f., der Sache nach auch bei Mbembe 2020c, 52.

mehr auch deswegen der ideale Steigbügelhalter dieser imperialen Mächte[19], weil sie in der Behandlung ihres ureigensten Gegenstands – des Kolonialismus – mit einem »doppelte[n] Standard« (145)[20] arbeitet, der den historischen Kolonialismus des Westens als Inbegriff des Bösen und Israel als dessen gegenwärtige Inkarnation begreift sowie liberale Demokratie und Rassismus als untrennbar ansieht[21], während nichtwestliche autoritäre und totalitäre Bewegungen und Regime aus der Schusslinie genommen werden. Wenn deren Gewalt überhaupt Thema ist, so wird auch diese in aller Regel als Spätfolge des europäischen Kolonialismus oder als verständliche Reaktion auf von einigen Postkolonialen als »grenzenlose[r], absolute[r] Ausrottungskrieg« (Mbembe 2020c, 74) dämonisierte westliche Selbstverteidigung exkulpiert.[22] Eine akademische, politische und kulturelle Elite, die solch grotesken Ansichten Beifall klatscht oder sie als preiswürdig ansieht, arbeitet objektiv am Selbstmord der liberalen Demokratien.[23] Der postkoloniale Diskurs wimmelt zum Beispiel von Euphemismen für den historischen islamischen Expansionismus[24] oder die systematische Ungleichbehandlung von Juden in der islamischen Welt[25] und enthält ein

19 Darauf weisen Meera Nanda (2001), Wolfgang Kersting (2007), Monika Albrecht (2023) oder Blair Taylor (2016) zu Recht hin.
20 Vgl. auch Albrecht 2012.
21 So z.B. bei Grosfoguel 2010, 317, 331 oder Mignolo 2019, 104.
22 Mbembe bezeichnet an dieser Stelle den »›Krieg gegen den Terror‹« als »einen grenzenlosen, absoluten Ausrottungskrieg« (Mbembe 2020c, 74).
23 Vgl. dazu auch: Albrecht 2023, 153ff. Autoren wie Mbembe oder Butler werden auch in Deutschland mit Preisen und Ehrungen überhäuft, so zum Beispiel: Geschwister-Scholl-Preis, Ernst-Bloch-Preis, Gerda Henkel-Preis, Albertus Magnus-Professur Köln im Falle Mbembes, Adorno-Preis der Stadt Frankfurt, Zivilcourage-Preis des CSD Berlin, Adorno-Vorlesungen der Universität Frankfurt im Falle Butlers.
24 Beispiele erwähnt Albrecht 2012, 775f.
25 So nennt der postkoloniale Theoretiker Ramón Grosfoguel den Dhimmi-Status ein »minority right[...]« (Grosfoguel 2009, 94) oder spricht der Islamwissenschaftler Stefan Weidner darüber als »vom Pro-

Meer des Schweigens über die islamische Sklaverei, den arabischen Hautfarbenrassismus und den aktuellen Dschihadismus, wenn dieser nicht gleich weitgehend als westliches Produkt oder Fiktion tituliert wird, wie bei Judith Butler oder Achille Mbembe.[26] Umgekehrt ist im Fall der postkolonialen Behandlung des europäischen Kolonialismus eine immer stärkere Konzentration auf das Motiv des Genozids zu finden[27] und wird dem Westen bisweilen gar pauschal eine bis in die Gegenwart reichende ›hitleristische‹ Mentalität zugeschrieben: »Der Hitlerismus ist ein integraler Bestandteil der westlichen Subjektivität«[28]*, postuliert der Professor für *Ethnic Studies* in Berkeley, Ramón Grosfoguel (Grosfoguel 2009, 93). Deshalb und »[w]eil im Antisemitismus immer zugleich der Westen zur Disposition steht« (Kirschnick 2023)[29], ist es höchste Zeit, dass die postkoloniale Ideologie nicht nur hinsichtlich ihrer ›Lücken‹, sondern in Gänze als reduktionistisches Wissensregime kritisiert wird.

Während Teile der politischen und medialen Öffentlichkeit seit der Mbembe-Debatte eine Ahnung davon erkennen lassen, welche regressiven Potentiale postkoloniale Studien aufweisen, herrscht im akademischen Feld verständlicherweise immer noch weitgehend Abwehr vor: Man betreibt Erkenntnisverhinderung durch Simulation von Überkomplexität, indem man verkündet, *die* postkoloniale Theorie existiere nicht. Oder man behauptet, es gebe einen Abgrund zwischen überaus differenzierten post-

pheten selbst gewährten Grundrechten« (Weidner 2019) – in jeder Hinsicht zynische und anachronistische Projektionen für ein ausgeklügeltes System von religiös begründeter Diskriminierung und »›Schutzgelderpressung‹« (Ourghi 2023, 192).

26 Vgl. Butler 2008, 176, Butler 2019, 89, Mbembe 2020c, 74, 96f.

27 Vgl. dazu kritisch: Albrecht 2023, 142ff.

28 »Hitlerism is an integral part of Western subjectivity«.

29 Ähnlich: Buruma/Margalit 2005, u.a. 39ff. Auch einigen deutschen Journalisten schwant inzwischen der Zusammenhang von postkolonialer Israelfeindschaft und Offenheit für antiwestliche Despotien, vgl. Neumann 2023 sowie Bovermann 2023.

kolonialen *Studien* und ihrer simplifizierenden Rezeption in *aktivistischen Kreisen*.[30] Doch bei allen sonstigen internen Differenzen und unterschiedlichen Radikalitätsgraden postkolonialen Denkens tauchen einige zentrale Argumentationsmuster – Eskamotierung des Antisemitismus, Relativierung der Shoah, Dämonisierung des Zionismus, De-Thematisierung des Antisemitismus ›der Anderen‹ – derart häufig und zudem bei prominenten Vertretern dieser Strömung[31] auf, dass man von einem systematischen und hegemonialen Denkmuster sprechen kann. Und schließlich agieren diese Akademiker häufig selbst als Aktivisten und verstehen sich auch als solche. Nicht nur in der inzwischen kaum noch überschaubaren Menge an offenen Briefen oder in sozialen Medien wird dabei manichäisch und simplifizierend bis zur Schmerzgrenze ›argumentiert‹.[32] Es darf zum gegenwärtigen Zeitpunkt bezweifelt werden, dass die randständigen Versuche, rationale Motive postkolonialer Analyse von diesen Engführungen zu befreien und in der Analyse des Kolonialismus, Antisemitismus oder Zionismus eine differenziertere

30 Ein treffendes Beispiel für solche Abwehrstrategien ist ein Artikel von Aram Ziai (2023), der vor allem deshalb lehrreich ist, weil er beinahe alle Punkte, die er als verzerrte Rezeption der postkolonialen Studien präsentiert, in seinem Text in nur leicht modifizierter Form selbst vertritt.

31 Wer allerdings meint, Edward Said, Walter Mignolo, Ramón Grosfoguel, Dipesh Chakrabarty, Judith Butler, Susan Buck-Morss, Mahmood Mamdani, Michael Rothberg, Dirk Moses, Achille Mbembe oder Patrick Wolfe seien lediglich Randfiguren des postkolonialen Diskurses, der kann dieses Buch spätestens jetzt gerne aus der Hand legen.

32 Z.B. wird in einem unter anderem von Dirk Moses, Michael Rothberg, Alon Confino, Omer Bartov und Stefanie Schüler-Springorum unterzeichneten offenen Brief Israel allein als erste Ursache für den antisemitischen Massenmord der Hamas identifiziert. »Fünfundsiebzig Jahre Vertreibung, sechsundfünfzig Jahre Besatzung und sechzehn Jahre Blockade des Gazastreifens«, heißt es dort, »haben zu einer immer schlimmer werdenden Spirale der Gewalt geführt, die nur durch eine politische Lösung gestoppt werden kann.« (Bartov et al 2023, eigene Übers.).

Haltung zu etablieren[33], im aggressiv antizionistischen und antiwestlichen Klima von großen Teilen des amerikanischen, britischen, französischen und inzwischen auch von Teilen des deutschen medial-kulturell-akademischen Komplexes Erfolg haben können.

Dieses Buch entstand weitgehend vor dem größten antisemitischen Pogrom seit dem Holocaust, dem von Palästinensern an israelischen Bürgern verübten Massaker des 7. Oktober 2023 mit über 1200 Todesopfern, 5400 Verwundeten und über 240 Entführten. Die offene, zynische Freude, die Täter-Opfer-Verkehrungen oder die den Verlust jedes Urteilsvermögens anzeigende leere und kalte Äquidistanz, die angesichts der unerträglichen Bilder von der Entführung, Abschlachtung oder Vergewaltigung von jüdischen Frauen, Kindern, jungen und alten Menschen in der antiimperialistischen und postkolonialen Öffentlichkeit zu finden sind, können als neue Radikalitätsstufe der Verrohung und der stillschweigenden oder offenen Kollaboration mit apokalyptischen Antisemiten islamistischer Provenienz seitens großer Teile der globalen Linken begriffen werden. Seit Oktober 2023 zeigt sich weltweit ein verheerendes Bild antisemitischer Vorfälle und massivster antiisraelischer Propaganda: Auf deutschen Straßen verteilen direkt nach Bekanntwerden des Massakers arabische Aktivisten Süßigkeiten zur Feier der Morde. Synagogen und jüdische Friedhöfe werden mit Brandsätzen beworfen, Juden bedroht oder verprügelt, und im ganzen Bundesgebiet tauchen judenfeindliche Schmierereien auf. Die von akademischen Antirassisten hofierte und sich als »progressive Grassroot-Bewegung« bezeichnende Gruppe »Palästina spricht« veröffentlicht am 7. Oktober eine Meldung, die einen Bulldozer zeigt, der einen Zaun einreißt und die Überschrift »Gaza just broke out of prison« trägt. Weiter heißt es dort: »We are overwhelmed« und es wird die temporäre ›Rückeroberung‹

33 Vgl. Becke 2014, Vogt 2017, Biskamp 2020, Albrecht 2023.

einer ›Siedlerstadt‹ gefeiert (Palästina spricht 2023a), während der Bremer Ableger der Gruppe ergänzt: »[J]unge Gazawis konnten zum ersten Mal ihre Heimat Palästina 48 besuchen.« (Palästina spricht 2023b) Um jedes Missverständnis auszuschließen, veröffentlicht »Palästina spricht« am 9. Oktober einen Post, in dem Hamas-Gleitflieger zu sehen sind und der titelt: »A Lesson in Liberation from Gaza« (Palästina spricht 2023c). Derweil sorgen sich deutsche »kritische Wissenschaftler*innen« (Brief aus Berlin 2023) in einem sich kritiklos auf die erwähnte Gruppe beziehenden offenen Brief um den Schutz der demonstrierenden palästinensischen Jugend auf deutschen Straßen und unterstellen Israel mit Rekurs auf »Expert*innen« indirekt einen Genozid an den Palästinensern[34], ebenso wie (explizit) weit über tausend Soziologen in einem anderen offenen Brief.[35] Von diesen Akademikern eingeforderte »Kontextualisierungen« der bestialischen Morde der Schergen von Hamas, Palästinensischem Islamischem Dschihad (PIJ) und Zivilbevölkerung aus Gaza[36] fallen stets zuungunsten Israels aus, als hätte es beispielsweise die von palästinensischer Seite abgelehnten und mit Krieg und Terror beantworteten weitreichenden israelischen Friedensangebote der Jahre 2000 und 2008 oder die Zustimmung der Zionisten zur Zweistaatenlösung 1937 und 1947 nicht gegeben. Ein von tausenden Künstlern unterzeichneter offener Brief der Zeitschrift *Artforum* vom 19. Oktober 2023 redet nicht nur vom Genozid Israels an den Palästinensern, er erwähnt auch mit keinem Wort das Massaker an israelischen Zivilisten oder die Raketenangriffe der Hamas.[37] Recep Tayyip Erdogan, Präsident eines NATO-Mitgliedsstaates, stellt sich offen auf die

34 Zur Kritik an diesem offenen Brief und seinem weltanschaulichen Hintergrund des ›abolitionistischen‹ Postkolonialismus vgl. Land 2023a, Land 2023b.

35 Vgl. Sociologists in Solidarity with Gaza and the Palestinian People 2023.

36 Vgl. u.a. die kaum zu ertragenden Berichte von Huch 2023, Kern 2023 und Gettleman/Schwartz/Sella 2023.

37 Vgl. Artforum 2023.

Seite der Hamas und setzt Benjamin Netanjahu mit Hitler gleich.[38] Südafrika, ein Staat, der seit Jahren freundliche Beziehungen zur Hamas pflegt, will Israel vor dem Internationalen Gerichtshof in Den Haag wegen Völkermord anklagen.[39] In Dagestan macht sich ein Mob hunderter aufgebrachter Menschen auf die Jagd nach vermuteten jüdischen Passagieren einer aus Israel kommenden Maschine. In London laufen an mehreren Tagen zwischen 100000 und 300000 Menschen durch die Straßen, um häufig hasserfüllt gegen Israel zu demonstrieren, in Deutschland sind es zehntausende. Zwischen dem 7. Oktober und Mitte Januar 2024 werden vom BKA in Deutschland 2249 antisemitisch motivierte Straftaten registriert, in Frankreich sind es im Zeitraum Oktober/November 1518 – dreimal mehr als im gesamten Vorjahr.[40] In Harvard erscheint ein Statement von über 30 Studentenorganisationen, in dem Israel die Schuld an dem von Hamas und PIJ verübten Massaker gegeben wird.[41] An der Cornell-University, wo ein Dozent die Morde der Hamas als »exhilarating« und »energizing« empfindet (Bartsch 2023), erhalten Juden Vergewaltigungs- und Vernichtungsdrohungen, was jüdische Organisationen dazu veranlasst, ihre Mitglieder zur Meidung der Mensa und öffentlicher Orte der eigenen Community aufzufordern. In einer Highschool in Queens muss sich eine Lehrerin, die an einer proisraelischen Kundgebung teilgenommen hat, zum Schutz vor einem Mob von hunderten von Palästinaflaggen tragenden Schülern verbarrikadieren.[42] Die Rektorinnen der Eliteuniversitäten Harvard und Pennsylvania äußern bei einer Anhörung vor dem US-Kongress, es hänge vom Kontext oder gar von der praktischen Umsetzung ab, ob die Aufforderung zum Genozid an Juden als Verstoß gegen die Universitätsrichtlinien zu werten sei.[43] In Gaza tötet eine wahrscheinlich

38 Vgl. Tagesschau 2023b/c.
39 Vgl. dazu kritisch: Goda 2024.
40 Vgl. Tagesschau 2024, Le Monde 2023.
41 Vgl. Watrobski 2023.
42 Vgl. Edelmann/Worrell 2023.
43 Vgl. Tagesschau 2023a.

palästinensische Rakete auf einem Parkplatz eine unbekannte Zahl von Menschen und innerhalb von Minuten übernehmen weltweit auch westliche Qualitätsmedien ohne jede Überprüfung die Hamas-Propaganda von einem israelischen Raketenangriff auf ein Hospital mit angeblich 500 Toten.[44] Eine Aufzählung auch nur der wichtigsten antisemitischen und israelfeindlichen Vorfälle dieser Tage würde den Rest dieses Buches füllen.[45]

Vor allem die Vehemenz, mit der sich linke Akademiker weltweit in den letzten Jahren in die Idee einer »ethnischen Säuberung Palästinas«[46] hineinsteigern, in ebenso obsessiver wie dekontextualisierter Weise tote palästinensische Kinder beklagen[47] oder bei jedem Akt israelischer Selbstverteidigung gegen palästinensischen Terror in dämonisierender Weise von einem angeblich von Israel verübten »Genozid« oder gar vom »Töten um des Tötens willen, [der] […] Vernichtung eines ganzen Teils des feindlichen Volkes« (Balibar/Morin 2023, eigene Übers.) reden, zeugt von dem Grad, in dem ›kritische Wissenschaften‹ heute bereits das Gerücht über den jüdischen Staat sind.[48] [49] Es stellt

44 Vgl. Reisin 2023.

45 Einen kleinen Einblick und weitere Belege zu den oben genannten Vorfällen geben Pofalla 2023, Johnson 2023, Amelung 2023, Linfield 2023, SPME 2023 und Pfister 2023.

46 Kaum ein offener Brief aus dem postkolonialen BDS-Business zum palästinensisch-israelischen-Konflikt, in dem nicht mindestens der Vorwurf einer angeblichen »ethnischen Säuberung« gegen Israel erhoben wird. Zwei Beispiele unter vielen: Gender Studies Departments In Solidarity With Palestinian Feminist Collective (2021) oder A Letter Against Apartheid (2021).

47 Vgl. z.B. bei Baconi 2022, Neiman 2021. Butler (2005, 68) spricht gleich offen vom »Mord an Kindern«. Kritisch dazu (zur medialen Berichterstattung) Satloff 2021, (zu Neiman) Piper 2023, (insgesamt) Yemini 2017, Kap. 16.

48 Ein empirischer Vergleich von zivilen Todesopfern israelischer Militärschläge mit denen anderer zeitgenössischer Kriege findet sich bei Yemini 2017, 213ff.

49 Es ist selbstverständlich unmöglich, heute (Ende Januar 2024) vorauszusehen, was in diesem Krieg noch passieren wird, vor allem angesichts der Probleme, vor denen Israel steht, da es nicht nur mit einer

sich die Frage, ob der Genozid-Vorwurf nicht eine Fortsetzung der Ritualmord- und Blutlüge aus der judenfeindlichen Tradition darstellt. Vielleicht sind solche Vorwürfe aber auch ein Symptom dessen, dass es Linke verlernt haben, zwischen dem Massenmord der Hamas auf der einen und von der Hamas bewusst einkalkulierten und provozierten[50] zivilen Opfern, im juristischen Jargon Kollateralschäden genannt, im Zuge der militärischen Selbstverteidigung Israels auf der anderen Seite zu unterscheiden. Hier wird ein Gewaltbegriff etabliert, in dem alle Katzen grau werden und schlimmstenfalls lediglich die Gewalt der angeblich Kolonisierten als akzeptable oder verständliche erscheint, weil ohnehin doppelte wissenschaftliche und moralische Standards bei der Einschätzung von (angeblich) dominanten und (vermeintlich) subalternen Gruppen zum Grundprinzip der aktivistischen *Postcolonial Studies* gehören. So tituliert eine ihrer Protagonistinnen, nämlich Judith Butler, zwar ansonsten jede Tötung im Kontext von Kriegen unterschiedslos als

über ein halbes Jahrhundert antisemitisch indoktrinierten Bevölkerung im Gaza-Streifen sowie einer korrupten und feindselig gestimmten PLO im Westjordanland, deren Führer den Juden eine Mitschuld am Holocaust gibt, konfrontiert ist, sondern auch mit einer hochgerüsteten Hisbollah und einem vielleicht bald mit der Atombombe ausgestatteten iranischen Terrorregime, das von Russland und China protegiert wird. Zugleich werden liberale Kräfte in Israel dank Netanjahus Koalitionspolitik von rechten Hardlinern wie Bezalel Smotrich oder Itamar Ben-Gvir unter Druck gesetzt.

50 Dass die Hamas gar nicht willens ist, ihre Bevölkerung in ihrem hunderte von Kilometern langen Tunnelsystem vor israelischen Luftangriffen zu schützen, betonen ihre Sprecher ganz offen, vgl. Memri 2023. Dass sie Raketenabschussrampen und sonstige militärische Ziele bewusst in ziviler Infrastruktur versteckt, ist ebenfalls seit langem bekannt.

»Mord« (Butler 2008, 163)[51], begreift die Hamas aber als linke Widerstandsorganisation.[52]

Wer nach der Erklärung für diese Reaktionen auf Seiten der Linken sucht, der wird bereits bei einer Ikone des postkolonialen Denkens wie Frantz Fanon fündig. Fanon, der die Kolonisierung pauschal als Prozess der Stilisierung des Kolonisierten zur »Quintessenz des Bösen« (Fanon 2017, 34) und zum »absolute[n] Übel« (34), das es zu vernichten gelte, begreift, antwortet der Entmenschlichung des Kolonisierten durch den Kolonialherrn mit der Entmenschlichung des Kolonialherrn durch den Kolonisierten. Dekolonisierung begreift er als existentiellen Krieg, der durch Ausübung der »absolute[n] Praxis« (72) »absolute[r] Gewalt« (31) gegen den Kolonialherrn eine homogene Volksgemeinschaft stiftet: »Der bewaffnete Kampf mobilisiert das Volk, er wirft es in eine einzige Richtung ohne Gegenströmung.« Die »zukünftige Nation ist von Anfang an ein ungeteiltes Ganzes« (76), basierend auf einem »in Blut und Zorn geschaffene[n] Bindemittel« (77). Wie bei Ernst Jünger wird hier Arbeit identisch mit Krieg: »Arbeiten heißt, am Tod des Kolonialherrn arbeiten.« (72) »Alle abendländischen Werte […] erweisen sich [dabei] als unbrauchbar« (39), Gewalt ersetzt Dialog, Kollektivismus Individualismus, Hass Menschenwürde, Töten Koexistenz. Wir betreten hier eine »manichäische Welt« (34). Auch die dekolonialen Theoretiker Eve Tuck und Wayne Yang fordern in ihrem Aufsatz »Decolonization is not a metaphor«, dessen Titel nach 10/7 zur verbreiteten Parole wurde, eine

51 Vgl. auch Butler 2008, 176, wo nicht nur die Selbstmordattentäter von Al Qaida, sondern auch die amerikanische Terrorbekämpfung in die Liste der »mörderischen Handlungen« eingereiht wird, oder Butler 2005, 68, wo sie Israel einen »Mord an Kindern« unterstellt.

52 Vgl. Salzborn 2018, 111 sowie Butler 2023b. Butler geht so weit zu behaupten: »Die Positionen beider Seiten waren nie gleich stark, deshalb hat es keinen Sinn, die Beziehungen zwischen Israel und Palästina als ›zwei Seiten‹ eines Konflikts zu betrachten.« (Butler 2013, 143). Sie begreift diese Aussage als Begründung dafür, dass sie »die Fehler [!] der Palästinenser in diesem ganzen Szenario außer Acht lasse«.

»re-invasion« indigenen Landes. Die echte, nichtmetaphorische Dekolonisierung folge einer »Ethik der Inkommensurabilität«, die sich nicht darum kümmere, welche Folgen die Re-Invasion des kolonisierten Landes für die Siedler haben werde. Dekolonisierung sei ausschließlich »indigener Souveränität und Zukunft« rechenschaftspflichtig und gebe die Hoffnung auf, »dass Siedler eines Tages mit Indigenen kommensurabel« sein könnten (Tuck/Yang 2012, 7, 35f.).[53] * Wer mit einem solchen Mindset den arabisch-israelischen Konflikt als einen zwischen Kolonisiertem und Kolonialherrn betrachtet, wer die Gewalt vermeintlich Subalterner nur als Ausdruck von Verzweiflung und Reaktion auf dehumanisierende Aktion verstehen kann, der steht auch einem antisemitisch-islamistischen Massenmord kalt und gleichgültig, exkulpierend, wenn nicht gar begeistert gegenüber.

Treffend bringt der Historiker Simon Sebag Montefiore diese Konsequenz auf den Punkt: »Das Narrativ der Entkolonialisierung hat die Israeli in einem Masse [sic] entmenschlicht, dass ansonsten rationale Menschen die Barbarei entschuldigen, leugnen oder unterstützen. Es besagt, dass Israel eine ›imperialistisch-kolonialistische‹ Macht ist, dass Israeli ›Siedlerkolonialisten‹ sind und dass die Palästinenser das Recht haben, ihre Unterdrücker zu beseitigen. Was das bedeutet, haben wir am 7. Oktober alle gelernt. Israeli werden als ›weiss‹ oder ›weiss-angepasst‹ und Palästinenser als ›people of colour‹ dargestellt.« (Sebag Montefiore 2023) Die islamische Aktivistin, ehemalige Women's March Organisatorin und Bernie Sanders-Verbündete Linda Sarsour warnte bereits 2018 davor, Zionisten zu vermenschlichen: »Wenn du auf der Seite des Unterdrückers stehst, oder den Unterdrücker verteidigst oder versuchst, den Unterdrü-

53 »decolonization is not accountable to settlers, or settler futurity. […] To fully enact an ethic of incommensurability means relinquishing settler futurity, abandoning the hope that settlers may one day be commensurable to Native peoples.« (Tuck/Yang 2012, 35f.).

cker zu vermenschlichen, dann ist das ein Problem«[54]* (zit. nach Emerson 2018).

Das postkoloniale Milieu schwankt dabei stets zwischen einem pseudohumanistischen Gestus, mit dem palästinensische Gewalt zwar verurteilt, aber durch ebenso falsche wie manichäische ›Kontextualisierungen‹ auf israelisches Handeln zurückgeführt wird, und offenen Sympathiebekundungen für den Hamas-Terror. Paradigmatisch für das Weltbild großer Teile der internationalen Linken steht unter anderem die Zustimmung zur Einordnung des Oktoberpogroms als »militärische Reaktion eines Volkes, das über viele Jahre hinweg erdrückende und unerbittliche staatliche Gewalt durch eine Besatzungsmacht erduldet hatte«[55]* (An Open Letter From Columbia University 2023), in einem von Größen der Postcolonial Studies wie Gayatri Spivak, Partha Chatterjee und Mahmood Mamdani unterzeichneten Statement. Ebenso bezeichnend sind die Erklärungen des erst im Juni 2022 vom Zentrum für Antisemitismusforschung zu einer Tagung eingeladenen Londoner Professors Gilbert Achcar. Ihn erinnert das Mordkommando der Hamas »an die Kühnheit des biblischen David bei seinem Kampf gegen den Riesen Goliath«. Er empfindet ihre Aktionen als »erstaunlich und höchst gewagt« und bezeichnet sie als »Gegenoffensive« und »verzweifelte[n] Akt der Tapferkeit«[56]*, der auf die israelischen Dauerverbrechen der ethnischen Säuberung und Apartheid reagiere (Achcar 2023). Exemplarisch für ganze Legionen von antiimperialistischen und postkolonialen Statements resümiert Tariq Ali auf dem Blog der englischen Zeitschrift *New Left Review*: »Haben die Palästinenser ein Recht auf Widerstand gegen die ständige

54 »If you're on the side of the oppressor, or you're defending the oppressor, or you're actually trying to humanize the oppressor, then that's a problem«.
55 »a military response by a people who had endured crushing and unrelenting state violence from an occupying power over many years«.
56 »evokes the boldness of the biblical David in his fight against the giant Goliath«; »amazing and highly daring«; »counter-offensive«; »quasi-desperate act of bravery«.

Aggression, der sie ausgesetzt sind? Absolut. Es gibt keine moralische, politische oder militärische Gleichwertigkeit zwischen den beiden Seiten. Israel ist ein Atomstaat, der von den USA bis an die Zähne bewaffnet wird. Seine Existenz ist *nicht* bedroht. Es sind die Palästinenser, ihr Land, ihr Leben, die bedroht sind. Die westliche Zivilisation scheint bereit zu sein, ihrer Ausrottung tatenlos zuzusehen. Die Palästinenser hingegen erheben sich gegen die Kolonisatoren.«[57]* (Ali 2023)

Spätestens seit diesen Tagen müsste es jedem vernünftigen Menschen klar sein, dass eine Linke (aber nicht nur sie), die so verblendet ist, dass selbst ihre intellektuellen Leuchttürme nicht ansatzweise in der Lage sind, eine historisch auch nur halbwegs der Wirklichkeit entsprechende ›Kontextualisierung‹ eines antisemitischen Massenmordes zuwege zu bringen, tatenlos zuschauen würde, wenn es zur Vertreibung und weitgehenden Ermordung der Juden Israels kommen sollte. Allerdings würde man dem nicht nur tatenlos zuschauen, viele würden es vielmehr als Dekolonisierung des Nahen Ostens feiern und das Schicksal der Opfer bestenfalls als selbstverschuldet bezeichnen. Auf welcher ideologischen Grundlage dieser selbstgerechte und sich als Humanismus drapierende Hass gedeihen konnte, soll Gegenstand der folgenden Erörterungen sein. Es kann dabei lediglich um eine Einführung in die Thematik und eine erste Übersicht gehen, der Detailstudien folgen müssten. Dies wäre die Aufgabe von Lehrstühlen, DFG-Projekten und Promotionskollegs zum Thema Antisemitismus in den postkolonialen Studien, die es angesichts des Zustands des akademischen Betriebs und der zivilgesellschaftlichen Bildungslandschaft wohl nicht geben wird – ich hoffe, ich werde in dieser Einschätzung widerlegt. Meine

57 »Do the Palestinians have a right to resist the non-stop aggression to which they are subjected? Absolutely. There is no moral, political or military equivalence as far as the two sides are concerned. Israel is a nuclear state, armed to the teeth by the US. Its existence is *not* under threat. It's the Palestinians, their lands, their lives, that are. Western civilization seems willing to stand by while they are exterminated. They, on the other hand, are rising up against the colonizers.«

Ausführungen lassen sich letztlich als Kommentar zu Alain Finkielkrauts düsterer Diagnose aus dem Jahr 2003 begreifen, die sich inzwischen vollständig bestätigt hat: die »Zukunft des Hasses« befinde sich »im Lager des Lächelns«, »[i]nmitten der humanen Menschen [...]. Im Lager des Respekts [...]. Im Lager der Sühnebereiten, derer, die ›[...]nie wieder!‹ sagen [...]. In den Reihen derer, die bedingungslos zum Anderen stehen.« (Finkielkraut 2005, 125)[58]

58 Ein genereller Hinweis an dieser Stelle: Dass Finkielkraut in den letzten Jahren eine veritable konservative Wende vollzogen hat, ändert nichts an der Berechtigung des oben geäußerten Arguments. Ich werde in dieser Abhandlung keine Rücksicht auf identitäre linke Befindlichkeiten nehmen, die nicht mehr in der Lage sind, zutreffende von unzutreffenden Argumenten zu unterscheiden, und ein reines Ticketdenken etablieren. Nicht nur bedeutet dieser Gestus das Ende jeder inhaltlichen Diskussion, es sind zudem relevante Teile der Linken selbst, die in diesem Fall das Zitieren eines ›Rechten‹ diffamieren, sich aber zugleich auf proto-/faschistische Denker (Nietzsche-Heidegger-Schmitt) als neue Säulenheilige beziehen und menschenverachtende, in diesem Fall antisemitische, Positionen vertreten, was zum Teil im Folgenden zu zeigen sein wird.

Anmerkungen und Danksagung: In dieses Buch gingen meine, nun erheblich erweiterten und umgearbeiteten, Aufsätze »›it's not systemic‹. Antisemitismus im postmodernen Antirassismus« (Elbe 2021a) sowie »Die ›Verschwörung der Asche von Zion‹« (Elbe 2021b) ein. Auch kleinere Teile anderer, von mir in den letzten drei Jahren verfasster Texte wurden in die Darstellung eingearbeitet. Ganze Sätze und längere englischsprachige Zitate wurden von mir übersetzt und mit einem * versehen. Die Originalzitate finden sich jeweils in den Fußnoten. Alle in Zitaten verwendeten eckigen Klammern markieren Einfügungen oder Auslassungen des Autors dieser Abhandlung, es sei denn, sie sind eigens als im Original vorhanden gekennzeichnet. Alle Kursivierungen in Zitaten befinden sich, soweit nicht anders angegeben, so im Original. Ich habe in der Einleitung der zweiten Auflage zwei Bemerkungen ergänzt und in der dritten Auflage in Kapitel 5.2 eine kurze Ausführung eingefügt. Bedanken möchte ich mich bei Klaus Bittermann für die (nicht nur bei diesem Band) unkomplizierte Zusammenarbeit und seinen Mut, dem postmodernen linken Mainstream ein dezidiert aufklärerisches Verlagsprogramm entgegenzustellen. Den Mitgliedern der *Gesellschaft für kritische Bildung*, insbesondere Andreas Stahl und Katrin Henkelmann, sei für das unermüdliche Engagement gedankt. Niklas Wünsch, Kerstin Junge, Steffen Klävers, Tim Stosberg und Andreas Stahl gilt mein Dank für die Durchsicht des Manuskripts oder von Teilen desselben. Dafür und für mehr als das danke ich meiner Frau.

2

Begriffliche Eliminierung des Antisemitismus

Die Basisoperation des postkolonialen Antirassismus bei der begrifflichen Eliminierung des Antisemitismus besteht im unterschiedslosen Reden von Rassismus (»racism against Jews« (Bakan 2014, 258)) oder von Orientalismus, wo begriffliche Differenzierungen vonnöten wären. Es handelt sich um eine Gleichsetzung von Antisemitismus und Rassismus gegen Schwarze, Araber, Slawen oder andere, häufig auch mit sogenannter ›Islamophobie‹[1]. So sieht Achille Mbembe überall nur ein und dasselbe Prinzip des ›Othering‹ am Werk. Eine Kultur, so referiert er Frantz Fanon, verschiebe »ihre niederen Strebungen und Triebe […] auf einen bösen Geist (den Neger, den Juden, den Araber), den sie erfindet« (Mbembe 2020c, 145). Der bevorzugte Name des zum ›Anderen‹ konstruierten »störenden Objekts« sei früher »Neger und Jude« gewesen. »Heute haben Neger und Juden andere Vornamen – Islam, Muslim, Araber, Ausländer, Immigrant, Eindringling« (82). Für den postmodernen Philosophen Alain Badiou besteht »der grundlegende Antisemitismus« gar »in der Feindseligkeit gegenüber dem Wandern, gegenüber Minderheiten, gegenüber dem Universellen, gegenüber Revolutionen.«[2]* (Badiou 2011, 170) Es handelt sich hier um einen Diskurs, dessen Prinzip der Journalist Jürgen Kaube treffend mit »[a]lles in einem Topf« beschreibt, um eine »Rede, für die Analogie die höchste Form des Denkens ist«. (Kaube 2020) Weder der ideologische und triebökonomische Gehalt noch die

1 Zur Kritik dieses Konzepts vgl. Heinisch/Scholz 2012, 17-28, Salzborn/Kahlweiß 2012, Pfahl-Traughber 2020.
2 »The basic anti-Semitism […] consists of hostility to wandering, to minorities, to the universal, to revolutions.«

Entstehungsgeschichte des Antisemitismus werden von diesem Denken erfasst.

2.1. Rassismus und Antisemitismus

Der Hass auf Juden als irrationaler Versuch der projektiven Auslagerung und Schiefheilung von inneren Konflikten, die das Individuum oder eine Gruppe als fundamental identitätsbedrohend empfindet, passt sich seit 2000 Jahren der jeweils dominanten Ideologie einer Kultur oder Gesellschaft an: Die Juden erscheinen im *Christentum* als Kinder des Satans, Menschenhasser, Mörder Gottes, Verleugner der Erlösung oder Verfälscher der Überlieferung; im *Nationalismus* als Weltverschwörer und Zersetzer der nationalen Homogenität der Völker; im *Rassismus* als apokalyptischer Feind der in ungleiche Rassen aufgeteilten Menschheit; im *Marxismus-Leninismus* als chauvinistisch-imperialistische Agentur des Finanzkapitals gegen die schaffenden Völker; im Islamismus als globale Strippenzieher der Entsittlichung und Zerstörung der Umma sowie im *Postkolonialismus bzw. Postmodernismus* als weiße privilegierte Nationalisten und ›toxische‹ Souveränisten, die die metaphysische Fluidität der modernen Subjekte und die Diversität der transnationalen, multikulturellen Gemeinschaften verseuchen. Der Literaturwissenschaftler Bruno Chaouat, einer der wenigen Forscher auf dem Gebiet des postmodernen Antisemitismus, drückt es so aus: »Juden […] sind nie dort, wo sie sein sollten, sie befinden sich immer in einer ungünstigen, etwas anachronistischen Position gegenüber der herrschenden Ideologie – kosmopolitisch in einem nationalistischen Europa, kapitalistisch in einem kommunistischen Russland, bolschewistisch in Nazideutschland, nationalistisch in einem postnationalen Europa.«[3]* (Chaouat 2020,

3 »Jews […] are never where they ought to be, they are always in an awkward, somewhat anachronistic position vis-à-vis the dominant ideology – cosmopolitan in a nationalistic Europe, capitalist in communist

8f.) Der Judenhass, »eine Leidenschaft und eine Weltanschauung« zugleich (Sartre 1994, 14), artikuliert sich also entlang der jeweils dominanten Werte einer Gesellschaft und der spezifischen semantischen Logik und affektiven Grundierung derselben.

Dabei sind in der Analyse des Judenhasses verschiedene Ebenen zu unterscheiden: zunächst *historische Formen*, die im Rahmen der jeweils hegemonialen Selbstdeutungen und Legitimationsideologien der Gesellschaften artikuliert werden (christliche oder islamische Judenfeindschaft, nationaler oder Rassenantisemitismus, antiimperialistisch oder pseudohumanitär-antirassistisch artikulierter Antisemitismus etc.); sodann die *Konsequenz*, mit der einzelne Akteure oder Gruppen die semantische Struktur und innere Logik des jeweils vorherrschenden Judenhasses ausformulieren und die damit einhergehende ›Lösungsperspektive‹ vertreten; des Weiteren die *Legierung* des Judenhasses mit anderen Ideologien, wie Fremdenfeindlichkeit (Rassismus oder Nationalismus). Zwar werden in rechten Verschwörungstheorien Juden etwa für massenhafte Migrationsbewegungen in Richtung Europa verantwortlich gemacht. Dadurch wird aber der Rassismus gegen Migranten noch nicht zum Antisemitismus und vice versa. Bestimmte Stereotype können zudem sowohl im Rassismus als auch im Antisemitismus auftauchen (beispielsweise Illoyalitäts-, Verschmutzungs- oder Geruchsphantasien). Schließlich können Juden zusätzlich zu antisemitischen auch rassistische oder nationalistische Feindbilder zugeschrieben werden – zum Beispiel jüdischen Einwanderern in den USA zum Beginn des 20. Jahrhunderts[4] oder sogenannten ›ostjüdischen‹ Migranten im Deutschen Kaiserreich des letzten Drittels des 19. Jahrhunderts (wobei hier christlich antijüdische Motive vorherrschten)[5]. Damit wird Antisemitismus aber weder zum Rassismus, wie relevante Teile der antirassistischen Forschung

Russia, Bolsheviks in Nazi Germany, nationalist in post-national Europe.«

4 Vgl. Brodkin 1998.

5 Vgl. Volkov 2000, 170-180.

behaupten, noch entsteht ein Antisemitismus ganz eigener Art, der die Rede von »Antisemitismen« rechtfertigen würde.[6]

Christlicher Judenhass

Der moderne Antisemitismus modifiziert zwar die Tradition der christlichen Dämonisierung der Juden, ist aber ohne diese Tradition völlig undenkbar: Hier können vor allem die Forschungen von David Nirenberg und Hyam Maccoby eine rein auf die Moderne konzentrierte und damit verkürzte Deutung des Antisemitismus korrigieren. Ich konzentriere mich dabei auf Maccobys Ansatz: Der anthropologische Zugang des Judaisten befasst sich in vergleichender Perspektive mit Mythen und Bräuchen vornehmlich vormoderner Gesellschaften. Im Zentrum stehen Opferkulte und Kastenstrukturen, die herangezogen werden, um die Spezifik der Judenfeindschaft zu untersuchen. Die vergleichende Perspektive führt Maccoby dazu, gegen postkoloniale Nivellierungen oder bloße Xenophobie-Theorien[7], die Spezifik des Antisemitismus[8] herauszuarbeiten, die ihm zufolge in der einmaligen Kombination auch anderweitig anzutreffender Elemente besteht, nämlich des bestimmten Usurpationsmythos einer siegreichen Mehrheit, eines theologisch-gesellschaftlich begründeten Pariastatus einer Minderheit und des Mythos vom »Heiligen Henker« (Maccoby 2019, 216).

Eine systematische, dämonisierende Judenfeindschaft entstehe »in Regionen, in denen eine vom Judentum abgeleitete Re-

6 Selbst wenn das der Fall wäre, zeichnen sich antirassistische Positionen zum Antisemitismus doch in der Regel dadurch aus, in solchen Fällen von Antisemitismus schlechthin zu sprechen, ohne die Spezifik des modernen Antisemitismus herauszuarbeiten, vgl. kritisch dazu Kolchin 2002 oder Berkovits 2018.

7 Vgl. Maccoby 2019, 177, 219.

8 Maccoby ist ein konsequenter Kontinuitätstheoretiker, d.h. er sieht keinen qualitativen Bruch zwischen Antijudaismus und modernem Antisemitismus.

ligion vorherrscht« (50), die mit Hilfe der »Methode der Usurpation« (48) eine »Theologie der Verdrängung« (49) betreibt. Die früheste Form dieser, hier allerdings noch extrem selektiven, Usurpation sei im Hellenismus bzw. in der Gnosis zu finden, die als erste einen »kosmischen Antisemitismus« (77) entwickelt habe, worin die Juden als Volk gegolten hätten, das sich von allen anderen Völkern absondere, als Feind der gesamten Menschheit agiere und »eine kosmische Rolle als Diener und Anhänger einer bösen Gottheit« (47) einnehme, die die materielle, ungeistige Welt der Finsternis erschaffen habe.[9] Erst die christliche Usurpationsmethode knüpfe aber systematisch an die jüdische Überlieferung an, deute sie als immer schon auf das Christentum hinweisende und werfe den Juden vor, diese Umdeutung nicht als letzte Wahrheit zu akzeptieren. Als Volk seien sie demnach schon in der Vergangenheit gegenüber ihrer eigenen ›protochristlichen‹ Überlieferung böswillig ungläubig gewesen sein – bis hin zur Tötung ihrer eigenen Propheten.[10] Den Juden wird dabei unterstellt, am Buchstaben und Irdischen zu kleben und den Sinn der Schrift zu verfehlen.[11] Letztlich sollen sie als ›Beweis‹ ihrer sündhaften Verstocktheit auf Erden »›aufbewahrt werden‹« und eine gedemütigte Existenz fristen (Petrus Venerabilis zit. nach Nirenberg 2015, 142), bis sie am Ende der Tage

9 Zu vorchristlichen Motiven und Quellen des Judenhasses vgl. auch Schäfer 2010. Schäfers Darstellung kann durchaus mit Gewinn gelesen werden, auch wenn man seine konzeptionellen Schlussfolgerungen nicht teilt. Schäfer betont, »daß erst die Idee von einer weltweiten griechisch-hellenistischen Zivilisation es ermöglicht hat« (2010, 295) den dämonisierenden Vorwurf der absoluten Menschenfeindlichkeit der Juden zu formulieren, dem dann bisweilen auch Totalvernichtungsforderungen folgten (299). Nicht erst der aktuelle Judenhass ist also kosmopolitisch, sondern bereits der antike.

10 Zu dieser Methode der Usurpation vgl. auch Nirenberg 2015, Kap. 2 und 3. Dieser zeigt (ebd., Kap. 4), wie auch Maccoby (2019, 49f.), dass eine ähnliche Usurpationsmethode im Islam angewendet wird. Vgl. dazu Kapitel 5 dieses Buches.

11 Vgl. Nirenberg 2015, u.a. 107-116.

»verschwinden« werden – »entweder als Bekehrte oder als Opfer der Vernichtung« (Maccoby 2019, 212).[12]

Der Erlösungsantijudaismus des Christentums wird von Maccoby als Schiefheilung eines inneren Konflikts gedeutet: Er habe »atavistische Wurzeln in der Schuldverschiebung [...], die mit einem bestimmten Stadium des Menschenopfers verbunden ist.« (Maccoby 2019, 169) Die christliche »Lehre des stellvertretenden Sühneopfers« (126) durch den Kreuzestod – Jesus als »das Lamm Gottes, das die Sünde der Welt hinwegnimmt« (Bibel 1982, Joh. 1, 29) – führt demnach zur projektiven Verarbeitung des Schuldgefühls in der Gemeinschaft der Christen: In der Idee des »menschlich-göttlichen Opfers [...] liegt die moralische Schwierigkeit [...], dass der Initiierte eigentlich froh ist, dass der heilbringende Tod stattfindet, da er ohne ihn auf die Erlösung verzichten würde. Diese Freude muss freilich um jeden Preis verborgen werden, denn es kann nicht eingestanden werden, dass der Initiierte und die Gemeinschaft, zu der er gehört, durch ihren starken Wunsch und ihre Dankbarkeit darüber mitverantwortlich sind für den grausamen Tod. Folglich muss irgendeine dunkle Gestalt eines Verräters gefunden werden, auf den die Bluttat geschoben werden kann.« (Maccoby 2019, 102) Diese Verräter und im vorliegenden Fall letztlich sogar ›Gottesmörder‹ sind im christlichen Denken Judas Ischariot, die als »furchterregende Überväter« (116) gezeichneten Pharisäer und schließlich das jüdische Volk insgesamt.[13] Da sich das Christentum paulinisch als Vertreter der gesamten zu errettenden Menschheit ver-

12 Zur eschatologischen Bedeutung der Bewahrung der Juden bis zur Apokalypse, die ihr Verschwinden bzw. ihre Vernichtung bedeute, vgl. Maccoby 2019, 89f., 211f. Zur ambivalenten Rolle der Juden in Endzeitvorstellungen fundamentalistischer christlicher Strömungen der Gegenwart vgl. u.a. Ginsberg 2017. Dass es im frühen Christentum bereits Ideen der vorapokalyptischen Vernichtung der Juden gab, zeigt Nirenberg 2015, 122ff. Zur Frage der Verbindung von christlichen und nationalsozialistischen apokalyptischen Vernichtungsphantasien vgl. Bärsch 1987, 306-332.

13 Vgl. Maccoby 2019, 103f., 107, 121.

steht, werden die ›gottesmörderischen‹ Juden als »gegen alle Menschen feindselig[e]« ›Kinder des Teufels‹ dämonisiert (Bibel 1982, 1. Thess. 15 sowie Joh. 8, 44)).

An solche Vorstellungen konnten bereits im Hochmittelalter Verschwörungstheorien anknüpfen. So bemerkt der katalanische Dominikaner Raimundus Martinus um das Jahr 1275: »Was kann der Teufel alles durch die Juden bewerkstelligen, die so zahlreich sind, fast alle gebildet und höchst gerissen, so gemästet vom guten Leben und dem Zinswucher, den die Christen ihnen gestatten, so beliebt bei unseren Fürsten wegen ihrer Dienste, so über die Welt verstreut, so heimlich in ihren Vorhaben, dass sie bemerkenswert aufrichtig erscheinen?« (Raimundus Martinus, zit. nach Nirenberg 2015, 191). Der vorherrschende Umgang mit den Juden war – neben immer wieder zu verzeichnenden Pogromen – die theologisch begründete irdische Demütigung als Zeichen der Strafe für ihre Verstocktheit sowie die Abdrängung in den Pariastatus einer Gruppe, die gesellschaftlich geächtete, zugleich aber notwendige Tätigkeiten in Handel und Kreditwesen vollzog. Anders als sogenannten »Middleman Minorities« (Bonacich 1973, 583) wurden den Juden, folgt man Maccoby, im feudalen Christentum also nicht nur paria-typische Tätigkeiten und Zuschreibungen in gesellschaftlichen ›Nischen‹ zwischen den klassischen Ständen aufgenötigt. Sie seien vielmehr Paria gewesen, die zugleich die Rolle des »Heiligen Henkers« (Maccoby 2019, 205) einnehmen und darin einmalig. Der ethnologische Zugang Maccobys kritisiert damit auch funktionalistische Thesen der Entstehung der systematischen Judenfeindschaft im Mittelalter: Der »soziologische[…] Ansatz«, der »Erklärungen im rissig werdenden Gefüge der mittelalterlichen Gesellschaft findet« (177), tendiere dazu, Judenfeindschaft als bloße Fremdenfeindlichkeit zu verstehen und die Juden als »unbeschriebenes Blatt zu betrachten« (178), das sie im christlichen Denk- und Gefühlshaushalt keineswegs gewesen seien: »Die Juden in der mittelalterlichen Gesellschaft waren nicht einfach eine fremde Gruppe, auf die die momentanen Fantasien und Ängste bequem projiziert werden konnten. Sie waren eine Gruppe, die in einem sehr realen Sinn ganz und gar nicht fremd war, denn sie machte einen wesentlichen Teil der grundlegenden Fantasie aus, durch die der mittelalterliche Christ lebte und erlöst wurde.« (177) Die zunehmende Feindseligkeit resultierte also vornehmlich aus der weitgehenden Durchchristianisierung: Die mittelalterlichen Ritualmord- bzw. Kindermord- und Hostienschändungsvorwürfe gegen die Juden bauten demnach auf grundlegenden christlichen Mythen auf und waren eng mit der sich im 12. bzw. 13. Jahrhundert durchsetzenden wörtlichen Auffassung der Transsubstantiationslehre verbunden[14]: »Jetzt weckte die kannibalistische Fantasie, die das Verzehren [des Leibes und Blutes Jesu] während der Messe begleitete, Gefühle unbewusster Schuld, […] sodass auch diese Opferung den Juden zugeschrieben werden musste.« (180) Zugleich konnten in den Erzählungen von Hostienfrevel und Kindermord eigene Glaubenszweifel bekämpft werden. Solche nach dem immergleichen Muster gestrickten Legenden imaginierten die permanente Wiederholung der Tötung eines Christenkindes (durch Juden), das verschoben für das Christuskind stand und in Gestalt von Motiven wie den aus dem Sarg des Kindes wachsenden Lilien auch die Wiederauferstehung symbolisierte – der Christ hatte also einen beständigen sinnlichen ›Beweis‹ für die Faktizität der Kreuzigung und Wiederauferstehung. Wenn die Juden im ›Hostienfrevel‹ angeblich auf die Hostie einstachen und diese daraufhin zu bluten begann, hatte man neben der Schuldverschiebung ebenfalls einen augenfälligen ›Beleg‹ für die Wahrheit der Transsubstantiation.[15]

14 Vgl. dazu Flasch 2009, 89.

15 Vgl. dazu auch Simmel 1980, 299: »Indem sie den Juden beschuldigten, die Hostie durchstochen zu haben, so daß sie blutete, zeigten die antisemitischen Christen lediglich, daß die Hostie in ihren Augen den wirklichen Leib Christi bedeutet. Daß sie bluten kann, wenn ein Jude sie durchsticht, zeigt, daß die Hostie für den Antisemiten […] noch immer versinnbildlicht, daß Christus lebt. So beschuldigt der Antisemit den Juden, er wiederhole das archaische Verbrechen des Vatermordes unmittelbar vor seinen Augen: er beschuldigt den Juden des Verbrechens, das er selbst unbewußt begeht, indem er die Hostie verzehrt.«

Die Juden sind, folgt man Maccoby, theologisch, soziologisch und psychologisch zentrale »Sündenträger« (201) für das Gründungs- und Erlösungsopfer im Christentum. Die für den einzelnen Juden gegebene Möglichkeit der Konversion zum Christentum ist damit für das Judentum als Ganzes nicht gegeben[16], weil »die Juden ein notwendiges Element in der christlichen« Schuld- und »Religionsökonomie« (211) darstellen. Sie dienten, wie der Historiker David Nirenberg belegt, stets als Projektionsfläche innerchristlicher Kontroversen und Zweifel.[17] Axel Töllner weist darauf hin, dass zudem auch der christliche Antijudaismus mit »Stereotypen vom angeblichen Reichtum, der Macht, Größe und Illoyalität« den Juden »Eigenschaften zuschreibt, die nicht primär religiös konnotiert sind.« (Töllner 2022, 143) Es lässt sich daher festhalten, dass die in vielen Untersuchungen zum Judenhass zu findende Auffassung, der christliche Antijudaismus unterscheide sich vom modernen Antisemitismus eindeutig durch die Kriterien der Konversionsmöglichkeit und der fehlenden Vernichtungsperspektive im Christentum, zu relativieren ist: Denn einerseits musste es Juden bis zur Wiederkunft Christi geben, was eine vollständige Konversion de facto ausschloss, andererseits würden die Juden am Ende der Tage, nach Chaos, Krise und Kampf zwischen Gut und Böse, durch Konversion oder Vernichtung verschwinden, was bedeutet, dass im christlich-apokalyptischen Denken »Sieg« (gerade auch über die Juden) »und Heil nicht zu trennen sind« (Bärsch 1987, 331). Zudem ist das Fortwirken entscheidender antijüdischer Topoi sowie des Erlösungsmotivs und des manichäischen, apokalyptischen Charakters des christlichen Judenhasses im modernen Antisemitismus festzustellen, wie viele ideen- und realgeschichtliche Untersuchungen zeigen.[18] Judenfeindliche Stereotype werden zwar in neue ideologische Bezugssysteme eingebaut, erhal-

16 Vgl. Maccoby 2019, 201.
17 Vgl. Nirenberg 2015, v.a. Kap. 2 und 3.
18 Vgl. Bärsch 1987, Wistrich 1987, Hegener 2004, Kap. 3, Friedländer 2008, Nirenberg 2015 sowie zuletzt Töllner 2022 und Tarach 2022.

ten sich demzufolge aber von der Spätantike bis in die Gegenwart: Die Juden als dämonische Kinder des Teufels werden zu physisch existenten Teufeln in Menschengestalt, die das Unheil der säkularen Welt zu verantworten haben; der Feind der universellen Verkündigung und apokalyptische Gegenspieler wird zur Gefahr für den Weltfrieden, zum Feind der Völker und Menschenrechte; der am abstrakten Gesetz und materiellen Buchstaben klebende Ungläubige wird zum rein diesseitsorientierten Hedonisten und Winkeladvokaten, der mittelalterliche Wucherer zum ausbeuterischen transnationalen Finanzkapitalisten; der Ritualmörder an christlichen Kindern wird zum Kindermörder Israel. In mustergültiger Weise werden einige dieser Motive beispielsweise in Karikaturen und Propagandabildern kombiniert, die Benjamin Netanjahu als Dämon mit Teufelshörnern und blutunterlaufenen Augen zeigen, der einen Davidstern auf der Stirn trägt und mit seinen Reißzähnen ein palästinensisches Kind aussaugt.[19]

Moderner Antisemitismus

Allerdings bleibt in den starken Kontinuitätstheorien Maccobys und Nirenbergs unklar, wie eine tendenziell säkularisierte Gesellschaft, die den Anspruch der Rechtsgleichheit unter Marktbedingungen formuliert, den Antisemitismus permanent reproduziert und ein Bild des Juden als Inkarnation bedrohlicher Abstraktionen und ›völkerzersetzender‹ moderner Dynamiken hervorbringt. Offen bleibt, wie die christlich antijüdischen Stereotype in einem neuen weltanschaulichen Bezugssystem tradiert und modernisiert werden konnten. Soll dies erklärt werden, bedarf es einer Soziologie und Sozialpsychologie der (kapitalistischen) Moderne. Der moderne Antisemitismus entstand weit vor

19 Das Bild findet sich z.B. in https://taz.de/Kommentar-Antisemitismus/!5037008/.

dem Ende des 19. Jahrhunderts.[20] Seine wissenschaftlich drapierte rassistische Artikulation stellt lediglich eine semantische Variante dar, die zudem inhaltlich vom Rassismus gegen Schwarze und andere zu unterscheiden ist.[21]

So bezeugt zum Beispiel die bei der Soziologin Karin Scherschel zu findende Gleichsetzung von Antisemitismus und Rassismus sowie die Funktionsbestimmung des Letzteren als »*symbolische Ressource*« (Scherschel 2006, 13) für den Ausschluss eines ›essentialistisch‹ und dichotomisch konstruierten ›Anderen‹ vom gleichen Zugang zu »materiellen und symbolischen« (31) Gütern, die Verkennung des Antisemitismus im antirassistischen Denken. Juden sollen im modernen Antisemitismus nicht einfach als ›Andere‹ konstruiert und vom gleichen Zugang zu materiellen und symbolischen Ressourcen ausgeschlossen oder ausgebeutet werden, denn, wie Ruth Wisse zuspitzend anmerkt, »Antisemitismus ist keine Diskriminierung« (»anti-Semitism is not discrimination«) (Wisse 2017, 91). In der antisemitischen Ideologie wird als homogen imaginierten Kollektiven ein in Gestalt der Juden als Zersetzung dieser Kollektive vorgestelltes, meist verschwörerisch agierendes Anti-Kollektiv manichäisch gegenübergestellt. Juden sollen als Inkarnation des Abstrakten und des Nichtgelingens der postulierten Harmonie und Identität der eigenen Gemeinschaft *letztlich* vom Planeten

20 Spätestens Anfang des 19. Jahrhunderts lässt sich der moderne Antisemitismus als völkisch-nationaler Diskurs ausmachen. Ob der spanische antijüdische Rassismus der Blutgesetzgebung gegen Conversos im 16. Jahrhundert ein vormodernes Übergangsphänomen zum modernen Antisemitismus darstellt oder diesem bereits zuzuordnen ist, ist umstritten. Rainer Walz betont als Differenz zum Rassenantisemitismus des ausgehenden 19. Jahrhunderts, der »genealogische Rassismus Spaniens« unterstellte zwar mit dem Blut bereits ein unveränderliches Zugehörigkeitskriterium, »trotzdem diente er noch vorwiegend religiösen Zwecken. Er sollte […] die Distanz zu einem aus religiösen Gründen verhaßten Volk vergrößern.« (Walz 1995, 742)

21 Vgl. Holz 2010, Weyand 2016. Zum triebökonomischen Gehalt vgl. Rensmann 1998, Pohl 2006.

gefegt, also vernichtet werden.[22] Dies bezieht sich allerdings auf die diskursive Logik des Antisemitismus und bedeutet weder, dass jeder Antisemit subjektiv diese Konsequenz zieht, noch, dass nur direkt auf die Vernichtung von Juden zielende Aussagen und Handlungen antisemitisch sind. Aussagen wie »Antisemitismus ist Massenmord und muss dem Massenmord vorbehalten bleiben« (Dieter Dehm, zit. nach Koester 2017) verbreiten Akteure, die faktisch eine Bagatellisierung von aktuellen Erscheinungsformen des Antisemitismus betreiben.[23]

Juden werden im modernen Antisemitismus vom Teufelskind zum »Teufel der säkularen Welt« (Goldhagen 1998, 91).[24] Sie sind nun, wie der Soziologe Klaus Holz herausarbeitet, die als Identität vorgestellte »*Nicht-Identität*« (Holz 2010, 161) (eine als Inbegriff von Diffusion, Chaos, Ausbeutung und Egoismus imaginierte Gruppe), die als Gemeinschaft vorgestellte Gesellschaft sowie das als Konkretes vorgestellte Abstrakte (Regenten des Geldes, des Zinses und des Rechts; partikulare Profiteure des vermeintlichen moralischen Universalismus; Personifikation der anonymen, konflikthaften sozialen Beziehungen). Im Antisemitismus sind Juden, so lässt sich durch eine Kombination von diskursanalytischer und sozialpsychologischer Perspektive sagen, die in der Semantik des Volkes oder der Rasse phantasierte und inkarnierte Gefahr des Misslingens völkischer, ›rassischer‹, religiöser oder anders titulierter homogener Gemeinschaftsphantasmen, deren die autoritär-masochistische Triebstruktur des Antisemiten bedarf, um in der modernen Gesellschaft produzierte Ohnmachtsgefühle irrational zu bewältigen. Das heißt der Antisemit flieht vor der als Ohnmacht und Prekarität erfahrenen modernen individuellen Freiheit in die Verheißung einer konkreten, machtvollen Gemeinschaft und entledigt sich der da-

22 Zur konsequenten Vernichtungslösung im Antisemitismus vgl. Holz 2010, 44, 108, 245f., 272, 339, 364, 418f.
23 Kritisch dazu: Lelle/Uhlig 2020.
24 Vgl. zum Motiv des säkularen Teufels im NS u.a. Bärsch 1987, Tarach 2022, 22-25.

rin fortbestehenden Konflikte und Krisen projektiv durch die Imagination eines störenden, zersetzenden Juden.[25] Die strukturellen, internen Konflikte moderner Gesellschaften, die sich aber als emotional, territorial, historisch, ethnisch oder religiös verbundene Kollektive deuten, der Konflikt zwischen dem »institutionalisierte[n] Individualismus« (Weyand 2016, 56) des modernen Rechtssubjekts und dem Gemeinschaftsgeist sowie derjenige zwischen antagonistischen Interessenorientierungen innerhalb der kapitalistischen Konkurrenz bei gleichzeitiger Verpflichtung aufs Gemeinwohl, werden als existentieller Gegensatz zwischen den Juden und der eigenen Gemeinschaft gedeutet.

Die Juden und ihre ›globalen Machenschaften‹ gelten also als Ursache der inneren Zerrissenheit der postulierten Gemeinschaften, einer Zerrissenheit, die es der homogenen Einheits-Semantik zufolge nicht geben darf, und die die Juden angeblich mittels Egoismus, ›Zinsknechtschaft‹, ›Mammonisierung‹ der Kultur, Klassenkampf, entsittlichendem Individualismus, entwurzelndem Universalismus, verdecktem Lobbyismus, unnachgiebigem Partikularismus, demokratischem ›Parteiengezänk‹, ›intellektuellem Kritikastertum‹, Urbanisierung und Presse bewirken.[26] Wichtig ist zu betonen, dass ›der Jude‹ zum Beispiel im »nationalen Antisemitismus« (Holz 2010, 157) zwar für das Nationen subvertierende Prinzip, für zersetzenden Universalismus und moderne Abstraktionen steht, dieser Universalismus aber lediglich als verschleierter Partikularismus gilt, weil es einen wirklichen Universalismus gar nicht geben könne.[27] Der Antisemit imaginiert sich schließlich als Opfer jüdischer Weltherrschaft oder Weltherrschaftspläne und bekämpft im Gestus eines konformistischen Rebellen und hinter die Kulissen bli-

25 Vgl. dazu Rensmann 1998, Elbe 2020.

26 Vgl. zu diesem Komplex insgesamt: Priester 2003, 194f., Holz 2010, u.a. 157-164, Weyand 2016, 76f., 200-204.

27 Vgl. Hitler 1943, 346f., Schmitt 2002, 55: »Wer Menschheit sagt, will betrügen«.

ckenden (pseudo-)aufgeklärten Subjekts diese vermeintliche Herrschaft von ›Denen da oben‹ im Modus der Ausnahme- und Notwehrgewalt[28], die zugleich das Erleben von Zugehörigkeit zur eigenen Gruppe in Gestalt einer »sadistische[n] Gratifikation« (Löwenthal 1990, 122) ermöglicht: »Der eigentliche Gewinn, auf den der Volksgenosse rechnet, ist die Sanktionierung seiner Wut durchs Kollektiv.« (Horkheimer/Adorno 1997, 199) Allerdings ist gegen die stark auf Nation und Volk fokussierten Thesen von Holz und Weyand mit dem Politikwissenschaftler Samuel Salzborn festzuhalten: Dass »die (realen oder fiktiven) Juden […] außerhalb des als homogen fantasierten Kollektivs gestellt werden und dabei nicht nur als anders, sondern als das Andere und damit als die Negation der jeweiligen homogen phantasierten Ordnung gelten, ist unabhängig davon, ob dieser Ordnungsvorstellung eine nationale Vorstellung zugrunde liegt. Entscheidend ist vielmehr der autoritäre, homogenisierende und missionarische Exklusivitätsanspruch des antisemitischen Weltbildes, in dem eine Amalgamierung mit nationalen Ideologien genauso möglich ist, wie mit pränationalen wie der katholischen Kirche, mit nichtnationalen wie der islamischen *umma* oder auch mit postnationalen wie der Antiglobalisierungsbewegung.« (Salzborn 2010b, 405)

Antisemitismus und Rassismus

Ganz anders der moderne Rassismus[29] gegen Schwarze und andere: Hier wird in sozialpsychologischer Hinsicht die Reduzie-

28 Vgl. Horkheimer/Adorno 1997, 217ff.

29 Auch in vormodernen Gesellschaften gab es Rassismus, vgl. u.a. Lewis 1992, Detel 1995, Beer 2002. Karin Priester zitiert zwar seitenlang Autoren, die belegen, dass es in nahezu allen menschlichen Gesellschaften rassistische Motive und Praktiken gab, meint aber, diese Feststellung führe zu »der Schlussfolgerung, dass es ihn immer und überall gegeben hat und folglich immer geben wird« (Priester 2003, 20), weshalb man Ethnozentrismus von Rassismus unterscheiden solle. Zum einen handelt es sich bei Priesters Aussage um einen schlichten logischen

rung des Menschen auf das dequalifizierte ›Arbeitstier‹[30] sowie die Möglichkeit des Herausfallens aus der als Gemeinschaft verstandenen bürgerlichen Gesellschaft projektiv abgewehrt und etwa im Schwarzen als ›pure Natur‹ (Körperkraft bei Verstandesdefizienz) sowie Bedrohung durch Faulheit, sexuelle Potenz und Ausschweifung personifiziert (die zugleich begehrt werden). »Die Hierarchisierung der ungleichzeitig existierenden Gattung«, schreibt Joachim Bruhn, »ist die Form, in der das bürgerliche Subjekt seine Zerfallenheit mit sich selbst und seine Todesfurcht vor seiner ›Entartung‹ zum unproduktiven und illoyalen Tier in Menschengestalt verdrängt und auf die weltgesellschaftlich ›Verspäteten‹ projiziert.« Zugleich »symbolisiert« der »Untermensch [...] die luxuriöse Faulheit und zwanglose Freiheit« (Bruhn 1994, 90), die ihm zugeschriebene »Macht ist«, wie Moishe Postone ergänzt, »konkret, materiell und sexuell« (Postone 2005, 178). Mit der Titulierung des Schwarzen als ›tierhafte Natur‹ ist zudem ein genozidales Potential im Rassismus angelegt, das aber nicht die logische Konsequenz der rassistischen Sinnstruktur ist und dem der Gedanke apokalyptischer globaler Totalvernichtung fehlt – die vermeintlich im Schwarzen inkarnierte Natur soll eher beherrscht werden und die von Rassisten beschworene ›Gefahr der Rassenmischung‹ gilt als durch Trennung bewältigbar.

Der Jude hingegen erscheint den Antisemiten als aktiver Verschwörer. Die Manifestationen seines Geistes und sein Handeln zerstörten qua ›Mammonismus‹, Bolschewismus oder Zionismus die Einheit der Völker und die ›natürliche Ordnung‹ zwischen den Völkern. Im Antisemitismus wird die angebliche Ursache des Herausfallens aus der bürgerlichen Gesellschaft wahn-

Fehlschluss, zum anderen fragt man sich, was vor diesem Hintergrund gewonnen sein soll, wenn man statt des Rassismus nun den Ethnozentrismus als universelles Phänomen diagnostiziert oder von ›Proto-Rassismus‹ spricht.

30 Vgl. Schmitt-Egner 1976, 377.

haft und projektiv dingfest gemacht (und zugleich als unterstellte globale Macht begehrt).[31] Im Juden werden die fetischisiert wahrgenommenen[32], abstrakten gesellschaftlichen Verhältnisse und Dynamiken einer Gesellschaft der Privateigentümer und Konkurrenten – Geld, Kapital, Profit, Zins, aber auch modernes Recht und demokratischer Streit – als Individuum phantasiert, das man nur totschlagen muss, damit die Gefahr beseitigt ist. Der Rassismus personifiziert im ›Untermenschen‹ das eigene mögliche Scheitern in der Konkurrenz, der Antisemitismus personifiziert im ›Unter-Übermenschen‹, dem ebenso ›parasitären‹ wie »unendlich überlegen[en]« Juden (Naudh 2016, 195), dem »absolut intellektuelle[n] Wesen« (Goebbels 2003, 1933), die Ursache für das Scheitern, ohne die Konkurrenz als solche zu kritisieren.[33] Dadurch kann Antisemitismus auch indirekt herrschaftsstabilisierende Funktionen haben. Er steht dennoch nicht, wie in der Regel der Rassismus, in einem unmittelbaren Verhältnis zu ökonomischer Ausbeutung, Privilegiensicherung oder territorialer Verdrängung. Zudem hat er als Erlösungsan-

31 Ein schönes Beispiel für dieses projektive Begehren ist der folgende Tagebucheintrag Joseph Goebbels‹ vom 13.5.1943: »Die Völker, die den Juden am ehesten erkannt haben und ihn am ehesten bekämpfen, werden an seiner Stelle die Weltherrschaft antreten.« (Goebbels 2003, 1934)

32 In einer fetischistischen oder mystifizierten Wahrnehmung des Kapitalismus werden historisch-spezifische Verhältnisse enthistorisiert (verdinglicht), Herrschaftsverhältnisse als Gleichheitsverhältnisse fehlgedeutet und konstitutiv zusammengehörige Momente (Ware und Geld, Produktion und Zirkulation, Ausbeutung und Lohnarbeitsverhältnis) sinnwidrig getrennt, sodass irrationale Gegensätze wie ›schaffendes vs. raffendes Kapital‹ konstruiert werden. Die Herrschaft von Abstraktionen, aber auch Ausbeutung und Krisen können damit irrational externalisiert und personifiziert, Ausbeutung lediglich in der Zirkulationssphäre angesiedelt und letztlich mit den Juden identifiziert werden. Zum ökonomischen Fetischismus im Kontext des Antisemitismus vgl. Horkheimer/Adorno 1997, 197-200, Postone 2005 sowie Heinrich 2005, 186-192.

33 Vgl. Bruhn 1994, 82, 90, 97f., 104, Postone 2005.

tisemitismus durch seine irrationale und apokalyptische Dimension[34] auch extrem herrschafts*destabilisierende* Momente.[35] Hitler begreift den Kampf gegen das Judentum in diesem Sinne als globalen Endkampf, dem alles andere unterzuordnen ist: »Siegt der Jude mit Hilfe seines marxistischen Glaubensbekenntnisses über die Völker dieser Welt, dann wird seine Krone der Totentanz der Menschheit sein, dann wird dieser Planet wieder wie einst vor Jahrmillionen menschenleer durch den Äther ziehen. [...] So glaube ich heute im Sinne des allmächtigen Schöpfers zu handeln: *Indem ich mich des Juden erwehre, kämpfe ich für das Werk des Herrn.*« (Hitler 1943, 69f.) Da der Antisemitismus eine irrationale Schiefheilung innerer psychischer und Gruppenkonflikte der als homogen und harmonisch phantasierten Identität (Christentum, Volk, Rasse, Umma, 99 Prozent, Weltgemeinschaft) darstellt – irrational, weil die Juden keineswegs die Quelle dieser Konflikte sind, die Konflikte also auch nicht durch ihre ›Entfernung‹ geheilt werden können –, ist in ihm eine endlose Steigerung der Gewalt systematisch angelegt, oder, wie Ruth Wisse sich ausdrückt: »Die bis zur Gewalttätigkeit aufgehetzte Öffentlichkeit griff die Juden an, aber die Gewalt konnte sich nie an ihnen befriedigen, weil sie in Wirklichkeit nicht die Quelle des Unbehagens waren.«[36]* (Wisse 2017, 95)

Moderner Rassismus legitimiert, reproduziert oder propagiert zugleich personale Herrschaftspraktiken angesichts rechte-egalitärer und marktvermittelt-anonymer Herrschaftsstrukturen. Der Ideologiecharakter des Rassismus geht nämlich über den sozialpsychologischen Aspekt hinaus. Er ist ein Versuch, »unter den Bedingungen der Moderne vormoderne Strukturen und Hie-

34 Vgl. Wistrich 1987, Bärsch 1987, Friedländer 2008.
35 Vgl. Diner 2007a, 28f.
36 »Stoked to the point of violence, the public assailed the Jews, but the violence could never find satisfaction in them because they were not, in fact, the source of the malaise.« Vgl. ähnlich Löwenthal 1990, 30f., 33, 151.

rarchien aufrechtzuerhalten oder durch die Biologisierung sozialer Beziehungen wiederherzustellen«, indem Abstammung und Herkunft zum »Zuweisungskriterium für gesellschaftlichen Status« erhoben werden (Priester 2003, 21).[37] Rassismus kann als Sozialdarwinismus nach innen aber auch die durch die kapitalistische Klassengesellschaft und Konkurrenz bedingten Ungleichheiten naturalisieren und erweist sich dabei als Rettungsversuch eines zynisch gewordenen ökonomischen Liberalismus jenseits kolonialer Motive.[38] Rassismus hängt damit viel direkter mit der Sicherung ökonomischer und herrschaftlicher Privilegien einer Gruppe zusammen als der Antisemitismus. Es liegt oft im unmittelbaren ökonomischen Interesse nicht nur von Kapitalisten, sondern auch von Proletariern oder Mitgliedern des Kleinbürgertums, bestimmte Gruppen von Arbeitern oder Konkurrenten ethnisch zu diskriminieren.[39] Der Antisemitismus hingegen ›erklärt‹ apersonale Herrschaft als Gestalt personaler Machenschaften und will die vermeintlich personal Herrschenden letztlich vernichten, nicht beherrschen oder ausgrenzen.[40]

Der Antiziganismus stellt eine spezielle Variante pathischer

37 Vgl. auch von zur Mühlen 1979, 26f., Hobsbawm 1980, 336.
38 Vgl. Priester 2003, Kap. VII; von zur Mühlen 1979, 193.
39 Vgl. Priester 2003, 113ff., Schuberth 2015, 141f., Egger 2022, 237ff.
40 Zur Differenz zwischen Antisemitismus und Rassismus vgl. neben den oben Genannten auch Uhlig/Mendel 2017, 40; Bernstein 2020, 285-288, Lenhard 2021, 54-63. Damit werden sozialpsychologische Quellen des modernen Rassismus und der Judenfeindschaft unter den Bedingungen einer bürgerlichen Gesellschaft thematisiert, die den Anspruch der Rechtsgleichheit unter Marktbedingungen formuliert. Es wird nicht geleugnet, dass es auch vormoderne Formen von Rassismus und Judenfeindschaft gab, die sich aus anderen Quellen speisten und im Falle der Judenfeindschaft vornehmlich auf die Beherrschung und Demütigung der Juden aus religiösen Motiven abstellten. Es wird ebenfalls nicht geleugnet, dass auch Juden aus ökonomischem Interesse heraus als Konkurrenten vom Arbeitsmarkt verdrängt werden können. Im Kontext einer antisemitischen Politik und Ideologie kann die Verdrängung der Juden vom Arbeitsmarkt allerdings eine ganz andere Bedeutung haben und hatte sie im Kontext des NS auch.

Projektion dar. Mit dem Rassismus gemeinsam hat er die Darstellung des »Zigeuners« als das, »zu dem man jederzeit werden kann, wenn man von der sozialen Leiter tief herabfällt« (Bogdal, zit. nach Bauer 2020, 105). Sinti und Roma gelten als die ›Faulen‹ und Machtlosen, aber, im Gegensatz zu den Rassifizierten im »Kolonialrassismus«, ohne besondere körperliche Potenz (End 2019, 16). Ihr angeblich ungezügeltes, »haltlos[es] und flüchtig[es]« (16) Leben fürchtet und begehrt man zugleich – es ist identisch mit dem Herausfallen aus der bürgerlichen Gesellschaft und es ist das, was man sich versagen muss, um als bürgerliches Subjekt zu funktionieren. Mit dem Antisemitismus gemeinsam ist dem Antiziganismus zwar die Darstellung seines Hassobjekts als heimatloser Nomade, »der Heimat ohne Grenzstein«, »des Glückes ohne Macht«, und wenn auch nicht direkt des »Lohnes«, so doch des Lebens »ohne Arbeit« (Horkheimer/Adorno 1997, 229) – allerdings nicht, wie im Falle des Bildes vom Juden, als inkarniertes weltumspannendes, modernes, dynamisches, unfassbares, abstraktes Ausbeutungsprinzip, sondern als archaische Gemeinschaft ›wilder‹, ›asozialer‹ Grenzüberschreitender.[41]

2.2. Antisemitismus als Rassismus gegen Juden?

Jüdischer Körper oder jüdischer Geist?

Von Vertretern der Critical Whiteness-Studies wird Antisemitismus dagegen als Rassismus gegen Juden begriffen. Um diese These zu stützen, werden bisweilen die Untersuchungen Sander

41 Zum Feindbild und zur »rassistischen Hierarchie« innerhalb des NS-Antiziganismus, die ihn deutlich vom Antisemitismus unterscheiden, vgl. Zimmermann 1998, 250-259 sowie Margalit 2000. Wiewohl die ideologische Differenz zwischen Antisemitismus und Antiziganismus unumstritten ist, wird die Frage der Vergleichbarkeit von Shoah und Porajmos kontrovers diskutiert. Vgl. Zimmermann 1998, Margalit 2000 sowie Holler 2010, Fings 2015.

Gilmans über visuelle Repräsentationsstrategien des jüdischen Körpers im Antisemitismus herangezogen. Für das 19. und frühe 20. Jahrhundert meint zum Beispiel der postkoloniale Soziologe Santiago Slabodsky: »Wie Gilman argumentiert, waren ›Schwarzsein‹ und ›Jüdischsein‹ ›untrennbar miteinander verbunden‹«[42]* (Slabodsky 2014, 63). In der Tat kann Gilman zeigen, dass Juden im Europa des 18. und 19. Jahrhunderts nicht nur als unrein, krankhaft und inzestuös, sondern bisweilen auch als ›orientalisch‹ oder ›negroid‹ phantasiert wurden.[43] Daran knüpft Slabodsky an, der so weit geht, zu behaupten, Juden und Schwarze seien bis ins 20. Jahrhundert hinein nicht nur rassistisch ineinander gespiegelt, sondern auch immer wieder als »co-conspirators« (62) wahrgenommen worden. Doch das Beispiel, das er dafür anführt, so kritisiert Fynn Brüggemann zu Recht, beruht auf einem »Fehlschluss« (Brüggemann 2019, 32): Slabodsky erwähnt Hitlers verschwörungstheoretische Phantasie über ›jüdische Machenschaften‹ hinter der Stationierung schwarzer französischer Soldaten im Rahmen der Besetzung des Rheinlandes nach dem Ersten Weltkrieg: »[D]ie Juden [...] hatten auch die französischen Behörden überzeugt, afrikanische Soldaten am Rhein einzusetzen. Die Juden waren dafür verantwortlich«, so unterstellte Hitler, »diese ›Barbaren einer von der Natur inspirierten Rasse‹ herbeizuschaffen, die ihre tierischen Instinkte nicht zügeln konnten, um die deutsche Reinheit zu verderben.«[44]* (Slabodsky 2014, 62) Brüggemann betont, dass Schwarze hier keineswegs als Verschwörer tituliert würden.

42 »As Gilman argues, ›Being Black‹ and ›Being Jewish‹ were ›inexorably linked‹«.
43 Vgl. Gilman 2009, 396ff. Juden wurden bis in den NS hinein immer wieder auch als Orientalen bezeichnet. Das antisemitische Feindbild hatte dabei aber stets andere Gehalte als der antiarabische Rassismus.
44 »the Jews […] had also convinced French authorities to install African soldiers in the Rhine [sic]. Jews were responsible«, so unterstelle Hitler, »for bringing these ›barbarians belonging to a race inspired by nature‹ who were unable to restrain their animal instincts from perverting German purity.«

Ihnen werde, wie Slabodsky ja selbst erwähne, der Charakter bloßer triebhafter Naturwesen »und keinerlei bewusstes Handeln zugesprochen« (Brüggemann 2019, 32). In Hitlers Gedankenwelt seien es die Juden, die Schwarze als Manövriermasse gegen das deutsche Volk benutzten.

Letztlich gesteht zumindest Gilman zu, dass im Laufe des 19. Jahrhunderts mit der Assimilation der Juden der phantasmagorische Hautfarbenaspekt in den Hintergrund trat bzw. ganz abgelöst und durch die Vorstellung einer ›jüdische Nase‹ ersetzt wurde.[45] Die Entfernung von hautfarbenrassistischen Motiven ging so weit, dass der Antisemit Theodor Fritsch in seinem Bestseller »Handbuch der Judenfrage« in erklärter Ermangelung erkennbarer oder selbst herbeiphantasierter phänotypischer Gemeinsamkeiten attestierte, »daß die seelische Eigenart der Juden stärker hervortritt als ihre körperliche, so daß man die Juden geradezu eine seelische Rasse nennen könne« (Fritsch 1935, 28f.). »Brächten wir demgegenüber wahllos etwa 1000 Juden einer deutschen Großstadt zusammen«, so Fritsch weiter, »würden wir hochgewachsene und niedriggewachsene, schlanke und untersetzte, breitgesichtige und schmalgesichtige, dunkelhaarige und blonde Menschen nebeneinander finden. Daraus zu schließen, daß die Juden somit keine Rasse wären, geht aber nicht an; denn wir sehen ohne weiteres, daß der Mehrzahl dieser Juden zweifellos etwas Gemeinsames eignet, freilich etwas, was sich nicht leicht beschreiben läßt.« (19) Joseph Goebbels gesteht freimütig zu: »Gewiß gibt es *auch weiße Juden*. Und zwar werden es von Tag zu Tag mehr. […] Daß der weißen Juden soviel sind, zeugt dafür, daß der jüdisch-zersetzende Geist schon weite Kreise unseres Volkes verseucht hat.« (Goebbels 1932, 7) Diese ›Verseuchung‹ sei durch »Mimikry« geschehen, indem der Jude »sich in seiner Schutzfarbe dem Milieu, in dem er lebte, angepaßt und auf seine Stunde gewartet« habe. (Goebbels 1943, 86) Auch

45 Vgl. ebd., 398ff. Eine psychoanalytische Deutung des Topos der ›jüdischen Nase‹ und jüdischer Sexualität als ›unnatürlicher Natur‹ und »defiziente[r] […] Körperlichkeit« liefert Stögner 2020, 70ff.

Edouard Drumont, führender französischer Rassenantisemit, postuliert: »Der gefährliche Jude, das ist der unsichtbare, unerkannte Jude […]. Er ist das schädliche Tier par excellence und zugleich das ungreifbare, unfaßbare Tier.« (Drumont, zit. nach Poliakov 1992, 123)[46] »Bei den Juden«, schreibt die Soziologin Karin Priester, »ging es nie um somatische Merkmale, sondern um ein weltanschauliches Prinzip, den angstbesetzten ›jüdischen Geist‹.« (Priester 2003, 188) Dieser Geist kann dem Antisemiten zufolge auch die Nichtjuden befallen, wie beispielsweise der Rassenantisemit H. Naudh meint. 1880 schreibt er im Berliner Antisemitismusstreit, es bestehe die »Gefahr, die Deutschen verjudeln zu sehen«, was unter anderem durch das Eindringen des »liberale[n] Formalismus« geschehe, der in der Lage sei, »nationale Eigenthümlichkeiten aufzulösen« und damit »den Juden freie Bahn zu machen« (Naudh 2016, 194). Während die Juden aber die Inkarnation dieses Geistes seien, könnten sich Nichtjuden davon prinzipiell befreien. So stellt Hitler fest, dass, im Gegensatz zum Juden, der »überall Jude« bleibe, »selbst jedem [Deutschen], der den grimmigsten Spartakisten markiert, in Wirklichkeit die heutige deutsche Schafgutmütigkeit doch herausleuchtet« (Hitler 1980, 190). Auch der faschistische Staatstheoretiker Carl Schmitt weiß noch nach 1945 zu berichten: »Denn Juden bleiben immer Juden. Während der Kommunist sich bessern und ändern kann.« (Schmitt 1991, 18)

Solche Äußerungen zeigen, dass die rassistischen Phantasmen der Hautfarbe oder Nase letztlich hinter den Stand der eigenen Ideologie zurückfallen, hinter die Funktion, die der Jude im modern-antisemitischen Weltbild einnimmt, was auch heute noch an vielen antisemitischen Karikaturen abzulesen ist, die oft den angeblich ›großnasigen, fratzenhaften Ostjuden‹ darstellen, weil das »unfaßbar[e], […] unheimlich[e]« (Hitler 1980, 194) Unsichtbare *irgendwie* erkennbar inkarniert werden muss, und das häufig durch den Rückgriff auf traditionelle Markierungen des

46 Vgl. auch Stögner 2020, 69: »Im Antisemitismus repräsentieren Juden […] also eher eine Anti-Natur als Natur«.

christlich-antijüdischen Zeitalters geschieht (im 19. Jahrhundert noch in Verbindung mit dem damals vorherrschenden Hautfarbenrassismus). Aber selbst wenn die Juden als unreine Rasse bezeichnet werden, so doch immer als *reine unreine* Rasse oder als die *wie keine zweite nationale Anti-Nation*, also als »Figur des Dritten« jenseits gewöhnlicher ›Rassen-‹ oder nationaler Dichotomien.[47] Die Paradoxie, dass die Juden als phantasierte geheime Weltbeherrscher zugleich unsichtbar sein müssen – ja nur durch diese Unsichtbarkeit überhaupt herrschen können, wie der Antisemit glaubt – und doch als personale Inkarnationen des gehassten Abstrakten identifizierbar sein müssen, ebenso über alle Maßen anpassungsfähig und doch unwandelbar im Charakter, führt den Antisemiten zu immer neuen Visualisierungs- und Markierungsversuchen: Von der Nase, die noch am ehesten dem Rassenantisemitismus nahekommt, über den ›jüdischen Namen‹[48], der schon den Vorteil hat, dass hier eine in der Imagination des Antisemiten phänotypisch als Jude gänzlich unerkennbare Person ›entlarvend‹ als Jude markiert werden kann (›… heißt in Wirklichkeit Cohn‹), über den ›Judenstern‹ bis hin zur KZ-Häftlingskennzeichnung oder der eintätowierten Häftlingsnummer in Auschwitz, die Jean Améry als »Grundformel der jüdischen Existenz« bezeichnet hat (Améry 2002, 167). Immerhin erkennt Gilman selbst diesen Zusammenhang und weist darauf hin, dass den Juden gerade eine Eigentümlichkeit zugeschrieben wird, die in der »unheimlichen Fähigkeit« bestehe, »genau wie alle anderen auszusehen« (Gilman 1999, 177). Es sind damit auch keineswegs die phantasmagorischen Bilder vom jüdischen Körper, die die spezifisch antisemitische Motivation hinter der

47 Vgl. Hitler 1980, 195. Zur »Figur des Dritten« vgl. Holz 2010, u.a. 107ff., 191f., 243. »Der Jude aber«, wusste schon Leon Pinsker, ein Zionist der ersten Stunde, 1882 über den Status der Juden in den Staaten der Diaspora zu berichten, »ist in seiner Heimat nicht nur kein Einheimischer, er ist auch kein Ausländer, er ist recht eigentlich ein Fremder ›kat'exochen‹« (Pinsker 1917, 14).

48 Vgl. Bering 1999 sowie für den Antisemitismus im Realsozialismus: Poliakov 1992, 59, 117, 122.

Totalvernichtungsintention im Holocaust ausgemacht haben[49], worauf Jeffrey Herf eindringlich hinweist: So »ging es bei den eindeutig völkermörderischen Komponenten des radikalen Antisemitismus vor allem darum, was das ›internationale Judentum‹ angeblich getan hatte, und nicht um das Aussehen der Juden. Die Juden, so Goebbels in einer seiner wichtigsten antisemitischen Tiraden, praktizierten ›Mimikry‹, das heißt, sie seien Experten darin, ihre tatsächliche Identität zu verschleiern und sich als Nicht-Juden auszugeben. Gerade weil die Nazis nicht glaubten, anhand biologischer Merkmale erkennen zu können, wer Jude war und wer nicht, verlangten sie von den Juden in dem von ihnen besetzten Europa, den gelben Stern zu tragen. Auch hier standen die angeblichen Taten der Juden im Mittelpunkt des nationalsozialistischen Engagements für den Massenmord und nicht die körperlichen Merkmale, mit denen sich so viele Wissenschaftler beschäftigt haben.« (Herf 2023, 122.)

Weißwerden der Juden?

Die amerikanische Anthropologin Karen Brodkin erzählt in ihrem einflussreichen Buch »How Jews Became White Folks« eine andere Geschichte als die von visuellen Körperrepräsentationen, um den Antisemitismus im Rassismus verschwinden zu lassen.[50] Sie stellt die Judenfeindschaft in den USA unspezifisch

49 U.a. anhand solcher marginaler Gemeinsamkeiten mit dem Rassismus (der abwertenden Bedeutungsproduktion anhand realer oder imaginierter körperlicher Merkmale wie »große Nase, lockige dunkle Haare, große Lippen«) thematisiert auch der Verein KIgA (2021) »Antisemitismus im Alltag«. Verharrt man auf dieser Ebene (was bei KIgA zunächst nicht der Fall ist), so bleibt das Spezifische des Antisemitismus verborgen. Allerdings behauptet KIgA, im NS »haben diese rassistischen Vorstellungen zur Ermordung von Millionen Jüdinnen*Juden geführt«. Damit wird die spezifisch antisemitische Motivation hinter der Totalvernichtungsintention im Holocaust verfehlt und auf eine allgemeine rassistische Motivlage reduziert.

50 Eine ausführliche Kritik findet sich bei Berkovits 2018.

in den Kontext einer fremdenfeindlichen Welle gegen europäische Einwanderer am Ende des 19. Jahrhunderts. Während weiße Europäer vorher integriert worden seien, habe die große Menge an Einwanderern, die nach 1880 in die USA gekommen sei, nicht so schnell eingebunden werden können. Daraufhin habe eine Unterscheidung von »inferior« und »superior« »European races« begonnen (Brodkin 1998, 275). Auch Juden erschienen dabei auf dem Arbeitsmarkt und in Bildungsinstitutionen als Konkurrenten und seien als »inferior race« (274) betrachtet worden, als »lower classes [...] from lower races«. (275) Interessant sind dabei die für den Antisemitismus untypischen Zuschreibungen, die Brodkin erwähnt: Juden seien als »ungewaschen, ungehobelt, unkultiviert, laut und aufdringlich« (»unwashed, uncouth, unrefined, loud, and pushy« (276f.)) diskriminiert worden[51] und damit »less than white« gewesen (Bakan 2014, 253). Erst nach 1945 habe, gefördert durch staatliche Affirmative-Action-Programme für männliche, weiße Kriegsheimkehrer, der Aufstieg der Juden in die middle class begonnen, was zu ihrer Einbindung »in an expanded version of whiteness« geführt habe (Brodkin 1998, 278).

51 Die erwähnten Zuschreibungen sind zumindest keine spezifisch antisemitischen und auch im innereuropäischen Nationalismus und im antischwarzen Rassismus zu finden. Wie Sina Arnold zeigt, befand sich die zeittypische Trennlinie zwischen Dazugehörigen und Fremden in den USA des ausgehenden 19. und des beginnenden 20. Jahrhunderts zwischen White Anglo-Saxon Protestants (WASPs) und Nordeuropäern einerseits sowie Südeuropäern, Juden, Iren und Schwarzen andererseits (vgl. Arnold 2016, 62), während die Juden bis zur Mitte des 20. Jahrhunderts eine immer herausragendere Stellung als Feindbild einnahmen. Juden, so Arnold, trafen aber stets spezifisch antisemitische Stereotype und Feindbilder: die Vorwürfe wurzellos, national illoyal, betrügerisch, Strippenzieher der Finanzwelt, unproduktive Parasiten und Verursacher von Kriegen, Krisen und Elend sowie (Welt-)Verschwörer zu sein. Insgesamt handele es sich um »eine Assoziation von Juden mit Moderne und Kapitalismus« in ihren negativen Dimensionen (55, vgl. auch ebd., 58, 60f., 65, 69, 72, 81f., 85, 87). Abschließend stellt Arnold fest: »Auch der Antisemitismus in den USA zeigt Unterschiede zum Rassismus.« (82)

Der Versuch, das Schicksal der Juden in den westlichen Gesellschaften in die Kategorien schwarz und weiß einzuzwängen, zeigt zunächst, wie starr und reduktionistisch der Critical Whiteness-Ansatz ist. Er überträgt die Erfahrung der Schwarzen in den USA mit dem Rassismus der von Weißen geschaffenen Sklavenordnung auf anders geartete Sachverhalte und identifiziert sozialstrukturelle Kategorien mit Hautfarben-Kategorien (weiß = dominant, schwarz = subaltern),[52] wobei Verlegenheitsbegriffe wie »less than white« zeigen, dass er hier beständig zwischen realistischem Rekurs auf perzipierte Hautfarben und konstruktivistisch-sozialpositionellem Hautfarbenkonzept schwankt: »Bislang ist die Beziehung zwischen Weißsein als Metapher für den dominanten Status (Mittelschicht, Mainstream, großes Bildungskapital usw.) und Weißsein als Hautfarbe nicht sinnvoll geklärt worden«, stellt Berkovits zu Recht fest (Berkovits 2018, 94)[53]*. Auch hinsichtlich der Diskriminierung anderer Gruppen in den USA zweifelt der US-Historiker Peter Kolchin die Zuordnung zum Farbspektrum der Critical Whiteness an: »Es geht nicht um die weit verbreitete Feindseligkeit gegenüber und Diskriminierung von Iren, Juden, armen Weißen und vielen anderen Gruppen, sondern um die Bedeutung des Weißseins bei der Erklärung oder Beschreibung dieser Feindseligkeit und Diskriminierung.«[54] * (Kolchin 2002, 164) Zudem werde von Brodkin eine spezifische Form der ethnozentrischen Diskriminierung, die auch Juden betroffen habe, ohne weiteres als Antisemitismus angesprochen, »ohne sich die Mühe zu machen, dieses Vorurteil in den Rahmen der langen europäischen Geschichte

52 Zur Kritik an dieser Konzeption vgl. bereits Miles 1991, 69-84.

53 »So far, the relationship between whiteness as metaphor for dominant status (middle-class, mainstream, high volume of educational capital, etc.) and whiteness as skin color has not been meaningfully clarified«.

54 »What is at issue is not the widespread hostility to and discrimination against the Irish, Jews, poor whites, and multiple other groups, but the salience of whiteness in either explaining or describing such hostility and discrimination.«

des Antisemitismus zu stellen – eines Antisemitismus, der nicht immer auf wirtschaftlichen Interessen beruhte und nicht immer voraussetzte, dass Juden als nicht-weiß angesehen werden.«[55]* (161) Sina Arnold konstatiert, dass die Feindschaft gegen jüdische Einwanderer und ihre Assimilationsbestrebungen »zwischen 1820 und 1920« zwar stark mit einer allgemeinen Fremdenfeindlichkeit, dem »ethnozentrischen Nativismus«, verbunden gewesen sei (Arnold 2016, 82f.), sich allerdings auch von derjenigen gegenüber anderen Gruppen unterschied: »Gegenüber Einwander_innen aus Irland oder nicht-jüdischen Deutschen gab es eine positive Korrelation zwischen Assimilation und der Abnahme an Diskriminierung. […] Bei Juden […] hingegen verhielt es sich bis in die 1950er Jahre umgekehrt«, weil Juden im Gegensatz zu den anderen Einwanderergruppen »als überlegen und (potenziell) einflussreich« gegolten hätten (82). Und schließlich stellt der israelische Journalist Haviv Rettig Gur fest: »Antisemitismus, zumindest in seiner einzigartigen Form, ist nicht einfach eine Abneigung gegen Juden. Es ist nicht einmal […] die aktive Diskriminierung, der Juden aufgrund ihrer Stellung als ›Zwischenhändler-Minderheit‹ in der amerikanischen Gesellschaft in den ersten Jahrzehnten ihrer Akkulturation ausgesetzt waren. Diesen Formen von Vorurteilen waren im Laufe der Menschheitsgeschichte auch viele andere ausgesetzt.«[56]* (Rettig Gur 2021)

Auch wenn man die Besonderheiten des US-Antisemitismus und stets auch existierende partielle Überlappungen verschiede-

55 »without bothering to place that prejudice in the framework of the long European history of anti-Semitism – an anti-Semitism that was not always rooted in economic interest and did not always require that Jews be seen as nonwhite.«

56 »Antisemitism, at least in its unique form, isn't simply a dislike of Jews. It isn't even […] the active discrimination Jews have faced due to their ‹middleman minority' standing in American society in the early decades of their acculturation. Those forms of prejudice have been faced by many others throughout human history.«

ner Feindbilder berücksichtigen muss[57], so wird Antisemitismus bei Brodkin doch gleich doppelt zum Verschwinden gebracht: Zunächst wird er unter eine rassistisch artikulierte Fremdenfeindlichkeit gegen europäische Einwanderer subsumiert, die gar keine spezifisch antisemitischen Stereotype erkennen lässt. Balázs Berkovits resümiert dabei zu Recht: »Brodkin hebt in ihrer Geschichte nicht hervor, was die Juden *nicht* mit den Iren, Italienern, Russen usw. geteilt haben.«[58]* (Berkovits 2018, 94) Anschließend wird die Assimilation und Integration der amerikanischen Juden in die ›weiße Dominanzkultur‹, vermittelt über den ökonomischen Aufstieg in die Mittelklasse, als Ende der systematischen Judenfeindschaft und Umwandlung der Juden in privilegierte Herrschaftssubjekte gedeutet. Die kanadische Politikwissenschaftlerin Abigail Bakan knüpft direkt an Brodkins Diagnose an, verallgemeinert sie im Kontext außenpolitischer Entwicklungen auf die westliche Welt und verschärft den Ton noch einmal: Der als »racism against Jews« titulierte Antisemitismus[59] sei nach 1945 zwar nicht völlig verschwunden – es werden immer noch verbreitete (rassen-)antisemitische Alltagsstereotype und Aktivitäten eher randständiger rechtsradikaler Gruppen als Beispiele genannt –[60], aber das »Zionist narrative«

57 Überschneidungen mit, aber auch Differenzen zu Rassismen und Nationalismen zeigt am Beispiel des US-»Bäderantisemitismus« Frank Bajohr (2003, 154-164).

58 »in her story, Brodkin does not highlight what Jews did *not* share with the Irish, Italians, Russians, etc.«

59 Lediglich das Motiv der ›Geldgier‹ und die Verschwörungstheorie der *Protokolle der Weisen von Zion* werden als spezifischere Gehalte erwähnt, aber nicht weiter kommentiert. Dass für Bakan der Antisemitismus offenbar nach dem Muster eines bourgeoisen Teile-und-herrsche-Prinzips funktioniert, zeigt sich daran, dass die »Protokolle« angeblich durch «ruling class interests” in Ost und West verbreitet worden seien – als Beleg dient Henry Ford (Bakan 2014, 256f.).

60 Bakan ist hier auf den ersten Blick inkonsistent. Da ihr zufolge Antisemitismus »racism against Jews« ist, die dadurch »less than white« werden (Bakan 2014, 259), dürfte es nach dem Weißwerden der Juden eigentlich keinen Antisemitismus mehr geben. Rechtsradikale sollen ihr zufolge aber »racism against Jews« (258) praktizieren. Zudem soll es

»of a […] consistent and uninterrupted pattern of hatred against Jews« sei »inaccurate and counterproductive« (Bakan 2014, 258). Ganz in diesem Sinne diagnostiziert auch der dekoloniale Literaturwissenschaftler Walter Mignolo: »Das säkulare Judentum verband sich mit säkularen euro-amerikanischen Wirtschaftspraktiken (z. B. dem imperialen Kapitalismus). Die Hauptfolge der Komplizenschaft zwischen säkularen Juden und euro-amerikanischen wirtschaftlichen und politischen Praktiken endete in der Errichtung des Staates Israel – was Marc Ellis als ›konstantinische Juden‹ bezeichnet.«[61]* (Mignolo 2009, 87) Der Marxist Enzo Traverso sieht damit »das Ende des Antisemitismus« (Traverso 2017, 31) nach 1945 gekommen und meint, »die Juden« fänden sich nun »im Zentrum der Dispositive der Herrschaft wieder.« (11) Der Widerspruch, dass der Antisemitismus, der angeblich beendet sein soll, dann doch in Gestalt fortbestehender Stereotype oder judenfeindlicher Gewalt auch für die Gegenwart konstatiert werden muss, wird elegant dadurch

in einigen bedeutenden Regionen der westlichen Welt nach wie vor rassistische Stereotype wie das der ›jüdischen Nase‹ geben (vgl. ebd., 274). Gelöst wird das Problem dann in der Regel, indem von ›nichtsystemischem‹ Rassismus geredet wird. Bakan selbst lässt das offen. Ihre Kriterien für das Weißwerden der Juden bleiben vage, kreisen aber zunächst um das Begriffspaar gesellschaftliche Unterprivilegierung/Privilegierung: Juden, jedenfalls die aschkenasischen, sind ihr zufolge jetzt im Westen Teil der herrschenden Klasse und (als Zionisten) Imperialisten geworden, was sie als radikalen Bruch mit der antisemitischen Vergangenheit präsentiert. Sicher ist sie sich zudem, dass israelbezogener bzw. ›neuer‹ Antisemitismus nicht existiert, womit die Residuen des Antisemitismus auf die klassisch rechten rassistischen Topoi bezogen bleiben. Von Arabern im Nahen Osten oder Minderheiten im Westen praktizierter Antisemitismus bleibt dabei nicht zufällig ebenfalls unthematisiert. Zum systemischen Charakter des Antisemitismus vgl. auch Kapitel 6 dieses Buches.

61 »Secular Jewness joined secular Euro-American economic practices (e.g., imperial capitalism). The major consequence of the complicity between secular Jews and Euro-American economic and political practice ended up in the construction of the State of Israel—what Marc Ellis describes as ›Constantine Jews.‹«

gelöst, dass er weitgehend in eine politische Reaktion von Subalternen auf die angeblichen Verbrechen Israels umgedeutet wird. Ich komme darauf zurück. Damit kann auf der Ebene der antisemitischen Zuschreibungen das Fortbestehen des Judenhasses als dessen Ende behauptet werden, da übersehen wird, dass Juden im Antisemitismus gerade mit den Kategorien der liberalen Moderne assoziiert werden, sie als überassimiliert, privilegiert, wenn man innerhalb der irreführenden Farbmetaphorik bleiben will: als ›too white‹ oder »›hyper-white[…]‹« (Schraub 2019, 393), gelten. John-Paul Pagano drückt es so aus: »Juden ›genießen‹ keine Privilegien – Juden werden angegriffen, weil Antisemiten meinen, sie hätten zu viel davon.«[62]* (Pagano 2016) In diesem Sinne stellt schließlich Pamela Paresky fest: »Studenten der Sozialen Arbeit wird nicht beigebracht, dass Antisemitismus eine Verschwörungstheorie über den unverdienten Erfolg und die Macht der Juden ist. Ihnen wird beigebracht, dass Juden, die in das Weißsein eingeweiht wurden, unverdienten Erfolg und unverdiente Macht erlangt haben.«[63]* (Paresky 2021)

Die antirassistische Theoretisierung von Antisemitismus kann sich so zwanglos in klassische antijüdische Stereotype vom privilegierten Juden und in das Ressentiment gegen ›Die da oben‹ einreihen.[64] Der amerikanische Jurist David Schraub nennt dies den »Brandbeschleuniger«-Effekt der Attribuierung von Juden als Weiße: Die Thematisierung von Weißsein in der Critical Whiteness-Theorie solle im Falle nichtjüdischer Weißer auf bestimmte ›Privilegien‹ hinweisen, die diese Weißen als solche gar nicht erkennen würden. Sie betrachteten sich »einfach als eine

62 »Jews don't ›enjoy‹ privilege – Jews are attacked because anti-Semites think the[y] have too much of it.«

63 »social-work students are not taught that antisemitism is a conspiracy theory about Jews gaining unmerited success and power. They are taught that Jews, having been initiated into whiteness, have gained unmerited success and power.«

64 Zur Kritik an der antirassistischen Perpetuierung dieses antisemitischen Motivs vgl. Pagano 2016, Berkovits 2018, Schraub 2019.

Person« (»›just a person‹«) (Schraub 2019, 392) und seien weder in ihrer Selbstwahrnehmung noch in der Wahrnehmung der Gesellschaft besonders privilegiert oder einflussreich. Juden hingegen würden von der Gesellschaft nicht als normale Personen betrachtet, sondern als »›besonders mächtig, privilegiert oder einflussreich‹«. Der Topos des weißen Juden diene damit nicht als »Gegengewicht, sondern als Brandbeschleuniger« und der Antisemit sehe sich bestätigt: »›Ich dachte immer, dass Juden all diese Macht und Privilegien haben – und siehe da, ich hatte Recht!‹« (393). Die Vorstellung vom privilegierten Juden erhalte schließlich eine »Brückenfunktion [...] zwischen rechter und linker Ideologie« (394).[65]* Diese Strategie radikalisiert sich in der direkt daran anschließenden Abwehr der Feststellung, Antisemitismus sei eben nicht ein auf rechte Topoi begrenztes, nichtsystemisches Phänomen und habe eine auch in linken bzw. liberalen Kreisen der westlichen Welt in signifikanter Weise verbreitete semantische Modernisierung in Gestalt der Dämonisierung Israels vollzogen. Das Beharren auf der Persistenz und Flexibilität der modernen Judenfeindschaft wird von Autorinnen wie Bakan »influential Jewish organizations« (Bakan 2014, 258) und dem von ihr herbeizitierten ›zionistischen Narrativ‹ zugeordnet, das nun umgekehrt des Rassismus und der Instrumentalisierung des ›Antisemitismusvorwurfs‹ geziehen wird. Dazu später mehr. An die Auflösung der Juden in die Gruppe privilegierter Weißer knüpfen dann offen antisemitische Positionen an, die meinen, Juden seien unter den privilegierten Weißen die privilegierte Gruppe – so geschehen in einer Reihe von Flugblättern, die 2017 an der Universität Chicago verteilt wurden und titelten: »Ending White Privilege starts with ending Jewish Privilege« (zit. nach The Times of Israel 2017). Nicht weniger explizit sind die Auslassungen des von großen Teilen der britischen

65 »›particularly powerful, or privileged, or influential‹«; »counterweight but as an accelerant«; »›I always thought that Jews had all this power and privilege – and see how right I was!‹«; »bridging function […] between right- and left-wing ideology«

Linken unterstützten Soziologie-Professors David Miller, der auf Twitter/X schreibt: »Juden sind die privilegierteste Minderheitengruppe. Sie sind in allen Bereichen des britischen öffentlichen Lebens überrepräsentiert. Mit diesem Privileg geht die Macht einher, wirtschaftliche, politische und kulturelle Entscheidungen zu treffen.«[66]* (Miller 2023)

2.3. Orientalismus als ›Anti-Semitismus‹ gegen Araber?

»The Jew/the Arab«?

Begreifen die einen Antisemitismus als Rassismus gegen Juden, so meinen andere, Rassismus sei ein Antisemitismus gegen Araber und Muslime. Die Behauptung, Antisemitismus sei ein ›Anti-Semitismus‹ wird bereits vom Nestor der Postcolonial Studies Edward Said in seinem Buch »Orientalismus« aus dem Jahr 1978 verbreitet. Der zentrale Gedanke des Orientalismus-Ansatzes besteht darin, »dass die europäische Kultur erstarkte und zu sich fand, indem sie sich vom Orient als einer Art […] Schattenidentität abgrenzte.« (Said 2017, 12) Diese Identität bestehe vornehmlich aus Projektionen negativer (oder begehrter) Selbstanteile des Westens, der dem Orient kulturelle Rückständigkeit, Statik und Primitivität attestiere und mittels dieser Zuschreibungen einen Herrschaftsanspruch begründe. Juden und Muslime/Araber seien dabei gleichermaßen zum ›semitischen barbarischen Anderen‹ stilisiert worden, der Antisemitismus mithin immer schon ein ›Anti-Semitismus‹ im wörtlichen Sinne gewesen: So meint Said, dem »volkstümlichen Antisemitismus« gelinge eine »Übertragung […] von einem jüdischen auf ein arabisches Opfer […] mühelos, da es sich im Wesentlichen um den

66 »Jews are the most privileged minority group. They're over-represented in all areas of British public life. With that privilege comes the power to make economic, political and cultural decisions.« Zur Kritik an Millers Behauptungen vgl. u.a. Randall 2023.

gleichen Typus handelte«, weil »Araber und Juden orientalische Semiten sind«. (Said 2017, 328) Sein Werk zum Orientalismus begreift er gar als »Geschichte eines seltsamen, heimlichen Aspekts des westlichen Antisemitismus« (39). »Der Antisemitismus«, schreibt auch Ramón Grosfoguel, »hatte von Anfang an zwei Komponenten: den ›antijüdischen Antisemitismus‹ und den ›antiarabisch-antimuslimischen Antisemitismus‹«. (Grosfoguel 2009, 94)[67]* Der Literaturwissenschaftler Gil Anidjar spricht gar von »Orientalism, aka Islamophobia, aka antisemitism« (Anidjar 2017a, 205). Auch der deutsche Islamwissenschaftler Stefan Weidner strickt an der Legende des ›Anti-Semitismus‹ mit, wenn er behauptet, »Juden und Araber galten [...] gleichermaßen als Semiten. Der Antisemitismus hätte sich also auch gegen Araber richten müssen«, was aber aufgrund der weitgehenden Abwesenheit von Arabern in Europa nicht geschehen sei. Die »Araber – und der Islam!« seien im Antisemitismus des 19. Jahrhunderts immer »mitgemeint« gewesen (Weidner 2019). Dass Weidner hier so diffus bleibt, ist kein Zufall, müsste er doch, wenn er auch nur den Versuch unternehmen würde, die konkreten Feindbilder Jude und Araber/Muslim im europäischen Denken des 19. Jahrhunderts zu untersuchen, die radikalen Differenzen dieser Feindbilder zugestehen – eine im Zeitalter multidirektionaler Opfereinebnung und notorischer islamischer Selbstviktimisierung unpopuläre Angelegenheit. Zwar finden sich in der christlichen Geschichte der Neuzeit auch gegen Juden und Muslime gleichermaßen gerichtete Diskriminierungen, wie die Blutgesetzgebung der Spanier im 16./17. Jahrhundert, aber diese machten im modernen Antisemitismus gerade keine Schule und lassen nur durch Subtraktion aller Spezifika der jeweiligen Geschichten und Zuschreibungen die Diagnose eines identischen

67 »Anti-semitism has had two components from its beginning: ›anti-Jewish anti-semitism‹ and ›anti-Arab-Muslim anti-semitism‹«. Vgl. auch Slabodsky 2014, 63-66.

Feindbildes »Barbarism« zu (Slabodsky 2014, 50).[68] In der Tat dient das Phantasma der gemeinsamen Opfergeschichte von Juden/Arabern/Muslimen postkolonialen Ideologen dazu, die Spezifik der antisemitischen Bedrohung zu negieren, den traditionellen und modernen islamischen Judenhass, der aus einer narzisstisch gekränkten *Islamic-Supremacy*-Ideologie resultiert, zu verharmlosen und schließlich die Juden als Verräter an dieser gemeinsamen Opfergeschichte, gar als neue ›Anti-Semiten‹ zu titulieren, deren Opfer nun die Araber/Muslime seien. Ich komme darauf zurück. Dass Araber eine ganz andere Position im europäischen Imaginären einnehmen als Juden und Letztere im christlichen Judenhass eine zentrale apokalyptische Funktion innehaben, die den Arabern/Muslimen fehlt, muss Weidner ignorieren. Statt weltanschaulicher Differenzen wird die schlichte physische Abwesenheit von Arabern in Europa als Pseudoerklärung für die Konzentration der europäischen Feindseligkeit auf die Juden herangezogen.

Dass es sich bei der Idee des ›Anti-Semitismus‹ weitgehend um eine Fiktion handelt, auch wenn die Juden im 19. Jahrhundert immer wieder als ›orientalische Rasse‹ tituliert wurden, zeigt ein Blick auf führende Vertreter des modernen Rassenantisemitismus: So schreibt Eugen Dühring, der »das theoretische Rüstzeug für ganze Generationen von Antisemiten« lieferte (Weber 2020, 175), Ende des 19. Jahrhunderts: »Der Ausdruck semitisch wird bei den Juden leicht zur Beschönigung, und ihn lassen sich auch die Juden lieber gefallen, als den Namen von allbekannter Tragweite und Volksverständlichkeit. In der That verdunkelt er da, wo, wie in Algerien, Araber sich den Juden gradeso entgegenstellen wie wir, das wahre Verhältniss, d.h. den Charaktergegensatz der Nationalitäten. In diesem Falle werden Judensemiten von Arabersemiten als schädlicher Stamm verabscheut, und der Ausdruck Antisemitismus, den man von Europa aus den Arabischen Regungen untergeschoben hat, wird, wo

68 Zur unterschiedlichen Behandlung von Juden und Muslimen selbst in der spanischen Marranen-Verfolgung vgl. u.a. Priester 2003, 38.

man ihn versteht, zu einer offenbaren Lächerlichkeit. Verschiedene semitische Stämme haben einen weit besseren Charakter als die Juden, und es begreift sich, wenn sich die Juden gern hinter eine umfassende Race und deren Namen verkriechen.« (Dühring 1892, 3. Orthographie so im Original) Der bereits erwähnte Theodor Fritsch, dessen »Handbuch der Judenfrage« bis 1944 49 Auflagen erlebte und der als »eine Schlüsselfigur der antisemitischen Bewegung des Kaiserreichs und der Weimarer Republik« (Bergmann 2009, 258) gilt, äußert sich ebenso unmissverständlich: »Der von Wilhelm Marr 1879 geprägte Ausdruck ›Antisemitismus‹ ist schon insofern nicht glücklich, als es andere Völker semitischer Sprache gibt, die in scharfem Gegensatz zu den Juden stehen. Man wird daher nicht nur aus Gründen der Sprachreinlichkeit den Ausdruck ›Antisemit‹ vermeiden und ihn durch ›Judengegner‹ ersetzen« (Fritsch 1935, 18). Wie die Untersuchungen der Historiker Martin Cüppers, Klaus-Michael Mallmann und David Motadel gezeigt haben, kann auch bei den Nationalsozialisten von einer »gleichermaßen« (Weidner) zu findenden Abwertung aller ›Semiten‹ keine Rede sein. Während die arabischen Völker und politischen Bewegungen von den Nazis pragmatisch als Verbündete im Kampf gegen die Juden und andere ›Reichsfeinde‹ betrachtet wurden, galt der Islam führenden Nazis wie Hitler oder Himmler als »maskuline, soldatische Religion« (Motadel 2017, 78), die »›den Germanen wie auf den Leib geschrieben sei‹« (82, Zitat Albert Speer). »Bereits 1935«, schreibt Motadel, »wies das Propagandaministerium daher die Presse an, die Begriffe ›antisemitisch‹ und ›Antisemitismus‹ zu meiden und sich stattdessen solcher Wörter wie ›antijüdisch‹ zu bedienen, da der Kampf sich lediglich gegen Juden, nicht aber gegen Semiten überhaupt richtete.« (75)

Auch der ad nauseam als Beleg für das angeblich identische Feindbild »The Jew/the Arab« (Anidjar 2003) herangezogene Orientalist Ernest Renan taugt nur bedingt für den Zweck der Einebnung der Differenzen zwischen Judenhass und antiarabischem Rassismus. Said wiederholt in seinen langatmigen Ausführungen in »Orientalismus« immer wieder Renans Idee des

Semitischen als »minderwertige Gestalt« (Said 2017, 167) der Kultur, des Orients als »beklagenswert urtümlich, antidemokratisch, rückständig, barbarisch« (177). Die Feindschaft Renans gegen Juden und Muslime als Semiten ist aber, wie Andreas Harstel betont und wie ich am Bespiel von Dühring und Fritsch gezeigt habe, gerade nicht charakteristisch für den modernen Antisemitismus und hat auf diesen keinen Einfluss genommen.[69] Obwohl auch er der Legende des Feindbildes Jude/Araber Tribut zollt[70], arbeitet der Philosoph Elad Lapidot zudem heraus, dass selbst Renans Abwertung der ›Semiten‹ eine innere Differenz zwischen jüdischem und muslimischem »Rassegeist« enthält: »Der paradigmatische Rassegeist des Semitismus teilt sich in seinem Geist (Religion) in einen rassischen und geistigen Teil, gewissermaßen einen Rassegeist der Rasse (muslimisch), der die Rasse bekräftigt, und eine Rassegeist des Geistes (jüdisch), der die Rasse transzendiert.« (Lapidot 2021, 222) Sowohl diese positiv konnotierte Assimilationsmöglichkeit des Judentums als auch die Idee eines Anti-Semitismus werden im Werk des führenden französischen Antisemiten des 19. Jahrhunderts, Edouard Drumont, zurückgewiesen: Zwar wird in Drumonts Buch »Das verjudete Frankreich«, das bis 1945 »über 200 Auflagen« (Weigel 2009, 187) erlebte, anfangs auch noch von der gewaltsamen Eroberungslust der ›Semiten‹ insgesamt gesprochen, das wahre Problem sei aber die Kriegführung der Juden: »Nicht mehr die Karthager oder Sarazenen führen das Regiment, sondern die Juden; sie haben jedoch die Gewalt mit der List vertauscht.« (Drumont 1886, 5) Die nichtjüdischen ›Semiten‹ teilen sogar angeblich mit den ›Ariern‹ die Vorliebe für den todesmutigen offenen Kampf, während der (jüdische) Semit hinter der Front »feige, geldgierig, ränkevoll, verschlagen und listig« (6) agiere. So lässt sich mit Israel Schapira konstatieren, »daß die Bezeichnung ›Semit‹ in seinem Werk« weitgehend »mit dem

69 Vgl. Harstel 2021, 195.
70 Vgl. Lapidot 2021, 219f.

Begriff Jude zusammenfällt. [...] Bezeichnend dafür ist die Tatsache, daß er antisemitische Propaganda unter den semitischen Arabern Algeriens machte [...]. Ferner, so oft er von den Arabern spricht, von ihren Sitten und Bräuchen, von ihren Kriegstaten [...], so findet er nicht genug Worte der Anerkennung und Würdigung, zumal da, wo er sie den Juden gegenüberstellt.« (Schapira 1927, 88) In der Tat lobt Drumont den Kampfeswillen und Edelmut der Araber in den höchsten Tönen und bewundert diejenigen, die sich weigern, einem Juden zu gehorchen.[71] Er moniert auch offen die »furchtbare[...] Unterdrückung, denen [sic] die orientalischen Völker seitens der Rasse, welche sich dünkt [sic] die intelligentere zu sein«, ausgesetzt seien (Drumont 1887, 39). »Für Drumont«, resümiert Schapira, »bildet [...] der Jude [...] eine Rasse *sui generis* [sic] die allen anderen, der gesamten Menschheit als Gegenpol gegenübersteht.« (Schapira 1927, 89)[72] Um ein letztes Beispiel anzuführen: Selbst der einflussreiche Antisemit Houston Stewart Chamberlain, der sich in seiner wirren Abhandlung »Die Grundlagen des 19. Jahrhunderts« bisweilen an Renans ›Semitismus‹-Konzept anlehnt und den angeblichen ›Materialismus‹ von jüdischer und islamischer Religion moniert, stellt unzweideutig fest: »Der Ausdruck Jude bezeichnet eine bestimmte, erstaunlich rein erhaltene Menschenrasse, nur in zweiter Reihe und uneigentlich die Bekenner einer Religion. Es geht auch durchaus nicht an, den Begriff ›Jude‹, wie das in letzter Zeit viel geschieht, mit dem Begriff ›Semit‹ gleichzustellen; der Nationalcharakter der Araber z. B. ist ein durchaus anderer als der der Juden.« (Chamberlain 1899, 215)

71 Vgl. Drumont 1886b, 19f.

72 Schapiras Arbeit ist auch insofern interessant, als er die deutlichen Differenzen zwischen Renans und Drumonts Bildern der ›Semiten‹ herausarbeitet, vgl. u.a. zur Frage der Assimilationsfähigkeit und des Anteils der Juden an der Zivilisation: Schapira 1927, 104.

Neo-Rassismus als »verallgemeinerter Antisemitismus«?

Die Behauptung, Antisemitismus sei ein Orientalismus bzw. der Orientalismus sei ein Antisemitismus gegen Araber/Muslime, wird für die Gegenwart prominent in Etienne Balibars Schriften vertreten. Balibar, einer der Pioniere poststrukturalistischer Rassismusanalyse, beobachtet in seinem klassischen Text »Gibt es einen »Neo-Rassismus«?« zunächst korrekt, dass der moderne Antisemitismus die phänotypische Unerkennbarkeit der assimilierten Juden berücksichtigt – der Jude sei »umso ›echter‹, je unerkennbarer er ist«. Zugleich betrachte er das Wesen der Juden als eine unvereinbare »kulturelle Tradition« und ein »Ferment moralischer Zersetzung«. Daraus folgert Balibar allerdings dreierlei: Erstens sei der Antisemitismus ideengeschichtlich der »Prototyp« des differentialistischen oder kulturalistischen Rassismus, zweitens sei er »differentialistisch *par excellence*« und drittens lasse sich deshalb »unter einer Vielzahl von Gesichtspunkten [...] der gegenwärtige differentialistische Rassismus seiner Form nach als *ein verallgemeinerter Antisemitismus* betrachten« (Balibar 1992, 32). Damit wird der moderne, nicht auf einen »pseudo-biologischen Rassenbegriff« gestützte Rassismus, der mit unvereinbaren, in sich geschlossenen, homogenen Kulturkreisen und Mentalitäten argumentiert, zum Antisemitismus erkoren.

Bereits »das Bild des Islam als einer mit dem europäischen Denken [...] unvereinbaren ›Weltanschauung‹ und als eines auf universelle ideologische Herrschaft angelegten Unternehmens« (32) kann als antisemitisch tituliert werden. Damit können die ganz und gar wahnhaften Vorwürfe gegenüber dem Judentum im Antisemitismus mit ganz und gar nicht wahnhaften islamkritischen Haltungen gleichgesetzt werden – die antiemanzipatorischen Grundhaltungen des politischen und konservativen Islam[73] und seine weltweit begangenen Verbrechen – die überwäl-

73 Vgl. u.v.a. Nagel 2014, 344-377, Nagel 2018, 47-51, 280-299. Ich

tigende Mehrheit der Terroropfer wird seit mehr als einem Jahrzehnt von islamistischen Attentaten bewirkt[74] – sind keine bloßen projektiven Erfindungen. »Während zudem das Phantasma von der jüdischen Weltherrschaft eine reine Erfindung ist«, betont Matthias Küntzel zu Recht, »sind Drohungen radikaler Islamisten, die die Dominanz eines rigiden Islam über die ganze Welt als ihr Endziel benennen, Legion« (Küntzel 2020, 144)[75]. Der Iran bekundet gar in seiner Verfassung die Absicht, »den Weg zu ebnen für die Bildung einer einzigen, universellen Gemeinschaft« und beauftragt seine Armee, »die Bürde der ideologischen Botschaft [zu] übernehmen, nämlich die Anstrengung [Dschihad] und den Kampf zur Ausbreitung der Herrschaft des Gottesgesetzes auf Erden.«[76]* (Constitution of the Islamic Republic of Iran 2014, 3 und 5)

verwende den Begriff des konservativen Islam, um der Illusion vorzubeugen, die fundamentalen Probleme mit der Akzeptanz von Menschenrechten bestünden im Weltmaßstab lediglich bei sogenannten ›islamistischen‹ Bewegungen wie der Hamas oder dem IS. Wer sich ein Bild von der Stimmungslage in den islamischen Staaten der Welt machen will, kann die einschlägigen Umfragen des PEW Research Center zu Rate ziehen, vgl. auch Koopmans 2020. Dass 45 Mitgliedsstaaten der Organisation der Islamischen Konferenz 1990 die *Kairoer Erklärung der Menschenrechte* unterzeichneten, die die Menschenrechte unter Scharia-Vorbehalt stellt, spricht für sich. Zum problematischen Verhältnis von konservativem Islam und modernem Verfassungsstaat vgl. Wick 2009.

74 Detaillierte empirische Nachweise bei Koopmans 2020, 126-143.

75 Vgl. auch Pfahl-Traughber 2021 am Beispiel der – auch von Balibar letztlich eingezogenen – Differenz zwischen »Islamisierung« und »Verjudung«: »Eine ›Islamisierung‹ gab und gibt es sehr wohl, eine ›Verjudung‹ gab und gibt es nicht. Insofern sind Gleichsetzungen beider Termini als Verschwörungsideologien unangemessen.« Zum prinzipiell unfriedlichen Verhältnis von islamischer (*dar al-islam*) und nichtislamischer Welt (*dar al-harb*) im Denken von großen Teilen der islamischen Tradition vgl. Nagel 2018, 282-287.

76 »to pave the way for the formation of a single, universal community«; »the weight of ideological mission, i.e. striving (jehād) on the path of God and struggle on the path of expanding the sovereignty of the law of God in the world«.

In einem späteren Text fordert Balibar, »Judenhass und Araberhass […] im selben antisemitischen Komplex zu umfassen« und spricht in Bezug auf die beiden Feindbilder von »diskursiven Analogien (Zirkulation der antisemitischen Stereotypen), […] empirischen Verbindungen (hoher Grad der statistischen Übereinstimmung von Judenhass und Araberhass in der französischen Bevölkerung […]), [und] […] symbolischen Symmetrien (der Wettbewerb des Juden und des Arabers um den Platz des inneren Feindes, der die Möglichkeit einer vereinten nationalen Gemeinschaft infrage stellt)«.[77] Im Zentrum stehe aber die Verdopplung der antisemitischen Verschwörungstheorie durch eine, »die den Islam und die Araber betrifft, die unter der Regie einer okkulten Macht im planetarischen Maßstab die Öl-Reichtümer, die fundamentalistische Missionierung und den Terrorismus (Dschihad) manipulierten und deren Ziel über die Juden hinaus das Herz der freien Welt sei.« »Der Einfluss der zionistischen Lobby in den USA« und »die Unternehmungen der Al Qaida« seien die »Tatsachen«, denen diese phantasmagorischen Feindbildkonstruktionen entsprächen (Balibar 2002). Ob nun die Reduktion regressiver Elemente des Islam auf eine einzige Terrorgruppe oder die Erwähnung von Al-Qaida im selben Atemzug mit einer zionistischen Lobby das größere Problem an dieser Bemerkung ist, sei dahingestellt. Dass es sich, um nur zwei Beispiele zu nennen, bei der konservativen Islamisierungspolitik der Ölmonarchien oder den durch sunnitische wie schiitische Fatwas, Drohungen und Morde im Westen (Rushdie-Affäre, Van Gogh-Ermordung, Jyllands-Posten-Kampagne, Mohamed Merah-Anschlagsserie, Charlie Hebdo-Attentat, Ermordung von Samuel Paty und Sarah Halimi etc.) betriebenen Versuchen einer »Islamisierung der weltweiten Normen und Werte«

77 Im deutschen Kontext ist es Juliane Wetzel von Zentrum für Antisemitismusforschung, die in elaborierter Form die Differenz zwischen Islamkritik, Rassismus und Antisemitismus einebnet, vgl. Wetzel 2012. Zur Kritik vgl. Küntzel 2020.

(Kepel 2019, 57) keineswegs um Verschwörungslegenden handelt, zeigen Autoren wie Bernard Lewis und Gilles Kepel in aller Deutlichkeit.[78]

Balibars begriffliche Einebnung des Antisemitismus beruht über diese gleichermaßen geschmack- und gedankenlosen Vergleiche hinaus zum einen auf einer ideengeschichtlichen Fehleinschätzung, zum anderen auf einer systematischen Verkennung des ideologischen Gehalts des Antisemitismus: Zunächst ist der »Prototyp« des differentialistischen Rassismus keineswegs der Antisemitismus, sondern der klassische Radikalkonservatismus mit seinem Konzept der partikularen Volksseelen, die den kulturellen Entwicklungscode jeder Nation zum Zeitpunkt ihrer Entstehung festlegen und die nicht mit anderen Volkscharakteren vermischt werden dürfen.[79] Sodann verkennt Balibar den spezifischen ideologischen Gehalt des Antisemitismus: Es ist zwar richtig, dass das Judentum im Antisemitismus als unvereinbare »kulturelle Tradition und ein Ferment moralischer Zersetzung« galt. Doch selbst wenn der Antisemitismus kulturalistische Konstruktionsmechanismen aufweisen sollte, so

78 Vgl. Lewis 2003, Kap. 8, Kepel 2019. Dass, wie in den Fällen von Florence Bergeaud-Blackler und Klaus Kinzel, bereits die Forschung zur Muslimbruderschaft oder auch nur die vorsichtige Infragestellung von Begrifflichkeiten wie »Islamophobie« dazu führen kann, dass Wissenschaftler Morddrohungen erhalten und unter Polizeischutz gestellt werden müssen, verdeutlicht, was Kepel mit der Islamisierung der Normen und Werte meint. Entscheidend sind dabei das Schweigen der akademischen Linken zu diesen Fällen und die offene Diffamierung der o.g. Kritiker als Rassisten. Zum erfolgreichen Versuch konservativ islamischer Kräfte in der UNO, jede Kritik am Islam als Rassismus zu denunzieren vgl. Wolter 2008.

79 Vgl. Finkielkraut 1989a, Priester 2003, Kap. IX sowie als klassischen Vertreter: de Maistre 2000. De Maistre zufolge wird zwar die Stärke des Osmanischen Reichs dadurch zerstört, dass die Türken französische Bräuche annehmen, aber diese werden nicht als *sämtliche* Kulturen zersetzender Faktor begriffen. Die Franzosen sollen bei den französischen, die Türken bei den türkischen Bräuchen bleiben, so seine Idee. Die Juden hingegen werden im Antisemitismus als *alle* Völker zersetzende Kraft betrachtet.

sind doch gerade die *antisemitischen* Momente daran nicht im kulturalistischen Rassismus zu finden: Denn während Letzterer, als Ethnopluralismus, jeder Kultur, gerade auch dem Islam, ihre legitimen Existenz-Räume oder -Kreise zuordnet, existiert im Antisemitismus für die Juden kein Ort legitimer Differenz – ihre kulturelle Unvereinbarkeit und die von ihnen angeblich ausgehende Gefahr der Zersetzung der Volkseinheit sind ganz spezifisch bestimmt. Juden sind als ›Feind *der Völker*‹, »Weltvergifter aller Völker« (Hitler 2018, 7) oder »Gegenrasse« markiert und zur Vernichtung freigegeben: Die Schwarzen oder Araber »will man dort halten, wo sie hingehören, von den Juden aber soll die Erde gereinigt werden«, »von ihrer Ausrottung soll das Glück der Welt abhängen«, schrieben Max Horkheimer und Theodor W. Adorno bereits in den 1940er Jahren. (Horkheimer/Adorno 1997, 197) Bereits 1919 propagierte Adolf Hitler daher, die ›Lösung der Judenfrage‹ bestehe in der »Entfernung der Juden überhaupt« (Hitler 1987, 192).

Dieser »Erlösungsantisemitismus« (Friedländer 2008, 101)[80] bezieht sich stets auch auf jeden Versuch der Juden, einen eigenen Staat zu etablieren. Das heißt, auch eine territorial partikulare Existenz jenseits aller anderen Gesellschaften wird ihnen nicht gestattet und wird im Antisemitismus, der immer auch ein Antizionismus ist, hasserfüllt bekämpft.[81] »Aus diesem Grunde«, schreibt der Antisemit Eugen Dühring bereits 1881, »ist die Judenfrage auch nicht kurzweg eine Racenfrage überhaupt, sondern ganz speciell und bestimmt eine Frage der Racenschädlichkeit. Der Regel nach werden Racen und Nationalitäten, wie beispielsweise Germanen und Slaven, miteinander Rivalitäten haben; aber sie werden einander deshalb noch nicht als schädlich anzusehen brauchen. Die Slaven gelten den Germanen nicht als eine schädliche Menschenart […]. Der Hebräerstamm bildet

80 Zum christlichen Erbe des Erlösungsmotivs im modernen Antisemitismus vgl. auch Wistrich 1987, Bärsch 1987.
81 Vgl. dazu instruktiv: Weber 2020, Kap. III.

aber hiebei eine handgreifliche Ausnahme; er hat sich dem ganzen Menschengeschlecht gegenüber materiell und geistig als eine schädliche Menschenart erwiesen; daher handelt es sich ihm gegenüber nicht einfach blos um die Frage der Fremdheit einer Race, sondern um die Frage angestammter und unablegbarer Verderblichkeit. [...] Die Judenfrage beschränkt sich nicht auf ein Volk; sie ist eine Völkerfrage. Sie geht die Gesellschaft noch mehr an als den Staat; sie will aus der internationalen Perspective beantwortet sein.« (Dühring 1892, 6. Orthographie so im Original) Diese Antwort, auch da bleibt Dühring unmissverständlich, kann nicht in einem Judenstaat bestehen, da die Juden die Inkarnation des volksschädlichen Egoismus seien und damit nicht in der Lage, gemeinwohlförderlich zu arbeiten und einen Staat zu gründen. In einem solchen Gemeinwesen, da ist sich Dühring sicher, würden die Juden »einander zur Speise werden«, also »Ausrottung der Juden durch die Juden« betreiben. Um dies zu verhindern, würden sie ihr Pseudogemeinwesen lediglich wieder als Stützpunkt für »Expeditionen unter andere Völker« (123) nutzen, um diese zu unterjochen und auszusaugen. Wie später Adolf Hitler gilt Dühring daher der Zionismus und seine Idee des Judenstaats lediglich als »Komödie« (Hitler 1980, 189) und Ausgangspunkt neuer ›völkerzersetzender‹ Bestrebungen. Bis ins Detail finden sich diese Phantasmen im arabischen Antisemitismus wieder: Die Juden, so meint zum Beispiel ‘Abbas Mahmud al-’Aqqad im Jahr 1956, seien nicht durch Gemeinsinn vereint, sondern lediglich »›durch Hass auf andere und Feindseligkeit gegenüber der ganzen Welt‹«[82]* (al-‘Aqqad zit. nach Harkabi 2017, 247), was beweise, dass sie keine Nation seien und ihr Staat ein künstliches Gebilde darstelle. Zurück zu Balibar: Dieser erahnt zwar, dass die Juden im NS eher als Über- denn als Untermenschen betrachtet wurden und vernichtet werden sollten. Eine theoretische Reflexion dieser Beobachtung bleibt aber aus. Das zeigt sich an seiner kruden These, die Juden

82 »by hatred of others and hostility to the whole world«.

hätten nicht versklavt, sondern vernichtet werden müssen, weil das NS-Programm in der »*Reduktion* der Juden auf den Status von ›Untermenschen‹« (Balibar 1992, 37) bestanden hätte. Einerseits wird damit die oben skizzierte spezifische Gefahr, die von der vermeintlichen jüdischen »Überlegenheit« ausgehen sollte, nicht benannt, andererseits ist es ja gerade der rassistische Gedanke des ›Untermenschentums‹, dass man dieses nur noch für subalterne und Sklavenarbeiten gebrauchen könne. Nachdem die Juden dann auf ›Untermenschen reduziert‹ worden wären, hätte man sie also getrost versklaven können, wie alle anderen angeblich ›niederen Rassen‹ auch.

»Der Islam ist nicht der wahre Feind«

Die rassistischen Vorwürfe gegenüber Schwarzen, Arabern oder Muslimen sind jedenfalls andere als die antisemitischen Feindprojektionen. Die im Rassismus heraufbeschworene Gefahr ist eher eine der ›Überfremdung‹ oder ›Entzivilisierung‹, während man andere ›Rassen‹ um die ihnen unterstellte vormoderne Form von Gemeinschaftlichkeit und Verwurzelung bisweilen sogar beneidet und eine »Koexistenz in rassistischer Hierarchie« (Bernstein 2020, 288) keineswegs ausschließt. So stellen radikale Rechte wie die *Identitäre Bewegung* fest: »Der Islam ist nicht der wahre Feind«. Die liberalistische Zersetzung der ethnokulturellen Identität(en) Europas sei das Problem (dessen Name dann im offenen Antisemitismus natürlich ›Jude‹ lautet). Der Islam sei lediglich »die ›Religion der Fremden‹«, der Islamdiskurs »Nebeneffekt einer allgemeinen Überfremdung« durch Migranten aus anderen Kulturen: »Kämen die Haupt-Zuwandererströme aus anderen Ländern [sic] könnten wir ebenso gut ›buddhisiert‹ werden.« (Identitäre Bewegung 2017) Er habe als »de facto arabisch-nationalistisch[er]« (ebd.) Volksglaube nicht nur seinen angestammten Ort, er wird auch wegen der ihm zugeschriebenen konservativen Werte (Patriarchat, Askese, transzendent legitimierte politische Ordnung und Sinnstiftung, absoluter Primat der Gemeinschaft, Ablehnung der liberalen

Menschenrechte usw.) geschätzt.[83] Letztlich gilt der Islam in der Neuen Rechten als »Projektionsfläche[…] für eine Opposition zur gefürchteten liberalen Weltgesellschaft« (Hagedorny 2022, 305). Eine Differenzierung zwischen genuin rassistisch motivierter rechter Propaganda gegen (auch) muslimische Einwanderer, Antisemitismus, aufklärerischer Islamkritik und neurechter Islamsympathie ist im Orientalismusparadigma nicht vorgesehen. Saids Ansatz der simplen Dichotomisierung von islamischem Fremden und westlichem Eigenen blendet also nicht nur die radikale Differenz zum antisemitischen ›Othering‹ völlig aus, er lässt auch die Tatsache unberücksichtigt, dass es ›der Westen‹ im liberalen Sinne ist, der radikalen Rechten als fremd und den Deutschen oder Franzosen oktroyiert gilt. Im Islam hingegen suchen und finden diese Rechten Vertrautes: »Die Untersuchung des Anderen nimmt« hier, wie Matheus Hagedorny treffend ausführt, »eine andere Form an: Sie wird zum Vehikel für die Reflexion des von westlicher ›Dekadenz‹ bedrohten ›Eigenen‹.« (Hagedorny 2022, 296)

Keineswegs steht zudem, wie Said und Co. unterstellen, der Araber/Muslim als Feindbild derart im Zentrum westlich-europäischer Selbstvergewisserung und Selbstbildung. Der Islam hatte keine mit den Juden vergleichbare zentrale und dämonisierte Stellung im christlichen Selbstverständnis[84], obwohl er (im Gegensatz zu den Juden) im Kontext eines realen militärischen und kulturellen Konflikts jahrhundertelang eine tatsächliche Bedrohung für den Herrschaftsanspruch des Christentums darstellte. Diese These Saids verweist zugleich auf grundlegende Probleme postkolonialer Theoriebildung. Denn zum einen ist es in Anbetracht der Kolonisierung Afrikas und der Amerikas fragwürdig, den Orient als Ort von Europas »größten, reichsten und

83 Vgl. auch kritisch: Grigat 2011, Glanz 2018, ausführlich: Hagedorny 2022. Zu den aktuellen neurechten Debatten mit dem Ziel einer Integration von Muslimen und dem Islam insgesamt in ein ›multiethnisches Deutschland‹ mit rechtsradikaler Agenda vgl. kritisch: Riebe 2023.
84 Vgl. Nirenberg 2015, Teitelbaum/Litvak 2022, 131.

ältesten Kolonien« (Said 2017, 9f.) mit den intensivsten Phantasiebildungen eines kulturell Anderen zu verstehen.[85] Zum anderen bleiben in Saids Denken interne europäische Differenzmarkierungen wie die moderne Abgrenzung vom ›dunklen Mittelalter‹, von aristotelischen Einflüssen aus der Antike oder gar vom ›unaufgeklärten Christentum‹ außen vor. Das westliche Selbstbild, die aufklärerische Vernunft und auf einen institutionalisierten Individualismus zielende Legitimationstheorien des Politischen sind nämlich keineswegs ausschließlich oder im Wesentlichen aus der Konstruktion eines kolonialen ›Anderen‹ erklärbar, wie im Anschluss an Said oft postuliert wird.[86] So behaupten zum Beispiel Paul Mecheril, Shadi Kooroshy und Saphira Shure über Thomas Hobbes' Werk »Leviathan«, den Klassiker der modernen politischen Philosophie von 1651: »Grundlegend [!] für die Entfaltung der Argumentation im ›Leviathan‹ ist die koloniale Eroberung des amerikanischen Kontinents«, weil Hobbes den staatenlosen Naturzustand des Kampfes eines jeden gegen jeden »auf die *Neue Welt*« projiziere (Mecheril u.a. 2018, 19) und die ›zivilisierten Europäer‹ davon abgrenze. Zwar kommen die »wilden Völker [...] Amerikas« (Hobbes 1999, 97) als ein Beispiel unter anderen für den Naturzustand bei Hobbes vor, es ist aber keineswegs die koloniale Eroberung, die den Naturzustandsgedanken prägt, sondern die inner-englische Erfahrung des Bürgerkriegs und der Genese des modernen Kapitalismus, die das Bild der kompetitiven, machtakkumulierenden, staatsbedürftigen menschlichen Natur prägen. Hobbes spricht im Wesentlichen über das ›Eigene‹, um mal eine der raunenden und vagen Kategorien der postkolonialen Diktion zu verwenden. Es ist der aus allen feudalen moralischen und Sinnkontexten

85 Zur Kritik an diesem Punkt bei Said vgl. Polaschegg 2005, 31.
86 Anidjar (2009, 151) geht noch einen Schritt weiter und erklärt manipulationstheoretisch gleich die gesamte »moderne Ausdifferenzierung der Lebensbereiche [...] ursprünglich« aus europäischen kolonialen Teile-und-herrsche-Strategien »zur Spaltung und Schwächung bestimmter Bevölkerungsgruppen«.

freigesetzte Einzelne des britischen Frühkapitalismus, der »proletarian of creation« (Strauss 2001, 145), eine Menge unvermittelter oder primär dissoziierter Individuen, die den Naturzustand bewohnen, den rationale Akteure zugunsten staatlich regulierter Herrschaft verlassen sollen. Der Naturzustand ist für Hobbes auch den politischen Gemeinwesen des Westens stets drohende Möglichkeit (wie bereits empirische Befunde von Bürgerkriegen nahelegen sollen) und immer präsente, zur Lösung aufgegebene Problemsituation des modernen Staates.[87] Denn die menschliche Wolfs-Natur, das heißt der soziale Antagonismus, ändert sich Hobbes zufolge im Staate nicht, er wird nur eingehegt und muss permanent eingehegt werden. Es ist auch nicht vornehmlich ein imaginiertes koloniales Außen, sondern die mittelalterlich-aristotelisierende Tradition der politischen Philosophie, von der Hobbes sich wesentlich abgrenzt.

Andreas Kalyvas meint ebenfalls, diesmal mit dem späten Carl Schmitt, die Idee des Naturzustandes und der extralegalen Gewalt vor allem aus der kolonialen Erfahrung der Europäer in Übersee herleiten zu können und postuliert gar »die kolonialen Grundlagen der […] politischen Moderne als solche« (Kalyvas 2018, 48): »In Abkehr von der gewohnten Sichtweise, die im Konzept des Naturzustands eine Metapher für die Religionskriege in Europa sah, führte Schmitt eine geopolitische Lesart ein, die ihn stattdessen [!] in den außereuropäischen Kolonialräumen Amerikas verortete. [...] Versteckt unter den normativen Grundlagen der politischen Philosophie des modernen Staates, an den Wurzeln seiner Rechtfertigung, deutete Schmitt die sublimierte Präsenz einer kolonialen Geographie an, deren Existenz insofern anerkannt wurde, als sie negiert und verleugnet werden

87 Vgl. Weiß 1980, 139f. sowie 231: »Das Schreckgespenst des anarchischen Chaos muß schon deshalb ständig im Hintergrund drohen, weil der Staat letztlich auf dem vorstaatlichen Chaos aufgebaut ist und dieses nicht eigentlich eliminiert, sondern es bloß in einem labilen Funktionsgleichgewicht reguliert«.

musste.«[88]* (39f.) Auch er ignoriert vollkommen die katastrophalen Erfahrungen des englischen Bürgerkriegs und des Dreißigjährigen Krieges auf dem Kontinent als Hintergrund der modern-kontraktualistischen Naturzustandskonzeption.[89] Zudem meint er, die Hegung des Krieges in Europa habe nur funktionieren können, weil die entgrenzte Gewalt in die Kolonien externalisiert worden sei, weshalb der Kolonialismus konstitutiv für das europäische Völkerrecht gewesen sei.[90] Das bleibt bloße Behauptung und lässt – neben waffentechnischen und wirtschaftlichen Faktoren – den traumatischen Einfluss außer Acht, den der dreißigjährige »Verwüstungskrieg[…]« (Münkler 2010, 103) mit seiner »Veralltäglichung der Gewalt« (78ff.) gegen Zivilbevölkerung und Infrastruktur durch von politischen Zielen weitgehend entkoppelte Kriegsunternehmer auf die europäische Völkerrechtsordnung hatte.[91] Dass die Idee des totalen Volkskrieges aus nationalistischen Motivationen im Kontext der Französischen Revolution weitgehend jenseits kolonialer Erfahrungen etabliert wurde, bleibt genauso außen vor, wie die Idee des

88 »the colonial foundations of […] political modernity as such«. »Shifting attention from the familiar view that saw in the concept of the natural state a metaphor for the religious wars in Europe, Schmitt introduced a geopolitical reading that instead located it in the extra-European colonial spaces of the Americas. […] Thus, hidden underneath the normative foundations of the political philosophy of the modern state, at the very roots of its justification, Schmitt hinted at the sublimated presence of a colonial geography whose existence was acknowledged insofar as it had to be negated and disavowed.«

89 Vgl. dazu Elbe 2021f.

90 Vgl. Kalyvas 2018, 38f.

91 Vgl. Münkler 2010, Kap. 2 und 3. Auch wenn Autoren wie Benno Teschke bestreiten, dass 1648 die moderne Völkerrechtsordnung begann (vgl. Teschke 2007, 219-226), so betonen auch sie den wesentlichen Einfluss, den innereuropäische Eigentums- und politische Konkurrenzdynamiken auf die Entwicklung des modernen Staatensystems hatten (vgl. ebd. Kap. 8) und kritisieren die Begriffslosigkeit u.a. des Weltsystemansatzes, eines marxistischen Vorläufers postkolonialer Überbetonung globaler und kolonialer Einflüsse (vgl. ebd., 128-144). Vgl. auch Goldman 2023.

Ausnahmezustands plötzlich vornehmlich »geopolitical« (Kalyvas 2018, 40) gedeutet, das heißt in den Kolonien verortet wird.[92] Auch hier findet man also die Überbetonung kolonialer und die sträfliche Vernachlässigung innereuropäischer Dynamiken, die zu Recht von einer ganzen Reihe von Autoren am postkolonialen Paradigma kritisiert werden. So konstatieren Matthias Leanza und Axel T. Paul: »Europa allein oder auch nur vornehmlich als Produkt der Interaktion mit anderen Weltregionen zu begreifen, verkennt die Bedeutung lokaler, das heißt innereuropäischer Konstellationen, deren Genese mitunter bis in die Antike zurückreicht.« (Leanza/Paul 2022, 388) In diesem Sinne resümieren Joshua Teitelbaum und Meir Litvak: »[D]ie westliche Identität bestimmt sich hauptsächlich durch den Bezug auf die eigene Vergangenheit und nicht durch einen Vergleich mit anderen« (Teitelbaum/Litvak 2022, 131) – dies gilt sowohl für Kontinuitäten als auch für Abgrenzungsbewegungen zum Beispiel der europäischen Aufklärung.

Wir sind noch nicht am Ende der Darstellung von Versuchen angelangt, den Antisemitismus oder besser gesagt, den spezifisch antijüdischen Charakter des Antisemitismus aufzulösen und das Prinzip des kolonialen Otherings zum Generalschlüssel einer Erklärung der modernen Welt zu machen. In Kapitel 4 werde ich noch eine genuin postmoderne antijüdische Metaphorisierung des ›Namens Jude‹ schildern und in Kapitel 5 genauer auf die Konstruktionsfehler und Reduktionismen des postkolonialen Ansatzes in der Tradition Saids zu sprechen kommen. Zunächst aber gehe ich auf die ›Entjudung‹ des Holocaust in den postmodernen Theorien der Biopolitik und die Einebnung der Judenvernichtung zu einem weiteren Beispiel für (westliche) koloniale Massenmorde ein.

92 Dabei ist es doch Kalyvas' Referenztheoretiker Carl Schmitt selbst, der das Motiv des Ausnahmezustands als immanentes staatstheoretisches Problem jenseits kolonialer Fragen bis zum Anfang der europäischen Tradition in der Antike zurückverfolgt. Vgl. Schmitt 2006.

3

Holocaustrelativierung

3.1. Präzedenzlosigkeit der Shoah und Gefahren der Mystifizierung

Wer keinen Begriff von Antisemitismus hat, der kann auch keinen von der Shoah entwickeln. Daher wird die Präzedenzlosigkeit und Besonderheit des Holocaust von den Protagonisten der postkolonialen Studien systematisch relativiert. Doch was bedeutet ›Präzedenzlosigkeit‹ oder ›Singularität‹ des Holocaust? Um diesen Punkt zu erläutern, stelle ich anhand des Essays »Gegenläufige Gedächtnisse« des Historikers Dan Diner zunächst eine ambivalente Position der Singularitätsdebatte vor, die von holocaustrelativierenden Ansätzen in kritischer Absicht aufgegriffen wird. Der von Diner verwendete und oft missverstandene Begriff des »Zivilisationsbruch[s]« (Diner 2007a, 16) soll zunächst darauf hinweisen, dass die Juden einer präzedenzlosen »Vernichtung ausgesetzt waren, die jenseits all dessen lag, was nach den Maßgaben utilitaristischer Rationalität und Selbsterhaltung der Handelnden sonsthin seine Schranken findet.« (37)[1]

1 Wenn Uli Krug gegen Diner und im Anschluss an Wolfgang Pohrts »Theorie des Gebrauchswerts« meint, bereits mit der reellen Subsumtion des Arbeitsprozesses unter das Kapital bestehe »zwischen Naturbeherrschung und Selbsterhaltung kein notwendiger Zusammenhang mehr« (Krug 1998), weil die Arbeiter dadurch tendenziell »überflüssig« gemacht würden, so resultiert diese Behauptung zum einen aus einer Idealisierung der frühbürgerlichen Produktionsweise und zum anderen aus einer teleologisch-verfallstheoretischen Deutung des ›Spät‹kapitalismus. Dass das Paradigma der »Überflüssigkeit« irgendwie mit Auschwitz in Verbindung stünde, ist zudem mehr als fragwürdig und geht den Aussagen Arendts auf den Leim. Zur Kritik an Arendts Überflüssigkeits-These vgl. Postone 2000, 280f., Katz 2020, Kap. 7.

So wenig wie ›Zivilisationsbruch‹, wie von postkolonialen Theoretikern gerne unterstellt[2], impliziert, vor der Shoah sei es in der Menschheitsgeschichte oder auch nur der Moderne stets ›zivilisiert‹ und gewaltlos zugegangen, so wenig soll ›Singularität‹ die banale Tatsache bezeichnen, dass ein historisches Ereignis im strengen Sinne nicht zweimal geschehen kann. Der Begriff soll auch nicht unterstellen, der Holocaust[3] könne sich nicht in dieser oder jener Form wiederholen oder es sei (im Unterschied zur Gleichsetzung) unangemessen, ihn mit anderen Massenmorden zu vergleichen[4], wobei sich in den letzten Jahren insbesondere der Porajmos – das heißt die Vernichtung der Sinti und Roma durch die Nationalsozialisten – als Verbrechen erwiesen hat, das eine Reihe von Gemeinsamkeiten mit dem Holocaust aufweist[5].

2 So meint beispielsweise Aram Ziai (2016, 16f.) gegen Diner und Samuel Salzborn gerichtet, die Rede vom Zivilisationsbruch Auschwitz »setzt unweigerlich das Vorhandensein einer ungebrochenen, intakten Zivilisation vor Auschwitz oder zumindest vor der Naziherrschaft seit 1933 voraus.«

3 Mir ist bewusst, dass *Holocaust*, aber auch *Shoah* und *Auschwitz* als Bezeichnungen für die Judenvernichtung jeweils problematische theologische oder historische Konnotationen haben. Was Auschwitz betrifft, so hat die bisweilen quasi-industrielle Vernichtungs*methode* in den Vernichtungslagern die spezifische Vernichtungs*intention* der Shoah überdeckt, was zur Ausblendung des ›Holocaust by bullets‹ führte. Schließlich ist die Tatsache, dass Auschwitz zugleich ein Arbeits- und kein reines Vernichtungslager war, dazu angetan, den Kern des Holocaust, die Totalvernichtung der Juden, zu überblenden.

4 Zu sinnvollen und unsinnigen Begriffen von Singularität in der Debatte vgl. Katz 1994, 27-63, Michman 2014, Katz 2019, 8-21, Klävers 2019, 16, 37, 161, 163, 222f.

5 Auch hier schält sich letztlich offenbar eine Totalvernichtung heraus – jenseits militärischer, ökonomischer oder geopolitisch-kolonialer Rationalitätserwägungen, allerdings mit bleibenden Differenzen zur Shoah: 1) Sinti und Roma galten *nicht als dämonischer Weltfeind* hinter den modernen politischen und ökonomischen Dynamiken. 2) Ursprünglich galten sog. *›reinrassige Zigeuner‹ nicht als ›schädlich‹* und sollten auch nicht vernichtet werden. 3) Im *Widerspruch* zu dieser rassenpolitischen Doktrin und sich daraus ergebenden Befehlen wurden

Genau in diesem Kontext tauchen in Diners Essay allerdings begriffliche Probleme auf, die für die Auseinandersetzung mit der neuen Holocaustrelativierung von zentraler Bedeutung sind. Denn nur, wenn die Singularität des Holocaust richtig bestimmt wird, kann gegen solche Tendenzen argumentativ vorgegangen werden. Diner tendiert jedoch zur Mystifizierung der Singularität und unterscheidet sich damit, bei all seinen inhaltlich treffenden Feststellungen über das, was der Holocaust *nicht* war, fundamental von Autoren wie Yehuda Bauer, Steven T. Katz oder Saul Friedländer, die einen rationalen Begriff der Präzedenzlosigkeit entwickelt haben.[6] Diners Mystifizierung ist nicht zufällig mit einem Lob der Diagnose Hannah Arendts verbunden. Diese, so Diner, habe in ihren Texten vom Ende der 1940er Jahre die »spezifische[n] Merkmale« der Shoah richtig in der »Durchbrechung der Selbsterhaltung und der Annullierung von Fundamenten der utilitaristisch verfassten Rationalität« erkannt (Diner 2007a, 35). Entsprechend dieser Intuition, dass der Holocaust ein Verbrechen war, das man »weder verstehen noch erklären

allerdings auch sie seit 1943 in der Regel zum Ziel eliminatorischer Politik. 4) Bisweilen unterschieden sich die *Methoden* des Genozids. So wurden neben Massenerschießungen und Vergasungen auch Zwangssterilisationen durchgeführt (Zimmermann 1996, 359-362), also nicht in allen Fällen auf eine Vernichtung jedes einzelnen Individuums gesetzt, aber langfristig auf die Vernichtung der ›Rasse‹. 5) Umstritten ist, welcher Status einer ganzen Reihe von Ausnahmen zukommt, in denen sog. ›Zigeuner‹ nicht ermordet wurden. Handelt es sich hier um eine Konsequenz aus den unterschiedlichen rassenpolitischen Intentionen oder um ein bloßes vorübergehendes Lebenlassen, das nach dem Krieg in totale Elimination umgeschlagen wäre? Die Differenzen zwischen Shoah und Porajmos betonen u.a. Katz 1981, 176ff., Zimmermann 1996, 235-247, Zimmermann 1998, 250f., 253ff., Margalit 2000 und Bauer 2001, 71, 73, 86-93. Die Gemeinsamkeiten werden in kritischer Auseinandersetzung mit den Genannten u.a. von Holler 2010 und Fings 2015 herausgearbeitet. Zu den Differenzen zwischen der Shoah und dem Völkermord an den Tutsi vgl. Hankel 2019, Katz 2020, 97f. sowie zwischen der Shoah und dem Völkermord an den Armeniern vgl. Bauer 2001, 70, 73f., 83ff., Katz 2020, 4-12, 23ff.

6 Vgl. Katz 1981, Katz 1994, 27-63, Katz 2023, Bauer 2001, 62-94, Friedländer 1991, Friedländer 2008, Friedländer 2022.

kann durch die bösen Motive von Eigennutz, Habgier, Neid, Machtgier, Ressentiment, Feigheit oder was es sonst noch geben mag« (Arendt 1998, 941), hat Arendt den Begriff des »radikal Bösen« (ebd.) geprägt, eines Bösen, das nicht durch sinnliche Bestimmungsgründe krimineller, psychopathologischer oder politischer Natur zu erklären sei.[7] Arendt will damit keineswegs nur darauf hinaus, dass es andere, gesellschaftlich und sozialpsychologisch rekonstruierbare Motive gebe, die das Handeln der Täter anleiteten. Da ihr existentialistisches und konservativ kulturkritisches Denken ökonomische, soziologische sowie psychologische Ansätze unter einen Uneigentlichkeitsverdacht stellt[8], fehlt ihr das begriffliche Instrumentarium, um die richtige Feststellung der Irrelevanz ökonomisch, politisch oder kriminell rationaler Motive wiederum gesellschaftstheoretisch und sozialpsychologisch zu erklären. Es bleiben schlicht keine Motive mehr übrig oder allenfalls ein Böses um des Bösen willen, das, wie Arendt freimütig zugesteht, eine numinose »übernatürliche Schlechtigkeit« (Arendt 1989a, 50) anzeige, die sich prinzipiell dem Begriff entziehe: sie spreche davon, »ohne doch recht zu wissen, was das ist« (Arendt 2007, 307).

Diner unterlässt es leider, den Begriff des radikal Bösen näher zu untersuchen oder gar dessen problematischen Gehalt zu kritisieren. Seine Überlegungen zum »Warum« von Auschwitz führen daher zu einer Verwechslung der Vernichtung aus irrationalen Gründen mit »einer grundlosen Vernichtung«, die angeblich »den Sinngehalt von Sprache und Begriff« »kontaminiert« (Diner 2007a, 25).[9] Die »Kernerfahrung des Zivilisationsbruchs« ist für Diner die »Zerstörung der auf Verstehen und Handeln gerichteten Begriffswelten« (25) *per se*. Der »Vernichtungstod ist ein im Kern grundloser Tod« (81) aber nur dann, wenn man ir-

7 Zu Gemeinsamkeiten und Differenzen von Arendts und Kants Begriff des radikal Bösen vgl. Elbe 2015, 480ff.
8 Vgl. Arendt 2007, 20, 53ff., 57, 223ff.
9 Eine ähnliche Deutung der Shoah findet sich u.a. bei Hogh 2008.

rationale Gründe nicht als Gründe gelten lässt und den Holocaust somit vom Antisemitismus entkoppelt, wie das bei Diner tendenziell geschieht. Er betrachtet den Antisemitismus zwar als »*nötig* […] für die Schoah«, dass der Holocaust die logische Konsequenz des modernen Antisemitismus war, bestreitet er aber und hält diese Feststellung offenbar für eine weitere Form der Sinnstiftung – nun in Gestalt der vermeintlich partikularistischen Erzählung und »jüdisch verengte[n] Geschichtssicht« eines »nationalen Martyrium[s]« der Juden (Diner 1991, 192f.).[10] Mit dieser Bestimmung verortet Diner den Holocaust tatsächlich in gewisser Weise in einem Jenseits von Geschichte und Gesellschaft,[11] was schließlich in der Aussage mündet, die Shoah nehme »jene Stelle ein, die vormals Gott vorbehalten war« (106). Die enigmatisch anmutenden Überlegungen Diners scheinen nahezulegen, dass in einem theozentrischen Weltbild Auschwitz stets auf Gott und seine (wie auch immer) sinnvollen Taten bezogen bleibt – und sei es als Strafe Gottes.[12] Die Aufklärung, die die Vernunft an die Stelle Gottes gesetzt habe, könne allerdings ebenfalls nur eine falsche Rationalisierung der Shoah zustande bringen. Da Auschwitz die Idee des vernunftgeleiteten (und sei es bloß instrumentell rationalen) Menschen aber

10 Dies führt ihn letztlich zur Deutung des Zionismus als bloßer Versuch, traditionellem Judenhass durch räumliche und kulturelle Separation zu entgehen (vgl. Diner 1991, 193f.). Dagegen ist zu betonen, dass die totale und globale Vernichtung der Juden sehr wohl die letzte und logische Konsequenz des modernen Antisemitismus ist (vgl. dazu Holz 2010, 44f., 108, 246, 272f., 340, 398, 413-424), ohne dass jeder Antisemit subjektiv diese Konsequenz ziehen müsste, ohne, dass sich diese Konsequenz zwangsläufig realisieren müsste oder damit der gesamte historische Prozess der Shoah linear erklärt wäre. Zudem ist der Zionismus, vor allem nach 1945, nicht der naive Versuch, sich zu separieren, sondern auf die Erfahrung völliger Ohnmacht im Zustand der totalen und globalen Bedrohung mit der Möglichkeit der staatlichen Selbstverteidigung zu reagieren (vgl. Rubinstein 2001, 114-126).

11 Das »Wer« der Vernichtung sei zwar nur aus der Geschichte zu erklären (vgl. Diner 2007a, 16), das »Warum« bleibe aber damit immer noch unbeantwortet.

12 Vgl. dazu für die jüdische Rezeption kritisch: Bauer 2001, Kap. 9.

negiere, trete es an die Stelle der Aufklärung, die zuvor an die Stelle Gottes getreten sei. Holocaustrelativierer können solche Passagen dankbar aufnehmen und mittels der Abstoßung von diesem ›sakralisierten‹ Holocaustbegriff, den sie freilich diffus allen Vertretern der Singularitätsthese unterstellen, zum Generalangriff zunächst auf die Singularitätsthese und anschließend auf den Zionismus übergehen.[13] Diffus ist die Gleichsetzung solcher Positionen mit allen Varianten der Singularitätsthese deshalb, weil von Rothberg bis Moses und von Badiou bis Bakan immer zugleich eine rationale Variante dieser These getroffen werden soll, die regelmäßig als irrationaler jüdischer Exzeptionalismus und religiöses Dogma entwertet wird – ich komme darauf zurück. Diners Position jedenfalls wird von zentralen Vertretern der Singularitätsthese unmissverständlich abgelehnt. So schreibt Steven T. Katz, »die angenommene Analogie zwischen der Sho'ah und Gott, dem *Ganz Anderen*, ist völlig verfehlt. Was auch immer der Holocaust sonst noch ist oder nicht ist, er ist nicht jenseits von Raum und Zeit, noch steht er in der gleichen merkwürdigen Beziehung zu den Kategorien menschlichen Verstehens und der Bedeutung wie das *Eyn Sof* (das Unaussprechliche) der Mystiker.«[14]* (Katz 1994, 45f.)

Diners vernunftdefätistische These, dass »die Aufklärung […] durch den Holocaust widerlegt wird« (Diner 2007a, 106), unterstellt ein reduktionistisches Aufklärungsverständnis, das die Marxsche Ideologiekritik ebenso wenig berücksichtigt wie die Freudsche Psychoanalyse. So wie Marx' Ökonomiekritik keineswegs leugnet, dass die moderne kapitalistische Gesellschaft »prosaisch reelle Mystifikation[en]« hervorbringt (Marx 1990, 35), aber gleichzeitig versucht, deren Bedingungen rational zu

13 Vgl. Rothberg/Cheyette 2019, 31.

14 »the assumed analogy between the Sho'ah and God, the *ganz andere*, is wholly misconceived. Whatever else the Holocaust is or is not, it is *not* beyond space-time, nor does it stand in the same oblique relation to the categories of human understanding and meaning as does the *Eyn Sof* (The Ineffable One) of the mystics.«

erkennen, so leugnet die Psychoanalyse irrational motiviertes Handeln nicht, versucht es aber rational zu verstehen. Man muss auch nicht Marx und Freud bemühen, um festzustellen: »even the irrational can, even must, be rationally studied.« (Katz 1994, 13) Wenn Diner, ganz d'accord mit Arendt, meint, nicht nur das Streben nach materiellem Vorteil, sondern auch Motive der »Triebbefriedigung« (Diner 2007a, 27) schieden zur Erklärung des Täterhandelns aus, zeigt sich schlicht ein um alle Erkenntnisse einer analytischen Sozialpsychologie verkürzter Begriff von »Triebbefriedigung«. Hier werden die auch von Arendt evozierten Motive des individualpathologischen, sadistischen Triebtäters bemüht und die von Erich Fromm und Theodor W. Adorno analysierte autoritär-masochistische Bedürfnisstruktur von Massen als emotionale Matrix nationaler oder rassischer Homogenitätsphantasmen und projektiv abwehrender Feindkonstruktionen ignoriert.[15] Damit zusammenhängend wird auch Diners richtige Kritik an einem Materialismus schief, der ökonomische Motive *unmittelbar* heranzieht, um die Shoah zu erklären. Er glaubt nämlich offenbar, die Erklärungskraft materialistischer Analysen damit generell negieren zu können, womit ihm die Prekarität und Ohnmacht generierenden gesellschaftlichen Bedingungen aus dem Blick geraten, die die Individuen mit bestimmten psychischen Verarbeitungsformen zu bewältigen versuchen und die zur Genese irrationaler Motive beitragen. In diesen Bewältigungsversuchen gesellschaftlich produzierter Ohnmachtsgefühle werden also, um es zu wiederholen, genuin irrationale Interessen und Motive generiert, die aber eine gewisse ideologische und psychologische Binnenrationalität aufweisen. *Irrational* sind die Motive, hier folge ich dem Philoso-

15 Zu diesem Ansatz vgl. Rensmann 1998 sowie Elbe 2020. Doch selbst Hannah Arendt nähert sich mit ihrem, von Diner ebenfalls angeführten, Begriff der »Selbstlosigkeit« des totalitären Charakters (Arendt 1998, 469f., 738f., 800) dieser Diagnose der gesellschaftlichen Hervorbringung autoritär-masochistischer, pathisch-projektiver Massenhaltungen kurzzeitig und widersprüchlich an, vgl. Elbe 2015, 465f.

phen Norbert Hoerster, weil mindestens das Kriterium prinzipieller Realisierbarkeit der mit ihnen verfolgten Zwecke nicht gegeben ist.[16] *Ideologisch* ist die Binnenrationalität, weil, das irrationale Ziel[17] einmal akzeptiert, die Vernichtung der Juden aus

16 Nobert Hoerster stellt fest, dass auch Ziele bzw. Wünsche selbst irrational sein können: »Nur dann, wenn ein gegebener Wunsch nicht seinerseits irrational [...] ist, kann er die betreffende Handlung zu einer rationalen Handlung machen.« (Hoerster 2003, 23). Er nennt die prinzipielle Realisierbarkeit der Interessen, das Urteilsvermögen und die Informiertheit des die Interessen artikulierenden Akteurs sowie die Konsistenz verschiedener zugleich verfolgter Interessen als Kriterien für die Rationalität von Interessen bzw. Zwecken, vgl. ebd., 21-26, 39. Man kann auch Hans Alberts Begriff der »*Brücken-Prinzipien*« (Albert 1991, 126, vgl. auch 91f.) hinzuziehen, die zwischen deskriptiven und normativen Theoriebestandteilen existieren: Demnach beinhalten Weltanschauungen und Ziele neben normativen und evaluativen Elementen immer auch deskriptive Annahmen über die Welt. Diese sind als wahr oder falsch kritisierbar (anders als normative Prinzipien selbst, wie Albert meint). Zwar sind Formulierungen wie »Informiertheit« und »Urteilsvermögen« vor einem ideologiekritischen Hintergrund unterkomplex, dennoch kann der Antisemitismus in diesem Zusammenhang, folgt man Hoersters und Alberts Kriterien, als irrational gelten, weil das Ziel der ›Reinigung der Völker‹ von Egoismus, Ausbeutung und Konflikt auf der Basis unhinterfragter antagonistischer Vergesellschaftungsbedingungen unrealisierbar ist, erst recht nicht mit der praktischen Umsetzung des Antisemitismus erreicht werden kann und der Antisemitismus auf unwahren und ungerechtfertigten Annahmen über die Juden und die Welt beruht. Zu den Begriffen der rationalen Meinung und der (un-)wahren und (un-)gerechtfertigten Annahmen vgl. Boghossian 2013, 20ff.

17 Karin Scherschel behauptet gegen Adorno, der rassistische Antisemitismus des NS sei »keine irrationale, pathologische Ideologie, sondern ein rationales Instrument zur Planung und Aufrechterhaltung einer gesellschaftlichen Ordnung« gewesen (Scherschel 2006, 47). Dabei gehen in ihren Ausführungen völlig unterschiedliche Sachverhalte durcheinander: das ideologische Ziel der Vernichtung der Juden und seine motivationale Basis, deren pseudowissenschaftliche Legitimation in NS-Kreisen, die technisch-praktische Durchführung dieser Vernichtung und die bedingte Herrschaftsfunktionalität des Antisemitismus. Scherschel hält diese Ebenen nicht auseinander. Daher verkennt sie das irrationale Ziel aufgrund der häufig rationalen Mittel seiner Realisierung

der Binnenperspektive der Nationalsozialisten ein erforderliches Mittel war, um die Welt vom Übel zu befreien, obwohl es das *objektiv* nicht war: »Angesichts der unumstößlichen Annahme, dass Juden Bazillen sind, war Auschwitz die logische Schlussfolgerung.«[18]* (Katz 1994, 50) *Psychologisch* ist die Binnenrationalität, weil sie eine gewisse Form der *subjektiven* Triebbefriedigung und emotionaler Unsicherheitsbewältigung für denjenigen mit sich bringt, der »integriert [ist] im barbarischen Kollektiv« (Horkheimer/Adorno 1997, 199), obwohl die *objektiven* Quellen des Unbehagens und der Unsicherheit gar nicht angetastet werden. Diese gesellschaftlichen Bedingungen und ihre sozialpsychologische Komponente entgehen Diner, der hier ganz im Banne Arendts steht. Insofern ist auch die häufig in bester Absicht formulierte These, der Holocaust sei ›selbstzweckhaft‹ gewesen, »Vernichtung um der Vernichtung willen« (Postone 2005, 177), zu revidieren oder zumindest im Kontext zu erläutern.

Im Folgenden soll das Ineinander von Rationalität und Irrationalität der Shoah thesenhaft umrissen werden:

1. Die Shoah ist ohne den Antisemitismus nicht zu erklären, den die Nazis freilich nicht erfunden haben und dessen eliminatorische Dimension bereits im 19. Jahrhundert zu identifizieren ist. Allerdings ist das Selbstverständnis insbesondere Hitlers hervorzuheben, die radikalen Konsequenzen aus dem antisemitischen Weltbild zu ziehen und einen ›Antisemitismus der Tat‹ zu etablieren. 1933 schließlich wurde der apokalyptische Antisemitismus Hitlers »an essential part of the political religion of

als rationales und tauft den pseudowissenschaftlichen Charakter der Legitimation des Ziels wegen der gesellschaftlichen Anerkennung der Legitimierenden als »anerkannte[...] Kapazitäten« »wissenschaftliche[r] Institute« (46) zum rationalen, wissenschaftlichen Unternehmen um, was auch am relativistischen ›Begriff‹ von Wissen liegt, der ihrer poststrukturalistischen Arbeit zugrunde liegt.

18 »Given the incontrovertible assumption that Jews are bacilli, Auschwitz was the logical conclusion«.

a well-organized and powerful state.« (Michman 2014, 24) Gegen alle Versuche, den Holocaust in institutionelle Randbedingungen und ideologiefreie Kompetenzstreitigkeiten konkurrierender NS-Instanzen aufzulösen, ist zu betonen: Es war der Antisemitismus, der überhaupt die Grundlage zur Entrechtung und Ghettoisierung, schließlich Vernichtung der europäischen Juden gebildet hat. Es war der Antisemitismus, der zwar nicht aus dem Stand in die Vernichtung umgesetzt wurde, aber die jeweils sich bietenden Möglichkeiten immer radikalerer ›Lösungen‹ und ›Maßnahmen‹ angeleitet hat. Ohne den Antisemitismus hätten beispielsweise die osteuropäischen Juden wie die Restbevölkerung unter dem antibolschewistischen Vernichtungsfeldzug der Nazis gelitten, das heißt sie wären verhungert, ausgeraubt, versklavt und in Kriegsverbrechen riesigen Ausmaßes umgebracht, aber nicht systematisch vernichtet worden. Es war der Antisemitismus, der die Nazis dazu gebracht hat, kriegswichtige Fabriken zu schließen, weil deren jüdische Arbeiter vernichtet werden ›mussten‹.[19] Während viele Polen, Ukrainer, Russen und andere spätestens ab 1942 in die deutsche Zwangsarbeit geschickt wurden, sollten die Juden, letztlich alle Juden, systematisch vergast oder erschossen werden.[20]

2. Die Spezifik der Shoah besteht weder in der Methode des Tötens[21] noch in der Zahl der Opfer, sondern in der besonderen genozidalen Intention und ihrer konsequenten Umsetzung. Mit der Shoah verfolgten die Täter im Wesentlichen keine politisch-geostrategisch, bevölkerungspolitisch, militärisch oder ökonomisch rationalen Zwecke[22], wiewohl sie ihre Vernichtungspra-

19 Vgl. dazu ausführlich Katz 2020, Kap. 7.

20 Vgl. Herbert 1987, 214f.

21 Ca. 40 Prozent der sechs Millionen ermordeten Juden wurden nicht in den ›Todesfabriken‹ vergast, sondern ganz konventionell hinter der Front erschossen und erschlagen. Vgl. Herbert 1998, 57.

22 Wenn von ökonomischer oder militärischer Rationalität der Mittel und Zwecke gesprochen wird, bedeutet das an dieser Stelle also keines-

xis nicht selten mit »utilitaristisch verbrämten Legitimationsstrategien« versahen (Herbert 1991, 31) oder als rationale ›Lösung‹ von (durch ihren Antisemitismus selbst geschaffenen) ›Problemen‹ präsentierten.[23] Solche Rationalisierungen waren zum Beispiel »›Säuberung des Hinterlandes‹ der Ostfront [...] oder die ›Aushebung von Partisanennestern‹« (Herbert 1998, 59) und ›den Juden das Arbeiten lehren‹[24]. Im Fall des Holocaust gab es »keine realen Konflikte« mit einer »indigenen Bevölkerung« und es »standen, sich auch nicht eine Nation und das koloniale ›Andere‹ gegenüber, waren doch dem Holocaust umfassende rassistisch-antisemitische Neuformatierungen der eigenen Nation [...] vorausgegangen«, stellen die Historiker Frank Bajohr und Rachel O'Sullivan fest (Bajohr/O'Sullivan 2022, 195).

Der Holocaust wurde unter anderem im Kontext eines rassistisch und antikommunistisch legitimierten Angriffskrieges realisiert, der vor allem in Osteuropa ein Vernichtungskrieg war. Der Begriff Vernichtungskrieg kann dabei in mehrerlei Hinsicht verwendet werden.[25] Hier ist er bezogen auf die Kriegsführung der Deutschen im Osten, die das Verhungernlassen russischer Kriegsgefangener und großer Teile der Bevölkerung der eroberten Gebiete, das Ausplündern und Germanisieren des ›Ostraums‹, den Antibolschewismus inklusive Kommissarbefehl und Kriegsgerichtsbarkeitserlass sowie die Idee der Versklavung des überlebenden Rests beinhaltet.[26] Allerdings kann auch

wegs eine moralische Würdigung dieser Mittel und Zwecke. Zur ökonomischen Irrationalität der *Aktion Reinhardt* vgl. v.a. Lehnstaedt 2017, 59f., 141, 144, 148, 150, zur Vernichtung jenseits ökonomischer Rentabilitätskriterien im Holocaust insgesamt vgl. instruktiv: Herbert 1987, Friedländer 2008, 648, 665, 877ff., 984., Katz 2020, Kap. 7.

23 Vgl. u.a. Browning 1991, Herbert 1987, 209, 217, Herbert 1998, 58ff.

24 Vgl. dazu Herbert 1987, Goldhagen 1998, Teil IV, Katz 2020, 145ff.

25 Vgl. Reemtsma 1995, 377.

26 Vgl. Friedländer 2008, 392f., 513f., 517f., Pohl 2011, Chapoutot 2016, 231, Herbert 2021, 192-202.

der NS-Vernichtungskrieg im Osten, bei allen kolonialen Aspekten der deutschen ›Lebensraum‹-Konzeption[27], nicht einfach als strukturgleich mit den europäischen Kolonialregimen betrachtet werden. Die ›Deutschland allein‹-Strategie, das Phantasma nationaler Homogenität und die Weltmachtkonkurrenz sowie die Blitzkriegtaktik seien neben dem nichtevolutionären Rassismus wesentlich wichtiger für die Eskalationsdynamik des deutschen Vernichtungskriegs im Osten gewesen, als die Erfahrung imperialer Herrschaft in Afrika, schreiben Roberta Pergher und Mark Roseman.[28] Birthe Kundrus zufolge war »der Krieg gegen die UdSSR«, vom Partisanenkrieg abgesehen, im Prinzip »kein asymmetrischer Konflikt«, wie der zwischen deutscher Kolonialmacht und Herero sowie Nama, sondern einer zwischen zwei staatlichen »Imperialmächte[n] auf gleicher Augenhöhe«. Zudem habe es beim ›Ostfeldzug‹ kein Konzept »ziviler Einhegung« mehr gegeben. (Kundrus 2008) »Von seiner Einzigartigkeit überzeugt«, schreiben Bajohr und O'Sullivan, »sahen sich die Anhänger des Nationalsozialismus auch nicht in ungebrochener Tradition zum deutschen Kolonialismus« (Bajohr/O'Sullivan 2022, 196). So »geisterten durch die kolonialen Zeitschriften der NS-Zeit ausgerechnet die Herero als ein ›mit tapferen schwarzen Kriegern‹ gesegnetes ›schwarzes Herrenvolk‹, das im Kampf gegen die deutschen Kolonialherren ›verzweifelt um seine Freiheit‹ gekämpft habe.« (197) Robert Gerwarth und Stephan Malinowski betonen vor allem die faktische Abwesenheit von *Development*- und *Indirect-rule*-Konzepten bei den Nazis[29] – in der Tat sollte zum Beispiel die polnische Intelligenz vernichtet und nicht auf deutsche Universitäten geschickt werden.

27 Vgl. Römer 2017, 255ff., der auf grundlegende Gemeinsamkeiten hinweist und einige Vorläufer des ›nichtevolutionären‹ Rassismus im Kolonialismus erwähnt, sowie Herbert 2021, 192ff. und Bajohr/Sullivan 2022.

28 Vgl. Pergher/Roseman 2013, 47. Zum deutschnationalen Primat der NS-Besatzungspolitik und zum Spannungsverhältnis von Volk und Reich in der NS-Politik vgl. auch instruktiv Herbert 2021, Kap. 7

29 Vgl. Gerwarth/Malinowski 2007, 455-461.

Die restliche Bevölkerung sollte »ein Leben als Arbeitssklaven auf niedriger Kulturstufe führen«. (Kundrus 2018, 92) »Kopf- und hirnlos, ihrer Oberhäupter beraubt«, paraphrasiert Johann Chapoutot die Pläne der Nazis, »werden die Polen und die Slawen die unterwürfigen und beflissenen Werkzeuge des deutschen Aufbauwerks im Osten sein.« (Chapoutot 2016, 231)

Auch wenn dieser Krieg einen Kontext des Holocaust bildete, was kein einziger seriöser Historiker jemals geleugnet hat,[30] ist er dennoch vom Holocaust und seiner totalen Vernichtungsintention fundamental zu unterscheiden.[31] Zum einen galten die als ›rassisch unterlegen‹ betrachteten ›Slawen‹ den Nazis selbst als Opfer der Juden[32], zum anderen war der Überfall auf die Sowjetunion jenseits und unabhängig von der kolonialen Lebensraum-Ideologie von Beginn an auch als Teil eines apokalyptischen Endkampfs gegen das angeblich hinter dem Bolschewismus steckende Judentum gedacht.[33] Im Falle des Massenmords an Sowjetbürgern, schreibt Ulrich Herbert, räumte »[d]as rassistische Denken […] Bedenken beiseite, die einer Verwirklichung wirtschaftlicher Ziele durch die Ermordung von Millionen Menschen im Wege standen. Ein genuines Ziel war der Massenmord an ›Russen‹ hingegen in der nationalsozialistischen […] Weltanschauung nicht, sondern ein rassistisch legitimierbares Mittel zur Durchsetzung kontinentalimperialistischer Ziele.« Das Verhältnis von ökonomisch-territorialen Zielen und Vernichtungsideologie ist im Falle der »›Endlösung‹ […] genau umgekehrt. Denn hier lag […] das vornehmliche Interesse des NS-Regimes

30 Zur Kritik an der Überbetonung dieses geographisch-historischen Kontexts vgl. allerdings die treffenden Ausführungen von Michman 2014, 21ff.

31 Der *Weg* zur Totalvernichtung und die ihn anleitende *Ideologie* beginnen allerdings vor dem Überfall auf die Sowjetunion und sind keineswegs ›situativ‹ aus ihm zu erklären.

32 Chapoutot (2016, 233) zufolge »sieht sich Deutschland mit slawischen Untermenschen konfrontiert, die von ihren jüdischen Herren, die den Bolschewismus erfunden haben, benutzt und verwildert werden.«

33 Vgl. Michman 2014, 27f., Herbert 2021, 192.

in der ›Beseitigung‹ der Juden […], letztlich in ihrer Ermordung« (Herbert 1991, 34). Die Judenvernichtung war also nicht Mittel der Bereicherung, der militärischen Brechung des Willens eines Feindes oder der territorialen Expansion, sie war durch ihren apokalyptisch-erlösungsantisemitischen[34] »ideologischen, globalen und totalen Charakter« (Bauer 2001, 75) gekennzeichnet[35] – mit den Juden in einer ganz bestimmten weltanschaulichen Rolle und Opferposition. Für sie bestand keine wie auch immer geartete Möglichkeit der Konversion oder einer »Geste der Unterwerfung« (Diner 2007a, 15), die das Überleben auch nur einer Minderheit gesichert hätte. In ihrer Charakterisierung als gebürtige ›Feinde der Völker‹ waren sie ebenso alternativlos wie ausweglos als Opfer bestimmt und sollten total und global ›ausgerottet‹ werden.

Verfolgung und Vernichtung sollten auch keineswegs auf einen ›genozidalen Raum‹ im Osten beschränkt bleiben, sondern sich auf alle zu erobernden Länder erstrecken, auch auf die westlichen und den Nahen Osten, letztlich auf die gesamte Welt. »[F]ür Deutschland«, so eine Denkschrift des Auswärtigen Amtes aus dem Jahr 1938, »wird die Judenfrage nicht ihre Erledigung gefunden haben, wenn der letzte Jude deutschen Boden verlassen hat.« Ziel sollte »eine in der Zukunft liegende internationale Lösung der Judenfrage sein«, »die nicht von falschem Mitleid mit der ›vertriebenen religiösen jüdischen Minderheit‹, sondern von der gereiften Erkenntnis aller Völker diktiert ist, welche Gefahr das Judentum für den völkischen Bestand der Nationen bedeutet.« (Zit. nach Wistrich 1987, 186) »Eichmann«, schreibt Dan Michman, »wies die Reichsvereinigung der Juden in Deutschland an, ihm Statistiken über das Weltjudentum zu liefern, einschließlich Daten für jede Stadt in den Vereinigten Staaten und für die verschiedenen Regionen in Palästina, wie

34 Vgl. Bärsch 1987, Wistrich 1987, 21, Katz 1994, 6-10, Friedländer 2008, 101.
35 Vgl. auch Katz 1981.

Galiläa und den Negev.«[36] (Michman 2014, 28) Diner betont hierbei zu Recht, dass der Holocaust »als eine bloße Vernichtung jenseits von Krieg, Konflikt und Gegnerschaft« (Diner 2007a, 81) im bisher bekannten Sinne, aber auch jenseits einer territorialen Verdrängungs- oder einer ökonomischen Ausbeutungsabsicht stand, was ihn von kolonialer Gewalt und Kolonialgenoziden unterscheide. Das Ziel war Vernichtung.[37] Der Holocaust war schließlich auch im strengen Sinne kein ›Terror‹, mit dem eine Bevölkerungsgruppe in Angst und Schrecken versetzt und zu einem bestimmten Handeln gezwungen werden sollte und kein bloßes »Kriegsverbrechen«.[38] Der soeben verwendete Begriff »(Kolonial-)Genozid« weist allerdings erhebliche Unschärfen und begriffliche Probleme auf. Steven T. Katz spricht von der »äußerst vagen und problematischen Vorstellung, dass Völkermord als jede ›Handlung‹ zu definieren ist, ›die in der Absicht begangen wird, eine nationale, ethnische, rassische oder religiöse Gruppe ganz oder teilweise zu zerstören‹.« Er konstatiert gegen diese UN-Genozid-Definition: »Es ist logisch und praktisch unmöglich, dieses Kriterium sinnvoll und kontrolliert anzuwenden. Denn welcher Prozentsatz, welcher ›Teil‹ einer Gruppe ist für die beabsichtigte Zerstörung ausreichend?«[39]* (Katz 1994, 127f.). Auch der Historiker Jonas Kreienbaum problematisiert die Genoziddefinition der UNO als einerseits »zu

36 »ordered the *Reichsvereinigung der Juden in Deutschland* to provide him with statistics of *world* Jewry, including data for every city in the United States and for the different regions in Palestine, such as the Galilee and the Negev.«

37 Vgl. Arendt 1998, 907. Vgl. zum Vernichtungsziel: Friedländer 2008, 877ff. sowie für die Aktion Reinhardt als »Kern des Holocaust«: Lehnstaedt 2017.

38 Vgl. dazu bereits detailliert: Jäger 1982, Kap. IV.

39»extremely vague and problematic notion that genocide is to be defined as any ›act committed with *intent* to destroy, in whole or *in part*, a national, ethnical, racial, or religious *group*.‹« »It is logically and practicably impossible to employ this criteria both meaningfully and with control. For the intended destruction of what percentage, what ›part‹, of a group constitutes sufficient intent?«

eng«, weil sie bestimmte Opfertypen, »etwa politische oder soziale Gruppen« ausschließe, und andererseits »zu weit, da sie auch Fälle einschließe, in denen es gar nicht zum Massenmord komme« (Kreienbaum 2015, 25) – dies ist vor allem bei dem Begriff des ›kulturellen Genozids‹ der Fall, der für alle Arten des Missbrauchs anfällig ist und sogar kulturelle Assimilationsprozesse umfassen könnte.[40]

3. Die Realisierung der Shoah und ihre institutionellen Bedingungen weisen einen weitgehenden Bruch mit bürokratischer und bürgerlich-rechtsstaatlicher Verfahrens-Rationalität auf: Die »kämpfende Verwaltung« (Wildt 2008, 203), persönliche Gefolgschaft und charismatische Herrschaft, »führerunmittelbare Stabsorganisationen« (Bach 2010, 222), polykratische Tendenzen, die Ablehnung formaler Gesetzesbindung und der Drang nach unmittelbarer Wertverwirklichung traten an deren Stelle oder zumindest neben sie.[41]

4. Das Ziel der Vernichtung der Juden war auch in dem Sinne irrational, als mit ihm schon zu dieser Zeit belegbar ungerechtfertigte und unwahre Auffassungen von der Welt und insbesondere den Juden verbunden waren, zum Beispiel die Vorstellung von diesen als verschwörerische Parasiten und aktiver Faktor der »›Dekomposition‹ von Völkern und Rassen« (Hitler 1943, 498) oder die Idee einer biologisch bestimmbaren arischen Rasse, deren Reinheit und Entfaltung es vor dem ›jüdischen Völkergift‹ zu bewahren gälte. Trotz des ungerechtfertigten und unwahren Charakters der antisemitischen Weltanschauung hielten die Täter an dieser fest, weil sie Ausdruck hasserfüllter, pathischer, »falscher Projektion« (Horkheimer/Adorno 1997, 217) war.

5. Insofern war die Vernichtung der Juden auch nicht ›selbstzweckhaft‹ im strengen Sinne, denn sie war im Denken der An-

40 Vgl. auch die Problematisierung des Begriffs Genozid bei Kundrus/Strotbek 2006.

41 Vgl. Fraenkel 1974, Müller 1989, Neumann 1993, Schäfer 1994, Broszat 1995, Seibel 1998, Lozowick 2000, Wildt 2008, Bach 2010.

tisemiten wiederum Mittel zur Erreichung des von ihnen imaginierten Zwecks der Realisierung unbedingter völkischer oder rassischer Einheit, der Reinigung der (modernen/kapitalistischen) Volksgemeinschaft von ihren abstrakten und konflikthaften Momenten, die in den Juden inkarniert wurden. Dieser Zweck ist im strengen Sinne irrational, weil er prinzipiell nicht und erst recht nicht mit dem Mittel der Judenvernichtung erreichbar ist und auf unwahren und ungerechtfertigten Annahmen beruht.

6. Die Vernichtung wurde häufig ohne Rücksicht auf die Folgen, sogar jene für die akute Selbsterhaltung des Regimes und des Volkes, als Pflicht im ›apokalyptischen Endkampf‹ verfolgt und nicht mit anderen Zwecken abgewogen. Diner betont in diesem Zusammenhang zu Recht das Phänomen des noch »die eigene Selbererhaltung dementierenden Handelns der Nazis«. (Diner 2007a, 28)

7. Die ›rationalen‹ Momente waren die Planmäßigkeit der Vernichtung, die, um es zu wiederholen, nicht mit bürokratischer Verfahrensrationalität verwechselt werden darf, und die triebökonomische Binnenrationalität auf der Basis irrationaler Vorstellungen und Zwecke. Denn die Vernichtung diente einer triebökonomischen Ersatzbefriedigung in der imaginären Kompensation gesellschaftlich produzierter Ohnmachtsgefühle durch bedingungslose Identifikation mit der Volksgemeinschaft und durch projektive Abwehr innerer Konflikte mittels der Feinderklärung gegenüber den Juden. Diese Befriedigung wurde in symbolischen und manifest gewalttätigen Praktiken volksgemeinschaftlicher Inszenierung real erlebt und war insofern zumindest eine psychische Realität.[42]

42 Vgl. Steil 1984, 21, Wildt 2007 sowie Reichardt 2009, 112-115, 562f., 592. Zum Begriff der psychischen Realität vgl. Laplanche/Pontalis 1994, 425ff.

3.2. Modernekritische Quellen der Holocaustrelativierung: Das biopolitische Kontinuum

Balázs Berkovits analysiert die vielfältigen Versuche einer Relativierung der Shoah als Formen eines deskriptiven und reduktiven Universalismus im Dienst eines politischen Projekts. Dieser Reduktionismus nehme verschiedene Gestalten an, indem die Shoah in ein Kontinuum kolonialer oder staatlicher Massengewalt eingeordnet werde und die Täter als Rassisten oder ganz gewöhnliche, ideologiefreie Akteure erschienen. Berkovits betont die Rolle von Analogien und assoziativen Verknüpfungen bei dieser Operation: Das Lager, das KZ, die Fabrik, die Bürokratie, aber auch der Kolonialismus werden zu Passepartouts oder Schablonen, die jeweils die Spezifik des Holocaust wegschneiden, um für die Kritik an der gegenwärtigen Gesellschaft universell einsetzbar zu sein. Was nicht passt, wird passend gemacht – hier offenbart sich der aktivistische Primat der postkolonialen Ansätze, auf den ich noch genauer eingehen werde. Damit werde zwar einerseits die Spezifik der Shoah in allgemeine Strukturen wie ›das Lager‹ oder ›das nackte Leben‹ aufgelöst, andererseits bediene sich diese Strategie aber bei den spezifisch mit dem Nationalsozialismus, besonders dem Holocaust, assoziierten Vorstellungen von Massenvernichtung, um die Gegenwartsdiagnose zu radikalisieren.[43] Wir haben es also mit einer ›multidirektionalen‹ Operation zu tun, die zu einer eklatanten Verzerrung sowohl des Holocaust- als auch des Moderneverständnisses führt. Die Konsequenz ist, wie der Literaturwissenschaftler Bruno Chaouat feststellt, eine »Nazification of modernity« (Chaouat 2020, 81) – »they ›Hitlerize‹ modernity and [...] normalize Hitlerism« (82) –, der eine, klassischen antisemitischen Topoi folgende, »Nazification of Israel« (Berkovits 2019, 79) zur Seite gestellt wird. Bereits die Betonung der antisemitischen Motivation hinter dem Holocaust und das Insistieren auf

43 Vgl. Berkovits 2019, 73.

einer spezifischen Erinnerung an ihn sowie erst recht auf einer Bekämpfung des fortexistierenden Antisemitismus werden im postkolonialen Kontext als neues »Jewish Problem« (79), als unverdientes Opferprivileg und partikularistisches Auserwähltheitsdenken denunziert. Der reduktive Universalismus vermischt Berkovits zufolge in diesem Zusammenhang die beiden Entgegensetzungen ›universelle vs. partikulare Ethik‹ und ›Universelles vs. Konkretes als »besonders im historischen Sinn« (»particular in the historical sense«) (71). Im Folgenden sollen einige theoretische Quellen der gegenwärtigen Holocaustrelativierung kursorisch vorgestellt werden.

Arendt: Sieg des Lebens über die Politik

Hannah Arendts Überlegungen zur totalen Herrschaft[44] gehören zu den wesentlichen Quellen des postkolonialen Denkens der Gegenwart. Arendt dient dabei in mehrfacher Hinsicht als Anknüpfungspunkt für postkoloniale Ansätze: Im Zentrum steht ihre Diagnose der Moderne als Prozess der Entpolitisierung und der damit einhergehenden Depersonalisierung des Menschen: Die Moderne zeichne sich durch eine Kolonialisierung des politischen Handelns durch die Imperative der Arbeits-, später der ›Jobholdergesellschaft‹ aus, die anstelle selbstzweckhafter Offenbarung von Pluralität und politischer Genialität in gewaltfreier Kommunikation nur noch das Ziel »to make a living« (Arendt 2007, 151) kenne. Politik werde zum Mittel eines hedonistischen »Narrenparadies[es]« (156) der Freizeit und der Überflussproduktion von Dingen und Menschen, diese wiederum zu berechenbaren, konsumierenden und arbeitenden Gattungsexemplaren erniedrigt. Durch die Zerstörung politischer Kommunikation und Organisation in einer aus isolierten Einzelnen bestehenden Massengesellschaft entwickle sich der banal

44 Vgl. meine ausführliche Darstellung und Kritik an Arendts Moderne-, Totalitarismus- und Täterbildern in Elbe 2015, 2021, 2023, aus denen folgende Überlegungen entnommen sind.

böse privatistische Spießer, der für das individuelle Fort- und Durchkommen jede ihm auferlegte Aufgabe gewissenlos, aber beflissen ausführe, sowie eine totalitäre Ideologie, die anstelle politischen Handelns in Freiheit die Unterordnung unter historische Naturgesetze und absoluten Gehorsam postuliere. Eine Überbevölkerung von Massenmenschen, die immer mehr zu kalkulierbaren und politisch-rechtlicher Freiheitsbedingungen entkleideten Reiz-Reaktions-Bündeln mutieren, werde zum Arsenal für totale Herrschaft, die diese Tendenzen letztlich nur noch ins Extrem steigere: Der Holocaust wird dabei als Unternehmen zur totalen Beherrschung des Menschen, zur Reduktion der Person auf ›nacktes Leben‹ verstanden. Er wird hier von seinen spezifisch antisemitischen ideologischen Motiven getrennt[45] und in die Großerzählung eines, wie es heute heißt, ›biopolitischen Kontinuums‹ moderner Menschenfeindlichkeit eingereiht, die eine sich radikalisierende Reduktion des Menschen auf bloßes Leben bedeute – angefangen beim arbeitenden und konsumierenden Gattungsexemplar der Moderne, weitergehend über die Entrechtung des ausgeschlossenen Flüchtlings und endend in der maßnahmestaatlichen Verwaltung und Ermordung kolonial regierter Schwarzer oder von Insassen totalitärer Lager. Das totalitäre Lagersystem beschreibt Arendt als stufenweisen Prozess der Produktion lebender Toter: »Tötung der juristischen Person« (Entrechtung), »Ermordung der moralischen Person« (anonymes Sterben ohne Erinnerung an die Person) und schließlich »Ertötung der Spontaneität« (Arendt 1998, 922, 929, 935).

Paradigma des letzten Stadiums ist der sogenannte ›Muselmann‹, der apathisch vor sich hinvegetierende Lagerinsasse, der zum Vorbild der Depersonalisierung auch jenseits der Lager wird: Ziel totaler Herrschaft sei die Zerstörung der »Fähigkeit des Menschen, von sich aus etwas Neues zu beginnen, das aus Reaktionen zu Umwelt und Geschehnissen nicht erklärbar ist.

45 Der Holocaust liege »jenseits antisemitischer Gedankengänge« (Arendt 1989b, 14). »Hitler und Auschwitz nicht mehr eigentlich antisemitisch« notiert sie noch Jahre später (Arendt 2002, 619).

Was danach übrigbleibt, sind jene unheimlichen, weil mit wirklichen, menschlichen Gesichtern ausgestatteten Marionetten, die sich alle benehmen wie der Pawlowsche Hund, die alle bis in den Tod vollkommen verlässig [sic] reagieren und nur reagieren. Das ist der größte Triumph des Systems.« (935) Arendt verfehlt hier zum einen die spezifische Intention und Praxis der Judenvernichtung: Denn die Juden sollten sich in der Shoah nicht »in ein Ding [...] verwandeln, das unter gleichen Bedingungen sich immer gleich verhalten wird« (908), sondern vernichtet werden. Die meisten erreichten das Stadium des ›Muselmanns‹ ohnehin nicht, sondern wurden »in sehr traditionellen, nachgerade archaischen Formen« (Herbert 1998, 57) hinter der Front ermordet oder sofort in den Lagern umgebracht.[46] Arendts Kritiker Jacob Robinson hält treffend fest, »die Millionen jüdischer Opfer [...] mussten nicht erst ein Stadium der Depersonalisierung durchlaufen, um Kandidaten für die physische Vernichtung zu werden.«[47]* (Robinson 1970, 7) Neben der Produktion des Reiz-Reaktions-Bündels stellen die Gaskammern Arendt zufolge »zweifellos eine Art Patentlösung für alle Probleme von Überbevölkerung und ›Überflüssigkeit‹ dar[...]« (Arendt 1998, 942). Sie »dienten [...] dem Beweis, daß Menschen überhaupt überflüssig sind.« (926) Die Juden wurden aber nicht als Überflüssige vernichtet[48]: Sie waren und galten nicht als ›überflüssig‹ im Sinne

46 Zur Kritik des Laboratoriums-Topos bezogen auf die Vernichtungslager vgl. Aharony 2013 sowie Mutter 2011, 198f. Mutter weist darauf hin, dass Arendt die Vernichtungs- damit in eine Art Arbeitslager umdeutet. Der Zweck der Lager sei aber die Vernichtung der Juden gewesen, nicht deren Beherrschung. Stephan Lehnstaedt (2017) bringt es auf den Punkt, wenn er die Lager der Aktion Reinhardt als »Kern des Holocaust« beschreibt, weil dort Beherrschung, Zwangsarbeit oder Depravation auf den Status des »Muselmanns« so gut wie keine Rolle spielten. Das Ziel war Vernichtung.

47 »the millions of Jewish victims [...] did not have to pass a stage of depersonalization to become candidates for physical destruction.«

48 Zur Rolle von »utilitaristisch verbrämte[n] Legitimationsstrategien« wie ›Sicherheit‹, ›Seuchenbekämpfung‹ oder ›Reduzierung der Zahl der Esser‹ in den tatsächlich antisemitisch motivierten Mordaktionen

der schlichten Ersetzbarkeit eines Gattungsexemplars durch ein anderes, nicht im Sinne ›überzähliger Unbrauchbarer‹ auf dem Arbeitsmarkt, nicht in der Bedeutung einer absoluten Überbevölkerung und auch nicht im Sinne einer macht- und funktionslos gewordenen Finanzaristokratie.[49] Die Juden wurden vielmehr als personifizierte dämonische »Macht ›hinter‹ der bestehenden Ordnung« und als das irreal konkret gedachte Abstrakte und Zersetzende der modernen Gesellschaft ermordet. Juden hatten, wie bereits gezeigt, eine vollkommen andere Position in der NS-Ideologie als Menschen mit Behinderung oder die als ›rassisch minderwertig‹ betrachteten Polen und Russen. Von der restlosen Ermordung aller Juden sollte das Heil der völkisch hierarchisierten Welt abhängen, ein Ziel, dem letztlich jede pragmatische Überlegung untergeordnet wurde. Moishe Postone resümiert: »Das verweist, gegen Arendts Behauptung, darauf, daß es genau die Natur des Verbrechens der Ausrottung und nicht nur die Wahl des Hauptopfers ist, die sich aus der Geschichte des modernen Antisemitismus ableiten läßt.« (Postone 2000, 281f.) Zum anderen verschleift Arendt die Differenzen zwischen Moderne per se und Totalitarismus: Da das KZ-Laboratorium dazu diene, »direkt das von Natur oder Geschichte Gezwungenwerden zur Grundlage des gesamten Lebens« (Arendt 1998, 955) zu machen, ist es im Grunde nichts anderes als eine lineare Fortführung des Prinzips der Arbeitsgesellschaft, die ja auch schon die Unterwerfung unter das (Arendt zufolge) Natürliche (Arbeit, Leben, Konsum) verallgemeinere und das Individuum unter das Gattungssubjekt subsumiere. Schließlich seien die KZ die angeblich für das ganze Land vorbildlichen Institutionen – »das richtunggebende Gesellschaftsideal für die totale Herrschaft

gegen die Juden vgl. Herbert 1991, 31 sowie Herbert 1998, S. 53f. und Katz 2020, Kap. 7.

49 Sämtliche Begriffe von Überflüssigkeit tauchen bei Arendt im Kontext der Vorgeschichte des Totalitarismus auf. Vgl. dazu kritisch: Postone 2000, 281.

überhaupt.«[50] (908) An dieser Stelle erreicht das Verwischen der Differenzen von Moderne und Lagersystem, Tätern und Opfern[51] sowie stalinistischem Terror und Holocaust seinen Höhepunkt: »Terror scheidet die Individuen aus um der Gattung willen, opfert Menschen um der Menschheit willen, und zwar nicht nur jene, die schließlich wirklich seine Opfer werden, sondern grundsätzlich alle« (955f.), meint Arendt. Das »auf die elementarsten Reaktionen reduzierte Exemplar«, das »jederzeit liquidiert und durch andere, sich identisch verhaltende Reaktionsbündel abgelöst werden kann«, schreibt sie, »ist das außerhalb der Lager immer nur unvollkommen verwirklichbare Modell des ›Bürgers‹ eines totalitären Staates.« (936)

Eine spezifisch postkoloniale Komponente dieser biopolitischen Theorie, auf die ich noch eingehen werde, lässt sich in Arendts Bestimmung des europäischen Imperialismus in Afrika als Laboratorium der totalitären Katastrophe finden. Die in Afrika ausgeübten Formen imperialer rassistischer Herrschaft hätten die Idee der Vernichtung ganzer Bevölkerungsgruppen praktisch erprobt und seien in Gestalt des Holocaust wie ein Bumerang nach Europa zurückgekehrt. Ein weiteres Moment von Arendts Diagnose stellt schließlich ihre Kritik der exkludierenden Nationalstaatlichkeit dar, speziell der ethnischen Nationsdefinition in multiethnischen Gemeinwesen. Sie konstatiert eine »Eroberung des Staates durch die Nation« (575) im Zuge der ersten Hälfte des 20. Jahrhunderts, die zur ethnischen Verengung

50 Auch Bruno Bettelheim, eine wesentliche Quelle von Arendts Holocaust-Bild, redet vom »Konzentrationslager[…] im großen, das Deutschland hieß« (Bettelheim 1980, 93).

51 Arendts kontrafaktische Verwischung des Unterschieds von Tätern und Opfern zeigt sich auch an ihrer für den NS absurden Behauptung, »das Land, in dem der totalitäre Diktator zufällig wirklich zu Hause ist«, sei »eher noch schlechter dran als die von ihm eroberten Gebiete, weil nirgend sonstwo die Brutalität der Unterdrückung so systematisch und so wirksam betrieben werden kann« (Arendt 1998, 864). Dass sie hier Aspekte des Stalinismus ebenso falsch wie umstandslos auf den NS überträgt, zeigt indirekt Herbert 2021, 152f.

des Staatsbürgerstatus sowie zur rechtlichen Exklusion und maßnahmestaatlichen Behandlung völkisch Nichtzugehöriger geführt habe. Diese Tendenz entdeckt Arendt auch als inhärente Logik der jüdischen Nationalbewegung. Den politischen, auf eine territoriale Souveränität mit jüdischer Mehrheit in einem Teil Palästinas drängenden Zionismus bezeichnet sie gar als »blanke[n] rassistische[n] Chauvinismus«, der »sich nicht von anderen Herrenrassen-Theorien unterscheidet«, auch wenn die »jüdische ›Herrenrasse‹ […] nicht zur Eroberung, sondern zum Selbstmord verpflichtet« (Arendt 1989c, 92) werde, weil ohne binationales Gemeinwesen jenseits ethnischer Mehrheiten die Feindseligkeit der arabischen Bevölkerung gegen den Jischuw fortbestehe. Flucht und Vertreibung von ca. 700000 Arabern in den Jahren 1947/48 werden vom Kriegskontext weitgehend abgelöst und erscheinen so als logische Konsequenz des Zionismus, wenn Arendt schreibt, es habe sich »herausgestellt, daß man gerade die Judenfrage […] lösen konnte, und zwar aufgrund eines erst kolonisierten und dann eroberten Territoriums, daß aber damit weder die Minderheiten- noch die Staatenlosenfragen gelöst sind, sondern daß im Gegenteil die Lösung der Judenfrage […] auch nur zur Folge gehabt hat, daß eine neue Kategorie, die arabischen Flüchtlinge, die Zahl der Staaten- und Rechtlosen um weitere siebenhundert- bis achthunderttausend Menschen vermehrte.« (Arendt 1998, 600f.) Der politische Zionismus wird von Arendt damit letztlich nicht als spezifisch jüdische Antwort auf die Geschichte des Antisemitismus verstanden, sondern als Wiederholung der Vorgeschichte der totalitären Herrschaft. Sämtliche dieser Motive werden im postkolonialen Denken der Gegenwart aufgegriffen.

Foucault: Holocaust als Bio-Macht

Wenn der Begriff Holocaust im postkolonialen Antirassismus nicht gleich auf jeden Einsatz von Massenvernichtungswaffen ausgeweitet wird – Abigail Bakan beispielsweise nennt Hiroshima »another holocaust« (Bakan 2014, 263) –, wird die Shoah hier zur bloßen Variante modernen *Social Engineerings* oder zu einem Genozid unter vielen erklärt: Eine derartige Auflösung des Holocaust in dem ›biopolitischen Kontinuum‹ von staatlicher Verwaltung und Exklusion von ›Körpern‹ und damit die Trennung von Holocaust und Antisemitismus findet sich auch in den für das ganze Genre vorbildlichen Ausführungen Michel Foucaults.[52] Er postuliert ein biopolitisches Kontinuum von der staatlichen Verwaltung des ›Volkskörpers‹ über die rassistische Trennung von ›lebenswertem‹ und ›schädlichem‹ Leben bis hin zum Holocaust, den er lediglich als radikalere Version dieser Politik begreift. Foucault unterscheidet die klassische souveräne Macht, in der es um »sterben machen und leben lassen« gehe (hier ist die Tötung das öffentliche Ritual des Souveräns am Untertanen), von der Bio-Macht, in der das Motto laute »leben zu machen und sterben zu lassen« (Foucault 2016, 284). Im modernen Rassismus würden aber sowohl das Leben als auch der Tod zur öffentlichen Sache. Foucault begreift dabei den Rassismus als notwendige Rechtfertigung einer auf Biopolitik umgeschalteten staatlichen Souveränität der Moderne, die das Leben verwalten und optimieren wolle. Das staatliche Töten verlange eine Legitimation, die darin bestehe, die Menschheit in höhere und niedere Rassen aufzuteilen und den Tod der Mitglieder letzterer als förderlich für die eigene Gesundheit und Rassenreinheit zu betrachten. Natürlich ist schon diese These abenteuerlich, weil keineswegs alle Formen staatlichen Tötens seit dem 19. Jahrhundert rassistisch legitimiert waren. Nicht einmal Kriege, in denen rassistische Motive bei einigen Beteiligten auch eine Rolle spielten, wie der Vietnamkrieg, waren rassistisch legitimiert, vom Krieg der Alliierten gegen Nazi-Deutschland oder von der Blockkonfrontation ganz zu schweigen.

Der Nationalsozialismus jedenfalls gilt Foucault als »die auf die Spitze getriebene Entwicklung neuer, seit dem 18. Jahrhundert vorhandener Machtmechanismen« (306). Er habe eine

52 Zur Kritik an biopolitischen Konzeptionen des Holocaust vgl. Hebauf 2022 sowie Rickermann 2018.

»dem Funktionieren des modernen Staates innewohnende Mechanik« nur gesteigert, indem er als »absolut rassistischer Staat« die »Zerstörung der anderen Rassen« (307) intendiert und die Bereitschaft zur Selbstzerstörung der eigenen Rasse in diesem Kampf gezeigt habe. Doch ist es nicht nur falsch, dass der NS die »Zerstörung« aller Rassen intendiert habe, sondern Foucault relativiert den Holocaust, indem er ihn als bloße Verlängerung der rassistischen Praxis begreift. Diese, meint er, »mündet natürlich in die ›Endlösung‹«, in der »man über die Juden alle anderen Rassen, deren Symbol und Manifestation die Juden waren, eliminieren wollte« (308) und schließlich auch die Deutschen Opfer der Nazis werden sollten. Allerdings will Foucault unter »Tötung« auch »jemanden der Gefahr des Todes ausliefern, [...] den politischen Tod, die Vertreibung, Abschiebung usw.« (303) verstanden wissen. Die bereits aus Arendts »Elementen und Ursprüngen totaler Herrschaft« bekannte Metaphorisierung des Tötungsbegriffs etabliert durch diese Nonchalance in der Begriffsverwendung zugleich eine auch bei Arendt anzutreffende Indifferenz gegenüber dem Unterschied von Internierung und Vernichtung. Ohne sich dabei direkt auf Arendt zu beziehen, reproduziert Foucault zudem ihre Idee, die Juden seien nicht aufgrund einer spezifisch gegen sie gerichteten Feinderklärung, sondern als Stellvertreter aller anderen potentiellen Opfer rassistischer Politik ermordet worden. Damit wird die Intention der Shoah verfehlt, indem sie als bloßer Anwendungsfall eines allgemeinen Herrschaftsprinzips begriffen wird. Es mangelt an einem Begriff von Antisemitismus und einer Kenntnis der Differenzierung der Opfergruppen im NS. Schließlich wird die Realität der Shoah mit der abstrakten Denk-Möglichkeit des ›Rassenselbstmordes‹ der Deutschen verbunden und werden somit Täter und Opfer virtuell auf eine Ebene gestellt – auch das findet sich schon bei Arendt.[53] Foucault trifft zwar mit dem Hinweis

53 Arendt spricht von einem »sanften Tod durch Vergasung«, der von der NS-Propaganda für den Fall des verlorenen Krieges versprochen worden sei (Arendt 1998, 740, vgl. auch Arendt 2013, 200). An anderer

auf das »selbstzerstörerische[…] Potential« (Grigat 2020a, 218) des NS einen wichtigen Punkt, aber dieses Potential resultiert gerade nicht lediglich aus der rassistisch-biopolitischen Ausrichtung des Regimes, sondern aus dessen apokalyptischem Antisemitismus.[54]

Agamben und Anidjar: Nacktes Leben und Muselmann im Lager

Es ist vor allem der postmoderne Philosoph Giorgio Agamben, der diese Theorie aufgreift und explizit mit Arendts Modernediagnose verbindet. Agamben ist zwar kein Postkolonialer im engeren Sinne (er betont wesentlich stärker die endogen europäischen Wurzeln des Totalitarismus), seine Überlegungen werden aber von einer überwältigenden Mehrheit postkolonialer Vertreter affirmativ rezipiert und auf andere Kontexte übertragen.

Agamben lobt Arendt für ihre Erkenntnis, dass »das biologische Leben zunehmend ins Zentrum der politischen Bühne der Moderne rückt« (Agamben 2010, 13). Sie habe verstanden, dass die imaginierte Einheit von »*Nativität*« und Nation im »Volk« (137) nur durch die systematische Produktion von Flüchtlingen und »Nichtintegrierbare[n]« – dem »volk« [sic] (189) – aufrechterhalten werden könne, womit das Lager bei ihr zum Leitmotiv der Untersuchung des Zusammenbruchs der Unterscheidungen von Innen und Außen, privat und öffentlich, Politik und Leben werde. Was bei Arendt die Reduktion des Menschen auf

Stelle greift Karl Jaspers Arendts Idee von den Deutschen als *letzten* Opfern der NS-Vernichtungspolitik auf und schreibt ihr begeistert: »Was Hitler den Juden antat, war das, was in irgendeinem Sinne allen Deutschen geschehen sollte (wie Sie es glänzend dargestellt haben).« (Arendt/Jaspers 1993, 341).

54 Weniger der Rassismus und vielmehr der Faschismus (vgl. Paxton 2006, 225-241) und der Holocaust (vgl. Diner 2007a, 28ff.) weisen durch ihre spezifisch irrationalen Zielsetzungen (Gewaltkult und Expansionismus im Falle des Faschismus, apokalyptischer Antisemitismus im Falle des Holocaust) auch eine selbstdestruktive Dynamik auf.

das arbeitende Exemplar, das Leben und die Reiz-Reaktions-Kette in der total verwalteten Lagermaschinerie ist, das ist bei Agamben die politische Herstellung des »nackte[n], aller Rechte entkleidete[n] Leben[s]« (192). Hier wird das »nackte Leben« mit dem »*homo sacer*« assoziiert, der »*getötet werden kann, aber nicht geopfert werden darf*« (18). Dieser sei das Außen einer Norm- und Rechtsordnung, auf das sie konstitutiv verwiesen bleibe. Im konkreten Fall ist der homo sacer das in gesellschaftliche Gewalt- und Machtverhältnisse, vor allem das Lager, Eingeschlossene, das aber aus der Rechtsordnung ausgeschlossen ist und nur in Gestalt von ›Maßnahmen‹ behandelt wird. Die totalitäre Entwicklung bewege sich vom »Volk« (als Gemeinschaft von Menschen mit einem Rechtsstatus) über die »Bevölkerung« (als Objekt biopolitischer Regulierung) hin zum »Muselmann« (Agamben 2017, 74).

Agamben radikalisiert dabei zwei ohnehin schon problematische Tendenzen von Arendts Denken: *Erstens* die pauschalisierende Kulturkritik der Moderne, die zu einer radikalen Kontinuitätsannahme von Moderne schlechthin und Totalitarismus mutiert und nationalstaatliche Exklusion, Gesundheitspolitik, Entwicklungshilfe und Holocaust als Inkarnationen ein und desselben Mechanismus begreift[55]: »Wenn das nackte Leben zur fundamentalen Referenz geworden ist, verlieren die traditionellen politischen Unterscheidungen (wie jene zwischen rechts und links, Liberalismus und Totalitarismus, privat und öffentlich) ihre Klarheit [...] und treten in eine Zone der Unbestimmtheit«, postuliert Agamben (Agamben 2010, 130). Wie bei Arendt und Foucault werden die institutionalisierten Freiheitspotentiale der Moderne (Rechtsstaat, Demokratie, Sozialstaat, aber auch Produktivkraftpotentiale) von dem Bild einer düsteren totalen Verwaltungsmaschinerie überdeckt. *Zweitens* knüpft Agamben direkt an Arendts Bestimmung des Ziels des totalitären Lagersystems an. Was bei ihr die schrittweise ›Ertötung‹ der menschli-

55 Vgl. Agamben 2010, 189.

chen Person im KZ ist, das ist bei Agamben die Idee des Lagers als »absoluteste[r] [sic] biopolitische[r] Raum« (180) des eingeschlossenen Ausschlusses des nackten Lebens. Letztlich sind auch bei ihm keine ideologischen Spezifika der totalitären Feinderklärung mehr zu erkennen.

Diese ›Entjudung‹ des Holocaust wird im kulturkritisch-orientalistisch aufgeladenen Motiv des »Muselmanns«, dem ausgehungerten, abgestumpften, gebrochenen Lagerhäftling, dem »›lebendigen Toten‹« (Agamben 2017, 47), der von allen sozialen Bezügen zu den Mithäftlingen abgetrennt ist, radikalisiert. Der ›Muselmann‹, als Mensch, der zum bloßen Objekt regrediere und aufhöre, Person zu sein, wird gar zur »Chiffre des Lagers« (41) und erscheint als »vollständige[r] Zeuge[...]« (52) des Wesens des Lagers, während Agamben das Lager wiederum als »*nómos* der Moderne« (Agamben 2010, 175) gilt: »Man versteht nun die entscheidende Funktion der Lager im System der nationalsozialistischen Biopolitik. Sie sind nicht nur der Ort des Todes und der Vernichtung, sondern auch und *vor allem* der Ort der Produktion des Muselmanns [...]. Der Tod ist an diesem Punkt ein *bloßes Epiphänomen.*« (Agamben 2017, 75, Herv. von mir) Der ›Muselmann‹ ist also die letzte Stufe des biopolitischen Kontinuums, das alle von Arendt beschriebenen Kriterien aufweist: Er sei nicht nur in das Lager ein-, aus dem rechtlichen Status aber ausgeschlossen (»Tötung der juristischen Person«), sein Leben sei kein Leben und sein Tod kein Tod mehr, weil sein Tod anonym, »zum Serienprodukt entwürdigt« (62) wurde (»Ermordung der moralischen Person«). Schließlich stelle er alle Unterschiede zwischen Leben und Tod, Humanem und Nichthumanem, *bios* und *zoe* infrage (»Ertötung der Spontaneität«).[56] Agamben übernimmt damit auch Arendts Deutung des Ziels des Holocaust als Reduktion des Menschen auf nacktes Leben – jenseits aller antisemitischen Vernichtungsintentionen, die hier nur noch als »Epiphänomen« auftauchen. Die Verbindung von Se-

56 Vgl. Agamben 2017, 71.

lektion und ›Muselmann‹ ist aber keineswegs das Spezifische am Holocaust. Der Kern des Holocaust ist die Vernichtung der Juden, die in der Regel (und vor allem in den Lagern der Aktion Reinhardt und im ›Holocaust by bullets‹ hinter der Ostfront, die damit wirklich paradigmatisch für den Holocaust waren) sofort ermordet wurden und nicht die Gelegenheit bekamen, zum Stadium des ›Muselmanns‹ zu regredieren. Nichts anderes als eine Abkehr von diesem »Paradigma der Vernichtung« (Agamben 2017, 45) hin zum Paradigma des Muselmanns betreibt Agamben, wenn er Auschwitz mit Arendt als Ort eines »Experiments« begreift, in dem sich »der Jude in den Muselmann verwandelt« (45). Diese kulturkritische Nivellierungswut Agambens, seine symbolische Auslöschung der Juden in der Beschreibung des Verbrechens an ihnen, geht so weit zu unterstellen, »daß sie nicht als Juden sterben werden« (39), sondern eben als ›Muselmänner‹.[57]

Die orientalistische Etymologie des Wortes, die sich aber im 20. Jahrhundert schon von der Konnotation mit dem Muslim entkoppelt hatte, dient Agambens postkolonialem Interpreten Gil Anidjar zudem als Beleg eines angeblichen identischen Feindbildes Jude/Muslim/Araber im Rahmen des europäischen Rassismus: Die mit Edward Said unterstellte Vermischung der Identitäten von Juden und Arabern/Muslimen in diesem Feindbild, »the Jew, the Arab«, sei so weit gegangen, dass es unmöglich geworden sei, zu wissen, »whether the Muslim is an Arab, a Jew« (Anidjar 2003, 146). Juden seien in Auschwitz nicht als Juden, sondern als Muslime ermordet worden: »the Jew turned

57 Eine andere Form der Entspezifizierung des Holocaust arbeitet mit Arendts Idee der Banalität des Bösen. So attestiert Susan Neiman den meisten NS-Tätern bis in die höchsten Ränge gar das »offensichtliche Fehlen von Bösartigkeit oder Vorsatz« – »oft herrschte nicht einmal ein deutliches Bewußtsein der Folgen seines eigenen Tuns« (Neiman 2006, 396)). Vgl. meine ausführliche Kritik in Elbe 2015, 446-485 sowie Lozowick 2000, Schneider 2011, Pohl 2011.

Muslim« (147). »Jews die (rather than survive) as Muslims, *Muselmänner*, in Auschwitz« (Anidjar 2017a, 205), meint Anidjar mit Bezug auf Agamben. Atalia Omer sekundiert: »Diese Vermischung [von Juden und Muslimen] [...] wird am deutlichsten (un-)sichtbar verkörpert im Muselmann der nationalsozialistischen Vernichtungslager, argumentiert Anidjar. ›Muselmann‹ *ist* das Wort ›Muslim‹ und es ist kein Zufall, dass es das Wort war, das zur Beschreibung der lebenden Toten in den Todeslagern des Holocaust verwendet wurde«.[58]* (Omer 2019, 206f.) Und schließlich lobt auch Santiago Slabodsky Anidjars »wonderful re-interpretation« (Slabodsky 2014, 223) des Wortes ›Muselmann‹: »Wie Überlebende von Auschwitz berichten, gab es Platz für die Verwirrung der Identitäten. Ein Jude, der damals als der ultimative Feind des Dritten Reiches galt, konnte als ›Muselmann‹ stigmatisiert werden, bevor er vernichtet wurde.«[59]* (66) Die verblasste *Etymologie* eines Wortes muss dafür herhalten, den Nationalsozialisten ein gemeinsames *ideologisches Feindbild* Jude/Muslim anzudichten und in Auschwitz eine, wenn auch nur symbolische, Muslimvernichtung, eine angebliche »confusion of identities« von Jude und Muslim hineinzuphantasieren, obwohl es dafür, wie bereits in Kapitel 2 gezeigt, weder in der Ideologie noch in der Praxis der Nazis auch nur einen Anhaltspunkt gibt.[60]

58 »this conflation [of Jews and Muslims] [...] is most (in)visibly embodied in the Muselmann of the Nazi death camps, Anidjar argues. ›Muselmann‹ *is* the word ›Muslim‹ and it is no accident that it was the word deployed to describe the living dead in the Holocaust death camps.«

59 »As Auschwitz survivors narrate, there was place for the confusion of identities. A Jew, then considered the ultimate enemy of the Third Reich, could be stigmatized as a ›Muselmann‹ before being annihilated.«

60 Zur Kritik vgl. auch Brüggemann 2019, S. 37ff. Wie sich Anidjar vor diesem Hintergrund die Tatsache muslimischer SS-Einheiten erklären würde, bleibt sein Geheimnis. Vgl. zum islamischen Sektor der SS und zur Islambegeisterung führender Nazis: Mallmann/Cüppers 2011, Kap. 13, Motadel 2017, 52-89.

Doch selbst die Etymologie stützt Anidjars These nicht: Die Literaturwissenschaftlerin Kathrin Wittler erwähnt zwar den orientalistischen Ursprung des Begriffs, zeigt aber zugleich, dass bereits im Laufe des 19. Jahrhunderts »die Bezeichnungen ›Moslem‹, ›Muslim‹, und besonders ›Mohammedaner‹ dem ›Muselmann‹ den Rang ab[gelaufen]« hätten. »Auch die Form ›Muselmane‹ blieb weiter in Gebrauch, nicht aber deren volksetymologische Variante ›Muselmann‹.« (Wittler 2013, 1047f.) Ebenso stellt sie fest, dass die Bezeichnung ›Muselmann‹ »im 20. Jahrhundert«, vor allem aufgrund der Wirkung eines populären Kinderliedes über den schädlichen Einfluss von Kaffeegenuss, »insbesondere in weniger gebildeten Kreisen offenbar nur noch mit einem blassen, schwachen und kranken oder auch dummen Menschen assoziiert wurde, nicht aber mit einer fremden Kultur und Religion« und gerade in den NS-Lagern »ein so weitgehendes Eigenleben annahm, dass […] [ihr] ursprünglicher Kontext dem Vergessen anheimfiel«. Sie konstatiert, »dass weniger vermeintliche äußere Ähnlichkeiten mit Muslimen als vielmehr der umgangssprachliche und dialektale Gebrauch des Wortes als Schimpfwort für Schwache und Kranke seine Übernahme in die Lagersprache erklären könnten. Marie Simon postuliert noch deutlicher: ›In dieser Bedeutung und ohne einen Zusammenhang mit dem Islam hat die SS das Wort in die KZ-Sprache eingebracht und inhuman und zynisch so die Ärmsten der Ärmsten benannt.‹« (1053f.) Daher, so Wittlers Schlussfolgerung, seien die »ebenso problematischen wie missverständlichen Kurzschlüsse[…] zwischen dem Wort ›Muselmann‹ und dem semantischen Gehalt ›Muslim‹« (1054f.), wie man sie bei Anidjar finde, zurückzuweisen. Diesen stört das alles nicht: »Ich werde darauf bestehen, die deutschen Begriffe *Muselmann* und *Muselmänner* (Muslim, Muslime) zu übersetzen und nicht zu transliterieren.«[61]* (Anidjar 2003, 225). Dass die postkolonialen Lite-

61 »I will insist on translating rather than transliterating the German terms *Muselmann* and *Muselmänner* (Muslim, Muslims).«

raturwissenschaftler mit ihrer grotesken Aufladung des ›Muselmanns‹ und der fixen Idee von der symbolischen Muslimvernichtung durch die Nazis im islamistischen Historiker ʻAbd al-Wahhab al-Masiri einen (ungenannten) Vorläufer haben, dürfte kaum verwundern. Folgt man Meir Litvaks und Esther Webmans Untersuchung über arabische Reaktionen auf den Holocaust, so behauptete al-Masiri bereits in den 1990er Jahren, aufgrund der Verwendung des Wortes ›Muselmann‹ im NS-Lagersystem könne ein radikaler Antagonismus zwischen dem Islam auf der einen und dem Westen bzw. dem Nationalsozialismus auf der anderen Seite konstatiert werden: Litvak/Webman fassen al-Masiris These zusammen: »Als die Nazis gegen die Juden vorgingen, richteten sie ihren Hass und ihre Gewalt in Wirklichkeit gegen die Muslime, die ihr eigentliches Ziel und Opfer waren.«[62]* (Litvak/Webman 2009, 232) Dies wird nicht die letzte Überschneidung zwischen postkolonialen und islamistischen Phantasmen sein.

Diese von Agamben und anderen ausgearbeiteten biopolitischen Diagnosen Arendts müssen im postkolonialen Ansatz dann nur noch mit ihrer Schilderung der imperialistischen Herrschaft in Afrika und dem Bumerang-Konzept verbunden werden, das diese Herrschaft zur ideellen Vorbedingung, zur Analogie, zum kausalen historischen Faktor oder zum ›Experimentierfeld‹ des innereuropäischen Totalitarismus bis hin zum Holocaust erklärt. Zu diesem Zweck rekurrieren Vertreter des Postkolonialismus regelmäßig auf einige wenige Äußerungen der antikolonialen Theoretiker Aimé Césaire und W.E.B. Du Bois. Ich werde diese postkoloniale Erweiterung des biopolitischen Kontinuums im übernächsten Abschnitt vor allem am Beispiel Michael Rothbergs vorstellen.

62 »Hence, when the Nazis came out against the Jews, they in fact directed their hatred and violence against the Muslims, who were their ultimate target and victims.«

3.3. »Die Verschwörung der Asche von Zion«

Am 4. Juli 2021 erschien auf der Internetseite des Österreichischen Rundfunks (ORF) eine Meldung mit der Überschrift »Schoah-Gedenkstätte. Ein Stein des Anstoßes« (ORF 2021). Es ging um die Errichtung eines »Denkmal[s] mit den Namen von 65.000 österreichischen Jüdinnen und Juden, die während der Schoah ermordet wurden«, in einem Stadtteil von Wien. Die Meldung zitierte mehrfach »Wiener Zeithistorikerinnen und -historiker«, die »[a]ufgrund ihrer Positionen in renommierten heimischen Institutionen […] anonym bleiben« wollten. Sie bemängelten der Meldung zufolge, die in dem Denkmal realisierte Art des Erinnerns sei »nicht mehr zeitgemäß[…]«, weil, andere Opfergruppen exkludierend, nur an die nach den Kriterien der Nürnberger Rassegesetze bestimmten Juden erinnert werde. »Es würden nämlich«, so die Meldung weiter, »politische [sic] Verfolgte, Menschen mit Behinderung, Homosexuelle, Roma und Sinti sowie viele weitere in der Schoah von den Nazis Getötete völlig ausgeklammert.« Zudem wurde die angebliche Nichterwähnung eines linken Dokumentationsarchivs moniert und damit erklärt, dass die konservative Regierung unter Sebastian Kurz, die das Denkmal 2018 genehmigt hatte, »›mit der Verbundenheit zu Israel und Netanjahu alles tun [wollte], was die jüdische Gemeinde wohlig stimmt.‹« Auch wenn diese Meldung skurril und marginal erscheinen mag, so beinhaltet sie viele Elemente des Diskurses, der seit Mitte 2020 die deutschen Feuilletons dauerbeschäftigt, sich in Tagungen wie »Hijacking Memory« in extremer Form ausdrückte und der hier am Beispiel des Konzepts der multidirektionalen Erinnerung von Michael Rothberg erläutert werden soll: 1) Eine Relativierung des Holocaust, indem politisch Verfolgte oder Homosexuelle zu Opfern der Shoah erklärt werden. 2) Eine Ablehnung der speziellen Erinnerung an die jüdischen Opfer als nicht mehr zeitgemäß und die Erinnerung an andere Opfergruppen verdrängend. 3) Eine verschwörungstheoretische Konstruktion, die unterstellt, es könne einem persönlicher Schaden entstehen, wenn man gegen einen angeblichen Erinnerungskonsens oder vermeintliche Tabus der Erinnerungskultur namentlich argumentiere. 4) Eine Verbindung der bisherigen Erinnerung an den Holocaust mit rechten politischen Strategien.

Szenenwechsel: Wir schreiben das Jahr 1987. In Lyon findet ein Verfahren gegen den Nazi-Täter Klaus Barbie statt, das der Philosoph Alain Finkielkraut in seinem Werk »Die vergebliche Erinnerung« als gedächtnispolitisches Laboratorium der Holocaustrelativierung begriffen hat. Neben der problematischen Ausweitung des Tatbestands der ›Verbrechen gegen die Menschheit‹ auf politische Verfolgung, Folter und Mord gegen Résistance-Kämpfer, findet hier, folgt man Finkielkraut, im Kontext eines NS-Täter-Prozesses wohl zum ersten Mal ein postkolonialer juristischer Angriff auf den Westen statt. Barbies Verteidigung wird finanziert von dem »Schweizer Millionär François Genoud«, den der Historiker Jan Gerber als »bekennenden Nationalsozialist[en]« beschreibt. (Gerber 2021a, 214) Genoud heuert Jacques Vergès an, der »als Sohn einer Vietnamesin und eines Franzosen in Thailand geboren[...]« (214) wurde und in seiner Karriere als juristischer Beistand antikolonialer Befreiungsbewegungen, afrikanischer Diktatoren und europäischer Holocaustleugner arbeitet.[63] Vergès stellt ein Team von Verteidigern zusammen, in dem, wie er selbst schreibt, »›alle Regenbogenfarben‹« (216) vertreten sein sollen, die er als Repräsentanten von Kontinenten der ›Dritten Welt‹ oder antikolonialen Bewegungen begreift. Dieses Team versucht nun im Zuge einer »postkoloniale[n] Verteidigungsstrategie« (217) oder einer »Strategie des Gegenangriffs« (215), der durch die Résistance-Verbände ohnehin schon aufgeweichten Begrifflichkeit des Menschheitsverbrechens eine weitere Inflationierung dieses Begriffs zur Seite zu stellen.

Im Zentrum steht die im antikolonialen Denken seit 1945 bekannte Betrachtung des Holocaust als innerweißer »Familien-

63 Vgl. Hammerschmidt 2017, 3.

zwist« (Finkielkraut 1989b, 51) sowie die Einebnung der Differenzen zwischen Shoah und Kolonialverbrechen. Daran knüpft die Behauptung an, die Erinnerung an den Holocaust, die »*Asche von Zion*«, wie Finkielkraut sie nennt, »blockiere« »die Erinnerung der Welt« (56) an die Kolonialmassaker. Die Wahrnehmung der Verbrechen gegen die Menschheit, die Vergès unter anderem in Algerien und ›Palästina‹ erblickt, werde insbesondere vom deutschen Schuldbewusstsein gegenüber den Juden verhindert. Auf einer Pressekonferenz im Kontext des Barbie-Prozesses klagt Vergès in diesem Sinne an: »›Ihr Deutschen mit eurem ewigen schlechten Gewissen seid die schlimmsten, weil ihr es nur dazu benutzt, die an der Dritten Welt begangenen Verbrechen zu bagatellisieren.‹« (Zit. nach Baier 1988, 49) Lothar Baier, der als Prozessbeobachter vor Ort ist, stellt treffend fest, es sei »[m]erkwürdig, wie eng sich Vergès [sic] Philippika mit der Klage über die deutsche ›Schuldbesessenheit‹ berührt, die immer lauter von neo-konservativer Seite geführt wird.« (Baier 1988, 49) Wenn man so will, hat sich dieser Vorläufer des ›Historikerstreits 2.0‹ des Jahres 2021 mit den aggressiven Attacken eines A. Dirk Moses gegen eine angeblich provinzielle deutsche Erinnerungskultur mehr oder weniger parallel zum ›Historikerstreit 1.0‹ ereignet, der 1986/87 über die Frage der Vergleichbarkeit von Stalinismus und Holocaust, über vermeintliche kausale Relationen zwischen ihnen und die Folgen für die deutsche Erinnerungspolitik geführt wurde.[64] In Lyon jedenfalls werden 1987 in einem letzten Schritt die Westalliierten und Israel als ›wahrhaft rassistische‹ Mächte dämonisiert, deren ›Holocausts‹ alltäglich an den Unterdrückten und Kolonisierten der Welt begangen würden[65]: »So konterte Vergès die Aussage des Zeugen Elie Wiesel, der über die Deportation jüdischer Kinder berichtete, mit der Frage, wie es um die toten Kinder von Algier, My Lai, Sabra und Schatila bestellt sei.« (Gerber 2021a, 216) Fin-

64 Vgl. kritisch zum ersten Historikerstreit: Wehler 1988.
65 Vgl. Finkielkraut 1989b, 54.

kielkraut fasst die postkoloniale Grundaussage aus der Perspektive der Anwälte zusammen: »[I]hr leckt eure eigenen Wunden und erhebt die Juden, das heißt euresgleichen, zu einer verfemten Nation, zu erwählten Märtyrern, um mit Hilfe jener Prüfungen, die ihr einmalig durchgemacht habt, leichter die Mißhandlungen zu vergessen, die ihr ohne Unterlaß die Völker des Südens erleiden ließet und laßt.« (Finkielkraut 1989b, 51) Wenn der Holocaust nichts anderes als ein Kolonialmassaker von Weißen an Weißen war, die Westalliierten (und Israel als neue angebliche Kolonialmacht) aber mit solchen Massakern in ›Palästina‹, Vietnam oder Algerien fortfahren, so ist der Unterschied zu den Nazis nur noch der, dass diese die Besiegten sind: »Es hieß also zwischen zwei Facetten des Westens, zwei Modalitäten des Schreckens die kleinere wählen, wenn man sich entschloß, einen *Besiegten* zu verteidigen.« (54) So konnte, wie Finkielkraut zeigt, ein Prozess gegen einen NS-Menschheitsverbrecher zum Vehikel einer neuen Form der Holocaustrelativierung und zur Bühne im Kampf gegen den Westen und Israel werden. Der Boden war bereitet.[66]

Die Strategie der postkolonialen Barbie-Verteidiger findet sich in der gegenwärtigen Debatte in modifizierter Weise wieder: Einer ganzen Reihe von Akteuren, auch traditionslinken und postkolonialen Vertretern, ist neben der Holocaustrelativierung die geradezu zwanghafte Manier gemeinsam, »die als beherrschend erachtete Rede über die Bedeutung des Holocaust auf Machenschaften, Kabalen und Verschwörungen zurückzuführen« (Diner 2007a, 107). Um die Spezifik des Holocaust und die zionistische

66 Bei allen sonstigen Konflikten untereinander, konnten Nazis, postkoloniale ›People of Color‹ und Linke hier bisweilen in grotesker Einigkeit die westlichen ›Verbrechen gegen die Menschheit‹ beklagen (vgl. Finkielkraut 1989b, 64ff., 112f.): Zu den vielen Ungeheuerlichkeiten dieses Prozesses zählt die Fraternisierung der Résistance-Sprecher mit Vergès gegen einen Vertreter der jüdischen Gemeinden Frankreichs, der sich gegen die Rede der Barbie-Verteidiger von der »›Nazifizierung des jüdischen israelischen Volkes‹« (64) verwahrt.

Idee jüdischer Selbstverteidigung infrage zu stellen, bemüht man, wie die Historikerin Sybille Steinbacher treffend konstatiert, »das Stereotyp von den verschwörerischen Einflüssen und Machtpositionen der Juden« (Steinbacher 2022, 67). So deutet der deutsche Historiker Wolfgang Reinhard die Erinnerung an den Holocaust in einem nur noch schwer von rechten Pamphleten zu unterscheidenden Artikel als »machtbesetzt[es] und tabugeschützt[es]« Unternehmen, das aus einem Sieg von »Amerikas Juden« in der »Opferkonkurrenz mit Afrikanern und anderen« (Reinhard 2022) hervorgegangen sei oder sieht der Genozidforscher A. Dirk Moses den Einfluss von »amerikanischen, britischen und israelische[n] Eliten« am Werk, die mit den Deutschen einen von »Hohepriester[n]« überwachten »Katechismus« ausgehandelt hätten, der unter anderem die Sakralisierung der Judenvernichtung, die Solidarität mit Israel und die Überzeugung, Antizionismus sei Antisemitismus zum Inhalt habe. Diese vermeintlichen Dogmen seien »für eine ganze Generation zu Glaubensartikeln geworden« und könnten als »›erlösender Philosemitismus‹« (Moses 2021) der Deutschen charakterisiert werden. Die »Jagd auf Häretiker«, so Moses weiter, habe solche Dimensionen angenommen, dass manche deutschen Autoren sich nur noch anonym trauten, den Katechismus kritisch infrage zu stellen – wir erinnern uns an die anonymen »Wiener Zeithistorikerinnen und -historiker« in der ORF-Meldung.

So stilisiert man sich heute auf der Linken zum »Opfer der *Verschwörung der Asche von Zion*« (Finkielkraut 1989b, 56) wie Alain Finkielkraut dieses Manöver mit beißendem Sarkasmus genannt hat. Der reale Zusammenhang von Antisemitismus, Holocaust und Notwendigkeit des jüdischen Staates wird hier aufgebrochen, der zionistische Rekurs auf Antisemitismus und Shoah pauschal als ›Instrumentalisierung‹ denunziert.[67] Wer die

67 Vgl. zur Kritik daran bereits Yakira 2010, Kap. 2. Es geht wohlgemerkt nicht um die Kritik spezifischer irreführender Bezugnahmen auf den und politischer Instrumentalisierungen des Holocaust in Israel, die

Spezifik des Holocaust verteidigt und israelbezogenen Antisemitismus von links oder ›antikolonialen‹ Akteuren kritisiert, mache »sich eine Strategie von Lobbygruppen zu eigen, die einen entgrenzten Antisemitismus-Begriff instrumentalisieren«, meint Stephan Detjen, einer der einflussreichsten deutschen Journalisten (Detjen 2020). Am weitesten geht dabei der in Deutschland hofierte antizionistische Aktivist Avraham Burg, dessen verschwörungstheoretische Auslassungen über den Zentralrat der Juden im Jahr 2022 von dem FAZ-Journalisten Joseph Croitoru kritiklos auf Twitter verbreitet und schließlich in der *Berliner Zeitung* nachgedruckt wurden. Hintergrund war die Kritik von Vertretern des Zentralrats an offen israelfeindlichen Beiträgen auf der unter anderem vom Zentrum für Antisemitismusforschung (ZfA) und dem Einstein-Forum organisierten Tagung »Hijacking Memory«[68]. In der von Croitoru besorgten Übersetzung eines Haaretz-Artikels Burgs hieß es daraufhin: »Die tiefe

es dort natürlich auch gibt. Dass solche falschen Bezugnahmen und politischen Legendenbildungen gerade von Vertretern der Präzedenzlosigkeitsthese kritisiert werden, zeigt z.B. die ausführliche Kritik Dan Michmans (2017) an Benjamin Netanjahus Behauptung, Amin al-Husseini hätte Hitler auf die Idee der ›Endlösung‹ gebracht.

68 Vgl. Botmann 2022. Die Tagung »Hijacking Memory« wurde vom 9. bis zum 12.6.2022 vom Zentrum für Antisemitismusforschung, dem Einstein-Forum und dem HKW veranstaltet und beinhaltete neben Vorträgen u.a. zur Rezeption des Holocaust in Osteuropa eine ganze Reihe antizionistischer Beiträge. Neben bekannten Antizionisten wie Peter Beinart, Gilbert Achcar, Omri Boehm oder Avraham Burg stach vor allem die aggressiv israelfeindliche Agitation des palästinensischen Aktivisten Tareq Baconi hervor. Dessen arabische Gewalt vollkommen ausblendende systematische Evozierung eines palästinensischen, vor allem um die Tötung unschuldiger Kinder zentrierten Opfermythos, seine Verhöhnung jüdischer Diskurse über Antisemitismus und Holocaust als jüdisches Psychodrama, seine Bezeichnung des Zionismus als »a racist settler colonial movement intent on our elimination« (so jedenfalls die als »edited version« der Rede bezeichnete schriftliche Version: Baconi 2022) und seine Negierung des Existenzrechts Israels wurden vom (unter anderem) deutschen akademischen Publikum begeistert beklatscht. Die ebenfalls eingeladenen polnisch-jüdischen Historiker Jan Grabowksi und Konstanty Gebert verlasen daraufhin eine Erklä-

Rechte Israels lenkt die Politik des Staates #Israel [sic], Israel prägt die Position des Zentralrats, und dieser diktiert wiederum den heikelsten deutschen politischen Diskurs. So bestimmt die konservative und rassistische israelische Rechte die deutsche Beschaffenheit der Emotionen und Gefühle in Bezug auf Deutschlands Vergangenheit, Juden, Antisemiten und den Staat Israel« (Burg zit. n. Croitoru 2022). Auch der Philosoph Omri Boehm, ebenfalls Redner im Rahmen von »Hijacking Memory«, meint: »Der Zentralrat ist zu einer viel mächtigeren Bedrohung für den öffentlichen Auftritt von Juden in diesem Land geworden« als die BDS-Bewegung (Boehm 2022). Warum die Kritik des Zentralrats eine Bedrohung für den öffentlichen Auftritt von ›Israelkritikern‹ sein soll, bleibt unerfindlich.[69] Ein anderes Beispiel: Der Politikwissenschaftler Hajo Funke mutmaßt geschickt (»sollte das der Fall gewesen sein«), die Kritik des Antisemitismusbeauftragten der Bundesregierung Felix Klein an Achille

rung, in der sie die israelfeindliche Rede und die für sie schockierende Reaktion der gebildeten Zuhörerschaft kritisierten und wurden in der *Welt* zu dem Vorfall interviewt (vgl. Casper 2022b). In den darauffolgenden Tagen starteten Akteure im Umfeld der Tagung eine Kampagne und veröffentlichten Konferenzteilnehmer einen offenen Brief gegen den angeblichen »Schwall an verleumderischen Vorwürfen aus unterschiedlichen Richtungen« (Berliner Zeitung 2023) – gemeint waren offenbar neben dem Zentralrat der Juden und Natan Sznaider, die deutliche Kritiken formuliert hatten, auch die Kritiken Grabowskis und Geberts, die ein Hauptgrund für das größere Medienecho waren (Baconis Onlinepublikation der Rede erwähnt sogar ausschließlich Grabowski und Gebert). Dass linke Akademiker und Wissenschaftsfunktionäre damit unter anderem einen in Polen wegen seiner Forschungen zur Kollaboration während des Holocaust vor Gericht stehenden und von polnischen Rechten bedrohten jüdischen Historiker als Teil einer rechten Kampagne und »toxischen Dynamik« (Berliner Zeitung 2022) bezeichneten, spricht für sich.

69 Ralf Balke kommentiert dies treffend: »Da haben wir wieder das altbekannte Muster. Gibt es Kritik, wird diese sofort als Versuch gedeutet, Andersdenkende zum Schweigen zu bringen. Das verwundert – schließlich ist Omri Boehm auf wirklich allen Kanälen präsent, unter anderem kürzlich im ›ZDF‹ im Gespräch mit Richard David Precht« (Balke 2023).

Mbembe im Jahr 2020 hätte möglicherweise auch das Ziel gehabt, »das Annexionsprojekt Netanjahus [im Westjordanland] durch eine Inkriminierung seiner Kritiker zu flankieren.« (Funke 2021, 32)[70] Einen Hauch von Beleg für diese ›Vermutung‹, die Äußerungen eines Antisemitismusbeauftragten in Deutschland dienten der Legitimation der Annexionspolitik einer israelischen Regierung, bietet Funke nicht. Dass der deutsche Bundestag – ein in der Geschichte der Bundesrepublik wahrscheinlich einmaliger Akt – bereits vor einem (bis heute nicht gefassten) wirklichen israelischen Beschluss zur Annexion dieses Vorhaben 2020 »ohne Gegenstimmen« (Spiegel-Online 2020) verurteilte, sei nur nebenbei erwähnt. Wie Christoph David Piorkowski zu Recht einwendet, kann man angesichts der in Deutschland nicht eben selten anzutreffenden Schlussstrichmentalität, der hartnäckigen Unterstützung der deutschen Regierung für die palästinensische Führung und der Verbreitung des israelbezogenen Antisemitismus in allen politischen Lagern solche Ideen von verordneten Katechismen, diktierten Diskursen und durch Israel bestimmten Gefühlen nur als »absurd« (Piorkowski 2021, 26) bezeichnen.[71] Jeder antizionistische Autor, besonders gerne natürlich jüdische oder sich als jüdisch ausgebende (vgl. die Causa

70 »Ende Juni 2020 schienen die entgrenzten Antisemitismuskampagnen des Antisemitismusbeauftragten umstritten und die Kampagne selbst weitgehend gescheitert. Sie hat auch nicht ausgereicht, sollte das der Fall gewesen sein, das Annexionsprojekt Netanjahus durch eine Inkriminierung seiner Kritiker zu flankieren.« (Funke 2021, 32)

71 Nur zwei Schlaglichter: Empirische Erhebungen von Andreas Zick/Beate Küpper in Deutschland stellen für die Jahre 2004 und 2006 u.a. fest: »Rund ein Drittel (29,9% in 2006 bis 44,4% in 2004) äußert angesichts ›der Politik, die Israel macht‹ Verständnis dafür, ›dass man etwas gegen Juden hat‹. Im Durchschnitt stimmt rund die Hälfte (41,9% in 2006 bis 64,4% in 2004) eher oder voll und ganz der Aussage zu: ›Israel führt einen Vernichtungskrieg gegen die Palästinenser‹. Fast ebenso viele (39,9% in 2004 bis 51,2%) stimmen einer Gleichsetzung des Handeln [sic] Israels gegenüber den Palästinensern mit dem der Nationalsozialisten gegenüber den Juden zu.« (Zick/Küpper 2011, 20) Auch 2023 ist die Einstellung der Deutschen zur Politik Israels mehrheitlich skeptisch bis ablehnend: Einer repräsentativen Studie zufolge

Fabian Wolff), erhält in deutschen Qualitätsmedien, sei es in der *Zeit*, dem *Deutschlandfunk Kultur*, der *Süddeutschen Zeitung*, dem *Monopol Magazin*, der *Frankfurter Rundschau*, der *FAZ*, dem *Spiegel* oder der *taz*, sei es in *Kulturzeit*, *ttt* oder sonstigen TV-Formaten, auf Historikertagen oder vor der SPD-Grundwertekommission ausgiebigen Raum, die immergleichen weltfremden Utopien, Legenden und Stereotype auszubreiten.[72] Die Propagierung von Antizionismus ist in Deutschland in der Israel-

bezeichneten 54% der Deutschen die Politik Israels gegenüber den Palästinensern als ›eher ungerecht‹, nur 13% als ›eher gerecht‹ (vgl. Schindler 2023a).

72 Auch die Liste der angesehenen Verlage, in denen in Deutschland seit Jahrzehnten antizionistische oder selbsternannt ›israelkritische‹ Literatur publiziert wird, ist beeindruckend und belegt den wahnhaften Charakter der Tabu- und Katechismus-Legenden: Darunter (die Liste ist unvollständig) sind Suhrkamp (Achille Mbembe, Judith Butler), Metropol (Michael Rothberg, mehrere Wolfgang Benz-Sammelbände, Sammelband von Mbembe-Verteidigern), Wallstein (Idith Zertal), Hamburger Edition (Enzo Traverso), Edition Nautilus (Gilbert Achcar), Propyläen (Shlomo Sand, Omri Boehm, Sammelband von Susan Neiman/Michael Wildt), Westend (Ilan Pappe, Moshe Zuckermann, Moshe Zimmermann), Piper (Norman Finkelstein), Klett-Cotta (Per Leo), Campus (Avraham Burg, John Mearsheimer/Stephen Walt), Beltz (ein teils antizionistischer Sammelband von Meron Mendel), Luchterhand (Deborah Feldman), Europäische Verlagsanstalt (Micha Brumlik), C.H. Beck (Muriel Asseburg, Susan Arndt), Matthes&Seitz (Dirk Moses), Bundeszentrale für politische Bildung (Rothberg, Asseburg). Linke Kleinverlage, die teilweise regelmäßig antizionistische Literatur auflegen (VSA, Promedia, Pahl-Rugenstein, Mandelbaum, Laika u.a.) sind in der Auflistung nicht berücksichtigt. Zudem regnet es für ›Israelkritiker‹ und Antizionisten in Deutschland seit langem öffentliche Ehrungen und Preise. Einige Beispiele sind: Geschwister-Scholl-Preis, Ernst-Bloch-Preis, Gerda Henkel-Preis, Albertus Magnus-Professur Köln (Achille Mbembe), Adorno-Preis der Stadt Frankfurt, Zivilcourage-Preis des CSD Berlin, Adorno-Vorlesungen der Universität Frankfurt (Judith Butler), Hannah Arendt-Preis für politisches Denken Bremen (Gianni Vattimo, Etienne Balibar, Tony Judt, Masha Gessen), August Bebel-Preis, Verdienstorden des Landes Brandenburg (Susan Neiman), Leipziger Buchpreis zur Europäischen Verständigung (Omri Boehm), Carl von Ossietzky Preis, Lew Kopelew-Preis, Aachener Friedenspreis (Uri Avnery).

Sparte ein Verkaufsschlager und bisweilen, stellt man sich nur terminologisch geschickt genug an, sogar ein Karrierebooster, keine Samisdat-Aktion[73] – ein Omri Boehm erhält nicht nur in der *Zeit* oder dem *Philosophie-Magazin* ganze Seiten und wird auf eine Gastprofessur des Moses Mendelssohn Zentrums berufen, er wird auch gleich als Teil einer Delegation des Bundespräsidenten auf eine Israelreise mitgenommen.

Wie außer Rand und Band Teile der antiisraelischen kulturellen Elite inzwischen sind, zeigt ein Interview mit dem Vertreter des Kollektivs »Trampoline House« zur *documenta fifteen* aus dem *Monopol Magazin*. Nicht nur rechtfertigt dieser in postkolonialer Manier die antisemitischen Darstellungen auf der Kunstschau und bezichtigt die Kritiker des Kolonialismus sowie des Versuchs »der deutschen Rechten, ihr Privileg, Geschichte zu definieren, zurückzuerobern«. Er bezeichnet die Kritik an der Ausstellung auch als »Krieg, der gegen Ruangrupa und alle Künstler geführt wurde. Er hätte« daher auch vom »Documenta-Vorstand und Artistic Team« »wie ein Krieg geführt werden müssen« (Monopol 2023). Dass eine vehemente Abwehr der Kritik an antisemitischen Werken der Ausstellung und postkoloniale ›Israelkritik‹ übrigens auch nach der documenta dazu qualifizieren, Gastprofessuren an staatlichen Universitäten zu erhalten oder von der Bundeszentrale für politische Bildung in ein einseitig besetztes Kuratorenteam für ein Symposium über Erinnerungskultur berufen zu werden[74], zeugt nicht von einer Ein-

73 Dass Akteure, die offen Sympathien für palästinensische Terrorgruppen äußern, Hass auf Israel oder Fake News verbreiten, Jobs im staatlichen Mediensektor verlieren oder keine Preise erhalten, ist keine Zensur. Sie sind weiterhin frei, ihre Positionen publik zu machen und es steht ihnen dafür auch ein umfangreiches mediales Umfeld zur Verfügung, womit sowohl die formalen als auch die materialen Bedingungen der Meinungsfreiheit gegeben sind.

74 Vgl. BpB 2023. Das vierköpfige Kuratorenteam bestand ausschließlich aus postkolonialen Akteuren. Die Veranstaltung wurde allerdings nach Bekanntwerden der völlig einseitigen Ausrichtung des Teilnehmerfeldes und nach dem Massaker der Hamas von der Leitung der BpB wieder abgesagt.

schränkung der Meinungsfreiheit oder einer ›Diskursverengung‹ für postkoloniale Antizionisten.

Auch wenn nicht direkt ›rechte‹ oder ›israelische Machenschaften‹ beschworen werden, wirft man sich in diesem Milieu gerne in die typische Pose des von Zensur und politischem Druck bedrohten Opfers. So heißt es in einem Beitrag der *Süddeutschen Zeitung* über die gegenwärtige Debatte: »Eine bestürzende Folge der Situation schilderte auch die Leiterin des Zentrums für Antisemitismusforschung Stefanie Schüler-Springorum: Wirklich kontroverse Diskussionen zur Debatte ließen sich an ihrem Haus derzeit eigentlich nur noch hinter verschlossenen Türen führen.« (Rabe 2023) Man will gar nicht wissen, was da nur »hinter verschlossenen Türen« diskutiert werden kann, wenn das ZfA antiisraelische Redner wie Tareq Baconi, Gilbert Achcar oder Peter Beinart schon auf großer, mit zigtausenden Euro finanzierter Bühne des Hauses der Kulturen der Welt in Berlin präsentiert. Während Judith Butler in ihrer Dämonisierung Israels nach dem Massaker der Hamas an 1200 Israelis ein »German Denkverbot« (Butler 2023) halluziniert, das verbiete, sich auf die Besatzung des Westjordanlands zu beziehen, phantasieren schließlich Michael Rothberg und Jürgen Zimmerer in der *Zeit* gar ein »Verbot jedes Vergleichs und In-Beziehung-Setzens« (Rothberg/Zimmerer 2021, 59) der Shoah mit anderen Massenverbrechen herbei. Auch Henning Melber und Reinhart Kößler reden in der Zeitung des Deutschen Kulturrats vom »Tabu des Vergleichs« (Melber/Kößler 2020) und vermuten, die Kritik am Antisemitismus sei eine »Immunisierungsstrategie« gegen die Aufarbeitung der deutschen Kolonialverbrechen und die Berücksichtigung anderer Opfergruppen des Holocaust. Nicht nur die prominenten Publikationsorte dieser Klagen und die hochdotierten Posten der Klagenden zeugen von einer grotesk wirklichkeitsverzerrenden Mentalität, die nennenswerte Teile der linksliberalen geistigen Elite ergriffen zu haben scheint, soweit es um die Themen Antisemitismus, Holocaust und Israel geht. Monika Schwarz-Friesel spricht in diesem Zusammenhang treffend von »[v]erschwörungsfantastische[n] Behauptungen« und

»alternative[n] Fakten« über ein vermeintliches Kritiktabu, die in diesen Kreisen zirkulieren (Schwarz-Friesel 2023, 87). »Warum findet das Empörungstheater überhaupt statt – das Geschrei vom Vergleichsverbot, vom angeblichen ›Fetisch‹ Einzigartigkeit, vom Holocaust als ›heiligem Trauma‹?«, fragt auch Sybille Steinbacher. All dies sei »Ausdruck dessen, wie sehr die komparative und die postkoloniale Forschung inzwischen benutzt werden (und sich benutzen lassen), um zu attackieren. Die Attacke richtet sich gegen die hart erkämpften Errungenschaften der Gedenkkultur hierzulande genauso wie gegen Israel, das stellvertretend gemeint ist, wenn es um den Topos von der Einzigartigkeit des Holocaust geht.« (Steinbacher 2022, 65f.).

Die Journalistin Charlotte Wiedemann schließlich geht noch einen Schritt weiter als die oben genannten ›Tabubrecher‹ und knüpft an einen anderen, aus der klassischen Rechten bekannten Topos an, wenn sie schreibt: »Erst recht steht niemandem gut zu Gesicht, das Attribut der Singularität des Holocausts als Waffe zu benutzen, als Dogma, vor dem sich verneigen muss, wer nicht als anti-jüdisch oder kaltherzig gelten will. […] Problematisch ist der Begriff Singularität gleichfalls, wenn daraus eine Exklusivität jüdischer Opfer resultiert.« (Wiedemann 2021). International sieht es in dieser Hinsicht kaum besser aus: Für die prominente britische Aktivistin Jackie Walker wird der Holocaust ohnehin nur so wichtig genommen, weil das Prinzip gelte: »it's white lives that matter« (Walker 2020)[75], während die von postkolonialen Startheoretikern wie Cornel West, Enzo Traverso oder Ramón Grosfoguel hofierte islamische Aktivistin Houria Bouteldja meint: »For the South, the Shoah […] is nothing but a ›detail‹« (Bouteldja 2016, 59).[76] Die ursprünglich rechtsradikalen Topoi eines von Zionisten ausgesprochenen ›Tabus‹, der

75 »Why is the Nazi holocaust more important? We all know the answer!! Because it's white lives that matter duh!« Dies ist eine direkte Fortführung des Denkens von Aimé Césaire aus der Nachkriegszeit.
76 Zur Kritik an Bouteldja vgl. Ghiles-Meilhac 2021.

›Auschwitz-Keule‹, des Holocaust als bloßes »Detail der Geschichte« (Jean-Marie Le Pen) und der ›privilegierten‹ jüdischen Opfer sind also endgültig in der Linken angekommen. Die bisherige Holocausterinnerung und die daran anschließende Antisemitismuskritik, so der Tenor der Verteidiger Achille Mbembes in der deutschen Feuilleton-Debatte des Jahres 2020, verdrängten koloniale Erfahrungen und Stimmen der ›Anderen‹ und würden verwendet, um diese rassistisch auszuschließen. Am extremsten, so meint auch Mbembe selbst[77], betreibe Israel diese Instrumentalisierung zwecks grundloser Produktion neuer Opfer[78] – bereits 2002 schrieben Klaus Holz, Elfriede Müller und Enzo Traverso ganz im Sinne Mbembes von der »Erinnerung an Auschwitz« als »einer Sichtblende, hinter der sich eine oft mit blutiger Gewalt ausgeübte Unterdrückungspolitik verbirgt.« (Holz/Müller/Traverso 2002) Auf den Punkt gebracht wird die politische Agenda der postkolonialen Kampagne gegen das Holocaustgedenken schließlich im Slogan »free Palestine from german guilt«, der prominent als Flyer auf der *documenta fifteen* auftauchte, den Demonstranten Mitte Oktober 2023 vor dem Auswärtigen Amt skandierten[79] und den Autorinnen wie Aleida Assmann als »durchaus ernst zu nehmen« (Assmann 2024) würdigen, da Muslime angeblich rein gar nichts mit europäischem Antisemitismus oder gar dem Holocaust zu tun gehabt hätten.[80]

77 Vgl. Mbembe 2008. Zur Kritik an Mbembe vgl. v.a. Becker 2021, Hebauf 2022, Gruber 2022.

78 Vgl. u.v.a. kritisch: Feuerherdt 2013, Spencer 2015, Jüdische Allgemeine 2019, Posener 2020b, Gruber 2021, affirmativ: Zuckermann 2004, Gebauer u.a. 2019, Assmann 2020, Ilany 2020, Detjen 2020. Kaum ein Holocaustrelativierer postkolonialer Provenienz, der ohne das Tabuphantasma auskommt. Beispiele liefert u.a. Klävers 2019, 222f. Vgl. auch die detaillierte Darstellung dieser Abwehrstrategien im amerikanischen Diskurs der Genocide-Studies bei Rosenfeld 1999 sowie Rosenfeld 2015.

79 Vgl. Schindler 2023b.

80 Was natürlich eine schlichte historische Falschbehauptung ist, denn muslimische SS-Einheiten, die Kollaboration Amin al-Husseinis, des Führers der palästinensischen Nationalbewegung, mit den Nazis und

3.4. Multidirektionale Volkspädagogikgemeinschaft und der Holocaust als kolonialer Bumerang

Es ist dieser Gedanke der angeblichen Opferkonkurrenz, der im gegenwärtigen antiisraelischen Diskurs ad nauseam wiederholt wird[81] und der auch dem einflussreichen Konzept ›multidirektionaler Erinnerung‹ zugrunde liegt, welches von dem amerikanischen Literaturwissenschaftler Michael Rothberg entwickelt wurde und das die Legende von der Blockierung der Erinnerung durch ein spezifisches Holocaustgedenken lediglich variiert.[82]

»Eine Litanei des geteilten Leids«

Hinter Rothbergs harmlos klingender Idee einer wechselseitigen, »multidirektionalen« Verflechtung statt einer Konkurrenz von Erinnerungskulturen steckt das normative Gebot, sich auf Gemeinsamkeiten von Massenverbrechen und kollektiven Gewalterfahrungen zu konzentrieren: »a litany of shared suffering« – zum Beispiel zwischen jüdischer und schwarzer Diaspora oder zwischen palästinensischen Kindern in Gaza und jüdischen Kindern im Warschauer Ghetto –, »produces a strong form of empathetic identification« (Rothberg 2011, 536). Mehr noch: Der Holocaust soll als erinnerungspolitischer Bezugspunkt für die Artikulation verschiedenster kolonialer Erfahrungen verwendet

die Orientierung des islamistischen Antisemitismus an den Protokollen der Weisen von Zion, um nur einige Beispiel zu nennen, sind historische Tatsachen.

81 Eine treffende Kritik an diesem Diskurs liefert Stefan Frank am Beispiel des antizionistischen Philosophen Omri Boehm (vgl. Frank 2022).

82 Rothbergs Buch »Multidirectional Memory« wurde 12 Jahre nach seinem Erscheinen ins Deutsche übersetzt. Auch hier zeigt sich an den Unterstützern dieser Veröffentlichung (darunter das Zentrum für Antisemitismusforschung und das Goethe-Institut) sowie dem unmittelbar nach der Publikation erfolgten Nachdruck in der Reihe der Bundeszentrale für politische Bildung, dass man es keineswegs mit einer mutigen Untergrundpublikation zu tun hat, die sich gegen ein machtbewehrtes Tabu richten müsste.

werden (extreme Formeln wären ›American Holocaust‹ oder ›Black Holocaust‹) und umgekehrt soll die Shoah auch in Bezug auf koloniale Praktiken thematisiert werden – allerdings ohne dass sich die jeweiligen Kollektive als absolut unschuldige Opfer gegen absolut schuldige Täter abgrenzen dürften. ›Multidirektional‹ ist die Erinnerung hier, wenn beide Erfahrungen – z.B. Warschauer Ghetto und Gaza – sich wechselseitig aufeinander beziehen. Das praktiziert Alan Schechner in seiner Fotomontage/DVD-Projektion »The Legacy of Abused Children: from Poland to Palestine«, indem er einem jüdischen Kind im Warschauer Ghetto und einem palästinensischen Kind in Gaza Fotografien des jeweils anderen Kindes in die Hand montiert. Beide Kinder werden von Soldaten bedroht oder festgehalten – im einen Fall von deutschen Nazi-Einheiten, im anderen von der IDF. Die Kamera zoomt auf das jüdische Kind und die Fotografie in seiner Hand, auf der das palästinensische zu erkennen ist, das wiederum eine Fotografie des jüdischen in der Hand hält, auf die nun wieder gezoomt wird usw. Es geht Schechner, wie Rothberg referiert, nun nicht um die historischen Ereignisse (es besteht hier vielmehr ein demonstratives Desinteresse an deren Qualität[83]), sondern um die Fokussierung auf eine gleichbleibende »psychological condition of victimhood« (536), die zeige, wie missbrauchte Kinder als Erwachsene selbst zur Gewalt gegen

83 Dass das jüdische Kind im Nazi-Ghetto und das palästinensische in Gaza Welten trennen, dass letzteres mit großer Sicherheit von jüngsten Jahren an systematisch antisemitischer Propaganda mit entsprechender mörderischer Märtyrer-Ideologie unterzogen wurde – eine Tatsache, die im Falle des jüdischen Kindes keinerlei Entsprechung hat, das mit Sicherheit nicht zu Hass und Gewalt erzogen wurde – verschweigt uns Schechner (ebenso wie Rothberg in seinem Text), genauso wie die radikale Differenz zwischen dem Grund für Militäreinsätze der IDF in Gaza und der nationalsozialistischen Besatzungs- und Ghettoisierungspolitik in Polen. Die berechtigte verflechtungstheoretische Frage hingegen, was die Erziehung des palästinensischen Kindes in Gaza mit derjenigen deutscher Kinder unter dem Nationalsozialismus gemein hat, wird nicht gestellt.

Kinder neigten. Allerdings wird diese psychologische Binsenweisheit wiederum zur Deutung eines konkreten politischen Konflikts verwendet, der – historiographisch mehr als fragwürdig – in Termini des Gewaltkreislaufs oder der Gewaltspirale formuliert wird. »›In diesem Projekt‹«, wird Schechner zitiert, »›wende ich die Theorie an, dass missbrauchte Kinder […] oft selbst zu Missbrauchern werden.‹« Es gehe ihm darum, diese Theorie anzuwenden auf die »›aktuelle Situation in Israel/Palästina, wo sowohl Israelis als auch Palästinenser Opfer sind, die den Missbrauch, den sie erlitten haben, replizieren und wiederholen‹«.[84]* (Schechner, zit. nach Rothberg 2011, 536) Doch die unendlichen Verweise des einen Kindes auf das andere, die einen »endlosen Kreislauf der gegenseitigen Gewalt« evozieren, »untergraben auch«, meint Rothberg, »alle Behauptungen der moralisch gerechtfertigten ursprünglichen Position des Opfers, die häufig die Gewalt rechtfertigt – und dies sicherlich im Falle Israels tut, wo die Erinnerung an den Holocaust zu eben diesem Zweck mobilisiert wurde.«[85]* (538) Die Spirale hat also keinen wirklichen, moralisch bedeutsamen Anfang mehr. Historische Erzählungen sollten Rothberg zufolge klare Grenzziehungen zwischen Tätern und Opfern, Unschuldigen und Schuldigen prinzipiell zugunsten von »uncomfortable questions of complicity and ambivalence in the *gray zones*« vermeiden (539) – man fühlt sich an Hannah Arendts Diktum über jüdische Mittäterschaft und ihre fragwürdige Einschätzung der Judenräte erinnert. Übrig bleiben letztlich eine konstruierte Verflechtung von Gewalterfahrungen ohne Rekurs auf spezifische Ursachen oder Gründe sowie die Beschwörung von unendlicher Komplexität

84 »›In this project, I am using the theory that abused children […] often become abusers themselves‹«; »›current situation in Israel/Palestine where both Israelis and Palestinians are victims who replicate and repeat the abuse they have suffered‹«.
85 »endless cycle of reciprocal violence«; »also subvert[…] all claims of the morally justified originary position of victim that frequently justifies violence – and certainly does so in the Israeli case, where Holocaust memory has been mobilized for just this purpose«.

und allgegenwärtiger, sich reproduzierender Gewalt, die durch eine dekontextualisierende empathische Bezugnahme ihrer Opfer/Täter aufeinander beendet werden müsse.

Der aktivistische Imperativ und der willkürliche postmoderne Zugriff auf die Vergangenheit werden von Rothberg an einigen Stellen seines Buches schließlich durchaus zugestanden: »Die hier erkundete Vergleichslogik«, schreibt er, »steht und fällt nicht mit Verbindungen, deren historisch zutreffender Charakter sich empirisch überprüfen lässt [...]. Vielmehr bedarf es einer gewissen Ausklammerung empirischer Geschichtsschreibung und einer Offenheit für die Möglichkeit merkwürdiger politischer Bettgesellen [...]. Vergleiche sollten, wie die Erinnerung, als produktiv aufgefasst werden – als neue Gegenstände und neue Perspektiven generierend –, und nicht als Reproduktion vorab gegebener Entitäten, die anderen vorab gegebenen Entitäten entweder ›gleichen‹ oder nicht.« (Rothberg 2021, 45) Geschichtswissenschaft wird hier zum beliebig formbaren Instrument einer (tatsächlich nur auf den ersten Blick) multikulturellen Volkspädagogikgemeinschaft.[86] Worauf das hinausläuft, verrät auch die postkoloniale Soziologin Esra Özyürek in einem Interview mit der *Zeit*: »Das habe ich immer wieder beobachtet: Wenn muslimische Teilnehmer Holocaustgedenkstätten besuchen, identifizieren sie sich oft mit den Juden, da beide Gemeinschaften religiöse Minderheiten sind. Als ich einmal eine Gruppe bei einer Reise nach Auschwitz begleitet habe, haben die Jugendlichen erkannt, wie ähnlich sie den Menschen auf den Fotos teilweise waren – das Aussehen, aber beispielsweise auch die Beschneidung ist ja etwas, das Juden und Muslime teilen. Diese Art der Identifikation zieht jedoch den Zorn und die Ablehnung der Lehrer nach sich« (Özyürek 2023) – eine Reaktion, die Özyürek offenbar als von deutschen Lehrern ausgeübte dominanzgesellschaftliche Verweigerung der von Rothberg angestrebten ›Litanei des geteilten Leids‹ interpretiert. Dass es eine

86 Zur Kritik am aktivistischen Primat bei Rothberg vgl. Gerber 2022 sowie in postkolonialen Kontexten insgesamt vgl. Berkovits 2022.

ganze Reihe von Gründen in der Sache geben könnte, die geschichtsklitternde Identifikation von Muslimen und Holocaustopfern zu kritisieren, kommt einem Ansatz, der nur die ›weiße Dominanzgesellschaft‹ auf der einen und unterschiedslose ›Subalternität‹ von »Minderheiten« auf der anderen Seite sieht, offenbar nicht in den Sinn. An die Stelle historiographischer Urteilsfähigkeit tritt jedenfalls, allen Beteuerungen Rothbergs zum Trotz, »ein universell drapierter moralisierender Diskurs über unterschiedslose Opferschaft« (Diner 2007a, 9) – ein Diskurs, der im Falle Rothbergs auch noch Täter- und Opferschaft möglichst weit einander angleichen will. Rothberg will zwar die Rede von Tätern und Opfern nicht völlig einebnen und kann kollektive Geschichten nicht in einer paradoxen primären Hybridität oder Verflechtung auflösen. Er spricht auch immer wieder von der Gefahr, durch Multidirektionalität historische ›Heterogenität‹ einzuebnen, aber die Heterogenität darf, das ist dogmatisch gesetzt, nie bis zur Singularität oder Präzedenzlosigkeit fortbestimmt werden. So postuliert er apodiktisch: »Proximate pasts are neither ›separate and unique‹ nor ›equal‹«. (Rothberg 2011, 527)

Mit diesem Plädoyer für die integrationspädagogische Instrumentalisierung historischer Erinnerung zwecks Herstellung interkultureller Solidarität durch Vergleichung und Verflechtung von Gewaltgeschichten ist zugleich die kritische Diagnose verbunden, die Singularitätsthese diene zum Beispiel in den USA als verdrängende »Deckerinnerung« für amerikanische koloniale Verbrechen. Eine »Deckerinnerung« ist die Erinnerung an ein weniger bedeutsames, affektiv geringer aufgeladenes Ereignis, das ein bedeutsameres, emotional stärker besetztes verdrängt, aber mit ihm qua »›Kontiguitätsassoziation‹« (Klävers 2019, 164) verbunden ist, in der etwas zeitlich oder örtlich Benachbartes die Erinnerung an das eigentliche Ereignis ersetzt.[87]

87 Zum Begriff der Deckerinnerung vgl. Freud 1995, 189ff. sowie Laplanche/Pontalis 1994, 113f. In einem anderen Kontext und mit umgekehrter Intention verwendet Dan Diner bereits 1986 das Konzept der

Auch in Bezug auf Deutschland spricht Rothberg von einer »fetishization of the uniqueness of the Holocaust« (Rothberg/Cheyette 2019, 31), die eine Diskussion über Gemeinsamkeiten von ›antimuslimischem Rassismus und Antisemitismus‹ blockiere und von deutscher Verantwortung für Kolonialverbrechen ablenke: »Insbesondere die Verteidigung der Einzigartigkeit des Holocaust und die Überwachung der Grenzen dessen, was seltsam genug als ›Israelkritik‹ bezeichnet wird, tragen dazu bei, die Verantwortung für andere deutsche Gräueltaten wie den Völkermord an den Herero und Nama und allgemeiner die Beteiligung am Kolonialismus zu verdrängen und von der deutschen Verstrickung in die Enteignung der Palästinenser abzulenken.« (Rothberg 2020) Zudem seien solche Deckerinnerungen der Ausdruck des Hegemoniestrebens einer bestimmten ›identitären‹ Erinnerungskultur und der dahinterstehenden Gruppe, die sich mittels ihrer Geschichte partikularistisch gegen andere abgrenze und den Interessen einer Nation dienen könne: »Statt direkt von Nationalstaaten auszugehen«, so Rothberg weiter, »werden solche identitären Logiken häufig von Diaspora- und Minderheitengruppen propagiert (auch wenn sie manchmal den Zielen von Nationalstaaten dienen)«[88]* (Rothberg/Cheyette 2019, 24f.) – es ist unschwer zu erraten, von welcher Gruppe und welchem Staat hier vor allem die Rede ist. »Eine der größten Barrieren, die Menschen hindern, die Wechselwirkungen zwischen verschiedenen kollektiven Erinnerungen anzuerkennen, ist der Glaube,

Deckerinnerung, um einen verdrängenden Modus der Beschäftigung mit Auschwitz zu beschreiben: »Mit Deckerinnerung ist jene Art des Umgangs mit der Vergangenheit gemeint, eine neue Geschichtsbeflissenheit, die sich den Ereignissen von 1933-1945 zwar nähert, aber dabei gleichsam den Kern des eigenen Unbehagens ausspart, d.h. weitere Opfer des Nationalsozialismus in den Vordergrund rückt, um die dennoch empfundene Besonderheit des Judenmords zu umgehen.« (Diner 1991, 190f.) Insofern könnte der gesamte postkoloniale Holocaustdiskurs als Deckerinnerung bezeichnet werden.

88 »[R]ather than emanating directly from nationstates, such identitarian logics are frequently propagated by diasporic and minority groups (even if they sometimes serve the ends of nation-states)«

es handle sich bei der eigenen Geschichte, Kultur und Identität um etwas ›Eigenständiges und Einzigartiges‹«, schreibt Rothberg weiter (Rothberg 2021, 32). Im Anschluss daran werden Historiker wie Steven T. Katz und andere für ihre Singularitätsthese kritisiert, wobei Rothberg es unterlässt, deren Positionen auch nur annähernd angemessen darzustellen.[89] Man müsse, so referiert Rothberg zustimmend, natürlich die Spezifik des »Nazi-Genozids« erforschen – wie bei »alle[n] historischen Ereignisse[n]« –, es sei »aber intellektuell und politisch gefährlich […], diesen Genozid von anderen Geschichten kollektiver Gewalt – oder gar von der Geschichte als solcher – zu trennen.« (33) Dass eine die eigene Geschichte von den Erfahrungen anderer Opfer von Massenverbrechen unterscheidende jüdische Erinnerungskultur etwas mit der klaren Feinderklärung seitens der Antisemiten und den Opferhierarchien in den NS-Verbrechen zu tun haben könnte, fällt dabei unter den Tisch. Es ist klar, worauf Rothberg hinauswill: Die Kolonialverbrechen werden, so seine Unterstellung, mittels der an der Singularitätsthese orientierten Holocausterinnerung von »mächtige[n] gesellschaftliche[n], politische[n] und psychische[n] Kräften« (Rothberg 2021, 42) verdrängt, was zur Verfestigung der Abtrennung von Opfergruppen und einer Hierarchie zwischen ihnen führe. Insbesondere die »discoursive sacralization of the Holocaust«, die er in der Singularitätsthese am Werk sieht, führe mit ihrer Betonung der Einzigartigkeit des Verbrechens und der absoluten Unschuld seiner jüdischen Opfer zu Konzepten immer neue Opfer produzierender »absolutist, perhaps even apocalyptic, politics.« (Rothberg 2011, 540)

89 Mit Ausnahme einer um die entscheidenden Bestimmungen verkürzten Erwähnung von Yehuda Bauers Singularitätsthese (siehe dazu unten), erfährt man in Rothbergs Abhandlung einfach nicht, was die von ihm kritisierten Vertreter der Singularitätsthese genau unter Singularität verstehen. Dass Rothberg selbst bei seinen vagen inhaltlichen Andeutungen die Positionen seiner Gegner verzerrt, zeigt am Beispiel der Erwähnung von Steven T. Katz Klävers 2019, 31, 162.

Wer auf der Besonderheit des Holocaust im Sinne seiner Präzedenzlosigkeit beharrt und daraus die politischen Konsequenzen zieht, wird zum Störenfried gelingender volkspädagogischer Integration, zum verstockten Partikularisten und letztlich zum gemeingefährlichen Vertreter einer selbstgerechten Politik erklärt, was sich natürlich vor allem gegen sogenannte ›zionistische Narrative‹ und den Staat Israel wendet. Rothberg rückt die Kritik an seinem Ansatz dabei sogar in die Nähe des Antisemitismus. So heißt es im Zusammenhang mit seiner Kritik der vermeintlich ›provinziellen‹ deutschen Erinnerungskultur und ihrer angeblichen ›Sakralisierung‹[90] der Shoah, die »Ablehnung globaler, vergleichender und multidirektionaler Ansätze« erinnere »an Kampagnen gegen (jüdischen) Kosmopolitismus in der ersten Hälfte des 20. Jahrhunderts« (Rothberg/Zimmerer 2021, 59). Wer aus der Shoah folgert, es bedürfe eines besonderen Schutzes der Juden in Gestalt jüdischer Souveränität, der wird im postkolonialen Diskurs dem verstockten Partikularismus und dem ›toxischen‹ Nationalismus zugeordnet. Die Juden, so die antizionistische Erzählung, sollen aus Auschwitz die Lehre ziehen, auf Trennungen und Gewalt zu verzichten und sich mit den Unterdrückten aller Länder zu solidarisieren. Dass diese Unterdrückten nicht selten den Antisemitismus tradieren, der zu Auschwitz führte, muss dabei systematisch ausgeblendet werden. Jede Form der Kritik wird hier zudem als bösartige Kampagne gelabelt.[91] Der Topos der ›deutschen Provinzialität‹ ist dabei das

90 Der Vorwurf, die Singularitätsthese ›sakralisiere‹ den Holocaust, wird dezidiert von Steven T. Katz zurückgewiesen, der sich kritisch mit dieser auch von A. Dirk Moses vorgebrachten Unterstellung auseinandersetzt, vgl. Katz 2019, 13-17.

91 Nachdem die deutsche Ausgabe von Rothbergs Buch von einigen Autoren kritisiert wurde, witterte Rothberg auf Facebook sogleich eine »organized campaign in the German press against me and the book« (Rothberg 2021b). Dass Rothbergs Mitautor Zimmerer ähnlich vorgeht, zeigt der Deutsch-Südwestafrika-Forscher Jakob Zollmann (2019, 5f.): »A look at his foreword reveals, tellingly, Zimmerer's rather confrontational way of refuting those who do not support his contention with broad swipes at all who object to his paradigm, ›from Windhuk to

Pendant zum Vorwurf der ›israelischen Instrumentalisierung‹ des Holocaust. Doch die problematischen Züge der deutschen Erinnerungskultur werden gar nicht thematisiert, sondern eher verschärft, z.B. der gegenüber der Bedrohungslage des jüdischen Staates ignorante und zugleich oberlehrerhafte Gestus gegenüber Israel, den man mit der eigenen vermeintlich vorbildlichen Aufarbeitung der Shoah legitimiert. Der Vorwurf der deutschen Provinzialität, die in der Betonung der Präzedenzlosigkeit der Shoah und der Zentralität des Shoah-Gedenkens ausgemacht wird, ermöglicht es antinationalen Linken, guten Gewissens und im Gestus des Aufgeklärtseins die Zentralität des Holocaust als Menschheitsverbrechen infrage zu stellen und Antisemiten aus dem Lager der ›Anderen‹ und ›Subalternen‹ für ihr Israel-Bashing einzuspannen.[92]

Der Holocaust als »gewaltiger Bumerangeinschlag«

Dabei verschleift Rothberg die Differenzen zwischen Holocaust und Kolonialverbrechen, Antisemitismus und Rassismus: Er übernimmt wesentliche Elemente von Arendts Holocaustbild im Rahmen ihrer Totalitarismustheorie und erweitert sie um das Motiv des »homo sacer« von Giorgio Agamben: Die Shoah wird demnach auch von Rothberg als radikales Exempel einer modernen biopolitischen Menschenfeindlichkeit verstanden, die im politisch entrechteten und im Lager internierten Flüchtling, im

Auschwitz‹, and accusing everybody, who does not share his views of defamation of character. […] he does not engage with any of the questions raised, rejecting dissenting voices as being personal insults and defamatory«. Dass Zimmerer jegliche Kritik als Kampagne diffamiert, durfte der Autor dieser Zeilen auch selbst schon erleben, vgl. Zimmerer 2022. Angesichts der politischen Praxis und der etlichen offenen Briefe, die in diesem Milieu publiziert werden, können solche Kampagnen-Vorwürfe nur als Projektion begriffen werden.

92 Zum letzten Punkt vgl. instruktiv Ertuğrul/Martin/Vukadinović 2021.

Opfer bürokratisch-imperialistischer Herrschaft und im KZ-Insassen, insbesondere dem sogenannten »Muselmann« (Rothberg 2021, 80), einen neuen Typus Mensch als »inkludierte Exklusion, nacktes Leben« (86) produziere. Rothberg lehnt sich einerseits an Arendts Zweckbestimmung des totalitären Lagersystems an: Sie meint, wie wir gesehen haben, in den Lagern der Nazis sei die »Zerstörung der Individualität« bzw. die »Ertötung der Spontaneität« (Arendt 1998, 935) jenseits ökonomischer oder krimineller Motive beabsichtigt worden. Diese Intention sei sogar »das richtunggebende Gesellschaftsideal für die totale Herrschaft überhaupt« (908) und entziehe sich dem »gesunde[n] Menschenverstand« (Arendt 1989b, 26), weil sie, wie Rothberg referiert, jenseits eines »utilitaristischen Verständnisrahmen[s]« (Rothberg 2021, 74) angesiedelt sei. Arendt zufolge übersteigt »die übernatürliche Schlechtigkeit« der Täter *»das menschliche Begriffsvermögen«* (Arendt 1989a, 50f.). Hier beginnt zugleich Rothbergs Kritik an Arendt. Er stellt sich jedoch nicht etwa gegen ihre obskure Bestimmung der Ziele totaler Herrschaft, ihre Auffassung, der Holocaust liege »jenseits antisemitischer Gedankengänge« (Arendt 1989b, 14)[93], oder ihre Auflösung des Lagersystems in einem Laboratorium zum Beweis menschlicher Überflüssigkeit oder totaler Beherrschung – im Gegenteil:[94] Für Rothberg ist diese Diagnose noch zu eng auf die Nazi-KZ und Mordaktionen begrenzt. Er wendet sich gerade gegen Arendts partielle Abgrenzung der Irrationalität, Nutzlosigkeit und Sinnlosigkeit totalitärer Taten von ihren imperialistischen Vorläufern: Irrationalität sei eine Frage der »Perspektive« (Rothberg 2021,

93 Rothberg zitiert Arendt diesbezüglich, vgl. Rothberg 2009, 48. Vgl. auch Arendts Eintrag im »Denktagebuch«: »Hitler und Auschwitz nicht mehr eigentlich antisemitisch«. (Arendt 2002, 619)

94 Rothberg betrachtet sogar Arendts, aus ihrer konservativen Modernekritik resultierende, These, im totalitären Lagersystem werde nicht nur in Gestalt des Opfers, sondern auch des Täters ein neuer, jeglicher Spontaneität beraubter, marionettenhafter Menschentyp produziert, als »eines von Arendts originellsten und erschreckendsten [chilling] Argumenten zum Thema Totalitarismus« (Rothberg 2021, 88).

77) und die Behauptung, Kolonialmassaker zum Beispiel an Indigenen seien von pragmatischen, nicht irrationalen Motiven geleitet, bedeute, »die Begrifflichkeit und Weltsicht der Täter« sowie ihre »orientalistische[n] und kolonialistische[n] Ideologien« zu übernehmen (77), während das zugleich im Falle des Holocaust verweigert werde. Zwei Punkte sind hier kritisch anzuführen: Zunächst bleibt unklar, wie Rothberg nun zu der Begrifflichkeit von Irrationalität/Nutzlosigkeit versus Rationalität/Nützlichkeit genau steht. Einerseits meint er: »Der Rückgriff auf Pragmatismus und Kosten-Nutzen-Kalküle als Maßstäbe historischer Unterscheidung setzt in diesem Fall europäische Bewertungsrahmen voraus: Der Holocaust ist einzigartig, wenn man von modernen europäischen Rationalitätskriterien ausgeht.« (77) Anschließend scheint er andererseits Arendts These zuzustimmen, die Lager seien nützliche Mittel zur Reproduktion totaler Herrschaft: »Weit davon entfernt, nutzlos zu sein, sind die Lager also ein notwendiger Bestandteil des Drangs totalitärer Regime zur intensiven, totalen Herrschaft.« (78) Schließlich versetze sich Arendt in die Zwecksetzungen der totalitären Akteure hinein und betrachte die Lager eben als rationale Mittel für deren Zweck, Menschen überflüssig zu machen, allerdings ohne sich die Perspektive der Verfolger zu eigen zu machen. Steffen Klävers entdeckt hier, m.E. zu Recht, einen Widerspruch: Einerseits werden die Kriterien der Nützlichkeit als eurozentrisch kritisiert, andererseits will Rothberg mit Arendt noch in den Lagern des Holocaust ein rationales Mittel (zur Etablierung totaler Herrschaft) erkennen. Zudem kritisiert Rothberg an Yehuda Bauer, dass dieser (für alle anderen Genozide) die Perspektive der Täter übernehme, nur um dann Arendt dafür zu loben, die Lager aus der Perspektive der Täter als rationale Mittel zu betrachten.[95]

Rothberg liegt zwar nicht ganz falsch, wenn er sagt, dass auch rassistische oder nationalistische Motive irrational sein können. Rassismus beruht zunächst einmal auf unwahren und ungerecht-

95 Vgl. Klävers 2019, 180f.

fertigten Annahmen über vermeintliche ›Rassen‹.[96] Zudem sind auch rassistische Motive durchaus partiell als irrationale Bewältigungsversuche von gesellschaftlichen Bedrohungen, Ohnmachtsgefühlen und Unbehagen zu verstehen. Im Rassismus gegen Schwarze wird, wie ich im ersten Kapitel gezeigt habe, die Reduzierung des Menschen auf das dequalifizierte ›Arbeitstier‹[97] sowie die Möglichkeit des Herausfallens aus dem Zusammenhang der bürgerlichen Gesellschaft projektiv abgewehrt und im Schwarzen als ›pure Natur‹ sowie Bedrohung durch Faulheit, sexuelle Potenz und Ausschweifung personifiziert und zugleich begehrt. Mit der Titulierung des Schwarzen als ›tierhafte Natur‹ ist zudem ein genozidales Potential im Rassismus angelegt, da hier etwas Subhumanes suggeriert wird. Allerdings ist moderner Rassismus immer auch ein Versuch, »unter den Bedingungen der Moderne vormoderne Strukturen und Hierarchien aufrechtzuerhalten oder durch die Biologisierung sozialer Beziehungen wiederherzustellen«, indem Abstammung und Herkunft zum »Zuweisungskriterium für gesellschaftlichen Status« erhoben werden (Priester 2003, 21). Der Rassismus steht damit auch in einem Zusammenhang mit der Sicherung ökonomischer und herrschaftlicher Privilegien einer Gruppe und viele Kolonialmassaker ereigneten sich im Kontext der Niederschlagung von Widerstandsakten Kolonisierter gegen die Versuche der Durchsetzung dieser Herrschaftsinteressen – der deutsche Massenmord an Herero und Nama ist ein Beispiel dafür. Die Durchsetzung ökonomischer Privilegien oder territorialer Verfügungsgewalt durch rassistische Segregation kann im oben erwähnten moralisch neutralen Sinn rational sein, da sie ein realisierbares Ziel darstellt, die Sicherung rassistisch legitimierter Herrschaft durch Niederschlagung von Aufständen erst recht. Im Holocaust fehlen aber gerade diese Motive und Momente von Beginn an, was Arendt mit ihrem Sinnlosigkeitsbegriff in verkehrter Weise

96 Vgl. ausführlich zum Charakter des modernen Rassismus als Irrationalismus: von zur Mühlen 1979, Gould 2002.
97 Vgl. Schmitt-Egner 1976, 377.

reflektiert. Und *das* – nicht die bloße freischwebende Begrifflichkeit von rational/pragmatisch versus irrational/ideologisch – macht unter anderem die Spezifik der Shoah aus. Die antisemitischen Feindbilder, die diese Irrationalitätsdiagnose mit Inhalt füllen könnten, hat Rothberg aber – Arendts ›Laboratoriums‹-Motiv folgend – bereits eskamotiert und durch allgemeine biopolitische oder koloniale Beherrschungs-, Exklusions- und Vernichtungsmotive ersetzt. Dafür ist bezeichnend, dass er gegen Yehuda Bauers exklusive Bestimmung des NS-Antisemitismus als »›unpragmatisch[e] und irrational[e] Ideologie‹« (Rothberg 2021, 76) argumentiert, aber die von Bauer ebenfalls angeführte Intention der totalen und globalen Vernichtung, die mit dem Feindbild des Erlösungsantisemitismus einhergeht, unerwähnt lässt. Während Rothberg über die Spezifik des Holocaust in seinem Buch nur vage Andeutungen macht – für ein Werk über Holocausterinnerung, das sich explizit gegen die Präzedenzlosigkeitsthese richtet, eine erstaunliche Tatsache –, tauchen in einem von ihm zusammen mit Jürgen Zimmerer verfassten *Zeit*-Artikel plötzlich Hinweise auf die spezifischen Momente, sogar als »singuläre Elemente[…] der Schoah« bezeichnet, auf: »der jahrhundertealte Antisemitismus mit seiner spezifischen Prägung durch das Phantasma einer jüdischen Weltverschwörung und die sich daraus ergebende Totalität und Unbedingtheit des Mordens« (Rothberg/Zimmerer 2021). Hierbei handelt es sich allerdings um einen eklatanten Widerspruch zu den bisherigen Positionen Rothbergs, während die pompös verkündete Relationalität und Multidirektionalität der Shoah(-Erinnerung) sich nunmehr auf das Anführen banaler, von niemandem ernsthaft bezweifelter Kontexte der Judenvernichtung beschränkt, zum Beispiel Mechanismen kumulativer Radikalisierung der NS-›Judenpolitik‹ im Kontext eines auch antislawisch-rassistischen, antikommunistischen und imperialen Angriffskrieges. Der Artikel erweckt den Eindruck, man habe es hier mit einem Rückzugsgefecht und einer Immunisierungsstrategie zu tun, die dazu dienen sollte, den eigentlichen politischen Zweck der ganzen Veranstaltung – den »rassismuskritische[n] Aktivismus«

(ebd.) und den Angriff auf den jüdischen Staat – zu retten.[98] Der Historiker Jakob Zollmann sieht im Falle Zimmerers und anderer Vertreter der These einer Kontinuität von Kolonialgewalt zum Holocaust folgende Strategie am Werk: »Aber dieses so entstandene diskursive Muster spiegelt die gesamte Debatte über ›Kontinuitäten‹ wider: Erst wird eine starke Behauptung aufgestellt, dann wird sie teilweise zurückgenommen und anschließend kann die Kritik disqualifiziert und als ›routinemäßige Zerstörung [eines] fiktiven Arguments‹ lächerlich gemacht werden.«[99]* (Zollmann 2019, 27)[100]

Glücklicherweise, so Rothberg, unterscheide sich Arendt schließlich doch von den gängigen Singularitätsvertretern, nämlich darin, dass sie »die Ursprünge des nicht-utilitaristischen oder besser post-utilitaristischen Denkens im Imperialismus verortet, insbesondere im ›Wettlauf um Afrika‹« (Rothberg 2021, 78) und an den südafrikanischen Buren belege. Diese hätten bereits, wie die Nazis später, Motive ökonomischer Bereicherung rassistischen Auserwähltheitsphantasien untergeordnet und seien somit Lehrmeister des europäischen prätotalitären Mobs gewesen.[101] Damit lege Arendt den Grundstein »einer nicht-eurozentrischen Holocaustforschung« (79). Drei Punkte sind hier

98 Zur Kritik an dem Text vgl. Posener 2021b.

99 Klammer im Original. »But this discursive pattern so created, mirrors the entire debate on ›continuities‹: first, a stark claim is made, then it is retracted partially and then criticism can be disqualified and ridiculed as a ›routine destruction of [a] fictitious argument‹.«

100 Charlotte Wiedemann (2021) schafft es sogar, in ein und demselben Text die Präzedenzlosigkeit der Shoah zu behaupten und zumindest auf die »Totalität des Vernichtungswillens« hinzuweisen, nur um im Anschluss daran auch den Massenmord an den Kongolesen als präzedenzlos zu bezeichnen und schließlich David Stannards Rede vom ›American Holocaust‹ anzuführen (vgl. ähnlich Butler 2013, 42). Sie knüpft dabei der Sache nach unmittelbar an Rothbergs These von der Irrationalität all dieser Massentötungen an. Hier dient der Begriff der Irrationalität, nicht wie früher, der der Rationalität, zur Einebnung der entscheidenden Differenzen zwischen Shoah und Kolonialverbrechen.

101 Vgl. Rothberg 2021, 78f.

kritikwürdig: 1) Dass Arendt in diesem Zusammenhang »europäische Kategorien des Nutzens und der Menschlichkeit« (79) transzendiere, ist zunächst eine erstaunliche Behauptung. Denn sie (und ihr folgend, Rothberg), bewegt sich vollständig innerhalb des etablierten bürgerlichen Kategorienfeldes und qualifiziert das Verhalten der Buren ja gerade als jenseits von »›rationaler Berechnung von Arbeits- und Produktionskosten‹« (79) stehend. 2) Rothberg übernimmt dabei kritiklos Arendts Beschreibung der Mentalität der Buren. Wenn man sich die Geschichte des südafrikanischen Rassismus, insbesondere der späteren Apartheid anschaut, dann erhält dieses in die Nähe des NS-Genozids, wie Rothberg den Holocaust meist nennt, gerückte Bild einer von gängigen ökonomischen und territorialen Herrschaftsmotiven freien Irrationalität und Nutzlosigkeit aber erhebliche Risse.[102] Der zunächst agrarisch-nomadisch geprägte Siedlerkolonialismus, die partikularistisch-rassistische Bibelauslegung und der offensive Antimodernismus der Buren im 18./19. Jahrhundert weisen zwar durchaus Gemeinsamkeiten mit Ideologemen des nationalsozialistischen Rassismus auf. Aber sie sind weder von traditionellen Nutzenerwägungen befreit[103] (erst recht nicht im Südafrika des 20. Jahrhunderts), noch

102 Vgl. Priester 2003, 105-125.

103 Arendt (1998, 422f.) selbst spricht davon, dass es für die Buren »nur ›Weiße‹ und ›Schwarze‹ [gab], von denen die einen zum Nichtstun und zur trägen Herrschaft erwählt und die anderen zu Fron und einer ebenso trägen Knechtschaft verdammt waren.« Zudem beruht Arendts Einschätzung der späteren Gold- und Diamantenindustrie als eine jenseits bürgerlicher Arbeitsdisziplin und »rationale[r], kalkulierbare[r] wirtschaftliche[r]« (431) Prinzipien, ja angeblich jenseits des Profitprinzips stehenden Ökonomie auf ihrem hochselektiven Begriff einer industriellen »kapitalistische[n] Produktion« (439). Zwar trifft sie mit dem Beispiel der Verteuerung von Produktion, Verwaltung und Infrastruktur durch die Einführung rassistischer Zugangsbeschränkungen einen Punkt, aber diese Zugangsbeschränkungen selbst sind wiederum ein Schutz der Weißen vor Verarmung (bzw. eine Reaktion auf die Verarmung der antimodernistischen Buren im sich entwickelnden südafrikanischen Kapitalismus) durch die Ausschaltung offener Konkurrenz

ist eine Nähe des Rassismus der Buren gegenüber Schwarzen zum Erlösungsantisemitismus des NS zu erkennen. Dass die Buren auch Antisemiten waren, ist ja gerade nicht das Argument Arendts und Rothbergs für eine Vergleichbarkeit von Buren und NS-System. Rothberg unterlässt es auch hier, die jeweiligen Feindbilder – White Supremacy-Ideologie einerseits, eliminatorischer Antisemitismus andererseits – genauer zu analysieren. Denn selbst wenn man einen großen Anteil an irrationalen Motiven, ja gar einen Gegensatz der rassistischen zu ökonomischen oder territorialen Motiven zugestehen würde, wäre die Feinderklärung der Buren gegenüber den Schwarzen und vor allem ihre Praxis rassistischer Segregation nicht mit der NS-Vernichtungsideologie gegenüber den Juden gleichzusetzen: Der rassistische Paternalismus und die später im Apartheidsystem institutionalisierte Ideologie der »›eigen-artliche[n] Entwicklung‹« (Priester 2003, 119) weisen den Schwarzen einen subalternen Ort der legitimen Differenz zu, der moderne Antisemitismus gesteht den Juden aber in letzter, im Holocaust exekutierter Konsequenz keinen solchen Ort zu – nicht einmal als ausgebeutete, ghettoisierte oder segregierte Gruppe. Während sich der Schwarze im rassistischen Denken zudem noch als subalternes ›Arbeitstier‹ nutzbar machen lässt (und in der Apartheid auch genauso behandelt wurde), ist das beim Juden dem antisemitischen Denken zufolge

mit den Schwarzen und ein traditionelles rassistisches Mittel der Etablierung vormoderner Statusdifferenzen, das ganz und gar nicht völlig jenseits materieller Nutzenkalküle der Weißen steht (vgl. Priester 2003, 113ff.). Allerdings kippt Arendts Modernediagnose an anderer Stelle sogar in die These um, die moderne kapitalistische Ökonomie, die sie Arbeitsgesellschaft nennt, sei ein Paradigma bzw. eine Produktionsstätte des auf das Gattungsexemplar reduzierten nackten Menschen. Hier wird die Irrationalitäts- und Nihilismusdiagnose, die im Kontext der Lager auftaucht, sogar auf die Grundprinzipien der Moderne selbst bezogen, womit endgültig alle Katzen grau werden. Arendts Theorie läuft damit, wie die Theorien von Foucault oder Agamben, beständig Gefahr, »das Bild einer ›totalitären Moderne‹ zu entwerfen, aus der der Totalitarismus« lediglich »als radikale Zuspitzung hervorzugehen scheint«. (Rensmann 2014, 173)

gerade nicht der Fall.[104] 3) Nachdem Rothberg den kolonialen Rassismus der Buren mit Arendt zum ›postutilitären‹ »extreme[n] Ereignis[...]« (Rothberg 2021, 80) umgedeutet hat, kann er dann in einem letzten Schritt folgern, dass auch auf diese koloniale Gewalt Arendts Begriff der Unbegreiflichkeit zutreffe, den er für die Produktion des ›Menschen an sich‹ oder des ›nackten Lebens‹ reserviert:[105] Rothberg versteht damit den »Imperialismus« als »etwas [...], das aus Afrikanern und Afrikanerinnen auf eben die Weise nacktes Leben macht, in der dies der Nationalsozialismus mit den Juden und Jüdinnen getan hat.« (90)[106]

Mit den Motiven des staatenlosen Flüchtlings mit einem prekären Rechtsstatus, des Kolonisierten als Gegenstand imperialer Maßnahmestaatlichkeit und der Zweckbestimmung der totalitären Lager als Laboratorien zur totalen Beherrschung oder Vernichtung Überflüssiger verfehlt Rothberg mit Arendt alle wesentlichen Züge der antisemitischen Feindbestimmung des Nationalsozialismus. Die Juden sind im Antisemitismus der Nazis nämlich weder als Ausländer konzipiert noch sind sie Opfer kolonialer Ausbeutungs- oder Verdrängungsökonomien oder gar zur totalen Beherrschung in einem – letztlich angeblich die ganze Gesellschaft bedrohenden – Lagersystem vorgesehen. Es zeigt sich, dass Rothberg, trotz permanenter Beschwörung der Spezifik aller historischen Ereignisse und des mantrahaft vorgetragenen Vorbehalts gegen die Gleichsetzung von Massenverbrechen, letztlich doch eine qualitative Gleichsetzung von Holocaust und Kolonialverbrechen betreibt, ohne die sein mit vie-

104 Jonas Kreienbaum zeigt, dass auch die Lager im süd- und südwestafrikanischen Kontext jenseits des Buren-Rassismus nicht mit den Vernichtungslagern der Nazis gleichgesetzt werden können (vgl. Kreienbaum 2010, Kreienbaum 2015). Vgl. dazu weiter unten.

105 Vgl. Rothberg 2009, 54. Zur Kritik des biopolitischen Lagerbegriffs bei Agamben vgl. Klävers 2019, 192-201 sowie Rickermann 2018.

106 »imperialism as producing Africans as bare life in the same way that the Nazis transformed the Jews into bare life« (Rothberg 2009, 61).

len salvatorischen Klauseln versehener Ansatz multidirektionaler Erinnerung nicht auskommt. Er betont zwar, dass der Holocaust ein in seiner Dimension »extremes Ereignis« (Rothberg 2020) gewesen sei und eine ›spezifische‹ Geschichte habe. Quantitative Unterschiede und der vage Hinweis auf historische Spezifität, die ja jedes raumzeitlich situierte Ereignis auszeichnen, reichen aber nicht aus, um die qualitative Spezifik der Shoah zu beschreiben, zumal auch der europäische Imperialismus in Afrika ein »extremes Ereignis« gewesen sein soll.

Als historisches Vorbild der multidirektionalen Inbezugsetzung all dieser zu ›extremen Ereignissen‹ nivellierten historischen Verbrechen, ja geradezu als Paradigma gelungener Erinnerungspolitik gilt Rothberg der Besuch des antirassistischen Theoretikers W.E.B. Du Bois' im Warschauer Ghetto im Jahr 1949.[107] Du Bois habe hier einerseits die Verflochtenheit der schwarzen mit der jüdischen Erfahrung von »biopolitical [...] racial segregation« (Rothberg 2001, 184) jenseits der »color line« (172) erkannt: »Warschau und Jim Crow liegen an verschiedenen Punkten eines ›biologischen Kontinuums‹, wie es Giorgio Agamben in Anlehnung an Foucault nennt.«[108]* (179) Auch hier wird also lediglich die Gemeinsamkeit der Erfahrung rassistischer Verfolgung betont. Andererseits habe Du Bois aber auch die Spezifik der jüdischen Katastrophe begriffen. Als Beleg reicht es Rothberg, dass dieser das *extreme Ausmaß* der Zerstörung der Stadt betont – die »absolute Zerstörung« der Landschaft verweise auf »eine rassistische Vision der absoluten Segregation, die sich von derjenigen, die hinter der rassistischen Gewalt [gegen Schwarze in den USA] steht, unterscheidet, aber mit ihr verwandt ist«*[109] (179). In die totale Zerstörung der Stadt

107 Vgl. Du Bois 2019. Eine gelungene Kontextualisierung von Du Bois' Aussagen zum Schicksal der Juden bietet Gerber 2024.

108 »Warsaw and Jim Crow lie at separate points along what Giorgio Agamben, following Foucault, calls a ›biological continuum.‹«

109 »absolute destruction«; »racist vision of absolute segregation different from, but related to, that which lies behind the racist violence«.

führe Du Bois zudem »stillschweigend eine Differenz ein« (Rothberg 2021, 160), indem er feststelle, dass auf dem Gebiet des ehemaligen Ghettos nur »›totale Verwüstung und ein Denkmal‹« (Du Bois, zit. nach Rothberg 2021, 160) zu sehen seien, während der Rest der Stadt beginne wiederaufzuleben. Allerdings lässt sich hier bei Rothberg allenfalls eine projektive Hermeneutik erkennen, die weitgehend vage und unklar bleibende Spezifika der Shoah in einen Text hineinliest, in dem sie schlicht nicht ausgesprochen werden. In der Tat könnte die Abwesenheit von Juden, die in Warschau eine jüdische Stadt oder Kultur wiederaufbauen, ja auch aus einer völligen Vertreibung resultieren. Die Absicht der totalen und globalen Vernichtung der Juden und ihre erlösungsantisemitische Komponente sind hier jedenfalls nur gewaltsam hineinzulesen – wenn Rothberg diese Absicht überhaupt reflektiert, auch das bleibt in seinen Ausführungen letztlich unklar. Jan Gerber schreibt dazu treffend: »Aufgrund der Eindrücke von anderen Formen der Diskriminierung und Verfolgung mag Du Bois seine Einschätzung von der Dominanz der *color line* zurückgenommen haben; von der Einsicht in die Besonderheit des Holocaust war er jedoch weit entfernt« (Gerber 2021a, 12). »Was Michael Rothberg als goldenes Zeitalter der multidirektionalen Erinnerung ausgibt, war eine Epoche, in der sich das Wissen um die Präzedenzlosigkeit des Holocaust noch nicht durchgesetzt hatte.« (Gerber 2022, 486)

Arendt und Du Bois sind aber nicht die einzigen Quellen der postkolonialen Artikulation des biopolitischen Zugriffs auf den Holocaust. Ein Diktum des antikolonialen Politikers Aimé Césaire aus dem Jahr 1950 dient Legionen postkolonialer Denker als Referenzpunkt: Césaire diagnostiziert den NS als einen »gewaltigen Bumerangeinschlag« (Césaire 2017, 28) des westlichen Kolonialismus in Europa, weshalb es darum gehen müsse, dem »ach so humanistischen, ach so christlichen Bourgeois des 20. Jahrhunderts begreiflich zu machen, dass er selbst einen Hitler in sich trägt, ohne es zu wissen, dass Hitler ihn *bewohnt*, dass Hitler sein innerer *Dämon* ist, dass sein Wettern gegen ihn Mangel an Logik ist und dass im Grunde das, was er Hitler nicht verzeiht, nicht das *Verbrechen* an sich, das *Verbrechen gegen den Menschen* ist, nicht die Erniedrigung des Menschen an sich, sondern das Verbrechen gegen den *weißen* Menschen, die Erniedrigung des *weißen* Menschen und dass er, Hitler, kolonialistische Methoden auf Europa angewendet hat, denen bislang nur die Araber Algeriens, die Kulis Indiens und die Neger Afrikas ausgesetzt waren.« (Césaire, 2017, 28f.)[110] [111] Diese inzwischen zum Klassiker avancierte Passage gilt als Vorwegnahme der gegenwärtigen Auffassungen, die Kolonialmassaker in Afrika seien qua Ideologie- oder Erfahrungstransfer eine notwendige oder wenigstens irgendwie ursächliche Bedingung für den NS-Vernichtungskrieg und den Holocaust gewesen; manchmal wird auch lediglich eine strukturelle Analogie angenommen. Hier wird, beispielsweise von Achille Mbembe, unterstellt, der Holocaust sei lediglich die »extreme Version« eines europäischen Herrschaftsmodells maßnahmestaatlicher Machtausübung gewesen, das in den Kolonien als »Laboratorien [...] der Verrohung, des Menschenraubs und der strukturellen Gewalt« ausprobiert worden, dann in einem »Bumerangeffekt auf das Zentrum Europas zurückgeschlagen« sei und zum Aufstieg des NS »beigetragen« habe (Mbembe 2020b). Eine ähnlich einseitige Reduktion der Entwicklung totaler Kriege und Vernichtungskriege in Europa auf die koloniale Erfahrung präsentiert Andreas Kalyvas. Er entdeckt ausgerechnet in Carl Schmitts Spätwerk »Der Nomos der Erde« eine Variante von Arendts und Césaires Bumerangtheorie: Mit dem allmählichen Ende der kolonialen Ära sei auch die Möglichkeit, den totalen Krieg in den Kolonien als

110 Damit vertritt Césaire eine Variante des postkolonialen Denkens, die Weißsein als nicht graduierbar oder wandelbar begreift – im Gegensatz zu Brodkin, Bakan, Traverso und anderen. Vgl. zu diesen: Kap. 2 dieser Abhandlung.

111 Ähnlich Du Bois 1947, 23: »There was no Nazi atrocity [...] which the Christian civilization of Europe had not long been practicing against colored folk in all parts of the world in the name of and for the defense of a Superior Race born to rule the world.«

rechtsfreien Räumen zu führen, entfallen. Damit habe sich die vormalige Trennung von internationaler europäischer Normordnung und extralegaler Maßnahmeordnung in den Kolonien aufgelöst und der totale Vernichtungskrieg sei in die europäische Ordnung eingedrungen[112]: »Koloniale Kriege, die in der Vergangenheit ausgeklammert worden waren, wurden freigesetzt und kamen zurück nach Europa. Sie traten auf die andere Seite der Fluchtlinie über und entluden ihre Gewalt und Konflikte auf europäischem Boden und darüber hinaus.«[113]* (Kalyvas 2018, 43) Innereuropäische Radikalisierungsprozesse wie die seit der Französischen Revolution virulente Konzeption des totalen Volkskrieges, das ›Erlebnis‹ der Schützengrabengemeinschaft und die Gewaltexzesse des Ersten Weltkriegs, kollektiv-narzisstische Kränkungen in einer Kultur der Niederlage in Deutschland, die Entwicklung des völkischen Nationalismus zum Faschismus sowie dessen antisozialistische Stoßrichtung und vor allem die im letzten Drittel des 19. Jahrhunderts voll ausgeprägte eliminatorisch-antisemitische Tradition, treten damit in den Hintergrund oder werden bisweilen sogar gänzlich ignoriert. Die Historiker Robert Gerwarth und Stephan Malinowski fragen daher zu Recht: »Warum sind die Länder mit der längsten und langfristig gewaltreichsten Kolonialtradition gerade nicht identisch mit jenen Staaten, die nach 1918 das größte Maß an rassistischer Zerstörung nach innen und außen freisetzten? Sollte die intensive Erfahrung mit theoretischem und gelebtem kolonialen ›Herrenmenschentum‹, die Theorie und Praxis kolonialer Unterwerfung und Vernichtung in den ausführenden Individuen und Gesellschaften eine nachhaltig wirksame und ins Kernland transferierbare Tendenz der Enthemmung und Brutalisierung

112 Dass sich der Prozess der Dekolonisierung weitgehend nach 1945, also nach den beiden totalen Kriegen auf europäischem Boden, ereignet hat, ist schwer mit dieser Hypothese zu vereinbaren.
113 »Colonial wars that had been bracketed off were released and came back to Europe. They crossed over to the other side of the vanishing line, spilling over and unleashing their violence and conflicts onto European soil and beyond.«

hervorbringen, sind die Divergenzen zwischen England, Frankreich, Spanien, Belgien und Holland einerseits, Deutschland (und wie hinzuzufügen wäre: Österreichs und Italiens) andererseits schwer erklärbar. Warum der britische und französische Kolonialismus zwar weit über 1945 hinaus Rassismus und Gewalt praktizierte, beide Staaten jedoch gleichzeitig den politischen Kern der europäischen Demokratien, nicht des genozidalen Totalitarismus bildeten, lässt sich mit der These ungebrochener Kontinuität schwer erklären.« (Gerwarth/Malinowski 2007, 449f.)

Die vage Diagnose eines ›Zurückschlagens‹ führt regelmäßig zu einer qualitativen Gleichsetzung von Holocaust und Kolonialverbrechen. Wenn beispielsweise Mahmood Mamdani an den Holocaust denkt, fallen ihm Flächenbombardierungen, Vergasungen, Lager und Massenmord ein – das alles, so stellt er zu Recht fest, habe es auch schon in anderen Kontexten als der Vernichtung der Juden gegeben.[114] Da der NS, wie bei Aram Ziai, auf eine »rassistisch begründete, gewaltsam aufrecht erhaltene und kriegerisch ausgeweitete Herrschaft über andere, die selbst vor Völkermord nicht zurückschreckt« (Ziai 2016, 14), reduziert wird, könnten allenfalls der größere Bürokratisierungsgrad, die industriellen Tötungsmethoden oder Hautfarbe und Herkunft der Opfer der Shoah als spezifisch erkannt werden.[115] Weil die Juden auch beraubt worden seien, könne von einer selbstzweckhaften Ermordung nicht gesprochen werden.[116] So zitieren denn auch Mamdani, Anidjar und Ziai zustimmend Aimé Césaires

114 Vgl. Mamdani 2004, 7f., ähnlich Anidjar 2009, 147f.

115 Vgl. Ziai 2016, 16.

116 Sämtliche Topoi bei Ziai 2016, 16f. Letzteres wird mit Verweis auf die notorischen Versuche Götz Alys behauptet, dem Holocaust eine bürgerliche Handlungsrationalität anzudichten. Zur Kritik an Aly vgl. Herbert 1991, Herbert 1998, Browning 1991, Diner 1992. Ziai kombiniert also die traditionellen Versuche, den Holocaust auf ökonomisch-geopolitische Handlungsrationalität zu reduzieren mit der aktuelleren Variante, die den Begriff der Irrationalität zur Einebnung der entscheidenden Differenzen zwischen Shoah und Kolonialverbrechen verwendet.

Anklage gegen den Westen. Santiago Slabodsky attestiert Césaire »einen ausgezeichneten Einblick in die Natur des Holocaust [...], weil er verstand, dass dieser Prozess integraler Bestandteil einer Dynamik war, die vor, während des und nach dem Holocaust in den Kolonien praktiziert wurde«[117]* (Slabodsky 2016, 162). Und für Ramón Grosfoguel belegt Césaires Bumerangthese gar den »Hitlerism [...] [as] an integral part of Western subjectivity« (Grosfoguel 2009, 93). Die koloniale Erfahrung, ganze Völker vernichten zu können, so die Behauptung in Anlehnung an Arendt, habe durch personelle und institutionelle Kontinuitäten oder einen Ideentransfer einen Einfluss auf die Judenvernichtung der Nazis gehabt. Jürgen Zimmerer versichert, der »Krieg gegen die Herero und Nama war ein entscheidender Schritt« von der Kolonialgewalt in Richtung Auschwitz (Zimmerer 2003, 63).[118] Achille Mbembe nennt das System der Zwangsarbeit in den Lagern von Deutsch-Südwestafrika einen »geplanten Massenmord« (Mbembe 2020c, 135). Michael Rothberg wiederum zieht ausführlich Césaire oder Zimmerer heran, um angebliche »Einfluss- und Übertragungslinien, die diese Orte und Geschichten [also koloniale Herrschaft in Afrika und Holocaust] miteinander verbinden« zu postulieren (Rothberg 2021, 139). Solche Vorstellungen sind von antirassistischen Aktivisten inzwischen popularisiert worden: So verkündet die französische Dramatikerin Penda Diouf in einem Theaterstück: »›Die Shoah hat ihre Wurzeln in Südwestafrika‹« (zit. n. Koelgen 2021) oder spricht die postkoloniale Aktivistin Natasha Kelly in einem Tweet zum Gedenktag an die Opfer des Nationalsozialismus gleich von einem »African Holocaust« (Kelly 2023).

117 »excellent insight into the nature of the Holocaust [...] because he understood that this process was integral part of a dynamics practiced before, during, and after the Holocaust in the colonies.«

118 Diese Thesen wiederholt er seit fast zwei Jahrzehnten, vgl. Zimmerer 2011.

Dagegen stellt Jonas Kreienbaum in seinen Forschungen zum Lagersystem in Deutsch-Südwestafrika und Südafrika fest, dass dort in letzter Instanz keineswegs ganze Völker vollständig ausgelöscht werden sollten[119] oder die dortigen Lager diese Funktion der intentionalen Totalvernichtung gehabt hätten.[120] Die Lager waren nicht »bereits Anfänge einer bürokratischen Form der Vernichtung« und damit Vorläufer der »Form des Massenmordes, wie sie für den Holocaust als kennzeichnend betrachtet wird«, wie Zimmerer unterstellt (Zimmerer 2003, 63). Koloniale Konzentrationslager entstanden um 1900 auf Kuba und den Philippinen sowie in Süd- und Deutsch-Südwestafrika (DSWA) als »Versuche der Bevölkerungskonzentration [...] im Rahmen von Kolonialkriegen als Mittel zur Beendigung von hartnäckigen Widerstandsbewegungen« (Kreienbaum 2015, 9). Ihr Ziel war nicht »die sofortige Ermordung aller, die dorthin geschickt wurden« (294), sondern ein Mix aus militärischer Partisanenbekämpfung durch Trennung von Zivilisten und Guerillas, Pazifizierung von Konflikten durch Internierung und Kontrolle der Bevölkerung, Ausbeutung von Arbeitskraft, ›Umerziehung‹ zu ›europäischen Werten‹, Vergeltung für ›aufständisches Verhalten‹ und Repatriierung. Zu DSWA schreibt Kreienbaum: »Die Vernichtung der Lagerinsassen war, anders als in der Forschung häufig behauptet, kein intendiertes Ziel der Konzentrationslager. Ihr Zweck – aus der Sicht der Kolonialmacht – bestand vielmehr in der ›Pazifizierung‹ der Kolonie, der Bestrafung der Internierten und der Beschaffung von Arbeitskräften beziehungsweise der ›Erziehung‹ der Insassen zur Arbeit.« (145) Die

119 Eine Ausnahme bildet die Phase von Oktober bis Dezember 1904, in der der deutsche General von Trotha eine Politik der Totalvernichtung der Herero verfolgte. Sein Vernichtungsbefehl wurde schließlich auf Geheiß des Kaisers aufgehoben. Warum dies drei Monate dauerte und wie sich die Vernichtungspraxis entwickelte, erläutert Kreienbaum 2015, 65-75. Auch diese letztliche Eingrenzung der genozidalen Gewalt unterscheidet den Herero-Krieg vom Vernichtungskrieg der Nazis im Osten.

120 Vgl. Kreienbaum 2010, Kreienbaum 2015, v.a. Kap. VI.

hohen Sterberaten seien nicht auf eine Vernichtungsabsicht zurückzuführen, die im krassen Widerspruch zu den wesentlichen Lagerfunktionen gestanden hätte. Den vielfältigen (und je nach Kolonialkrieg variierenden) Faktoren für die (selbst wiederum zeitlich und örtlich stark variierenden) Sterblichkeitsraten in den Lagern, widmet Kreienbaum dabei besondere Aufmerksamkeit. Genannt werden die schlechten Transportbedingungen bei Deportationen, die Ressourcenknappheit und die mangelhafte allgemeine Versorgungslage, lückenhaftes Wissen der Kolonialbeamten über Krankheitsursachen, der Primat der Versorgung der eigenen Truppen, Zwangsarbeit, die fehlende Infrastruktur zum Transport von Gütern, die schlechte Abstimmung zwischen militärischem und Lagerpersonal hinsichtlich der Einweisung von Neuankömmlingen, der zunächst provisorische Charakter der Lager und die schlichte Überfüllung in kürzester Zeit, auf die die Kolonialbehörden nicht vorbereitet gewesen seien. Auch der Vergeltungsaspekt sei ein Faktor sowie die sich in der unterschiedlichen Behandlung von weißen (Buren in Südafrika) und schwarzen Internierten zeigenden rassistischen Haltungen. In DSWA seien vor allem auf der sogenannten Haifischinsel viele Lagerinsassen gestorben, wobei die exakten Sterbe- und Internierungsraten in der Forschung umstritten seien.[121] Doch auch der Verlegung der Herero und Nama an die lebensfeindliche Lüderitzbucht lag keine Vernichtungsintention zugrunde, so Kreienbaum. An der Küste seien die meisten Arbeitskräfte gebraucht worden und sie habe »als sicherer Aufenthaltsort für die Kriegsgefangenen« gegolten, »da der Wüstengürtel der Namib sie vom Zentrum der Kolonie abschnitt und somit eine erfolgreiche […] Rückkehr zu den ›Aufständischen‹ verhinderte.« (271)

Die deutsche Kolonialverwaltung in DSWA habe das Vorbild der britischen Lager in Südafrika ›kreativ adaptiert‹, weil die Formen des (Guerilla-) Krieges in beiden Kontexten sich signi-

121 Vgl. Kreienbaum 2015, 84f., 123ff.

fikant unterschieden. So fehlten demnach in DSWA die zentrale Funktion der Trennung von Zivilbevölkerung und Guerillas sowie die Politik der verbrannten Erde, weil Herero und Nama einen anderen Krieg führten als die Buren. »In Südwest kam es im Hereroland zu keinem Kleinkrieg, der ein solches Vorgehen nötig gemacht hätte. Im Süden hatte es die ›Schutztruppe‹ zwar mit mobilen Guerillaeinheiten zu tun. Diese wurden jedoch nicht von einer sesshaften Zivilbevölkerung unterstützt. Die Nama-Nichtkombattanten begleiteten die Guerillakämpfer im Feld oder begaben sich über die Grenzen im Süden oder Osten auf britisches Gebiet.« (136) In DSWA standen demnach Pazifizierungs-, Sanktionierungs- und Ausbeutungsfunktionen der Lager im Mittelpunkt. Die Idee von den Lagern in DSWA als Vorbildern oder Vorgängern des Holocaust sei »einem falschen Verständnis der kolonialen Lager« (294) ebenso geschuldet, wie einer verzerrten Wahrnehmung der Nazi-KZ. Es habe im kolonialen Kontext des südlichen Afrika keine Vernichtung durch gezielte Unterversorgung und kein Programm der »Vernichtung durch Arbeit« gegeben. Zwar »führte die extreme Arbeitsbelastung der Gefangenen häufig zum Tode. Doch war Arbeit hier kein gezieltes Mittel zur Ermordung«. »Herero und Nama«, so das Resümee, »sollten vielmehr auch in der Nachkriegsgesellschaft als Arbeitskräfte zur Verfügung stehen.« (295) Selbst der Vergleich zwischen kolonialen Konzentrationslagern und NS-Lagern wie Buchenwald oder Dachau sei nur bedingt sinnvoll. Neben dem permanenten Funktionswandel der NS-Lager seien vor allem deren Funktionen als »innenpolitisches Instrument zur Zerschlagung der politischen Opposition« und als Mittel zur »›rassischen Generalprävention‹« im kolonialen Kontext nicht nachweisbar. Während die Partisanenbekämpfungs- und Pazifizierungsfunktion im südlichen Afrika primär gewesen sei, habe eine solche Idee in den NS-KZ »keine große Rolle« gespielt (300). Eine wesentliche Gemeinsamkeit sei vielmehr die Ausbeutung der internierten Arbeitskräfte gewesen, während der Aspekt der ›Erziehung‹ zur Arbeit im NS vor allem eine vorgeschobene Legitimation für »Terror, [...] Erniedrigung und Bestrafung« (302) der Insassen gewesen sei. Auch die Infrastruktur der Lager (provisorisch und transitorisch in Afrika, dauerhaft im NS) müsse unterschieden werden. Während es zwischen den Kolonialregimen (Spanien auf Kuba, die USA auf den Philippinen, England in Süd- und Deutschland in Südwestafrika) kulturelle Gemeinsamkeiten und zum Teil auch einen begrenzten Wissenstransfer gegeben habe, sei ein solcher zwischen der kolonialen Lagertradition und dem NS nicht nachweisbar. Keineswegs hätten die Nazis also, wie gelegentlich von Hitler in propagandistischer Absicht verkündet, die britischen Lager ›kopiert‹. Es »fehlen die empirischen Anhaltspunkte dafür, dass sich die […] NS-Akteure vom kolonialen Beispiel hätten inspirieren lassen […]. Es ist allein die Terminologie, die den kolonialen Ursprung nationalsozialistischer Konzentrationslager suggeriert.« (318) Auch Birthe Kundrus stellt fest: Im NS »wurden Kolonialtraditionen vor allem behauptet, d.h. koloniale Termini wurden zitiert, ihrem ursprünglichen Kontext aber entfremdet«. Koloniale Begriffe hätten im NS »eine[…] Bedeutungsverschiebung, wenn nicht gar -umgestaltung« erfahren (Kundrus 2006, 57f., 61). Es nütze daher auch nichts, immer wieder dieselben Hitler-Zitate zum ›Vorbild England‹ anzuführen. Die neuere Forschung zeigt insgesamt, dass weder nennenswerte ideelle noch relevante personelle und institutionelle Kontinuitäten zum Beispiel zwischen dem Völkermord an den Herero und dem Holocaust nachweisbar sind.[122] Sie seien zumindest so »minimal«, wie Roberta Pergher und Mark Roseman resümieren, dass sie kaum erkennbar seien (Pergher/Roseman 2013, 43).

Die Mehrheit der Forscher weist immer wieder darauf hin, dass die Kontinuitäts- und Verflechtungskategorien, die beispielsweise von Zimmerer verwendet werden, um eine ›Verbin-

122 Einen instruktiven Überblick über die neuere, Zimmerers Auffassungen systematisch widerlegende Forschung (Robert Gerwarth/Stephan Malinowski, Birthe Kundrus, Susanne Kuß, Willeke Sandler, Jonas Kreienbaum, Klaus Bachmann) bietet der Deutsch-Südwestafrika-Historiker Jakob Zollmann (2019).

dung‹ zwischen Kolonialismus und Holocaust herzustellen, vage und unscharf sind.[123] Der europäische Antisemitismus, so Pergher/Roseman, sei zwar im 19. Jahrhundert vom Kolonialrassismus nicht gänzlich unbeeinflusst gewesen, besonders im Falle Deutschlands sei aber festzustellen: »der Übergang von religiösen zu ethnisch ausgrenzenden Formen erfolgte bereits vor seinen kolonialen Abenteuern«[124] (Pergher/Roseman 2013, 43); und nicht nur das, auch die Inhalte und motivationalen Kontexte des nationalen Antisemitismus kommen gänzlich ohne Rekurs auf koloniale Topoi aus. Dagegen gestehen Autoren wie Zimmerer oder Dirk Moses angesichts der (uneingestandenen) Tatsache, dass sich ihre Kontinuitätsthesen als haltlos herausgestellt haben, zwar die Relevanz antisemitischer Ideologie zu, versuchen aber, den Antisemitismus wieder in die Schablone ›Kolonisator versus Kolonisierter‹ zu pressen. Gegen die Behauptungen von Moses und Zimmerer, der Holocaust könne als kolonial-antikolonialer Genozid verstanden werden[125], ist mit Pergher/Roseman festzustellen: »Viele Deutsche sahen sich sicherlich als belagerte Opfer und die Juden irgendwie mit der Unterdrückung Deutschlands und seiner inneren Schwäche verbunden. Aber die jüdische Bedrohung wurde als global, heimtückisch und durch Verkleidung und Verschwörung ausgeübt angesehen, und damit völlig anders als die offene, reglementierte Auferlegung von Macht, die die Subalternen der wirklichen Imperien erlebten.«[126]* (44) Juden unterlaufen im modernen Antisemitismus gerade die Unterscheidung von Innen und Außen, werden nicht als aus einem

123 Vgl. u.a. Zollmann 2019, 16, 19.

124 »the shift from religious to ethnically exclusionary forms predated its colonial adventures«.

125 Vgl. u.a. Moses 2008, 37ff.

126 »Many Germans certainly saw themselves as beleaguered victims, and Jews as somehow linked to Germany's oppression, and to its inner weakness. But the Jewish threat was seen as global, insidious, and excercised through disguise and conspiracy, and thus completely unlike the overt, regimented imposition of power experienced by the subalterns of actual empires.«

Heimatland kommende und dahin zurückzudrängende Kolonisatoren begriffen, sondern als unsichtbare, allgegenwärtige Feinde aller Völker ohne eigene Fähigkeit zur Staatenbildung. Es gibt zudem keinen realen kolonialen Akteur ›Judentum‹, mit dem ein wirklicher kolonialer Konflikt bestünde. Der Antisemitismus ist daher keine ›antikoloniale Ideologie‹.

Juden wurden auch nicht im Sinne eines paranoiden Sicherheitssyndroms (»quest for security«, Moses 2010, 76), das in Kolonialgenoziden zu finden ist, im eroberten Raum als »dirty, lazy, and uncivilized« (77) und als militärstrategische Bedrohung präventiv ermordet. Während Kolonialmassaker oft im Zuge realer territorialer, ökonomischer oder machtpolitischer Konflikte, Obstruktions- und Widerstandsakte begangen wurden, waren diese im Falle der Vernichtung der Juden gerade nicht vorhanden. Der Jude war für die Nazis apokalyptischer Feind der Völker, indem er die Mechanismen der Moderne beherrscht und für seine zersetzenden, ausbeuterischen Zwecke pervertiert habe. Seine ›Überzivilisiertheit‹ und Unverortetheit galten also als ›Problem‹. Das ›Partisanentum der Juden im Osten‹ ist eine jener »utilitaristisch verbrämte[n] Legitimationsstrategien« (Herbert 1991, 31), mit denen die Nazis den wahnhaften Akt der Ermordung dieses ›Weltfeindes‹ als militärstrategisch rationale Situationsbewältigung verkleideten. Das Präzedenzlose zu realisieren, fiel leichter, wenn man es »situativ mit unumgänglichen Sachzwängen begründet[e]«, so Ulrich Herbert (1998, 53). Das genuine Ziel der antisemitischen Gewalt war es auch nicht, die Juden in zu beherrschende Natur, bzw. ›Arbeitstiere‹ zu verwandeln oder lediglich zu verdrängen. Der Antisemitismus ist daher keine koloniale Ideologie.[127] Stephan Malinowski und Hendrik

127 Eine ausführliche Kritik an Moses' und Zimmerers These vom kolonial-antikolonialen Charakter des Holocaust liefert Klävers 2019, Kap. 3. Er weist zudem darauf hin, dass Moses' Idee des NS-Vernichtungskrieges als Flucht-nach-vorn gegen eine als tödlich wahrgenommene »asiatische Bedrohung« (»Asiatic threat«, Moses, zit. nach Klävers 2022, 35) durch jüdische Kolonisation immer deutlichere Züge

Hebauf kritisieren, dass Moses »die nachgereichten Apologien der Mörder in eine global und zeitlos einsatzfähige analytische Kategorie« verwandle (Malinowski 2023), bzw. die »nachträgliche Rationalisierung der Vernichtungspolitik beim Wort nimmt«, die von SS-Schergen wie Otto Ohlendorf formuliert wurde (Hebauf 2023, 12). »Die Behauptung, Täter hätten sich vor allem in einer Art Gefahrenabwehr gesehen, müsste noch gegen den Forschungsstand durchgesetzt werden«, schreibt Malinowski. »Die Krankenmorde im Rahmen der T4-Aktion, die Ermordung der Sinti und Roma, die Jagd auf jüdische Kleinkinder auf Rhodos, in Amsterdam oder Bordeaux, ihr Transport quer durch Europa an Orte, deren einziger Zweck in der Ermordung der größtmöglichen Zahl einzelner Menschengruppen bestand, die Entkoppelung der Mordprozesse von militärischer und ökonomischer Logik – all das lässt sich damit nicht verbinden« (Malinowski 2023). Hebauf betont dabei zu Recht, dass, anders als Moses' Konzentration auf solche Rationalisierungen nahelegt, sowohl die Art der NS-Kriegsführung im Osten als auch die allen ökonomischen und kriegsstrategischen Zwecken zuwiderlaufende Vernichtung der Juden jede stabile Form eines Ausbeutungs- oder Siedlerkolonialismus konterkarierten. Da die Juden trotz massiven Arbeitskräftemangels vernichtet, die eroberten ›Ostgebiete‹ unter anderem im Kontext der Blitzkrieg-Ambitionen systematisch ausgeraubt und viele ›slawische‹ Arbeitskräfte in die deutsche Rüstungsindustrie des Reiches ver-

der Annahme Ernst Noltes trägt, Auschwitz sei eine Reaktion Hitlers auf den Gulag und eine Art Präventivmord in der Furcht vor der jüdisch-bolschewistischen Gefahr gewesen, zumal sowohl Nolte als auch Moses dabei vermeintliche empirische Belege aufführten (eine angebliche Kriegserklärung des Judentums gegen die Nazis bei Nolte, bolschewistische Funktionäre jüdischer Herkunft bei Moses), die plausibilisieren sollen, dass es einen ›rationalen Kern‹ der vermeintlich antikolonialen Affekte der Nazis gab (vgl. Klävers 2022, 35). Auch Steinbacher nennt die These vom Holocaust als subalternem Genozid eine »nach Nolte müffelnde These« (Steinbacher 2022, 66). Zur Kritik an der Idee Noltes vom Holocaust als »Präventivmord« vgl. u.a. Wehler 1988, 100ff.

schleppt wurden, ignoriere Moses' Konzept der ›permanenten Sicherheit‹ »jede Differenz zwischen Gewalt, die zur realen Sicherung eines permanenten kolonialen Ausbeutungssystems beiträgt und Gewalt, die ein solches auf Dauer gestelltes koloniales Ausbeutungssystem von Anfang an selbst unterläuft und verunmöglicht.« (Hebauf 2023, 12)[128] Das Scheitern der Siedlungspläne, die Leerung des ›Ostraumes‹ von ausbeutbaren Arbeitskräften und das Verheizen der ›arischen‹ Bevölkerung im totalen Krieg zeigten an, dass auch Ideen permanenter oder präventiver Sicherung im Kontext von Siedler-Kolonialherrschaft nicht der »Fluchtpunkt der NS-Politik« gewesen wären (17). Dies seien vielmehr die Shoah und der Krieg als apokalyptischer Endkampf gegen den ›jüdischen Bolschewismus‹ gewesen.

3.5. Antirassistischer Aktivismus ohne jüdische Störenfriede

Politisch fügt sich die Praxis der ›progressiven multidirektionalen‹ Verknüpfung von Antisemitismus/Rassismus bzw. Shoah/Kolonialismus in die Hervorhebung des gemeinsamen Gegners der Opfer beider Ideologien und Verbrechen ein: Für die USA stellt Rothberg fest, »dass diese verschiedenen Formen [Antisemitismus/Rassismus] in der gegenwärtigen (und historischen) weißen Vorherrschaft konvergieren« [129] * (Rothberg/Cheyette 2019, 30). Das ist nicht ganz falsch. Was dabei aber verharmlost wird, ist das zum Teil überproportionale Ausmaß an Judenhass und israelbezogenem Antisemitismus in schwarzen Communi-

128 Ein weiterer Faktor, der jede stabile Kolonial-Ambition konterkarierte, war der völkisch-nationalistische Primat deutscher Besatzungspolitik, der selbst Ideen ›großgermanisch-rassischer‹ oder faschistisch-politischer Bündnispolitik zuwiderlief. Vgl. dazu instruktiv: Herbert 2021, Kap. 7.

129 »that these different forms converge in contemporary (and historical) white supremacy«.

tys in den USA[130] sowie in muslimischen und linken Kontexten.[131] Zwar gesteht Rothberg im Stile eines Lippenbekenntnisses zu, dass solche Phänomene existieren, er hält sie aber für »ein relativ marginales Phänomen in den westlichen Demokratien, das zu politischen Zwecken tendenziell übertrieben wird«[132]* (35) – der irreführende Hinweis auf die deutsche Polizeistatistik über antisemitische Straftaten[133] darf als vermeintlicher Beleg nicht fehlen. Es zeigt sich so, dass die ›progressive‹ Verflechtung von Antisemitismus- und Rassismuserfahrungen in dieser Version dazu führt, ein volkspädagogisch getrübtes Bild der Realität zu produzieren und letztlich die Gefahr, die für Juden von Akteuren jenseits des gemeinsamen Gegners ›deutsche Dominanzkultur‹ oder ›US-White Supremacy‹ ausgeht, herunterzuspielen. Die spezifischen Erfahrungen von Juden werden dabei gerade nicht berücksichtigt und – im besten Falle unwillentlich – einer antirassistischen gegenhegemonialen Strategie geopfert.[134]

Welche fragwürdigen Konsequenzen dieser ganze Diskurs hat, davon geben auch Aleida Assmann, prominente Kritikerin des angeblich provinziellen deutschen Erinnerungsdiskurses, und Felix Axster sowie Juliane Wetzel, beide Mitarbeiter des Zen-

130 Vgl. Anti-Defamation League 2016, 16, Hersh/Royden 2021, 19ff.
131 Vgl. Jikeli 2015, Jikeli 2020a.
132 »relatively marginal phenomenon in Western democracies that tends to be exaggerated for political purposes«.
133 Zur Fragwürdigkeit der bisherigen Statistik über politisch motivierte Kriminalität vgl. Funkschmidt 2018/2024, Frank 2019, Hammel 2024. Ungelöste (also die Mehrheit der) Fälle, wurden bisher automatisch der Kategorie pmK rechts zugeordnet, ebenso das Zeigen oder Verwenden von NS-Symbolen. Botsch (2021) meint, dies sorge allenfalls für leichte Verzerrungen. Ein triftiges Argument dafür bleibt er aber m.E. schuldig. Er kann lediglich zeigen, dass die Wahrnehmung der jüdischen Betroffenen und der Phänomenbereich der antisemitischen Straftaten nicht kongruent sind. Wie falsch die These von der Marginalität des muslimischen Antisemitismus in europäischen Staaten ist, zeigt Jikeli 2020a, 114-125.
134 Vgl. Danzig 2020.

trums für Antisemitismusforschung, einen Vorgeschmack. Sie alle sind Teil jener »aktivistischen Sozialwissenschaften«, in denen Balázs Berkovits zufolge »der explizite oder implizite Aufruf zur politischen Aktion die theoretische Reflexion weitgehend verdrängt«. Hier, so Berkovits »steuert die Politik [...] deren Methodologie und legt ihre empirischen Befunde in erheblichem Maße vorab fest.« (Berkovits 2022, 520f.) So will Assmann wissenschaftliche Begriffe den politischen Bedürfnissen einer Volkspädagogikgemeinschaft anpassen und fordert als Konsequenz multidirektionaler, empathischer Erinnerungspolitik einen ›inklusiven‹ Antisemitismusbegriff, das heißt, wie ihre diskursiven Interventionen belegen[135], einen, der den Antisemitismus der Linken und der Subalternen ausblendet oder verharmlost: Es gehe darum, »den Blick auf den Holocaust und die deutsche Identität zu erweitern. Dafür brauchen wir einen Antisemitismusbegriff, der uns nicht trennt, sondern zusammenführt und stärkt im entschlossenen Kampf gegen Judenhass, Rassismus, Fremdenfeindlichkeit und Islamophobie.« (Assmann 2020)[136] Es geht dabei weniger darum, eine problematische deutsche Erinnerungspolitik zu kritisieren – eher ist eine Verschärfung ihrer fragwürdigsten Aspekte zu konstatieren. Holocaust und Antisemitismus werden nicht nur für einen »rassismuskritische[n] Aktivismus« (Rothberg/Zimmerer 2021, 59) instrumentalisiert, der das Ausmaß und die Flexibilität des antisemitischen Hasses ausblendet, sprich: islamische und linke Juden- und Israelfeinde verharmlost oder gar im Bündnis mit ihnen agiert, und dem dabei nichts anderes einfällt als von der rechtspopulistischen oder

135 Vgl. z.B. jüngst ihren grotesken Artikel im antizionistischen Organ *Geschichte der Gegenwart* (Assmann 2024). Mehr dazu in den Abschnitten *Postmodernes Jew-Splitting* und *Der Mythos der friedlichen Koexistenz* im nächsten Kapitel.

136 Zur Kritik an Assmann vgl. Machunsky 2021 und Chervel 2021. Zum pseudowissenschaftlichen Charakter des sowohl von Assmann als auch von Rothberg verwendeten »Islamophobie«-Begriffs vgl. Heinisch/Scholz 2012, 17-28, Salzborn/Kahlweiß 2012, Pfahl-Traughber 2020.

neonazistischen Gefahr als der ›eigentlichen‹ Bedrohung für Juden zu reden.

Das »Wehret den Anfängen« wird im Kontext eines grotesk verzerrt wahrgenommenen arabisch-israelischen Konflikts zudem zur »sozialarbeiterischen Ermächtigung der Deutschen […], ihre Opfer davon abzuhalten, rückfällig zu werden« (Geisel 1992, 102), wie Eike Geisel dieses Manöver einst sarkastisch kommentierte. Das klingt dann zum Beispiel so: »Die unverbrüchliche Verantwortung für die [deutsche] Geschichte und die klare Kritik an der [israelischen] Gegenwart gehen jetzt Hand in Hand. […] Denn die Verständigung zwischen den Völkern, für die sich [Sigmar] Gabriel zuständig fühlt, umfasst eben auch die zwischen Juden und Palästinensern.« (Augstein 2017)[137] Felix Axster stellt in einem an Rothbergs Konzeption anknüpfenden Artikel über Probleme der deutschen Erinnerungskultur die Institution des Antisemitismusbeauftragten der Bundesregierung infrage. Er fragt angesichts »gemischter Migrationsgesellschaften«, ob »die Hervorhebung der Bedeutung von Antisemitismus im Verhältnis zu Rassismus, die in dieser Institution [des Antisemitismusbeauftragten] angelegt ist und aus der Geschichte des Holocaust beziehungsweise der Erinnerung an die Judenvernichtung im Land der Täter resultiert, noch zeitgemäß« sei (Axster 2020) – nicht etwa fordert er einen zusätzlichen Rassismusbeauftragten oder Ähnliches. Man mag über die Effektivität solcher staatlicher Posten streiten. Unstrittig aber ist, dass der gegenwärtige Amtsinhaber Felix Klein in einer Zeit zunehmender antisemitischer Gewalt und Propaganda unterschiedlichster Couleur, durchaus Impulse in der Öffentlichkeit setzt. Es ist wichtiger denn je, mittels solcher Institutionen auf das enorme Ausmaß der antisemitischen Bedrohung und deren Besonderheit hinzuweisen, eine Besonderheit, die bis in gebildete Kreise hinein offensichtlich kaum bekannt ist oder aggressiv geleugnet wird. Und es ist mehr als befremdlich, von einem Mitarbeiter

137 Die Wörter in eckigen Klammern sind von mir eingefügt, aber von Augstein in diesem Zusammenhang gemeint.

eines Zentrums für Antisemitismusforschung die ›kritische Frage‹ zu hören, ob man eine solche Stelle nicht eher abschaffen solle, weil sie Migranten eine Opferkonkurrenz suggerieren würde.[138] Offenbar ist es für Axster kein Problem, in seinem Artikel einerseits die Spezifik des Antisemitismus im Vergleich zum Rassismus zu betonen, andererseits aber zu fordern, Antisemitismus auf der Ebene seiner institutionellen Bekämpfung in einem unspezifischen Kampf gegen Rassismus untergehen zu lassen – man kann darin die Fallstricke einer multidirektionalen Erinnerungspolitik erkennen.

Zudem ist es gerade in einer Migrationsgesellschaft notwendig, ohne den Antisemitismus der ›autochtonen‹ Bevölkerung zu ignorieren, auch auf den Antisemitismus von Migranten hinzuweisen, die teilweise aus politischen Kulturen kommen, in denen der Hass auf Israel und Juden offiziell gepredigt wird.[139] Gegen diese Notwendigkeit argumentiert Juliane Wetzel ganz im Stile der bisher dargestellten Debatte: Sie meint, »die Präsenz der Erinnerung an den Holocaust im öffentlichen Diskurs« der Bundesrepublik hinterlasse »bei den Muslimen mit Migrationshintergrund den berechtigten Eindruck […], die Thematisierung der postkolonialen Verfolgungsgeschichte der eigenen Familien würde weitgehend ausgeblendet« (Wetzel 2009, 57f.).[140] Matthias Küntzel fragt an dieser Stelle zu Recht, welche postkoloniale Verfolgungsgeschichte beispielsweise bei deutsch-türki-

138 Zur Kritik an der Thematisierung des migrantischen und insbesondere islamischen Antisemitismus durch das Zentrum für Antisemitismusforschung vgl. Küntzel 2020.
139 Vgl. Jikeli 2020b.
140 Was Wetzel mit »Präsenz« genau meint, bleibt an dieser Stelle unklar. Es wird aber der Eindruck erweckt, dass die »Erinnerung an den Holocaust« mit Rekurs auf die Herkunft von Migranten, wenn nicht beendet, so doch ihrer Zentralität beraubt werden soll. Warum man nicht einfach eine stärkere Berücksichtigung kolonialer Geschichte fordern kann, ohne die zentrale Bedeutung des Holocaust infrage zu stellen, bleibt das Geheimnis der hier zitierten Autorinnen und Autoren.

schen Muslimen gemeint sein könnte.[141] Aber unabhängig davon: Warum Wetzel migrantische Jugendliche lediglich als Vertreter ›ihrer‹ Kultur in den Blick nimmt und nicht als urteilsfähige Individuen, die die Besonderheit des Menschheitsverbrechens der Shoah (und damit auch dessen zentrale Rolle in der Erinnerungskultur) ganz unabhängig von ihrer Herkunft einsehen können, bleibt unklar. Dass die Rolle, die traditionelle islamische Judenfeindlichkeit, arabische Pogrome gegen den Jischuw und islamische Kollaborateure während des NS gespielt haben, ebenso wie die erhebliche Judenfeindlichkeit, die sich in der islamischen Welt im Kampf gegen Israel zeigte und zeigt, im öffentlichen Diskurs der Bundesrepublik durchaus erwähnenswert sind, scheint für Wetzel an dieser Stelle ebenfalls nicht von Belang zu sein. Gegen diese Tendenz weist Küntzel darauf hin, dass »die Forderung, ausgerechnet arabische und türkische Migranten mit der Realität der Shoah *nicht* zu konfrontieren, [...] den mentalen Ausnahmezustand der arabischen Welt, was Hitlerverehrung, Holocaustleugnung und Antisemitismus anbelangt, auf europäischem Boden verlängern« würde (Küntzel 2019, 161).

Der instrumentalisierende Rekurs auf die ›postmigrantische Gesellschaft‹ hilft aber nicht nur bei der multikulturellen Drapierung der eigenen Israelfeindschaft, wie Ali Tonguç Ertuğrul, Sabri Deniz Martin und Vojin Saša Vukadinović (2021) treffend festgestellt haben, er führt in Deutschland auch zu einer seit 1945 ebenso begehrten wie von der klassischen Rechten nicht zu erlangenden »Normalisierung« (Reinhard 2022) des historischen Selbstbildes. Das hat auch die radikale Rechte selbst bemerkt, weshalb die Texte von A. Dirk Moses und Wolfgang Reinhard nicht nur kaum noch von Beiträgen aus der *Sezession* zu unterscheiden sind, sondern Moses' »[p]ostkoloniale Angriffe auf den ›Auschwitz-Mythos‹« (Sellner 2021) ebendort sogar in

141 Vgl. Küntzel 2019, 160.

höchsten Tönen gelobt werden. Die Protagonisten des postkolonialen Schlussstrichs bringen gegen diese Nähe zwar nicht ganz zu Unrecht immer wieder vor, es gehe ihnen im Gegensatz zur Rechten nicht um Nationalismus oder eine Entlastung von Schuld und man sei zudem solidarisch mit den Kolonisierten. Das verkennt allerdings zum einen, dass Antikolonialismus generell und die Liebe zu den antiwestlichen und antijüdischen islamischen Kräften im Nahen Osten im Besonderen von jeher eine Schnittmenge zwischen linker und rechter ›antiimperialistischer‹ Ideologie waren[142] und dass nicht nur der rechte, sondern in aller Regel auch der linke Antiimperialismus vollkommen selektiv war, ob nun die Expansion eines totalitären Systems wie der Sowjetunion von Leninisten als Menschheitsbefreiung gefeiert wurde, selbst Regime wie die Putins, Xi Jinpings und der iranischen Mullahs mit größter Sympathie betrachtet oder zumindest als Bündnispartner in Betracht gezogen werden oder das Osmanische Reich postkolonialen Autoren wie Said in Werken über den ›Orientalismus‹ gerade mal einen unkritischen Halbsatz wert ist. Zum anderen führt die Einreihung des Holocaust in ein globalgeschichtliches Kolonialismus-Panorama, also der von Moses propagierte Versuch, »to integrate it into the continuum of German and European imperial history« (Moses 2021b), wie Natan Sznaider feststellt, zwar »kaum« zu einer »Befreiung von Schuld [...]. Trotzdem verbirgt sich eine andere Schuld hinter der These, nicht mehr die ausschließliche Schuld der Deutschen als Deutsche, also kein deutscher Sonderweg, sondern Deutschland als ›normales‹ europäisches Land, das durch seine Einbettung in Europa des europäischen Kolonialismus schuldig geworden ist.« (Sznaider 2022, 193)[143]

142 Vgl. u.a. Kistenmacher 2016, Kap. 5, Herf 2019, Motadel 2019, Weber 2020, 226f., 240, 243.
143 Man muss übrigens kein Anhänger der Sonderwegsthese sein, wie Sznaider suggeriert, um eine Spezifik der Shoah festzustellen. Allerdings ist die Tatsache, dass zumindest bis zur ersten Hälfte des 20. Jahr-

Dass die vermeintlichen Vertreter der Stimmen der kolonial Unterdrückten und Ermordeten sich stets an der Holocausterinnerung, der Singularitätsthese und ihrer angeblichen bösartigen Instrumentalisierung durch ›Lobbys‹, ›Diasporagruppen‹, ›Antideutsche‹ und ›gewisse Nationalstaaten‹ abarbeiten, statt einfach größere Aufmerksamkeit für Rassismus und Kolonialverbrechen zu fordern, zeigt, welch aggressiv antizionistischen geschichtspolitischen Resonanzraum die meist volkspädagogisch harmlos daherkommenden Ausführungen Rothbergs haben. Ins Extrem wird diese Tendenz von Autoren wie Avraham Burg, Omri Boehm, Alain Badiou oder Marc H. Ellis getrieben, die lediglich in unterschiedlicher Diktion fordern, der Holocaust müsse in einem bestimmten Sinn »vergessen« (Badiou 2011, 214, eigene Übers.) oder »Auschwitz [müsse] beendet« (Ellis 1994, eigene Übers.) werden, um Frieden in Nahost zu schaffen und die angebliche israelische Selbstprivilegierung als ›Opfer schlechthin‹ hinter sich zu lassen. Auch Wolfgang Reinhard paraphrasiert zustimmend, »dass die Holocaust-Obsession die Gegenwart und Zukunft Israels blockiere und Vergessen besser wäre« (Reinhard 2022). Die Wahrnehmung, über die Spezifik des Holocaust gebe es in den Sozial- und Geisteswissenschaften einen weitgehenden Konsens, ist dabei bestenfalls eine Illusion, schlimmstenfalls dient sie dazu, eine Definitionsmacht zu phantasieren, gegen die man dann ›mutig‹ im Stile einer konformistischen Rebellion als Kämpfer gegen ›die zionistischen Lobbys‹ aufbegehren kann – der geradezu wahnhafte Zug, mit dem angesehene Wissenschaftler und Journalisten zum Beispiel ein ›Vergleichstabu‹ in Bezug auf den Holocaust unterstellen, spricht Bände. Die Funktion der Holocaustrelativierung, die einst die Totalitarismustheorie und der Faschismus-/Imperialis-

hunderts nur in Deutschland ein konsequenter und das heißt apokalyptisch-eliminatorischer Antisemitismus zur Staatsraison wurde, etwas, das man in Rechnung stellen muss.

mus-Diskurs wahrnahmen[144], wird heute im Wesentlichen von den Postcolonial Studies übernommen. Diese können grundlegende Motive der vorherigen, den Holocaust einebnenden Strömungen aufnehmen und kombinieren. So kann das antiimperialistische Weltbild[145] von den autochtonen, homogenen Opfervölkern und den westlichen, finanzkapitalistischen Kolonialherren in flexibler Weise mit postmodern im Duktus von Agamben oder Foucault artikulierten totalitarismustheoretischen Formeln von der ›epistemischen Gewalt‹ des westlichen Denkens oder der ›biopolitischen Staatlichkeit‹ überhaupt synthetisiert werden.

144 Vgl. dazu Berg 2004, Kap. 4. Völlig zu Recht betont Martin Schulze Wessel für den deutschen Kontext: »[D]ie Linke in der alten Bundesrepublik stellte den Zusammenhang zwischen Kolonialismus und den NS-Verbrechen fast immer her, wenn sie gegen Imperialismus oder Rassismus demonstrierte.« Nicht selten waren diese Bezüge schief und geschichtsklitternd – Schulze Wessel selbst erwähnt den Slogan »USA-SA-SS« bei den Vietnamkriegsprotesten. »Die Einordnung der deutschen Verbrechen einschließlich des Holocaust in die Paradigmen von Imperialismus und Kolonialismus«, so der Historiker weiter, »ist eine alte Geschichte, keineswegs stellt sie ein Phänomen der globalisierten jüngsten Zeitgeschichte dar.« (Schulze Wessel 2021, 23)
145 Vgl. dazu Haury 1992, 138-141.

4

Dämonisierung Israels

Wer keinen Begriff von Antisemitismus hat und die Spezifik der Shoah einebnet, kann – mindestens – auch keine Sensibilität für die Notwendigkeit des Zionismus und des jüdischen Staates entwickeln. Ob nun antirassistische und antiimperialistische Motive eine Ermöglichungsbedingung für Israelfeindschaft sind[1] oder sich ein genuin antisemitisches Ressentiment antirassistischer und antiimperialistischer Motive bedient:[2] So oder so gehört es bei vielen Protagonisten des akademischen Antirassismus zum guten Ton, von der Leugnung des »exceptionalism of this particular holocaust« zum Frontalangriff auf das »Zionist narrative« (Bakan 2014, 262) und den Staat Israel als jüdischen Staat überzugehen – organisatorisch vorzugsweise, wenn auch nicht immer, im Rahmen der Kampagne *Boycott, Divestment, Sanctions* (BDS). Ich werde im Folgenden zunächst zeigen, wie sich eine feindselige Haltung gegenüber Juden, die sich angesichts der Erfahrungen des 20. Jahrhunderts nicht mehr naiv auf das Wohlwollen ›der Anderen‹ verlassen wollen, aus postmodernen Theorieelementen speist. Anschließend wird die Dämonisierung Israels im postkolonialen Diskurs näher betrachtet.

1 So würde wohl Haury 1992 argumentieren.
2 So Gansinger 2020, 426ff.

4.1. Postmodernes Jew-Splitting

> »Darum müssen wir von der Wahnvorstellung ablassen, daß wir mit unserer Zerstreuung eine providentielle Mission erfüllen – eine Mission, an welche keiner glaubt, ein Ehrenamt, das wir, aufrichtig gesprochen, gern aufgeben möchten«.
>
> (Leon Pinsker, »Auto-Emanzipation!«, 1882)[3]

Genuin postmoderne Weihen erhalten antijüdische Motive in den Werken des französischen Philosophen Alain Badiou und der amerikanischen Literaturwissenschaftlerin Judith Butler. Ihre Positionen können als Kombination christlicher und modern-judenfeindlicher Motive mit einer poststrukturalistischen Basistheorie verstanden werden, die ein philosemitisches Gewand anlegt – das ist nur auf den ersten Blick paradox. In der vorherrschenden Antisemitismusforschung des deutschsprachigen Raums wurden dazu bisher kaum Aufsätze publiziert, die meisten noch jenseits der etablierten akademischen Kontexte. Auch die Anzahl an Übersetzungen internationaler Beiträge zum Thema ist überschaubar.[4] Worum geht es bei dieser Variante der progressiven Reartikulation der ›Judenfrage‹?

Postmoderne Theorien kritisieren die Idee souveräner, autonomer Identität und begrifflicher Bestimmtheit in semantischer, geschlechtlicher, ethischer oder politischer Hinsicht. Sie unterstellen (zu Unrecht), die Gedanken der Identität, Autonomie, Normierung und begrifflichen Bestimmung bedeuteten a) per se Ausschluss oder Repression des Besonderen, Uneindeutigen und Ambivalenten; b) sie repräsentierten den Versuch der Verleugnung konstitutiver Bezogenheit auf den Anderen und eige-

3 Pinsker 1917, 23f.

4 Zum Überblick vgl. Elbe 2023. Die umfangreicheren Arbeiten von Trom (2007), Marty (2015), Hirsh (2018), Nelson (2019), Chaouat (2020) und Bernstein (2022) oder die Aufsätze von Berkovits waren (mit der Ausnahme zweier kurzer Artikel) bis Ende 2023 nicht auf Deutsch erhältlich, eine Übersetzung von Chaouat ist für 2024 angekündigt.

ner Verletzbarkeit; sowie c) sie stellten den unmöglichen Versuch dar, Homogenität und Sicherheit zu erlangen, der damit d) zur gewaltförmigen Abspaltung eigener Abhängigkeit und zum Versuch der Beherrschung oder Vernichtung des Anderen als Bedrohung führe.[5] Vor diesem Hintergrund wird ein an den christlichen Judenhass erinnerndes »Jew-splitting« (Chaouat 2020, xix) betrieben und ein ›anti-identitäres‹ Judentum zum Paradigma der postmodern bejahten »existentielle[n] Unbehaustheit« (Liska 2021, 210) des Menschen stilisiert. Das »Wort ›Jude‹« (Badiou 2011, 158, eigene Übers.) gilt als Inbegriff für Differenz, Unruhe und Bodenlosigkeit, als »paradigm of the erasure or of the overcoming of all predicates« (Chaouat 2020, xxi) oder als Bezeichnung, die für eine Existenz steht, die »subtracted from all predicates« sei (Badiou 2011, 164). Juden werden vom Volk des Buches zum Volk des Textes im dekonstruktivistischen Sinn des »fragmented […] and wandering meaning«, wie Bruno Chaouat kritisch bemerkt (Chaouat 2020, 35). Der ›nichtjüdische und damit wahre Jude‹ ist hier Inbegriff für Fluidität oder Transzendierung aller Grenzen und Bestimmungen. Er steht für Diaspora, Zerstreuung und letztlich Überschreitung der eigenen Identität durch gewaltlose Auslieferung an ›den Anderen‹. »›[M]an kann verjuden‹«, zitiert die Literaturwissenschaftlerin Vivian Liska Paul Celan (Liska 2021, 203) und zeigt, dass dieser ›Verjuden‹ mit dem »›Anderswerden‹« und dem »›[Z]um Ärgernis‹«-Werden (204) als solchem identifiziert, das auch Juden misslingen könne. Diese Idee stehe exemplarisch für eine Aufnahme und Umwertung antisemitischer Topoi, die in postmodernen Kreisen zur Mode geworden seien. Die Idee des die deutsche Volksgemeinschaft bedrohenden ›jüdischen Geistes‹ wird von der Verbindung mit realen Juden abgetrennt (wie schon tendenziell, aber nie vollständig, im Antisemitismus), allegorisiert und positiv besetzt. Vor allem nach 1945, schreibt

5 Zur Kritik postmoderner Bedeutungs- und Subjekttheorien vgl. u.a. Elbe 2021, Frank 1991, 357-364, 395-399, Gruber 2017, Honneth 1994, Kap. 4-6, Tallis 1995, Zima 2016.

Liska, bemühte man sich, »die feindliche Sicht auf das wurzellose, jüdische Volk umzukehren und [...] in der jüdischen Exiltradition eine universell gültige Alternative zur Blut- und Boden-Ideologie und darüber hinaus zu jeglicher nationalistischen Identitätspolitik, ja zu jeder Fixierung einer kollektiven, aber auch individuellen Identität überhaupt [zu] propagieren.« (Liska 2021, 211)

Seltsamerweise werden also zumindest Momente der antisemitischen Feinderklärung, die in den postkolonialen Ansätzen bei der Bestimmung des Antisemitismus meist verfehlt wurden[6], bei der philosemitischen Umdeutung der Motive der Wurzellosigkeit und der Ordnungssubversion wieder eingeholt, als ›jüdisch‹ bezeichnet und affirmiert. Allerdings, selbst wenn in den Bestimmungen des Antisemitismus auf die Motive von Zerstreuung, Geldgier oder Verschwörung hingewiesen wird, bleiben diese Bestimmungen isoliert und meist ohne theoretische Reflexion, vor allem in Bezug auf die Differenz zum Rassismus. Zudem wird die Idee des Wurzellosen oder Exilanten stets, wie bei Agamben oder Badiou, mit dem Fremden und dem Außenseiter generell assoziiert und kann, wie bei Butler, Jasbir Puar oder Achille Mbembe, dann sogar auf ›queere Identitäten‹ und palästinensische Selbstmordattentäter bezogen werden.[7] Insbesondere wird die singuläre Feinderklärung gegenüber den Juden als Figuren des Dritten und Feinden der Völker durch die philosemitische Umdeutung aus den Augen verloren und zu einem zur Kritik befähigenden Exil, zur »Kohabitation« (Butler 2013, 179) mit den Anderen, zur ethischen Situation zwischen Ego und Alter, zur steten Identitätssubversion und -verschiebung oder zu einem metaphysischen Begriff absoluter Willensfreiheit (›Losgerissensein von allem‹) metaphorisiert.

6 Eine partielle Ausnahme stellt der Essay des postmodernen Philosophen Jean-Luc Nancy, »Der ausgeschlossene Jude in uns«, dar (vgl. Nancy 2018). Auch er wendet seine Diagnose allerdings antizionistisch.
7 Vgl. Puar 2007, Mbembe 2011, 85-89; zur Kritik vgl. Nelson 2019, Kap. 6, Gruber 2021/2022.

Diese »Inversion des jüdischen Exils zu einem universellen Seinsmodus« (Liska 2021, 217), zur »›diasporic condition of all beings‹« (Vattimo/Marder, zit. nach Chaouat 2020, 54), steht »für die Affirmation d[…]er Kontamination des Eigenen durch das Andere« (Liska 2021, 204) und wird zur »Metapher positiv aufgefasster Selbstentfremdung« (205). Die Idee der fundamentalontologischen Verfasstheit des Menschen als haltloses, in sich gespaltenes, alle Grenzen verwischendes Wesen sowie seiner Bedeutungsproduktion als stetiger Bedeutungsverschiebung [8] führt, von Badiou ins Politische übersetzt, zur Äquivalenzkette ›Jude = Migrant = Minderheit = (reduktiver) Universalismus = Revolution‹. Agamben mit seiner Auflösung des Juden in der Figur des ›nackten Lebens‹ nicht ganz unähnlich, erfindet Badiou den ›Namen Jude‹ als Bezeichnung für die Opfer staatlichen Unrechts schlechthin und zugleich als Symbol für den universellen Kampf aller Entrechteten gegen diese Unterdrückung: »Der grundlegende Antisemitismus [...] besteht in der Feindseligkeit gegenüber dem Wandern, gegenüber Minderheiten, gegenüber dem Universellen, gegenüber Revolutionen.«[9]* (Badiou 2011, 170) In dieser Metaphorisierung des Judentums und der Romantisierung der Diaspora wird, wie Butler sich affirmativ ausdrückt, »das Exil […] zur Idee des Jüdischen selbst […]. In diesem Sinne heißt Jude ›sein‹, sich von sich selbst zu trennen«. (Butler 2013, 25) Vivian Liska spricht hier zu Recht von der »Verwischung des Unterschieds zwischen Zwangsexil und Kosmopolitismus« (Liska 2021, 214), während die Historikerin Anita Shapira feststellt, dass dabei die Fremdheit und Ausgestoßenheit der Juden im Exil »die Form einer ethisch-theoretischen Gesellschaftskritik annimmt und die tragische, existenzielle Dimension verliert, die sie eigentlich auszeichnete. Der

8 Zur Kritik der postmodernen und proto-postmodernen Hermeneutik des Verstehens als stetes ›Andersverstehen‹ vgl. Elbe 2021d.
9 »The basic anti-Semitism […] consists of hostility to wandering, to minorities, to the universal, to revolutions.«

Jude als Opfer wird zum Ideal.« (Shapira 2016, 896)[10]* Die Zerstreuung der Identität, der konstitutive Bezug auf das Nicht-Jüdische, meint Butler weiter, sei kein »Prädikat unter anderen, das ›Jüdischsein‹ beschreibt« (Butler 2013, 15).

Die Auffassung, dass Juden konstitutiv auf das Nicht-Jüdische verwiesen sind, wird von Butler auf die Spitze getrieben: Sie fühlte sich eigenen Angaben nach von Edward Saids These »beschenkt«, der zufolge Moses der Ägypter das jüdische Volk begründet habe, »was bedeutet, dass das Judentum ohne dieses definierende arabische Element unmöglich ist.« Dies zeige, »dass Juden und Araber für manchen gar keine voneinander zu trennenden Kategorien sind«. Ob diese absurde These nun der Wahrheit entspricht, scheint für Butler irrelevant, weil sie nicht nur die Relativierung »für manchen« einbaut, sondern auch »Skepsis« gegenüber Berufungen auf Ursprünge anmeldet und Saids These nun auf den Status eines ›anregenden‹ »Gedankenexperiment[s]« (41) reduziert. Allerdings wird anschließend gleich mehrfach suggeriert, man habe es hier dennoch mit einer Tatsachenbehauptung zu tun, dass Moses »keinen gelebten Unterschied zwischen Araber und Jude« gekannt habe (42) (ähnlich: 65). Ob Butler schlicht nicht aufgefallen ist, dass die Ägypter zu Moses' Zeiten keine Araber waren, oder sie übersieht, dass ihre These letztlich »die Priorität des Arabischen vor dem Jüdischen« postuliert (Grözinger 2015, 432), ist mir nicht bekannt und für ein Denken, das derart beliebig mit der Wahrheit umgeht, vielleicht auch unerheblich.[11] Es sei jedenfalls das Nichtjüdische, das dem Judentum, »wenn es Sinn hat«, wie Butler ›essentialistisch‹ sagt, diesen Sinn verleiht, und damit »ist es Said, der in einem solchen Moment zum nicht-europäischen Begründer des

10 »takes […] the form of ethical-theoretical social criticism and loses the tragic, existential dimension that in fact chracterized it. The Jew as victim becomes an ideal.«

11 Karl Erich Grözinger spricht in diesem Zusammenhang von einer »fatale[n] Geschichtsklitterung« (Grözinger 2015, 432).

Judentums wird« (Butler 2013, 65). Saids These lautet, dass Moses, der Ägypter ein Araber sei, der das Judentum gegründet habe, und damit ist Said laut Butler der Begründer des Judentums – postmoderne Literaturwissenschaft in Aktion. Die Zerstreuung gilt jedenfalls einerseits als das, was Jüdischsein primär ausmache, was »die Idee des ›Jüdischen‹ als statisches Sein eines ›Subjekts‹ selbst infrage stellt« (15), und andererseits in Gestalt einer »Ethik der Zerstreuung« (39) als Imperativ, sich dem Anderen auszuliefern, dem man immer schon ausgeliefert sei. Dass hier psychoanalytische, ethische und politische Identitätskonzepte wild durcheinandergemixt und treffende Einsichten in psychische und gesellschaftliche Ambivalenzen zu paradoxen antirealistischen Extrempositionen radikalisiert werden, sei nur am Rande erwähnt.

Cary Nelson betont zunächst die Nähe von Butlers Überlegungen zu klassisch judenfeindlichen Motiven: »Wie in einer traditionellen antisemitischen Trope sind die Juden dazu bestimmt, Wanderer zu sein. Butler ist der Ansicht, dass der Zionismus das jüdische Volk in die Irre geführt und es zu Nationalisten gemacht habe, wodurch das grundlegende Wesen des Judentums verzerrt worden sei.«[12]* (Nelson 2019, 74) Chaouat zeigt darüber hinaus, dass die Verbindung des Judentums mit der alle Normen und Ordnungen subvertierenden Nicht-Identität bei Butler und anderen in einem zweifachen Schritt zur Produktion eines »Jew of negation« (Chaouat 2020: xxiv) führt: Zunächst soll der zionistische Jude im Diasporajuden aufgelöst werden, dann soll sich letztlich auch diese jüdische Identität in ihrer Negation im Unbestimmten ›verwirklichen‹, es geht darum »to eliminate Jewish identity« (Samuels 2016, 113).[13] Daher kritisieren auch dezi-

12 »As in a traditional anti-Semitic trope, Jews are meant to be wanderers. Butler believes Zionism has misled the Jewish people and turned them into nationalists, thereby distorting the basic nature of Jewishness.«

13 Vgl. dazu kritisch: Scheit 2020a, 170ff.

dierte Antizionisten und Vertreter eines orthodoxen Diasporajudentums wie Daniel und Jonathan Boyarin diese postmoderne Allegorisierung des Judentums.[14] Es geht Butler dabei um den »Vorrang der Relationalität« vor allen Relata, die nur Effekte der Relationalität selbst sein könnten (Butler 2013, 15) – ein typisch postmoderner ›Antiessentialismus‹, der die absolute Relationalität paradoxerweise doch wieder zur Essenz schlechthin stilisiert und diese im Juden personifiziert: das Wesen (also die Substanz) des (wahren) Juden sei Relationalität ohne Substanz. So betreibt der zionistische Jude auch Badiou zufolge eine »de-essentialization« des ›jüdischen Namens‹ (Badiou 2011, 169) – Israel verdiene den ›Namen jüdisch‹ daher nicht (168f.) und sei ein Land, das einen »process of de-Judaization« hin zu einem »anti-Semitic country« durchlaufe (169).

Während es Butler und Badiou erklärtermaßen um den Bruch mit der angeblich per se repressiven Welt der identitären Bestimmungen geht, wird diese doch vornehmlich am Judentum und an Israel bekämpft. Diese seltsame Fixierung auf das Jüdische ist durch die Tatsache vorentschieden, dass diese Postmodernen »die Juden explizit zu einer Metapher sowohl für das [machen], was das Universelle sein sollte […], als auch für all das, was das Universelle nicht ist.« (Samuels 2016, 115) »In Badious utopischer Fantasie«, so Maurice Samuels weiter, »werden alle Identitätsunterscheidungen, alle Gemeinschaftsbildungen und alle nationalen Zugehörigkeiten überwunden. Er fordert eine extreme Version des Universalismus, in der das abstrakte Individuum frei von allen Festlegungen existiert. Aber in einer Art antisemitischem Exzeptionalismus, der klassischen Operation, bei der Juden mit anderen Maßstäben gemessen werden als andere, ist Israel der einzige Staat, dem Badiou seinen Nationalismus vorwirft, so wie die Juden das einzige Volk sind, das er für seinen Kommunitarismus verantwortlich macht. Badiou

14 Vgl. Boyarin/Boyarin 1993.

spricht ganz offen über diese Ausgrenzung der Juden.«[15]* (Ebd.). Das heißt, den Juden wird, gerade weil ihnen die essentielle Eigenschaft der Zerstreuung angedichtet wird, in Gestalt eines doppelten Standards das fragwürdige Privileg zuteil, aus allen partikularen Existenzformen besonders herausgehoben und kritisiert zu werden, eben weil sie durch den Zionismus und das Festhalten am mosaischen Gesetz ihr eigenes Wesen verraten würden.[16] Der Zionismus wird in diesem Diskurs als jüdische Variante des Antisemitismus präsentiert, weil er die Juden als ›verwurzeltes‹ Volk definiere und angeblich die Wurzellosigkeit der nicht-israelischen Juden kritisiere. Dass viele Juden nach der Erfahrung von Auschwitz nicht mehr schutzlos in der Diaspora leben wollen, wird ihnen als verstockter Nationalismus übelgenommen. Die Feier ›des Diasporischen‹ und die Ernennung schutzloser Juden zur antinationalen progressiven Avantgarde ist in poststrukturalistischen Kreisen häufig anzutreffen. So referiert der postmoderne Anarchist Daniel Loick einen Text von Franz Rosenzweig aus dem Jahr 1921 zustimmend mit den Worten: »Durch die diasporische Existenz außerhalb der von Gewalt durchzogenen Weltgeschichte sind es gerade die Jüdin-

15 »explicitly make[…] the Jews into a metaphor both of what the universal should be […] and of all that the universal is not.« (Samuels 2016, 115) »In Badiou's utopian fantasy all identity distinctions, all community formations, and all national allegiances will be overcome. He calls for an extreme version of universalism in which the abstract individual exists free from all determinations. But, in what amounts to antisemitic exceptionalism, the classic operation whereby Jews are held to a different standard from others, Israel is the only state Badiou blames for its nationalism, just as the Jews are the only people he blames for their *communautarisme*. Badiou is quite open about this singling out of the Jews«.

16 Da Badiou im jüdischen Gesetz die Quelle eines partikularistischen Universalismus sieht, werden auch seine Kritiken am französischen Staat oder am Kapitalismus als falschen Formen des Universalismus letztlich antijüdisch grundiert, meint Samuels (vgl. Samuels 2016, 119f.).

nen und Juden, die eine Erfahrung vorwegnehmen, welche die anderen Völker erst noch erstreben.« (Loick 2017, 583)[17]

Auch Enzo Traverso und Walter Mignolo betten, wie wir bereits gesehen haben, dieses Jew-Splitting in die Geschichte einer »konservativen Wende« des modernen Judentums ein, das den »wichtigste[n] Raum für das kritische Denken der westlichen Welt« verlassen habe und nun in das Herz der weißen, westlichen Dominanzkultur eingedrungen sei: So »finden sich die Juden heute im Zentrum der Dispositive der Herrschaft wieder« (Traverso 2017, 11f.) und werden zu »Constantine Jews« (Mignolo 2009, 87). Diskriminierung wird in solchem Antirassismus durchgehend als machtbasiertes, diskursiv hergestelltes Selbstbild gefasst, das eine dichotome, projektive Konstruktion eines

17 Ähnlich Zizek 2019. Moshe Zuckermann mobilisiert sogar Adornos Kritische Theorie gegen Israel. Interessant ist dabei, wie er Adornos kategorischen Imperativ nach Auschwitz umdeutet, um den Zionismus zu diskreditieren: Dieser Imperativ fordert von den Menschen »im Stande ihrer Unfreiheit«, das »Denken und Handeln so einzurichten, daß Auschwitz nicht sich wiederhole, nichts Ähnliches geschehe« (Adorno 1990, 358). Zuckermann postuliert nun, nach Auschwitz werde »eine Forderung an die Menschen ›im Stande ihrer Unfreiheit‹ erhoben: ihr Denken und Handeln stets gegen mörderische Unterdrückung, gegen die systematische Verursachung von immer neuen Opfern zu richten.« (Zuckermann 2004, 20) Zudem sei das Denken der Kritischen Theorie systematisch mit der Diaspora verbunden, der zufolge das »Individuum […] auf keine Gnade der Gesellschaft hoffen darf, in die er [sic] einwandert«. Das »Diasporische« bedinge einen »positiv gewendeten Impuls zur besseren Einsicht in das Bestehende«, der »ohne die Beibehaltung der diasporischen Verfassung nur schwer denkbar wäre«. (21) Ein israelischer Staat, der sich gewaltsam gegen die versuchte Vernichtung seiner Bürger – z.B. durch arabische Armeen oder islamische Terrorbanden – zur Wehr setzt, produziert Opfer, hat also, folgt man Zuckermanns Umdeutung Adornos, die Lehre aus Auschwitz nicht verstanden. Und ein Jude, der sich nicht lieber von der Gnade einer nichtjüdischen Mehrheitsbevölkerung abhängig machen will, hat es zudem schwer, kritische Theorie zu betreiben, so kann man Zuckermanns zynische Feier der Diaspora zu Ende denken. Zur Kritik an dieser Haltung postmoderner Theoretiker gegenüber dem Judentum vgl. Nelson 2019, Battegay 2020. Zur Mentalität der sog. Postzionisten vgl. kritisch Lozowick 2006, 78-81 sowie Shapira 2016.

minderwertigen ›Anderen‹ beinhalte und die Herrschaft über diesen legitimiere, aus dem dieser ›Andere‹, wenn überhaupt, nur durch Assimilation an die Machtmatrix und die Präsentation eines neuen, analogen ›Anderen‹ entkommen könne.[18] Genau Letzteres unterstellt, ganz im Sinne Badious und Traversos, Abigail Bakan den Juden in Gestalt des Zionismus. Sie spinnt damit das Critical-Whiteness-Konzept vom Weißwerden der Juden in außenpolitischen Kontexten fort: Aschkenasische Juden hätten sich von den Zuschreibungen einer inferioren Rasse befreit und vermittelt über den Zionismus und ihre Herrschaftsfunktion in Israel nun die orientalistischen Zuschreibungen auf die Mizrachim und die Araber übertragen.[19] Israels geopolitische Lage als angeblich westlich-imperialistischer Brückenkopf habe die aschkenasischen Juden also »white[…] by permission« (Bakan 2014, 252) gemacht – eine Mischung aus marxistisch-leninistischem Antiimperialismus und postmoderner Farbenlehre. Juden sind diesem Denken zufolge in den westlichen Staaten nicht nur Teil der weißen herrschenden Klasse, sondern als Zionisten auch Imperialisten geworden. Pascal Bruckner resümiert ironisch: »Mit dem Ende des Antisemitismus trat der Jude der herrschenden Rasse bei (der weißen), mit Israel zog er sich die europäische Krankheit des Nationalismus zu, und damit ist er dahin.« (Bruckner 2020, 99) Dieses ›identitäre‹ Judentum wird nun zum Inbegriff von Partikularismus, Archaismus, Subjektbildung durch militante Abspaltung eigener Abhängigkeit und nationaler Verstocktheit. Der ›identitäre Jude‹ errichte Mauern und Zäune um sein Territorium und konstruiere durch Projektion seiner inneren Zerrissenheit einen imaginären Feind – den Palästinenser/Araber, der nun als »the new name of the true

18 Vgl. zu diesem Motiv kritisch: Brüggemann 2019.
19 Dass Juden, in den Augen Europas bis dahin angeblich orientalische ›Barbaren‹, dem zivilisatorischen Diskurs des Westens assimiliert worden seien und nun in Gestalt von weißen jüdischen Metropolenintellektuellen und Israel »against Muslim ›barbarians‹« kämpfen (Omer 2019, 206), behaupten auch Atalia Omer, Gil Anidjar und Santiago Slabodsky.

Jews« (Badiou 2011, 170) gilt. Auch Butler bezieht ihre zwischen Banalität und philosophischem Extremismus schwankenden Überlegungen über ein primäres »Ausgesetztsein« (Butler 2008, 42) des Menschen stets unmittelbar auf alle möglichen konkreten politischen Konstellationen, bevorzugt auf den arabisch-israelischen Konflikt oder den amerikanischen Krieg gegen islamistischen Terror. Wer die eigene Verletzbarkeit und die totale Verflochtenheit im Namen politischer oder individueller Autonomie leugne und die »Angst um das eigene Überleben« durch Gewalt, Kontrolle des Anderen und Grenzziehung zu bewältigen versuche, der begebe sich in eine endlose Spirale der Gewalt und müsse unentwegt »mit der Vernichtung weitermachen« (163).

So entstehe eine ›toxische‹ Identität, die im Falle der Juden vom Zionisten repräsentiert werde, dessen Ideen souveräner Selbstbestimmung und Selbstverteidigung dem ewigen Frieden der postnationalen und multikulturellen Gesellschaften oder einer vagen Utopie des permanenten Unterlaufens jeglicher Bestimmungen im Wege stünden. Diese Gesellschaft der Guten wird dabei als homogener Block der Diversen phantasiert. Ziel ist die projektive Reinigung der Welt vom angeblich ›Reinen‹. Israel, Zionismus und ›identitäres‹ Judentum gelten als Musterbeispiele für Friedens- und Pluralitätshindernisse. So konstatiert Chaouat: »Europa ist ein unbegrenzter, offener Raum, der den ›Namen‹ Jude und Israel als negative Embleme von Grenzen und Begrenzung ausschließt. Daher erscheint der jüdische Staat [...] als der ultimative Anachronismus und das zu überwindende Fossil – nationalistisch, besessen von Grenzen und gefangen in seiner in sich geschlossenen Identität. Als solche müssen Israel und die Juden (zumindest symbolisch) beseitigt werden, um den immerwährenden Frieden zu sichern [...]. Israel und die Juden sind wieder einmal der Sündenbock Europas, aber diesmal nicht als diejenigen, die Traditionen und Grenzen stören, sondern als jene anachronistischen, versteinerten Elemente, die genau die Unterbrechung aller Genealogien und Überlieferungen stören, die ein vermeintlich pazifistisches Europa anstrebt.«[20]* (Chaouat 2020, 8) In ähnlicher Weise diagnostiziert Johannes Becke mit den Worten von Robert Fine den Okzidentalismus westlicher Akteure gegenüber Israel als projektive Abwehr der eigenen partikularistisch-nationalistischen und kolonialistischen Aspekte des Westens: »Für europäische Nicht-Juden hat die Okzidentalisierung Israels als ›Inkarnation der negativen Eigenschaften, die Europa erfolgreich überwunden hat – seine koloniale Vergangenheit, seine ethnischen Spaltungen, seinen institutionalisierten Rassismus, sein Übermaß an Gewalt‹ – die entscheidende Funktion, ein Gefäß bereitzustellen, ›in das Europa all das projizieren kann, was in seiner eigenen Vergangenheit und Gegenwart gewalttätig ist, und das Gute für sich selbst bewahren zu können.‹«[21]* (Becke 2014, 8) Israel wird zu einem ›innerwestlichen Anderen‹.

Exakt in diesem Sinne stellt Badiou die angeblich »wirklich zeitgemäßen […] kosmopolitischen« Staaten, wie er sie nennt, dem »archaischen« Israel entgegen: »Wahrhaft zeitgenössische Staaten sind immer kosmopolitisch und in ihrer identitären Kon-

20 »Europe is an unlimited, open space, that excludes the ›name‹ Jew and Israel as the negative emblems of borders and limitation. Hence the Jewish state […] appears as the ultimate anachronism and fossil to be overcome – nationalist, obsessed with borders and caught up within its self-enclosed identity. As such, Israel and the Jews must be done away with (at least symbolically) to ensure the perpetual peace to come […] Israel and the Jews, once again, are the scapegoat of Europe, but this time not as those who disrupt traditions and borders, but as those anachronistic, fossilized elements, who disrupt the very disruption of all genealogies and transmissions that a would-be pacifist Europe strives to achieve.«

21 »For European non-Jews, the Occidentalization of Israel as ›the incarnation of the negative properties Europe has succeeded in overcoming – its colonial past, its ethnic divisions, its institutionalized racism, its excess of violence‹ – serves the critical function of providing a vessel ›into which Europe can project all that is violent in its own past and present and preserve the good for itself.‹” Eine ähnliche Diagnose stellt Rensmann 2022, 312f. für den Antisemitismus in England.

figuration vollkommen unterschiedlich. Sie gehen von der totalen Kontingenz ihrer historischen Konstitution aus und betrachten diese nur unter der Bedingung als gültig, dass sie nicht unter irgendein rassistisches, religiöses oder ganz allgemein ›kulturelles‹ Prädikat fällt. […] in diesem Punkt […] ist Israel ein Land, dessen Selbstrepräsentation noch archaisch ist.«[22] * (Badiou 2011, 163) Israel beanspruche seiner Ansicht nach durch die Deutung des Holocaust als speziell antisemitisches, also gegen Juden gerichtetes Verbrechen einen absolut unverdienten exzeptionellen Status, ein weltweit einzigartiges Privileg, sich über internationales Recht hinwegzusetzen und einen jüdischen und kolonialen statt eines demokratischen Staates zu etablieren.[23] Der Holocaust muss hier also vom Antisemitismus im klassischen Sinn (nicht im verdrehten Badious) getrennt und ›entsakralisiert‹, die ›Shoah‹ muss zum ›Holocaust‹ oder, wie Badiou sich ausdrückt, am besten »vergessen« (wenn auch nicht verleugnet) werden (»to forget the Holocaust« (214)). Dieses »Vergessen« kann viel bedeuten, im Kontext des arabisch-jüdischen Konflikts suggeriert Badiou jedenfalls, man solle den Holocaust ausblenden, weil es »strictly no relation between the Nazis and the Palestinians« gebe (214) – eine schlichte geschichtsrevisionistische Falschbehauptung.[24] Dass der noch heute verehrte Führer

22 »Truly contemporary states are always cosmopolitan, perfectly distinct in their identitarian configuration. They assume the total contingency of their historical constitution, and regard the latter as valid only on condition that it does not fall under any racialist, religious, or more generally ›cultural‹, predicate. […] on this point […] Israel is a country whose self-representation is still archaic.«

23 Vgl. Badiou 2011, 160, 162.

24 Die deutsche Variante der Aufforderung, den Holocaust im Kontext des arabisch-israelischen Konflikts zu »vergessen«, ist die Parole »›Free Palestine from German guilt‹«, die Aleida Assmann als »durchaus ernst zu nehmen« würdigt (Assmann 2024), weil weder Muslime noch speziell Palästinenser etwas mit dem europäischen Antisemitismus oder dem Holocaust zu tun (gehabt) hätten. Auch erweitert auf Muslime wird die Behauptung nicht wahrer, weil hier unter anderem noch die bosnisch-muslimischen SS-Einheiten oder die Kollaboration

der palästinensischen Nationalbewegung Mohammed Amin al-Husseini, Großmufti von Jerusalem, ein Nazi-Kollaborateur und radikaler Antisemit war, dass Fausi al-Kawukdschi, der Befehlshaber der *Arab Liberation Army*, die seit Ende November 1947 Krieg gegen den Jischuw führte, im NS »muslimische Freiwillige rekrutierte und deutsche Propaganda verbreitete« (Morris 2023, 111), dass sich bei einer Umfrage unter palästinensischen Arabern aus dem Jahr 1941 88 Prozent für Hitlers Deutschland aussprachen[25], dass es der Terror der Bewegung des Muftis war, der die Briten 1939 zum »Weißbuch«-Kurs der weitgehenden Schließung der Tore Palästinas für vor dem NS flüchtende Juden veranlasste, scheint dem Philosophen Badiou entgangen zu sein.[26] Als der ›wahre‹ Jude kann für Badiou in Bezug auf den Holocaust schließlich nur noch der tote Jude einer zum Ausdruck allgemeiner Menschenfeindlichkeit entspezifizierten Vernichtungspraxis gelten, als deren radikalster Protagonist nach Auschwitz ihm der Staat Israel selbst gilt.

irakischer Muslime mit dem NS zu nennen wären, von aktuellen Bezügen islamistischer Agitatoren auf den NS ganz abgesehen. Dass Assmann meint, durch schlichte Auslassung dieser Fakten und die Nennung des Beispiels Albanien als während des NS projüdisches, angeblich gerade *weil muslimisches* Land, den islamischen Antisemitismus verharmlosen zu können, ist wirklich ein nur noch hilflos zu nennender Versuch offener Apologetik.

25 Vgl. Cohen 2008, 175, Morris 2023, 53f.

26 Zu den Verbindungen des Führers der palästinensischen Nationalbewegung Amin al-Husseini mit dem Nationalsozialismus und seiner Kollaboration im Holocaust sowie zu weiteren deutsch-arabischen Kollaborationen vgl. u.v.a. Mallmann/Cüppers 2011, Karsh 2011, 62-66, Motadel 2017. Zum aktuellen Stand der Forschung bezüglich der Rolle al-Husseinis in der Shoah vgl. Michman 2017. Zur Tatsache, dass der arabisch-palästinensische Terror und die britische Appeasement-Politik in Gestalt des Weißbuch-Kurses ausgerechnet ab 1939 die Tore Palästinas für jüdische Flüchtlinge aus Europa weitgehend geschlossen haben und damit eine weitere indirekte kausale Relation zum Holocaust besteht, vgl. Lozowick 2007, 107f., Karsh 2011, 57ff., Morris 2023, 52f. Zur Verbreitung des modernen Antisemitismus im arabisch-muslimischen Raum insgesamt vgl. Wistrich 1987, Wistrich 2012, Bauer 2018, Küntzel 2019, Rickenbacher 2020.

Wie im klassisch-modernen Antisemitismus der Jude, so erscheint im postkolonialen nun der jüdische Staat als weltweit einzigartig privilegierter und sich gegen alle Menschlichkeit (in Gestalt von Völkerrecht und Menschenrechten) feindlich verhaltender. Wie im christlichen Antijudaismus erscheinen statt des Judentums nun der jüdische Staat und der zionistische Jude als sich der universellen Botschaft verschließende, verstockte Archaismen. Postmoderne, so Vivian Liska, formulieren damit »aus christlichen Substitutionstheologien stammende[…], nunmehr jedoch explizit atheistisch gewendete[…] Vorstellungen vom Judentum« (Liska 2021, 223), was zur Vereinigung eines »neuen Antizionismus mit einem alten Antijudaismus in säkularem Gewand« (225) führe. Auch Chaouat identifiziert eine säkularisierte neopaulinische Verdrängungstheologie[27], die einen neuen Konversionszwang gegenüber den Juden etabliere. Im Christentum sei das Judentum in ein ›geistiges‹ und ein ›fleischliches Judentum‹ aufgespalten worden, wobei das ›geistige‹ jüdisch-biblische Erbe immer schon als Christentum *avant la lettre* gegolten hätte, die realen Juden hingegen als am Buchstaben klebende, verstocke, partikularistische Menschenfeinde, die ihre Propheten töteten und den Sinn ihrer auf Jesus Christus verweisenden Schrift nicht verstünden.[28] Die postmoderne Lehre befürworte nun »die paulinische Unterscheidung zwischen Buchstabe und Geist, Gesetz und Glaube. Die Dialektik des Paulus begründet das Christentum, indem sie den Juden entweder als virtuellen Christen oder als Fossil definiert«[29]* (Chaouat 2020, 46). Die Postmoderne habe damit ihre »own anti-Semitic Christian heritage« (147), der zufolge als guter Jude nun derjenige gelte, der seine Identität in der Demütigung lebt oder sich

27 Vgl. auch Efraim Sicher, der feststellt: »Contemporary postcolonial discourse in some ways replicates the hostility familiar from Christian replacement theology« (Sicher 2011, 4).
28 Vgl. dazu: Nirenberg, 2015, 64-67.
29 »the Pauline distinction between letter and spirit, law and faith. Paul's dialectics founded Christianity by defining the Jew either as virtual Christian or as fossil«

zur Konversion entscheidet (eben der Jude als »Jew of negation« (xxiv)). Dabei wird diese Konversion zugleich als wahres Judentum verstanden, das aber gerade in der Negation jüdischer Identität und Partikularität hin auf das Allgemeinmenschliche bzw. eher: das Unbestimmte bestehe (denn es geht der Postmoderne ja um den Kampf gegen die »Diktatur der Bestimmungen« (»dictatorship of predicates«) an sich (Badiou 2011, 166)), so wie einst das Christentum als wahres Judentum gegolten hätte. Jüdische Existenz ist demnach nur dann kein ›Problem‹, das eine ›Judenfrage‹ aufwirft, wenn die Juden ›konvertieren‹, oder, wie Badiou sich ausdrückt, mit der Idee eines nichtuniversellen Judentums brechen. Dieses Projekt einer Eliminierung des Judentums im Namen des Judentums (mit Paulus als exemplarischem Juden) führt zum Erlösungsantijudaismus im Namen eines globalen »‚neue[n] Palästina‹«, von dem Badiou träumt (Liska 2021, 226).

4.2. Der Teufel der säkularen Staatenwelt

> »In ihren bösartigen und übelwollenden Unterstellungen machten die [...] Antisemiten ›den Juden‹ zum Teufel der säkularen Welt.« (Daniel Goldhagen[30])

Die Dämonisierung und das *Singling Out* der jüdischen Nationalbewegung sind in der Linken nicht neu. Bereits in den 1920/30er Jahren schafften es die KPD und die Kommunistische Internationale, den Zionismus als faschistische Bewegung zu diffamieren, während sie reaktionäre ethnozentrische oder gar islamistische Akteure der arabischen Seite teilweise als antiimperialistische Kräfte betrachteten und deren Ideologien als Befreiungsnationalismen affirmierten.[31] Diese Strategie setzte sich

30 Goldhagen 1998, 91.

31 Vgl. dazu ausführlich: Kistenmacher 2016, Kapitel 5 und Grigat 2014, 63-87.

dann seit Anfang der 1950er Jahre als staatsoffizielle Doktrin des Realsozialismus durch[32] und führte zur massiven Aufrüstung der auf die Vernichtung Israels abzielenden antisemitischen Regime in Syrien sowie Ägypten[33]; und auch die Zusammenarbeit mit rechtsnationalen Antisemiten im eigenen Land wurde in der Sowjetunion nicht gescheut.[34] Es war dabei die perfide Strategie des Ostblocks, Israels existentielle Bedrohung durchgängig zu leugnen, es als imperialistisch-rassistischen Aggressor, gar als Gefahr für den Weltfrieden zu dämonisieren und zugleich die schlimmsten Feinde des jüdischen Staates zu unterstützen.[35] Spätestens seit 1967, dem Jahr des Sechstagekrieges, in dem Israel die 1948 von Ägypten und Jordanien besetzten bzw. annektierten Gebiete eroberte, schwenkte auch die westliche Linke in großen Teilen auf einen antisemitischen Antizionismus um. Das Ausmaß an grenzenlosem Hass, Geschichtsklitterung und Dämonisierung, die der jüdische Staat von der Linken über sich ergehen lassen musste, ist dabei immer wieder erschreckend.[36] Die Motive dieses Diskurses über Israel sind vom konkreten Handeln der jeweiligen israelischen Regierungen weitestgehend entkoppelt und gleichen sich also, egal, ob es in Israel eine linke, liberale oder rechte Koalition gibt. Diese Dämonisierungen sind daher auch nicht mit einer Kritik an rechtsreligiösen Tendenzen in Israel zu verwechseln – einer Kritik, die im liberal- bzw. linkszionistischen Lager seit Jahrzehnten deutlich geäußert wird.[37] Die postkolonialen Studien beerben den antiimperialistischen Diskurs der traditionellen Linken relativ bruchlos[38] und subsumieren den Zionismus in der Regel ohne Weiteres unter einen weißen Siedler-Kolonialismus.

32 Vgl. dazu u.a. Wistrich 1985, 344-379, Poliakov 1992, Poliakov 2022, Haury 2002.
33 Vgl. dazu Herf 2019.
34 Vgl. dazu Wistrich 1985, 372f., Tabarovsky 2022.
35 Vgl. Herf 2019, 22, 59, 256f., 317, 332f., 342, 483.
36 Vgl. dazu Kloke 1990, Haury 1992, Poliakov 2022, Kap. 4/5.
37 Vgl. u.a. Rubinstein 2001, Kap. 7.
38 Vgl. dazu Salzborn 2018, 98-112.

Israel als Kolonialstaat?

Der Kolonialismus-Vorwurf gegenüber dem Zionismus als solchem[39] ignoriert die Tatsache, dass Juden seit mehr als drei Jahrtausenden durchgehend in dem von den Römern später ›Palästina‹ getauften Gebiet ansässig sind[40] und dass sie eine besondere kulturelle Verbundenheit zu *Eretz Israel* haben. Darüber hinaus richtete sich die ›Zivilisierungsmission‹ des Zionismus vorrangig auf das jüdische Volk selbst – man wollte vor allem einen ›neuen Juden‹ schaffen.[41] Dass Hebräisch dabei zur Landessprache wurde, zeugt kaum von einem eurozentrischen Projekt. Daneben existierte ein ›positiver Orientalismus‹, der Juden und Araber als ›orientalische Brudervölker‹ betrachtete.[42] Ignoriert wird oft, dass die europäischen Juden nicht aus einem kolonialen Mutterland stammten, sondern vielmehr einen Schutz-

39 Es gibt mindestens zwei Strömungen, die den Zionismus als Kolonialismus titulieren, einen »deterministic approach«, der unterstellt, der Zionismus sei intrinsisch kolonialistisch und rassistisch sowie einen situationistischen Ansatz, der die Situation in Gaza und im Westjordanland seit dem Sechstage-Krieg 1967 als kolonialistisch einstuft und als Resultat zunächst nicht kolonialistisch intendierter Kriegsfolgen begreift. Vgl. dazu den (tendenziösen) Text von Sternberg 2016.
40 Vgl. Balke 2013, 29.
41 Vgl. Penslar 2008, 94, 96. Manchmal wird aber auch genau das den Zionisten vorgeworfen, z.B. bei Said 1980, 87f. Man kann es auch anders ausdrücken – das Motto lautet: Egal, was die Juden in Palästina getan haben, es war kolonialistisch. Dies zeigt anhand der Kolonialismusvorwürfe Gershon Shafirs gegenüber den Zionisten auch Berkovits 2022, 538: »Gewiss ist es ziemlich merkwürdig zu behaupten, dass sowohl begrenzte territoriale Ansprüche als auch gesteigerte territoriale Ambitionen Merkmale des Kolonialismus seien, noch dazu jene einer und derselben kolonialen Bewegung, und ebenso zu behaupten, dass sowohl die Ausbeutung der lokalen Arbeitskräfte als auch ihr Gegenteil, die Nichtausbeutung, die zur Trennung der beiden Völker führt, koloniale Kennzeichen seien, die ein Gebilde unzweideutig als kolonial qualifizieren.« Vgl. dazu auch Kirsch 2024.
42 Dieser Gedanke ist zu Beginn des 20. Jahrhunderts bei einer ganzen Reihe von Zionisten zu finden. Vgl. Rubinstein 2000, Kapitel 4.

raum vor ihrer antisemitischen Ausgrenzung sowie der Vernichtungsdrohung suchten und dass auch hunderttausende Juden aus den arabischen Ländern vor ihrer Diskriminierung in diesen Staaten flohen.[43] Ausgeblendet werden des Weiteren die Tatsache der Kompromissbereitschaft der Zionisten hinsichtlich einer Zwei-Staaten-Lösung, die absolute Kompromisslosigkeit der arabischen Seite in dieser Frage[44] und die reale existentielle Bedrohung des jüdischen Gemeinwesens im Nahen Osten. Gegen den Kolonialismus-Vorwurf spricht außerdem, dass der Jischuw seine Unabhängigkeit letztlich *gegen* die britische Mandatsmacht durchsetzen musste[45], die Zionisten sich ursprünglich mit Landkäufen von arabischen Großgrundbesitzern zu teils horrenden Preisen[46] und nicht mit Landraub Territorien verschafften und dass sie zudem in keiner Weise eine ökonomische Ausbeutung der arabischen Bevölkerung zum Ziel hatten.[47] Dass arabische Pächter der ehemaligen Großgrundbesitzer, die nach dem Verkauf und einer Abfindung das Land nicht freiwillig verlassen

43 Vgl. insgesamt zu diesen Punkten: Bareli 2001. Zur Flucht und Vertreibung der Juden aus den arabischen Ländern vgl. Bensoussan 2019, Weinstock 2019, Grigat 2020b. Dass es auch freiwillige Auswanderung arabischer Juden nach Israel gab, wird damit nicht geleugnet.

44 Vgl. Karsh 2011, Kap. 1, Morris 2023, 518ff. Zur Kritik der Legende, Fatah und PLO hätten Israels Existenzrecht tatsächlich anerkannt, vgl. Karsh 2011, 248-257, Yemini 2017, 237ff., Schwartz/Wilf 2022, 172-211 sowie Markl 2021. Eine partielle und temporäre Ausnahme bildete Jordanien zwischen 1946 und Mai 1948, vgl. Morris 2023, 257ff., 261.

45 Vgl. dazu Karsh 2011, 57, 61, 72-76, Yakobson/Rubinstein 2022, 502-512, Morris 2023, 52, 55, 89. Britische Offiziere kämpften 1948 sogar in führenden Positionen der Arabischen Legion Jordaniens gegen Israel.

46 Zu den völlig überhöhten Preisen, die arabische Großgrundbesitzer von jüdischen Organisationen verlangten vgl. Aumann 1972: »In 1944, Jews paid between $1,000 and $1,100 per acre in Palestine, mostly for arid or semi-arid land; in the same year rich black soil in the state of Iowa was selling for about $110 per acre«.

47 Vgl. zur Kritik am Kolonialismus-Vorwurf gegenüber dem Zionismus insgesamt: Bareli 2001, Yakobson/Rubinstein 2010/2022, Friling 2014, Berkovits 2022.

wollten, dabei teilweise auch vertrieben wurden, ist kein Geheimnis.[48] Der durch die Nachfrage bewirkten Verteuerung des Landes bei hohen Einnahmen der arabischen Großgrundbesitzer und der teilweisen Verdrängung arabischer Landarbeiter aufgrund des Prinzips jüdischer Arbeit standen allerdings die Verbesserung der durchschnittlichen Lebensbedingungen der palästinensischen Araber[49] und ein allgemeiner wirtschaftlicher Aufschwung durch die jüdische Besiedlung gegenüber, der zunehmende Migration aus den umliegenden arabischen Staaten mit sich brachte. Große Teile des dem jüdischen Staat im UN-Teilungsplan von 1947 zugedachten Territoriums waren zudem kein arabisches Privateigentum oder schlicht unbesiedelt.[50] Umfangreichere Konfiszierungen arabischer Häuser und Ländereien fanden erst als Konsequenz der panarabischen Invasion 1948 statt.[51] Eine systematische ethnische Säuberung, ein »ethnic cleansing of Palestine«, von dem Abigail Bakan (2014, 259) sowie der gesamte postkoloniale Mainstream sprechen, war zu keinem Zeitpunkt die handlungsleitende politische Agenda der entscheidenden zionistischen Akteure.[52] Auch der komplizierter gelagerte Sachverhalt der Eroberung des Westjordanlandes und des Gaza-Streifens im Zuge des Sechstagekrieges[53] weist zunächst keine klassischen kolonialen Aspekte auf. So schreibt Johannes

48 Vgl. Morris 2001, 37f., 55.

49 Vgl. Karsh 2011, 12ff., für die spätere Entwicklung vgl. Yemini 2017, 146, 151-170.

50 Die Zahlen zur Bezifferung des öffentlichen Anteils des Landeigentums schwanken zwischen 65 und 70%, vgl. Aumann 1972, Yemini 2017, 170f. Zur speziellen Frage der nomadisch lebenden Beduinen in der Negev-Wüste, die keine formellen Eigentumstitel vorweisen konnten, vgl. Yemini 2017, 171f., 287f.

51 Vgl. Morris 2023, 408-414.

52 Vgl. Morris 2009, Yemini 2017, Kap. 2-4. Dass es sich beim »Plan Dalet« nicht um einen solchen Plan der ethnischen Säuberung handelte, belegen Morris 2017, Morris 2023, 168-174 und Karsh 2011, 216ff., 235f., Sabel 2022, 131ff. sowie Schwartz/Wilf 2022, 29. Vgl. auch Teil 4.3.

53 Vgl. dazu u.a. Becke 2014, Markl 2020b.

Becke: »Historisch gesehen […] beruhte der Anspruch auf die Herrschaft über die eroberten Gebiete nicht auf klassischen europäischen Kolonialargumenten, sondern auf ihrem umstrittenen Rechtsstatus nach zwei Jahrzehnten ägyptischer Militärbesetzung (Gazastreifen) und unrechtmäßiger jordanischer Annexion (Westjordanland). In kultureller Hinsicht beruhte der Expansionsprozess nicht auf der Erkundung und Eroberung fremden Landes, sondern auf der Wiederherstellung einer jüdischen Präsenz im Westjordanland 19 Jahre nach der ethnischen Säuberung von dessen jüdischer Bevölkerung. Rechtlich gesehen hat Israel nie seine volle Souveränität über das Gebiet ausgedehnt oder die palästinensische Bevölkerung als koloniale Bürger zweiter Klasse behandelt, sondern als eine Bevölkerung unter militärischer Besatzung.«[54]* (Becke 2014, 10f.) Zudem ist daran zu erinnern, dass die israelischen Gebietsgewinne 1967 im Zuge eines Präventivschlags angesichts arabischer Drohungen und konkreter Bestrebungen der Vernichtung Israels erfolgten[55] und die Kontrolle über das Westjordanland seitdem ein essentieller Bestandteil der israelischen Sicherheitsarchitektur ist. Die Besetzung der umstrittenen Territorien war von Israel dennoch dafür vorgesehen, in einer Land-für-Frieden-Politik zu großen Teilen rückgängig gemacht zu werden.[56] Berücksichtigt man all diese Tatsachen, so kann mit Alexander Yakobson und Amnon Rubinstein konstatiert werden, dass der angebliche »Kolonialismus zu einer ›physischen Bewegung von Menschen von einem

54 »historically […] the claim to rule over the captured territories was not based on classic European colonial arguments, but on their contested legal status after two decades of Egyptian military occupation (Gaza Strip) and unlawful Jordanian annexation (West Bank). Culturally, the expansion process was not based on exploring and conquering foreign lands, but on the reestablishment of a Jewish presence in the West Bank 19 years after the ethnic cleansing of its Jewish inhabitants. Legally, Israel never extended its full sovereignty over the area or treated the Palestinian population as colonial second-class citizens, but as a population under military occupation.«

55 Vgl. Labude 2017c.

56 Vgl. Labude 2017b.

Ort an einen anderen‹ zusammenschrumpft« (Yakobson/Rubinstein 2022, 509).

Das mag übertrieben klingen, ist aber von der Realität postkolonialer Theorie nicht weit entfernt. So begreift der Genozidforscher Patrick Wolfe Siedlerkolonialismus als Aneignung des Landes Indigener durch Nicht-Indigene, wobei die »originial owners of the land« eliminiert (»eliminated«) würden (Wolfe 2006, 388).[57] »Diese Logik«, meint er, »erfordert sicherlich die Beseitigung der Eigentümer dieses Gebiets, aber nicht auf eine bestimmte Art und Weise.«[58]* (402) ›Eliminierung‹ könne daher alle möglichen Formen annehmen, auch die der Assimilation, der Gewährung von Staatsbürgerschaft oder der Förderung von Mischehen.[59] *Jede* Form der »dissolution of native societies« (388) und *jede* Form der Errichtung einer neuen Gesellschaft auf dieser Basis sei als Siedlerkolonialismus und »structural genocide« (403) zu bestimmen (und zu verurteilen).[60] ›Eliminato-

57 Dagegen meint Lorenzo Veracini, während siedlerkoloniale Regime »indigenous sovereign capabilities« ansonsten auf effektive Weise auslöschten, gelinge Israel dies nicht. Im Gegenteil gelte: »it reproduces Palestinians« als nationales Kollektiv (Veracini 2018, 5). Siedlerkolonialismen seien also durch die *Eliminierung* der Indigenen gekennzeichnet, Israel sei ein Siedlerkolonialismus, aber Israel *reproduziere* die Indigenen. Postkoloniale Logik 2.0.

58 »This logic certainly requires the elimination of the owners of that territory, but not in any particular way.«

59 Vgl. Wolfe 2006, 388: »The positive outcomes of the logic of elimination can include officially encouraged miscegenation, the breaking-down of native title into alienable individual freeholds, native citizenship, child abduction, religious conversion, resocialization in total institutions such as missions or boarding schools, and a whole range of cognate biocultural assimilations. All these strategies, including frontier homicide, are characteristic of settler colonialism.« Vgl. auch ebd., 403.

60 Vgl. Wolfe 2006, 403: »I suggest that the term ›structural genocide‹ avoids the questions of degree – and, therefore, of hierarchy among victims – that are entailed in qualified genocides, while retaining settler colonialism's structural induration […] Focusing on structural genocide also enables us to appreciate some of the concrete empirical relationships between spatial removal, mass killings and biocultural assimilation.« Zur Kritik daran vgl. Kirsch 2024.

rische‹ Kontinuitäten oder »genocidal moments« von Siedlergewalt sieht er auch in hohen sozialarbeiterischen Betreuungsraten indigener Kinder (403), »unverhältnismäßig hohen Inhaftierungsraten unter Indigenen, zonalen Polizeieinsätzen« sowie im »grenzüberschreitenden Ausnahmeregime, das Israel dem Gazastreifen auferlegt, und der anhaltenden Ausgrenzung von Flüchtlingen«[61]* (Wolfe 2013, 270). An diesen Kolonialismus- und Genozidbegriffen fallen nicht nur deren groteske Inflationierung und die offene Flanke gegenüber ethnopluralistischen Konzepten unbedingten Kulturschutzes auf, sondern auch ihre extrem manichäische Binaritätslogik und schablonenhafte, von allen historischen Kontexten und vor allem den Handlungen der ›Indigenen‹ abstrahierende Verwendung. Dass selbst die Gewährung israelischer Staatsbürgerschaft und kulturelle Assimilation oder familiale ›Vermischung‹ unter Genozid subsumiert werden können, dass nicht nach den Gründen für Polizeieinsätze und Grenzregime oder dem Status von Flüchtlingen gefragt wird, macht diesen Ansatz zu einer universell einsetzbaren Waffe aktivistischer Sozialwissenschaft gegen Israel. Balázs Berkovits resümiert: »Kein empirischer Befund könnte die Potenzialität (die hier als der Aktualität äquivalent aufgefasst wird) des auf diese extrem flexible und doch essenzialisierte Weise verstandenen Genozids widerlegen. Wolfe relativiert den Genozid (einen Begriff, der anhand des Holocaust gebildet wurde), während er gleichzeitig die mächtige mit ihm verbundene Bildsprache gebraucht und sie gegen Israel wendet.« (Berkovits 2022, 547)

Dass Siedlerkolonialismus bereits in dem »collective movement from one place to another« (Veracini 2018, 9) begründet sei, legt auch ein Protagonist der *Settler Colonial Studies*, Lorenzo Veracini, nahe. Nicht nur leugnet er mit dem pseudowis-

61 »disproportionate Indigenous incarceration rates, zonal police deployments«, »the cross-frontier regime of exception that Israel imposes on Gaza and the ongoing exclusion of refugees«.

senschaftlichen Ansatz Shlomo Sands[62], dass »specific populations in discrete historical eras […] biologically linked« (Veracini 2018, 8) sind, sondern er analogisiert auch die zionistische Idee einer Rückkehr ins Land der Vorfahren (zunächst ohne zu berücksichtigen, dass diese auf der kulturellen Verbundenheit der *Juden* zum Land Israel beruht) mit französischen Kolonialisten, die beanspruchten, nach Nordafrika als der ›Wiege des westlichen Christentums‹ zurückzukehren oder mit italienischen Faschisten, die Libyen als ›vierte Küste Italiens‹ reklamierten. Dabei verschiebt Veracini zunächst geschickt den zionistischen Anspruch einer Indigenität von *Juden* zu der Frage der Indigenität von *Zionisten* in Palästina. Damit könnte man seinen Beitrag getrost beiseitelegen, weil hier ein Strohmann aufgebaut wird. Allerdings geht es dann im Anschluss doch um die Frage der Indigenität von *Juden*, weil Veracini nun die Idee der historischen Ansprüche der Juden auf das Land (»the ›Jews‹ historical claims‹«) behandelt, die mit der Bibel begründet werden. Aber, so schreibt er, gerade der Bezug auf die Bibel erweise somit eben nicht mehr als die »historical claims« der Juden, denn »die biblische Darstellung erzählt die Geschichte eines vorkonstituierten Gemeinwesens, eines Gemeinwesens, das vorher und anderswo konstituiert ist«[63]* (9). Daher gelte, »dass der Zionismus *gerade wegen* der Bibel eine ›koloniale europäische Siedlung‹ im Nahen Osten errichtet hat«[64]* (9). Veracinis Kriterien der Indigenität geben damit Aufschluss über das manichäische Weltbild dieser Variante der *Settler Colonial Studies*: Die Zionisten seien, wie die Juden der Bibel, in Palästina nicht indigen, weil sie ein »historical, that is non-ontological relationship« zum Land hät-

62 Zur Kritik an Sand vgl., Grözinger 2010, Hirsch 2011, Wolffsohn 2022, 29.

63 »the biblical narrative tells the story of a preconstituted polity, of a polity that is constituted before and elsewhere«.

64 »*precisely* because of the Bible that Zionism has built a ›colonial European settlement‹ in the Middle East.«

ten und ein politisches Kollektiv »organized *before* and *elsewhere*« darstellten (8). Es bleibt im Weiteren allerdings hochgradig unklar, was eine ›ontologische Beziehung‹ zu einem Land sein soll. Veracini erwähnt im direkten Anschluss die Bestimmung »indigeneity as a type of ›place-based existence‹« (8). Da Menschen keine Pflanzen sind, auch wenn das im Nationalismus den Völkern bisweilen angedichtet wurde[65], fragt man sich unweigerlich, wie lange man an einem Ort leben muss, um eine »ortsgebundene Existenz« zu haben. Zugleich schwant einem, dass Veracini die zionistischen Siedler hier mit dem klassisch antisemitischen Topos der Wurzellosigkeit ausstattet.[66] Die jüdischen Kolonisierer Palästinas betrieben ihm zufolge zwar die Praxis des »indigenizing« (der Behauptung, man sei *auch* indigen oder *niemand* sei indigen, weil jeder irgendwann das umstrittene Gebiet von woanders her betreten habe), aber »Gegenstand von Indigenisierungsprozessen zu sein oder diese aktiv zu gestalten, ist nicht dasselbe wie einheimisch zu sein, es ist das genaue Gegenteil«[67]* (9f.). Wie lange also muss man an einem Ort leben, um ein ›ontologisches Verhältnis‹ zu ihm zu haben? Man muss sich die Antwort in Veracinis Text zusammensuchen. Sie scheint zu lauten: *schon immer.* Denn wenn ontologisch bedeutet, nicht historisch verbunden zu sein (»historical, that is non-ontological relationship« (8)), dann bedeutet es »someone was *always* there« (10) [meine Hervorhebung]. Indigen *ist* man, man *wird* nicht dazu (und erst recht *macht* man sich nicht dazu). Denn wenn Indigenität nicht Resultat von ›Indigenisierung‹ ist, dann ist sie offenbar kein Resultat einer Praxis. So meint Veracini, »die Indigenität beruht nicht auf historischen Ansprüchen.

65 Vgl. Herder 1985, 243: »Pflanze der Natur«, de Maistre 2000, 25, 117.

66 Die Juden der Bibel ebenso wie die Zionisten erscheinen beinahe »als parasitäre Feinde kultureller Authentizität«, wie Avishai Margalit und Ian Buruma (2005, 40) die antisemitische Variante des okzidentalistischen Diskurses beschreiben.

67 »being the subject of indigenizing processes, or actively shaping them, is not the same as being indigenous, it is its very opposite«.

Indigene Völker haben natürlich eine Geschichte und eine Priorität, aber ihre Indigenität hängt nicht von ihr ab. Sie sind indigen, unabhängig von ihrer historischen Erfahrung.«[68]* (10)

Es bleibt aber unklar, ob das ›ontologische Verhältnis‹ zum Boden Indigenität vollständig definiert oder ob noch weitere Bestimmungen hinzutreten müssen. Denn plötzlich konstatiert Veracini mit Frantz Fanon, dass zwar ein Kollektiv *immer schon* vor Ort war, aber erst der Siedler den Einheimischen (»native«) *als Einheimischen* hervorbringe. Es gelte gar: »Es gibt keine Indigenität ohne Siedlerkolonialismus, und es gibt keinen Siedlerkolonialismus ohne Indigenität.«[69]* (10) Soll das bedeuten, Indigenität sei eine relationale Eigenschaft, die Teil eines wechselseitig polarischen Gegensatzes ist, wie etwa Kapitalist und Lohnarbeiter? Dann wäre Indigenität aber Resultat eines historischen Herrschaftsverhältnisses. Es würde auch Veracinis Aussage widersprechen: »Indigen zu sein setzt per Definition voraus, schon immer indigen gewesen zu sein (dies ist die Bedeutung von ›von alters her‹).«[70]* (10) Wenn Indigenität koloniales Unterworfensein implizieren würde, wäre damit unterstellt, man sei schon immer kolonial unterworfen gewesen. Auch in der folgenden Passage, die begründen soll, warum Palästinenser indigen seien, bleibt unklar, ob alle der angeführten Kriterien erfüllt sein müssen und koloniales Unterworfensein damit konstitutiver Bestandteil von Indigenität ist oder nicht: »Palästinenser sind indigen, weil sie sich als aus ihrem Land stammend verstehen, weil sie eine ontologische Beziehung zu ihm unterhalten und weil sie der Herrschaft eines soziopolitischen Kollektivs unterworfen sind, das im Gegenteil eine historische Beziehung zu ihm

68 »indigeneity is not premised on historical claims. Indigenous people have a history, of course, and priority, but their indigeneity does not depend on it. They are indigenous irrespective of their historical experience.«

69 »There is no indigeneity without settler colonialism, and there is no settler colonialism without indigeneity.«

70 »Being indigenous is by definition premised on having always been indigenous (this is the meaning of ›time immemorial‹.«

hat.«[71]* (10) Noch verwirrender wird es, wenn Veracini an anderer Stelle versichert, es sei eine logische Unmöglichkeit, indigen zu *werden*, und es gebe keine Ausnahmen von dieser Regel, nur um im nächsten Satz zu schreiben, die Indigenität der Siedler könne Resultat eines Prozesses ihres Souveränitätsverlustes im Zuge einer weiteren siedlerkolonialen Invasion sein, der nun die vormaligen Siedler selbst unterworfen würden. In diesem Fall *seien* sie indigen und könnten nun *ontologische* Ansprüche auf das Land erheben.[72] Wir haben es hier mit offenkundigem logischem Widersinn zu tun: Man kann nicht indigen werden, aber man kann indigen werden. Ontologische Ansprüche sind keine historischen, weil sie beinhalten, immer schon auf dem Land gelebt zu haben, aber sie sind historisch und können auch von Kollektiven erhoben werden, die nicht schon immer auf dem Land gelebt haben. Wie auch immer: Veracini konstruiert ein Kollektiv, das tatsächlich *schon immer* auf dem ›palästinensischen‹ Boden existierte (man wagt kaum die banale Frage zu stellen, ob Araber und Muslime nicht ebenfalls – und zwar lange nach den

71 »Palestinians are indigenous because they understand themselves as originating from their country, because they entertain an ontological relationship with it, and because they are subjected to the domination of a sociopolitical collective that, on the contrary, has a historical relationship to it.«
72 Die ganze Passage lautet: »Wondering how long it may take for settlers to become native is perplexing. It's like a wife-beating husband that wonders how long he must beat her before he turns into a woman. Being indigenous is by definition premised on having always been indigenous (this is the meaning of ›time immemorial‹). ›Becoming‹ indigenous, or returning to ›indigeneity‹ is a logical impossibility; it results in an intractable paradox. There can be no exceptions. Like physics, logic also has laws that apply universally. Of course, if settlers cannot become indigenous, their indigeneity could be the result of loss of sovereignty. They may be careful what they are wishing for. If there was a further invasion, and if that invasion was to be successful, then the historical claim of the newcomers and their ability to enforce it would allow the previous settlers to sustain ontological claims. They would indigenise no longer; they would be indigenous. But would Israelis want to become Palestinian?«.

Juden – ›von außen‹ in das von der römischen Kolonialmacht ›Palästina‹ genannte Land kamen), im Gegensatz zu einem, das von außen kam. Im Falle der Juden bietet er uns zudem kein alternatives Heimatland an, mit dem sie ›ontologisch verbunden‹ sein könnten.

Der jüdisch-okzidental-hitleristische Dämon

Folgt man der Einschätzung von Becke, so lassen sich im postkolonialen Israelbild ›okzidentalistische‹ Stereotype ausmachen, die mit einem »kulturalistischen fundamentalen Attributionsfehler« arbeiten, »›eine Tendenz von Menschen, dispositionelle Zuschreibungen für das Verhalten anderer zu machen, selbst wenn es klare externe/umweltbedingte Ursachen gibt‹. Indem Israel als Teil des globalen ›Westens‹ identifiziert wird, konzentrieren sich die Erklärungen für seine Staatsbildung (einschließlich seiner territorialen Expansion) nicht auf strategische Interaktion, regionale Machtdynamik oder den historischen Kontext, sondern auf mutmaßlich tief verwurzelte und zeitübergreifende Eigenschaften, insbesondere einen kolonisierenden Willen zur Macht, eine wurzellose und kosmopolitische Zivilisation, Verachtung für die ›Eingeborenen‹ und einen unstillbaren Durst nach materiellen Ressourcen.«[73]* (Becke 2014, 4) Man erkennt hier bereits klassisch antisemitische Stereotype wieder. Beim Okzidentalismus handelt es sich Ian Buruma und Avishai Margalit zufolge um eine antiliberale Reaktion auf die ökonomische, gesellschaftliche und kulturelle Modernisierung, die im Westen

73 »culturalist fundamental attribution error, ›a tendency for people, to make dispositional attributions for others‹ behaviour, even when there are clear external/environmental causes.‹ By identifying Israel as part of the global ›West‹, explanations of its state formation (including its territorial expansion) focus not on strategic interaction, regional power dynamics, or historical context, but on a presumend deep-seated and time-transcending characteristics, notably a colonizing will to power, a rootless and cosmopolitan civilization, disdain for the ›natives‹, and an unquenchable thirst for material resources.«

ihren Anfang nahm. Der Okzidentalismus sei eine ›essentialistische‹ Verdammung des Westens als »Masse seelenloser, dekadenter, geldgieriger, entwurzelter, ungläubiger und gefühlloser Parasiten« (Buruma/Margalit 2005, 18), welche die als homogen imaginierten Völker und Kulturen bedrohten. In diesem Sinne betonen Buruma und Margalit die strukturellen Analogien zwischen Okzidentalismus (*nicht*: Orientalismus) und Antisemitismus.[74] Okzidentalistische Vorstellungen seien im europäischen Radikalkonservatismus des 18. und 19. Jahrhunderts zu finden, könnten aber auch in protofaschistischen japanischen Kontexten, im radikalen Hindunationalismus, im Panarabismus oder im politischen Islam angetroffen werden. Der Kampf gegen die »›Westoxification‹« (36), wie er im Islamismus propagiert werde, sei also seit dem Beginn der Moderne auch in Europa selbst zu finden.[75] Der Okzidentalismus kehre die »schlimmsten Aspekte[…] seines Gegenparts, des Orientalismus« (18) schlicht um – der Philosoph Sadik al-'Azm diagnostizierte diesen »Orientalism in reverse« (al-'Azm 2014) bereits im Jahr 1980 in kritischer Auseinandersetzung mit dem arabischen Nationalismus und dem Islamismus. Nicht nur die Idee einer dem Westen entgegengesetzten arabischen nationalen oder islamischen Essenz sei diesem umgekehrten Orientalismus zu eigen, sondern auch die Idee einer »›mission civilisatrice‹, um die Menschheit aus dem Zustand der Dekadenz herauszuführen, in den die westliche Führung sie gebracht hat. Denn die ›westliche

74 Vgl. Buruma/Margalit 2005, 39-42. Hier kann sich auch eine meist als Antiamerikanismus artikulierte Feindschaft gegenüber dem Liberalismus dem antiisraelischen Hass hinzugesellen. Zu Überschneidungen zwischen antisemitischen und antiamerikanischen Ressentiments vgl. Diner 2003. Verflechtungen zwischen Antisemitismus und anderen Ideologien gibt es also durchaus, sie sind nur nicht von der Art, wie Said und Co. sie unterstellen.

75 Für das kaum vom linken Antiimperialismus abweichende Bild vom kolonialistischen Zionismus in rechtsradikalen Diskursen des späten 19./frühen 20. Jahrhunderts vgl. Weber 2020, 224-227, 240, 243.

Essenz‹«, die der Muslimbruder Sayyid Qutb übrigens als Resultat ›jüdischer Machenschaften‹ betrachtete[76], »hat so untrügliche Zeichen der Dekadenz hervorgebracht wie: ›Mechanismus, Darwinismus, Freudianismus, Marxismus, Malthusianismus, Säkularismus, Realismus, Positivismus, Existentialismus, Phänomenalismus, Pragmatismus, Machiavellismus, Liberalismus und Imperialismus‹, allesamt weltliche Doktrinen, die ›ein rein materialistisches Wesen‹ verkörpern.«[77]* (ebd.)

Damit stellt sich die Frage, was Israel im postkolonialen Denken nun eigentlich vorgeworfen wird. Je nach Gusto wird Israel als sinistre Inkarnation europäischer Kolonialität oder als Partikularismus betrachtet, der europäische Standards der Humanität negiert. Anders gesagt: Wenn Israel als weiße Kolonialmacht mit allen Attributen des ›gefräßigen‹, ›lüsternen‹ und ›maßlosen‹ Westens assoziiert wird, der ›indigene Völker‹ unterdrückt und vernichtet, kann es als Verkörperung der westlichen ›strukturellen Kolonialität‹ vor Gericht stehen. In diesem Sinne kann es bisweilen als *zu universell bzw. westlich* gelten. Der poststrukturalistischen Basistheorie des Postkolonialismus zufolge gibt es nämlich keinen Universalismus – er gilt als immer nur angemaßter Universalismus und repressiver Ausschlussdiskurs, der letztlich ein verkleideter Partikularismus sei: Hinter jedem scheinbar universellen Prinzip stehe lediglich ein gewaltsam durchgesetztes partikulares (hier: westliches), was sich bis in die Grundkategorien der modernen Aufklärung zurückverfolgen lasse. Ähnliches warf der klassisch moderne Antisemitismus den Juden vor: Hinter dem abstrakten Menschheitsideal des Juden stecke lediglich der Egoismus eines völkervernichtenden Volkes.

76 Vgl. Qutb 2008, 360.
77 »mission civilisatrice to guide humanity out of the state of decadence to which Western leadership has brought it. For, the ›western essence‹ produced such unmistakable signs of decadence as: ›mechanism, darwinism, freudianism, marxism, malthusianism, secularism, realism, positivism, existentialism, phenomenalism, pragmatism, machiavellism, liberalism and imperialism‹, all of which are worldly doctrines manifesting ›a purely materialist essence.‹«

Als nicht wirklich gangbarer, aber imaginierter Ausweg bleibt dieser Überlegung zufolge dann nur noch ein ›pluriversaler‹ Kulturrelativismus von, so die naive Utopie, im steten ›Dialog‹ miteinander stehenden ›indigenen‹ Partikularitäten, zu denen die Juden freilich nicht zählen dürfen. Dass insbesondere sogenannte ›dekoloniale‹ Autoren genau diesen Weg einschlagen, werde ich im nächsten Kapitel zeigen. Israel repräsentiert aber, wie wir gesehen haben, (nicht nur) in postmodernen Ansätzen zugleich das Archaische, Ethnische und Partikulare, gegen das ein kontextunsensibler ›progressiver‹ Universalismus oder gar eine bestimmungslose Pluralität geltend gemacht werden. Man könnte zudem im oben erwähnten Sinn vermuten, dass westliche Intellektuelle dabei die ethnischen, nationalen und kolonialen Partikularismen sowie die destruktiven Dynamiken ihrer Gesellschaften projektiv an Israel bekämpfen, um einen letztlich phantasmagorischen und uneinholbaren Universalismus ohne Grenzen und Bestimmungen zurückzubehalten.

Wie schon angedeutet – und auch dies ist ein modifiziertes realsozialistisches Erbe[78] –, erscheint der Zionismus im postkolonialen Weltbild bisweilen als konsequente Fortführung des »Hitlerismus«, als Inkarnation eines angeblich automatisch in Vertreibung, Enteignung und Genozid mündenden ethnisch begründeten Nationalismus, der das Wesen der westlichen Moderne ausmache und dessen ›Opfer der Opfer‹ nun die Palästinenser seien. »Der Hitlerismus als Fortsetzung der kolonialrassistischen Ideologie kam zurück, um die Palästinenser zu jagen, diesmal durch die Hände der europäischen Juden«[79]*, meint

78 Erbe, weil hier alle Analogisierungen des Zionismus zum NS auftauchen, die auch schon in der Sowjetpropaganda zu finden sind. Modifiziertes Erbe, weil der Realsozialismus für postkoloniale Theoretiker in der Regel selbst Teil des ›hitleristischen‹ Westens ist.
79 »Hitlerism as a continuation of colonial racist ideology came back to hunt Palestinians this time at the hands of European Jews«.

Grosfoguel (2009, 95). Er ignoriert hier vollständig die Kompromissbereitschaft der Zionisten hinsichtlich einer Zweistaatenlösung, die Tatsache, dass es dem Zionismus niemals um eine Vernichtung der Araber ging, den (auch) universalistischen Gehalt des Zionismus, die Fluchtbewegungen mizrachischer Juden aus der arabischen Welt sowie die Kollaboration palästinensischer Nationalisten mit Hitler. Der nicht nur von ihm evozierte Topos vom »Palestinian [as] a victim of the victim« (Ghanim 2018, 111) wiederholt sich auch in der absurden Behauptung des deutschen postkolonialen Erinnerungskulturtheaters, man müsse »die Vertreibung der Palästinenser auch als indirekte Folge des Holocausts sehen« und die Deutschen hätten »auch dafür eine Mitverantwortung« (Assmann 2024). Dies blendet vor allem aus, dass die ›Nakba‹ mit dem sich anschließenden Flüchtlingsproblem das Resultat eines verlorenen arabischen Angriffskrieges gegen den Jischuw und insofern eine »Self-Inflicted Catastrophe« (Karsh 2011, 230) war. Der Opfer-der-Opfer-Topos, der die Grundlage für alle obskuren Verflechtungstheorien bezüglich Holocaust und Nakba ist, enthebt die arabischen Akteure der Jahre 1947ff. vollständig ihrer Eigenverantwortung und ist ein zentraler postkolonialer und palästinensisch-revanchistischer Mythos.[80] Im deutschen Kontext schwingt dabei auch

80 Diesen Mythos bedient durch Auslassung und falsche Kontextualisierung entscheidender Fakten auch ein Tweet von Naika Foroutan, Direktorin des DeZIM-Instituts, einer vom deutschen Staat mit etlichen Millionen geförderten Einrichtung. Sie schreibt: »Deutsche #Erinnerungspolitik hat viel überdacht. Zeit, auch die kollaterale Schuld gegenüber #Palästina zu erkennen. Die Ermordung von 6Mio Juden u die Gründung Israels sind mit Massenvertreibung u Verelendung u deutscher Verantwortung verbunden. #Geschichtsunterricht.« (Foroutan 2024). Auch hier werden arabische Akteure, der Angriffskrieg arabischer Milizen und Armeen gegen Israel und die diesem zugrundeliegende ethnozentrische Aggression, die machtpolitischen Aspirationen arabischer Staaten und der islamische Suprematismus gleich völlig zum Verschwinden gebracht. Die Staatsgründung Israels erhielt zudem aufgrund der Shoah zwar breite internationale Legitimität, Israel wäre aber wahrscheinlich auch ohne den Holocaust gegründet worden, denn es

noch eine neokoloniale Täterstolz-Attitüde, eine »white man's burden […] of guilt« (Lewis 1990, 102), mit, die vornehmlich deutsche Subjekte des historischen Prozesses kennt. Die UN-Teilungsresolution 181 kann man übrigens nicht nur als Reaktion des Westens auf die Leiden des Holocaust, sondern auch als »Wiedergutmachung der Menschheit für 2000 Jahre Demütigung und – sowohl christliche als auch islamische – Verfolgung der Juden« begreifen (Morris 2023, 107). Insofern würden Muslime mit der Gründung des Staates Israel nicht bloß eine fremde Schuld begleichen. Das bedeutet nicht, dass diese Menschheit in Gestalt der UNO nach dem Überfall der arabischen Armeen auf Israel auch nur ansatzweise versucht hätte, die Existenz Israels effektiv zu schützen. Der UNO fiel nach der arabischen Aggression lediglich ein beide Seiten betreffendes Waffenembargo ein. Zudem ist Israel nicht von den Vereinten Nationen, sondern von den Zionisten vor Ort gegründet worden, die sich die Souveränität über das von der UNO für Israel vorgesehene Territorium buchstäblich erkämpfen mussten.[81]

Im Anschluss an das in Kapitel 3 erwähnte Diktum Aimé Césaires, »dass Hitler« Europas »innerer *Dämon* ist« (Césaire 2017, 28), begreift Grosfoguel den NS nun nicht etwa als modern-*antimoderne* Bewegung, sondern als ungebrochene Fortsetzung der intrinsischen Logik der westlichen Moderne: »Der Hitlerismus ist ein integraler Bestandteil der westlichen Subjektivität.«[82]* (Grosfoguel 2009, 93)[83] Insofern gilt für dekoloniale

waren die zionistischen Juden, die das Staatsgründungsprojekt seit Jahrzehnten konsequent verfolgten. Wer bei solchen Verkürzungen und Verzerrungen historischer Zusammenhänge, wie man sie bei Foroutan findet, auch noch einen Hashtag »Geschichtsunterricht« tweetet, dem möchte man gerne selber den Besuch eines solchen Unterrichts empfehlen.

81 Vgl. Morris 2023, 450.

82 »Hitlerism is an integral part of Western subjectivity.«

83 Ähnlich will Dirk Moses die vermeintliche »Fetischisierung der europäischen Zivilisation« (Moses 2021) im Holocaustgedenken verabschieden. Hätte er wesentliche Quellen des kritisch-theoretischen Diskurses über die Singularität des Holocaust wie Horkheimer/Adorno

Ideologen wie Grosfoguel letztlich die Gleichung: ›Westen = Rassismus = Kolonialität = NS = Zionismus‹, während im klassischen Marxismus-Leninismus die Äquivalenzkette ›letztes Stadium des Kapitalismus = Imperialismus = Faschismus = Zionismus‹ bemüht wurde. Zu Recht merkt Bruno Chaouat zu solchen Ideologemen an: »they ›Hitlerize‹ modernity and […] normalize Hitlerism« (Chaouat 2020, 82). Auch hier tauchen verblüffende Ähnlichkeiten mit den Thesen über das gemeinsame Wesen von westlicher Zivilisation, Zionismus und Nationalsozialismus auf, die von dem islamistischen Theoretiker 'Abd al-Wahhab al-Masiri vertreten wurden. Er behauptet, »dass der Nationalsozialismus keine Abweichung oder Verzerrung der grundlegenden westlichen Werte und Kultur ist, […] sondern vielmehr ein zentrales und grundlegendes Element der westlichen Zivilisation und der westlichen Moderne, ebenso wie der Zionismus«[84]* (Litvak/Webman 2010, 227). Es sei der materialistisch-säkulare Charakter des Westens, der zu moralischem Relativismus, Religionsfeindlichkeit und einem den Menschen zum bloßen Mittel herabsetzenden Nützlichkeitsdenken führe und die Basis für den Holocaust gewesen sei. Dagegen stehe der spirituelle, absolute göttliche Werte proklamierende Islam als Gegenpart. Dieser Okzidentalismus mit seinem »superficial and essentialist picture of Western culture« (228f.) ist den christlichen Exkulpationsversuchen angesichts der eigenen Verstrickung in den NS nach 1945 nicht unähnlich und verfehlt den genuin mythisch-religiösen Charakter des NS[85] ebenso vollständig wie die Tatsache, dass gerade der Holocaust nicht dem traditionellen materialistischen Nützlichkeitsdenken zu subsumieren ist. Darüber hinaus ist dieser Okzidentalismus kaum von dekolonialen

oder Sartre rezipiert, könnte ihm ein solcher Gedanke wohl kaum kommen.

84 »that Nazism is not an abberation or distortion of core western values and culture, […] but rather it is a central and fundamental element within Western civilization and Western modernity, as is Zionism.«

85 Vgl. dazu Bärsch 1987, Gailus 2021.

Aversionen gegen den ›epistemic racism‹ der westlichen Säkularisierung zu unterscheiden, wie sie uns im nächsten Kapitel bei Walter Mignolo und Grosfoguel begegnen werden. Al-Masiris Einordnung des Holocaust in ein koloniales Gewaltgeschehen und seine kritiklose Übernahme legitimatorischer Bezüge von Nationalsozialisten auf den westlichen Kolonialismus ähneln zudem dem Ansatz von A. Dirk Moses. So stellen Meir Litvak und Esther Webman fest: »Masiri nimmt die Selbstrechtfertigung der Naziführer als zuverlässiges historisches Zeugnis in seine Kritik an der westlichen Kultur auf.«[86]* (231) Der Zionismus wird von al-Masiri schließlich als westliche Kompensation für den Holocaust in Gestalt eines neuen siedlerkolonialen Projekts verstanden – diesmal auf Kosten der Palästinenser.

Wie bereits gezeigt, wird Badiou zufolge damit ›Palästinenser‹ zum »name of the true Jews« (Badiou 2011, 170) von heute und Israel zum antisemitischen Staat. Aus einem von arabischer Seite von Beginn an immer auch ethnozentrisch, islamisch und antijüdisch aufgeladenen Konflikt[87] zweier Nationalismen[88]

86 »Masiri adopts the self-justification of Nazi leaders as a reliable historical testimony as part of his critique of Western culture.«
87 Vgl. u.a. Morris 2008c, Teil II, Morris 2023, Kap. XI, Karsh 2011, Kap. 1-3, Mallmann/Cüppers 2011, Harkabi 2017.
88 Wie gering ausgeprägt der spezifisch palästinensisch-arabische Nationalismus bis 1948 war, zeigt eindrucksvoll Hillel Cohen. Vor allem al-Husseinis aggressive Identifikation des palästinensisch-arabischen Nationalismus mit seiner Ideologie habe in der Opposition transjordanische oder lokale Optionen bestärkt (vgl. Cohen 2008, 261). Ein breites Nationalbewusstsein bildet sich erst in den folgenden Jahrzehnten im Gefolge der chauvinistisch-revanchistischen Nakba-Erzählung und der UNRWA-finanzierten Ausweitung des palästinensischen Bildungssektors aus (vgl. Schwartz/Wilf 2022, 150-159). Angesichts der beständigen Weigerung der arabischen/palästinensischen Seite, auf den Teilungsplan der UNO (1947) oder Friedensangebote Israels (z.B. 1967, 2000, 2008) einzugehen, die die Etablierung eines palästinensischen Staates ermöglicht hätten, ist zu betonen, »dass dies kein Konflikt zwischen zwei nationalen Bewegungen ist, von denen jede in erster Linie ihre eigene Unabhängigkeit anstrebt, sondern eher einer Gruppe (der Araber), die in erster Linie die Unabhängigkeit einer anderen Gruppe

wird nun ein manichäisch verstandener Eroberungs-, Vertreibungs- und gar Vernichtungsfeldzug weißer Europäer, der immer wieder mit NS-Analogien beschrieben wird. Ohne die Flucht und Vertreibung hunderttausender Araber als Folgen des arabischen Vernichtungskrieges gegen Israel zu berücksichtigen, meint zum Beispiel Judith Butler, dass dabei das an den Juden »unter dem Naziregime […] begangene Verbrechen« der »gewaltsame[n] Enteignung« von der Seite der Zionisten »wiederholt« worden sei (Butler 2013, 26). Butler biegt das faktische Problem des israelischen Staates, das Leben aller seiner Bürger gegen antisemitische und islamistische Gewalt schützen zu müssen (die Raketen und Mordkommandos der Hamas fragen nicht danach, ob sie arabische Israelis treffen und die Selbstmordattentäter der Al-Aksa-Brigaden haben in Kauf genommen, auch arabische Zivilisten mit in den Tod zu reißen), durch vollständige Entkontextualisierung und De-Realisierung in eine dem NS nahestehende Unterscheidung von lebenswertem und nicht le-

(der Juden) vereiteln will.« (Schwartz/Wilf 2022, 21) Neben den öffentlich in Medien, in Statements, im Bildungssystem oder in Jugendcamps Hass gegen Israel verbreitenden Institutionen der Hamas und der Palästinensischen Autonomiebehörde zeichnen auch die aktuellen Zustimmungswerte der palästinensischen Bevölkerung Gazas und des Westjordanlands ein düsteres Bild: Hier kann von einer überwältigenden Zustimmung zu der einen oder anderen Variante israeleliminatorischer Gruppen und ihrem Terror gegen Juden und israelische Zivilisten gesprochen werden. So stimmten 2014 93% der Befragten in den palästinensischen Gebieten mindestens 6 von 11 offen antisemitischen Statements zu (Anti Defamation League 2014) und befürworten einer Umfrage vom November 2023 zufolge 83,1% der Bewohner des Westjordanlands und 63,6% jener von Gaza das Massaker der Hamas vom 7. Oktober. 77,7% im Westjordanland und 70,4% in Gaza stimmen einer rein palästinensischen Ein-Staat-Lösung zu, also einer, die einen Staat für zwei Völker ausschließt (AWRAD 2023). Einer Umfrage vom Juni 2023 (PSR 2023) zufolge befürworten 66% in der Westbank und 79% in Gaza die Formierung terroristischer Gruppen wie *The Lions‹ Den* oder *Jenin Batallion.*

benswertem, schützenswertem und nicht schützenswertem Leben um.[89] Ramón Grosfoguel und Patrick Wolfe phantasieren über die angeblich exterminatorischen Absichten der Israelis gegenüber den Palästinensern, die ähnlich wie die Lagerinsassen im Warschauer Ghetto oder in den Nazi-KZ behandelt würden.[90] Bei Mahmood Mamdani, der offen ein »dismantling of the Jewish State« (Mamdani 2014) fordert, erzeugt die im Zuge der zweiten Intifada gegen palästinensische Terrorakte errichtete Schutzanlage am Rande des Westjordanlands eine Mischung aus »apartheid-style Bantustans and Nazi-style concentration-camps« (Mamdani 2004, 248), was einer von Etienne Balibar unterzeichneten Erklärung zufolge »die israelische Bevölkerung selbst in ein Volk von Lagerwärtern«[91] verwandle (Stop the Wall immediately 2003). Dass die Schutzanlage eine Reaktion auf eine tödliche Bedrohung israelischer Bürger durch palästinensischen Terror war, dem zwischen 2000 und 2005 über 1000 Israelis zum Opfer fielen[92], wird entweder völlig ignoriert oder durch die Prämisse ›israelische = illegitime Gewalt, arabische Gewalt = verzweifelter Widerstand‹ umgedeutet. Welch perfide Verharmlosung der Apartheid oder gar von Nazi-KZ diese Gleichsetzungen darstellen, welch ideale Rechtfertigung von Terrorakten gegen – nun als Nazis und Lagerwärter titulierte –

89 Butler spricht u.a. von der israelischen »Unterscheidung zwischen wertvollen und wertlosen Bevölkerungsgruppen« (Butler 2013, 33).
90 Vgl. zu Gaza oder der Westbank als vermeintlichem neuem »Warschauer Ghetto«: Grosfoguel 2009, 93 sowie Wolfe 2006, 404: »Nonetheless, as Palestinians become more and more dispensable, Gaza and the West Bank become less and less like Bantustans and more and more like reservations (or, for that matter, like the Warsaw Ghetto).«
91 Meine Übersetzung. Wörtlich: »a people of camp wardens«; sowie verharmlosend für das deutsche Publikum übersetzt in AG-Friedensforschung 2003. Zu weiteren antiisraelischen Erklärungen, die der Hannah Arendt-Preisträger der Stadt Bremen Etienne Balibar unterzeichnet hat, vgl. Elbe 2017.
92 Vgl. Lozowick 2006, 296 sowie Yemini 2017, 231, der bei den 1137 israelischen Todesopfern der zweiten Intifada zwischen 2000 und 2005 von einem Anteil von 78% Zivilisten ausgeht.

israelische Bürger sie zudem liefern, ist diesen Akademikern wohl kaum noch zu vermitteln. Übrigens tauchen auch diese Topoi bereits in der Sowjetpropaganda gegen Israel auf.[93] Liest man diese Texte, so befindet man sich in einem Paralleluniversum mit Israel als dem Teufel der säkularen Staatenwelt. Monika Schwarz-Friesel und Jehuda Reinharz sprechen in diesem Zusammenhang von »De-Realisierung« als affektbasierter systematischer Wahrnehmungsverzerrung und »Realitäts(wahrnehmungs)störung[...]« (Schwarz-Friesel/Reinharz 2013, 209). Angesichts des Ausmaßes an Hass und Hetze, die prozionistischen Juden im postkolonialen Milieu entgegenschlagen, ist die Frage von Simon Gansinger kaum von der Hand zu weisen, wie man die Zentralität der Anti-Israel-Obsession im Antiimperialismus und Antirassismus beispielsweise der US-Linken erklären soll, ohne ein genuin antisemitisches Motiv vorauszusetzen.[94]

›Nekropolitik‹ und Ethik des kollektiven Selbstmords

Auch bei Achille Mbembe finden wir das ganze Arsenal dieser Vorstellungen. So kombiniert er traditionelle christlich judenfeindliche Motive mit postkolonialen Othering-Szenarien und der sattsam bekannten Theorie der Biopolitik Foucaults: Zum einen sei die israelische Besatzung des Westjordanlandes die radikalste Form der »Nekropolitik« in unserer Zeit. Während die traditionelle koloniale Bio-Macht noch Motive des Nutzens und der Ausbeutung beinhaltet habe, die durch maßnahmestaatliche Trennung vollberechtigter Bürger und Kolonisierter mit minderem oder fehlendem Rechtsstatus organisiert worden sei, kennzeichne die »nekropolitische Macht [...] eine[...] Umkehrung des Verhältnisses zwischen Leben und Tod, als wäre das Leben nur Medium des Todes«. Nekropolitik versuche, »die Unterscheidung zwischen Mitteln und Zwecken aufzuheben«

93 Vgl. Herf 2019, 342, 434.
94 Vgl. Gansinger 2020, 426ff.

(Mbembe 2020c, 73). Sie sei Ausdruck eines numinosen »Herrschaftswunsch[es]« (82) des modernen Subjekts, das »eingehüllt in eine einzigartige Phantasie [...] der Allmacht« (83) seine primäre Ausgesetztheit und Heteronomie verleugne. Epistemologisch behaupte es seine Selbstdurchsichtigkeit als Erkenntnissubjekt; moralisch die Selbstgesetzgebung seines Willens durch reine Vernunft; und staatlich seine »Selbstinstituierung und Selbstlimitierung« (Mbembe 2011, 65) durch Verfahren demokratischer Willensbildung und Territorialherrschaft. Auf ebendiese Weise verleugne das moderne Subjekt seine Abhängigkeit, die durch den »Trennungswahn« der projektiven Konstruktion eines Feindes bewältigt werde, den man nur noch einschließen, beherrschen und vernichten müsse, um souveräne Sicherheit zu erlangen. Der Feind sei somit konstitutiv für die Aufrechterhaltung dieser Phantasie der Autonomie und stelle ein »*beängstigende[s] Objekt*« dar. »Früher«, meint Mbembe, »hatten diese Objekte meist Namen wie Neger und Jude. Heute haben Neger und Juden andere Vornamen – Islam, Muslim, Araber, Ausländer, Immigrant, Eindringling« (Mbembe 2020c, 82). Nicht nur sei dieser Feind also beliebig auswechselbar, er sei vor allem eine »windmill[...] of the imagination« oder »object [that] never existed« (Mbembe 2016a, 23).[95]

»Die vollendetste Form der Nekromacht«, behauptet Mbembe nun, »ist die gegenwärtige koloniale Besatzung Palästinas« (Mbembe 2011, 77). Hier verwandle Israel die entsprechenden

95 Wie weltfremd auch führende Vertreter der postkolonialen *Settler Colonial Studies* sind, zeigt sich an Lorenzo Veracinis These, die militärische Konfrontation zwischen Israel und dem, wie er es nennt, ›indigenen Widerstand‹, sei längst zugunsten Israels entschieden. »Settler-colonial power reproduces itself through a denial of the reality that there is no military challenge (and therefore no military solution).« (Veracini 2018, 4) Dass neben den Schlächtern der Hamas und des PIJ in Gaza, neben den Al-Aksa- und Dschenin-Brigaden sowie etlichen anderen palästinensischen Terrororganisationen auch noch eine hochgerüstete Hisbollah weit über hunderttausend Raketen auf Israel richtet und der gleichfalls erklärtermaßen israelfeindliche Iran bestrebt ist, die Atombombe zu entwickeln, scheint ihm unbekannt zu sein.

Territorien in Lager und »*Todeswelten*«, indem durch willkürliche Tötungen, Entrechtung, Kontrolle und Fragmentierung des Raumes sowie gezielte Zerstörung der Infrastruktur die Palästinenser »in den Status *lebendiger Toter*« versetzt würden. (89) Der ›nekropolitische‹ »Wunsch nach einem Feind, der Wunsch nach Apartheid (Trennung und Einschließung) und Ausrottungsphantasien« (Mbembe 2020c, 83) werde also in der »Israeli occupation of Palestinian territories« (Mbembe 2016a, 24) erkennbar, die Mbembe zufolge »the biggest moral scandal of our times« (Mbembe 2015, viii) ist. Hier sei eine »fanatische Zerstörungsdynamik« am Werk, »die darauf abzielt, das Leben der Palästinenser in einen Trümmerhaufen und einen zur Entsorgung bestimmten Berg aus Müll zu verwandeln.« (Mbembe 2020c, 86) Die Israelis seien zu einem »fight to the finish« entschlossen, »since what they are willing to do is to go all the way – carnage, destruction, incremental extermination« (Mbembe 2015, viii). Damit stellt Mbembe die israelische Politik gegenüber den Palästinensern in eine biopolitische Kontinuität der ›Endlösung‹, begreift Israel als feindselige, todbringende Anti-Gemeinschaft und präsentiert es als den Hauptfeind aller an ›Weltreparatur‹ interessierten Menschen.[96] Es kann daher als konsequente Anwendung des Konzepts der Nekropolitik verstanden werden, wenn Etienne Balibar und andere französische Intellektuelle Israels Militäraktion gegen die Hamas in Gaza seit Oktober 2023 ohne jeden Beleg ein »Töten um des Tötens willen,

96 Eine etwas andere Dämonisierung praktiziert Veracini (2018, 13). Bei ihm wird Israel zum globalen Zentrum des Bösen in Gestalt eines Laboratoriums und Lieferanten für Methoden und Techniken der Akkumulation durch Enteignung und der Produktion ›Überflüssiger‹: »It is significant that the contemporary dispossessions and the technologies associated with their enactment are crucially developed and tested in Palestine before being transferred, that is, *sold* elsewhere. Palestine is today a crucial laboratory of global dispossessions […]. The middle classes are shrinking, and warehousing is a fast-developing technology. The global surplus populations that are to be warehoused and contained *look like* indigenous people, but in the case of Palestine actually *are* indigenous.«

die Vernichtung eines ganzen Teils des feindlichen Volkes« (Balibar u.a. 2023, eigene Übers.) andichten.

Zwar gesteht Mbembe generös zu: »Israel is entitled to live in peace« (Mbembe 2015, viii) – aber eben nicht als jüdischer Staat und ohne die Mittel zu dieser Existenz, wie gegen die Apologeten zu ergänzen wäre, die diesen Satz anführen, um Mbembes angebliche Akzeptanz der Existenz Israels zu belegen.[97] Die Selbstverteidigung Israels begreift Mbembe, wie gezeigt, lediglich als Ausdruck einer »*Logik des Überlebens*« (Mbembe 2011, 85), die die illusionäre Sicherheit und Souveränität nur durch die Tötung eines imaginären Feindes zu erlangen glaube. Eine ähnliche Idee findet sich in der bereits erwähnten ›Ethik der Zerstreuung‹ Judith Butlers, die die ›Ethik des Antlitzes‹ von Emmanuel Levinas unmittelbar auf politische Kontexte wie den *War on Terror* oder den arabisch-israelischen Konflikt anwendet: In der Begegnung mit dem Anderen, so zitiert Butler Levinas, ergeht an mich durch dessen bloßes Antlitz die Forderung des Tötungsverbots und eine diffuse »›Pflicht, auf den anderen einzugehen‹«, welche zugleich »›mein natürliches Recht auf Überleben, *le droit vital*, auf[hebt]‹« (Levinas, zit. nach Butler 2008, 157). Diese asymmetrische Ethik bedingungsloser Aufopferung für den Anderen soll Butler zufolge auch deshalb an die Stelle legitimierter Selbstverteidigung treten, weil man sein eigenes Leben nicht durch das Töten anderer sichern könne und dieses letztlich in die endlose Vernichtung der Anderen als potentiellen Gefahren münde.[98] Die gewaltlose Auslieferung an den Anderen soll »uns über die Berufung zum paranoiden Opfer hinausführen, das die Rechtfertigungen für den Krieg endlos erneuert« (176f.) schreibt Butler anlässlich von 9/11. Ohnehin gelte für die USA: »[D]ie Gewalt, die sie fürchten, ist die Gewalt, die sie erzeugen.« (176)[99] Levinas' für das intersubjektive Verhältnis ange-

97 Einer davon ist Micha Brumlik, vgl. DLF Kultur 2020.
98 Vgl. Butler 2008, 163f.
99 Bezeichnend für Butlers Immunisierungsstrategien ist, dass sie diese

sichts des Anderen entwickelte Ethik, die die eigene Selbsterhaltung zur Disposition stellt und einen moralischen Imperativ enthält, der in Liebesbeziehungen oder im Verhältnis zu hilfebedürftigen Verwandten noch einen minimalen Sinngehalt haben mag, wird von Butler auf politische Konflikte übertragen und mutiert so zu einer Ethik des kollektiven Selbstmords. Sie propagiert verschwurbelt eine »ek-statische Bezüglichkeit, als ein[en] Weg des Hinausgetragenwerdens über sich selbst, des der Souveränität und der Nation Enteignetwerdens im Zuge der Antwort auf die Ansprüche von jenen, die man weder vollständig kennt noch sich vollständig ausgesucht hat.« (Butler 2013, 19) Freilich wird nur eine Konfliktpartei, nämlich der Westen und insbesondere Israel, faktisch zum Selbstmord aufgefordert, da allein dieser anempfohlen wird, sich dem Anderen auszuliefern, während die Anderen – analog zu Levinas‹ Ethik nach dem paternalistischen Modell einer »einseitige[n] Beziehung der Fürsorge« (Honneth 1994b, 220) und »strikt »asymmetrische[n] Verantwortungsbeziehung« (Schweppenhäuser 2005, 183)[100] – offenbar nicht als moralische und damit zu verpflichtende Subjekte gelten, sondern in neokolonialer Manier lediglich als *Objekte* der Ethik betrachtet werden. Das Antlitz des Anderen spricht nicht einmal wirklich zu uns, wie Butler eingesteht[101], sondern *wir* haben eine Intuition *angesichts* des Anderen. Deutlicher kann man die Entmündigung eines Gegenübers nicht ausdrücken.

These gleich im nächsten Satz wieder zurücknimmt. Das Ganze liest sich dann so: »Tragischerweise sieht es so aus, als versuchten die USA, der gegen sie gerichteten Gewalt zuvorzukommen, indem sie selbst als erste Gewalt anwenden, doch die Gewalt, die sie fürchten, ist die Gewalt, die sie erzeugen. Ich will damit nicht sagen, daß die USA in irgendeiner ursächlichen Weise für die Angriffe auf ihre Bürger verantwortlich sind.« (Ebd.) Vgl. dazu kritisch: Ebert 2018.

100 Zur Kritik an Levinas' und Zygmunt Baumans postmoderner Ethik der Fürsorge vgl. Honneth 1994, 209-220 sowie Schweppenhäuser 2005, 175-185.

101 Vgl. Butler 2008, 157.

Die Gefahren des islamistischen Terrors werden dabei stets als paranoide Wahnvorstellung oder zumindest selbstverschuldete bloße Reaktion der Anderen auf westliche Gewalt gedeutet. Dieses Muster wird von Butler in analoger Manier auf den arabisch-israelischen Konflikt übertragen: Die »Bedrohung des Lebens«, meint sie, gehe vom israelischen Staat aus, der diese Bedrohung in »haltlos[er]« Weise (Butler 2019, 89) auf die Palästinenser projiziere. Sie spricht von einem »toxischen Misstrauen« (90), das der Vorstellung zugrunde liege, der Kampf der Palästinenser könne antisemitisch oder gewalttätig sein. Israelische Gewalt erscheint immer als »illegitime Gewalt« (Butler 2005, 72), gar als »Mord an Kindern« (68), womit ein gängiges Stereotyp des christlichen Judenhasses in die postkoloniale Israelfeindschaft einfließt. Der Kampf um Selbsterhaltung ist also auch hier ein irrationaler Kampf gegen Windmühlen. Gil Anidjar radikalisiert diesen Topos einer paranoid-amokhaften Logik des Überlebens in seinem Aufsatz »The Suicide State«. Darin werden nicht etwa die realen Selbstmordattentäter der Hamas oder das apokalyptische Mullahregime im Iran erwähnt, dessen führende Vertreter öffentlich darüber spekulieren, dass die atomare Auslöschung Israels in einem Erstschlag Abermillionen muslimische Opfer wert wäre.[102] Anidjar sinniert vielmehr über Israels angeblich nur psychoanalytisch zu ergründenden »suicidal complex«, seine »Samson option« (Anidjar 2017b, 63f.), die die Bereitschaft anzeige, die Logik phantasierter Selbstverteidigung so weit zu treiben, dass man in blinder Manier um sich schlägt und mit seinen Feinden auch noch sich selbst der Vernichtung preisgibt. Diesem Gedanken, der bereits bei Hannah Arendt gegen den politischen Zionismus geltend gemacht wurde,[103] widerspricht nicht nur die im internationalen Vergleich eher zurückhaltende Form der Kriegführung Israels[104], sondern auch das

102 Vgl. Akbar Hashemi-Rafsanjani 2001. Zur apokalyptischen Struktur der iranischen Staatsideologie vgl. auch Schulz 2017, 77.
103 Vgl. Arendt 1989c, 92.
104 Vgl. Yemini 2017, 193-218, 285f.

kostenintensive Bemühen um die Sicherheit der eigenen Bevölkerung einschließlich der Soldaten.

Für Mbembe kommen im Falle Israels allerdings noch die angeblich partikularistische und gegenüber anderen Völkern feindselige jüdische Auserwähltheitsidee, das Talionsprinzip im Tanach sowie der vermeintlich religiöse Begründungsmodus des jüdischen Nationalismus hinzu. Die Nekromacht werde »in ausdrücklichem Anschluss an das Talionsprinzip des Alten Testaments« (Mbembe 2020c, 92) ausgeübt. Im angeblich »narzisstische[n]« und partikularistisch »geschlossene[n] Monotheismus« (Mbembe 2016b, 229) des Judentums werde »Völkerschaft [...] in der Anbetung einer Gottheit geschmiedet und nationale Identität [...] als Identität gegen den Anderen, gegen andere Gottheiten imaginiert« (Mbembe 2011, 77). Im Verein mit dem ›fetischisierten‹ Status der Juden als Opfer des Holocaust würden so besondere apokalyptische Ressourcen für einen endlosen, »geheiligten Terror[...]« (77) an unschuldigen Ersatzobjekten mobilisiert – Mbembe sieht zu dessen Rechtfertigung »internationale Pharisäer« (»international Pharisees«, Mbembe 2015, vii) am Werk und greift auch damit ein weiteres Motiv der christlichen Judenfeindlichkeit auf.[105] Jede Form israelischer Selbstverteidigung kann so als aus einer feindseligen jüdischen Tradition resultierende, ebenso irrationale wie illegitime Gewaltausübung diffamiert werden. Noch die Verfolgung und Vernichtung der Juden wird, worauf Alex Gruber zu Recht hinweist[106], von Mbembe gegen sie gekehrt, wenn er die israelische Politik gegenüber den Palästinensern als Imitation der an den Juden begangenen Verbrechen begreift – so äußerte Mbembe im Jahr 2008: »Das war es, was Südafrika durch die Wahrheits- und Versöhnungskommission zu vermeiden suchte und was die südafrikanische Erfahrung von der eines Landes wie Israel unterscheidet. In der Tat erscheinen die Staaten, die sich hauptsächlich als

105 Vgl. zum Motiv der Pharisäer im christlichen Judenhass: Maccoby, Kap. 9.
106 Vgl. Gruber 2022, 438-442.

Opfersubjekte definieren, oft auch als hasserfüllte Subjekte, das heißt als Subjekte, die nie aufhören können, den Tod durch Opfer zu imitieren und anderen all die Grausamkeiten zuzufügen, deren Sühneopfer sie einst selbst waren.«[107]* (Mbembe 2008) Dass diese These nicht nur für die Gegenwart ein schlichtes Gerücht über den jüdischen Staat darstellt, sondern erst recht für die Entstehungsphase Israels und seine Politik in den 1940er und 50er Jahren offenkundig falsch ist, zeigt Hendrik Hebauf. Eine mit Rachephantasien verbundene Fixierung der zionistischen Politik auf die Vergangenheit, geschweige denn auf den Holocaust, sei hier nicht nachzuweisen, eher eine weitgehende Ausblendung der Shoah. Auch nach dem Auftauchen von (bisweilen tatsächlich irreführenden) Bezügen auf den Holocaust in der israelischen Politik seit dem Eichmann-Prozess 1961 habe nicht Rache, sondern das Motiv der Selbstverteidigung und Pragmatismus vorgeherrscht, schließlich sei es der Likud-Politiker Menachem Begin gewesen, der Frieden mit Ägypten geschlossen habe.[108] »Ironischerweise«, so Hebauf (2023, 28), wiesen sowohl der frühe Zionismus als auch der als Postzionismus getarnte Antizionismus der israelischen Linken seit den 1980ern die Vorstellung auf, durch das Ausblenden des Holocaust eine normale Nation (oder eine normale multikulturelle Nation) werden zu können.

Mbembe schafft es, konsequent das antijüdische Zerrbild des partikularistischen Judentums aufzurufen, um seine Wahnvorstellungen von israelischer Besatzungspolitik zu rationalisieren. Die universalistischen Gehalte des Judentums werden ebenso

107 »That was what South Africa sought, through the Truth and Reconciliation Commission, to avoid, and what distinguishes the South African experience from that of a country like Israel. Indeed, those states which define themselves mainly as victimary subjects often appear too as subjects filled with hate, that is subjects that can never stop miming death by sacrifice and inflicting on others all the acts of cruelty of which they were once themselves the expiatory victims.«

108 Vgl. Hebauf 2023, 21-25.

verdrängt wie diejenigen des Zionismus.[109] Ein palästinensischer »Trennungswahn«, auf den die zionistische Politik seit der Gründung des Staates Israel mit Kompromissvorschlägen für eine friedliche Koexistenz und mit militärischer Selbstverteidigung reagiert, israelische Friedensangebote im Rahmen der ›Land für Frieden‹-Politik der späten 1960er Jahre, die Vorschläge Ehud Baraks von 2000, Ehud Olmerts von 2008 oder John Kerrys von 2014 und ihre kategorische Ablehnung durch die arabische Seite scheinen nicht existiert zu haben. Der Kampf gegen den Terror erscheint bei Mbembe generell als »absolute[r] Ausrottungskrieg« (Mbembe 2020c, 74) gegen projektiv erfundene Feinde eines »ausschweifenden«, von »Lüsternheit« und der Sucht nach »Unterhaltung« getriebenen (115) sowie von »allerlei Gasen gebläht[en]« (114) Westens – und vor allem Israels –, womit er auf der Klaviatur des radikalkonservativen Okzidentalismus spielt, in dem der Westen »als dekadente Zivilisation, die süchtig nach Vergnügungen ist«, portraitiert wird (Buruma/Margalit 2005, 55).[110] Die Erzählung »von Terroristen, die unsere Lebensweise hassen«, sei »für Leichtgläubige« erfunden worden, um die eigenen Vernichtungsphantasien ausleben zu können (Mbembe 2020c, 114f.).[111] Palästinensischer Terror kommt, wenn überhaupt, dann nur in Gestalt verklärter Märtyrer vor. Die Selbstmordbereitschaft apokalyptischer Antisemiten, die von der Hamas sogar für das ganze Volk Gazas reklamiert wird[112], mutiert hier zum Verzweiflungsakt des von der Nekro-

109 Vgl. zu diesen Gehalten u.a. Brenner 2020 und Rubinstein 2000.
110 Eine der besten Kritiken an Mbembes hemdsärmeliger Verdammung des Westens hat der Journalist Thomas Schmid verfasst, vgl. Schmid 2020.
111 Wie weltfremd diese Aussagen sind, muss einem in postkolonialen Seminaren sozialisierten Publikum möglicherweise tatsächlich noch erläutert werden. Ich empfehle dazu die empirischen Belege über das erschreckende Ausmaß des weltweiten islamistischen Terrors bei Koopmans 2020, 126-138.
112 Eine Gemeinsamkeit mit dem nationalsozialistischen Wahn, die Vernichtung der Juden sogar der eigenen Selbsterhaltung vorzuziehen.

politik traktierten Körpers. Der »*Logik des Überlebens*« stellt Mbembe eine »*Logik des Märtyrertums*« gegenüber (Mbembe 2011, 85), die als »Handlungsmacht« und »Kommentar auf das Wesen der Freiheit selbst (oder ihres Mangels)« unter verzweifelten Bedingungen kolonialer »*Todeswelten*« (89) verklärt wird. Dass dabei mit allerlei raunendem Pseudoheideggerianismus gearbeitet wird, versteht sich da fast schon von selbst: »Der belagerte Körper wird zu einem Metall, dessen Funktion es ist, dem Sein durch ein Opfer ewiges Leben zu verleihen.« (87)[113]

Neben den christlich-antijüdischen Stereotypen vom rachsüchtigen jüdischen Partikularismus[114] erfüllt Mbembes Denken sämtliche Kriterien des israelbezogenen Antisemitismus: palästinensisch-arabische Gewalt und Judenfeindschaft werden derealisiert oder mythologisiert; der arabisch-nationalistische und islamistische Suprematismus, der seit Beginn des 20. Jahrhunderts die Existenz eines jüdischen Staates ablehnte, wird vollständig ausgeblendet; Israel wird als rassistische Entität mit Analogien zum Nationalsozialismus und zur Judenvernichtung dämonisiert und delegitimiert; falsche, doppelte Standards werden in der Analyse des arabisch-israelischen Konflikts angelegt.[115]

113 Auch Gayatri Spivak kommt nicht umhin, islamistische Selbstmordattentäter mit einem bedauernd-verständnisvollen Geschwurbel zu beschreiben (vgl. Spivak 2004, 96). Noch besser beherrscht das Metier der raunenden Verklärung des islamistischen Terrors nur noch die amerikanische Philosophin Jasbir Puar 2007. Zur ausführlichen Kritik an Puar vgl. Nelson 2019, Kap. 7. Eine ähnliche Empathie mit den israelischen Opfern des palästinensischen Terrors sucht man in den Texten der postkolonialen Startheoretiker vergeblich.

114 Vgl. zur Kritik daran: Lenhard 2012, 32, Maccoby 2019, 24-41, Gruber 2022, 434-440.

115 Zu den Kriterien eines israelbezogenen Antisemitismus vgl. Markl 2020a, Rensmann 2021.

4.3. »Industry of Lies«

Die Texte postkolonialer Autoren zum israelisch-arabischen Konflikt sind, wie in den vorherigen Abschnitten bereits zu erahnen war, voller Auslassungen entscheidender Fakten, grotesker Übertreibungen, falscher Analogien, Täter-Opfer-Verkehrungen, Legenden und vollständiger Ausblendung arabischer *Agency*. Der israelische Journalist Ben-Dror Yemini nennt dieses Konglomerat von verzerrenden Darstellungen eine »Industry of Lies« (Yemini 2017). Es ist selbst in einem ganzen Buch kaum möglich, die vollständige Bandbreite dieser Strategien abzubilden.[116] Neben der obsessiven Manier, Analogien von Nationalsozialismus und Israel herzustellen, ist die Methode der Auslassung ein weiteres – und eleganteres – Mittel, Israel zu dämonisieren. Ein kleines, aber vielsagendes Beispiel für die De-Realisierung palästinensischer Gewalt und die Verwendung absurder Analogien bietet folgende Passage aus einem Artikel in der *Zeit*: Als im Jahr 2021 radikale Palästinenser zum wiederholten Male die Al-Aksa-Moschee als Waffenlager für Angriffe auf Juden benutzten und israelische Sicherheitskräfte dagegen vorgingen, um allen Gläubigen ein friedliches Gebet zu ermöglichen[117], schrieb

116 Yemini (2017, Kap. 1) unterscheidet verschiedene Methoden dieser »Industry of Lies«: die schlichte Erfindung von ›Fakten‹ (reine oder mit Fakten gemischte ›Fake News‹); die Methode der Dekontextualisierung oder Auslassung von Informationen (v.a. De-Realisierung arabischer Gewalt gegen Juden); die Erklärung randständiger, von der israelischen Mehrheit verurteilter Haltungen zu wesenhaft zionistischen; falsche, israeldämonisierende Analogien (z.B. Gaza-Warschauer Ghetto); doppelte Standards (z.B. disproportionale Verurteilung israelischer Verbrechen oder vermeintlicher Verbrechen); groteske Übertreibungen (z.B. die inflationäre Verwendung von Begriffen wie Massaker oder Genozid, die Beschwörung einer Gefahr für den Weltfrieden).

117 Vgl. Staff 2021. Militante Palästinenser horteten Steinplatten, Steinbrocken und Feuerwerkskörper auf dem Tempelberg und setzten sie als Waffen ein. Dass diese Praxis Tradition hat, die palästinensischen Terroristen in der Moschee randalieren und ihre Schuhe anbehalten, zeigt Frank 2016. Aufnahmen aus dem Jahr 2022 belegen dies ebenfalls.

die Leiterin des Einstein-Forums Potsdam, Susan Neiman, Folgendes: »Jeder kann im Internet sehen, mit welcher Gewalt die Al-Aksa-Moschee entweiht wurde. Wie hätte die Welt denn reagiert, wenn der Petersdom an Heiligabend von Truppen mit Tränengas und Gummigeschossen gestürmt worden wäre?« (Neiman 2021) Nun, möchte man Neiman entgegnen, wenn militante Katholiken den Petersdom an Heiligabend als Munitionslager und Stützpunkt für Steinwürfe auf betende Menschen und Polizisten benutzt hätten, wäre die Welt vielleicht nicht ganz verständnislos gegenüber einem Polizeieinsatz gewesen. Im Folgenden möchte ich aber die Anekdotenebene[118] verlassen und

118 Eine weitere sei hier aber noch genannt: Dass Fakten im postkolonialen Milieu bisweilen kaum eine Rolle spielen und es der Popularität seiner Vertreter auch keinen Abbruch tut, mit absurdesten Gleichsetzungen und, vermittelt über Zitate, mit historiographisch längst widerlegten Tatsachenbehauptungen zu arbeiten, zeigt ein Essay von Masha Gessen, Hannah Arendt-Preisträgerin der Stadt Bremen 2023, aus dem *New Yorker* und seine Rezeption in Deutschland. Nicht nur erscheint ihr Gaza in vielerlei Hinsicht wie ein »Jewish ghetto in an Eastern European country occupied by Nazi Germany« (Gessen 2023), sie behauptete in der ersten Version des Artikels auch, der polnische Historiker Jan T. Gross habe geschrieben, »that Poles killed more Polish Jews than Germans did« (ebd.) – eine Aussage, die Gross nicht getätigt hat und die auch schon auf den ersten Blick offenkundigster Unsinn ist. Und schließlich zitiert Gessen eine Äußerung Hannah Arendts zu den Geschehnissen im arabischen Dorf Deir Yasin während des 1948er-Krieges. Hier heißt es: »Arendt based her comparison on an attack carried out in part by the Irgun, a paramilitary predecessor of the Freedom Party, on the Arab village of Deir Yassin, which had not been involved in the war and was not a military objective. The attackers ›killed most of its inhabitants – 240 men, women, and children – and kept a few of them alive to parade as captives through the streets of Jerusalem.‹« (Ebd.) Weiter werden diese Aussagen nicht kommentiert. Tatsächlich ist aber seit langem klar, dass in Deir Yasin ca. 100 Bewohner, die meisten in Kampfhandlungen, getötet wurden, wobei darunter zwischen 23 und 40 Opfer von Kriegsverbrechen seitens der IZL- (Irgun) und LHI-Milizen (Lechi) waren. Die Einwohnerzahl des Dorfes wird auf ca. 800 (bei manchen auch 1000) geschätzt, sodass es auch falsch ist, dass die meisten Einwohner getötet worden seien. Und schließlich hatte das Dorf bereits eine lange Geschichte antijüdischer Feindseligkeiten aufzuweisen,

mich auf einige zentrale Legenden konzentrieren, die im Rahmen verzerrender Darstellungen des Konflikts immer wieder auftauchen.

Der Mythos der friedlichen Koexistenz

Ramón Grosfoguel behauptet, mustergültig für den postkolonialen Diskurs: »Zumindest bis zur Gründung des Staates Israel im Jahr 1948 lebten Araber und Juden in den arabischen Ländern jahrhundertelang in Frieden zusammen«; »die meisten der damals bestehenden muslimischen Regime erkannten die jüdischen Minderheitenrechte an und behandelten die Juden mit Würde«; »es handelte sich nicht um eine Geschichte der antisemitischen Ausrottung oder der Pogrome«; »›erst seit der Gründung des Staates Israel sind Juden und Muslime wirklich zu Antagonisten geworden‹«.[119]* (Grosfoguel 2009, 94) Die deutsche Kulturwissenschaftlerin Aleida Assmann variiert: »Judenhass hat in der mulimischen [sic] Geschichte keine besondere Rolle gespielt. Juden ebenso wie Musline [sic] wurden als Minderheiten aus Spanien vertrieben und haben sich über lange Strecken friedlich in der Diaspora miteinander arrangiert. Das änderte sich mit der Staatsgründung Israels im Nahen Osten.« (Assmann 2023) Der postmoderne Philosoph Jean-Luc Nancy sekundiert: »Der Islam kannte aber keinen Antisemitismus, jedenfalls nicht nach christlich-europäischer Art. Erst die Gründung des Staates

einige Männer des Dorfes hatten sich auch an Aktionen arabischer Einheiten im Jahr 1948 beteiligt und die Irgun- und LHI-Milizen nahmen (wohl fälschlicherweise) an, das Dorf beherberge Kämpfer der *Arab Liberation Army*. (Vgl. zum aktuellen Forschungsstand: Radai 2022, 4-11).

119 »[A]t least until the formation of the state of Israel in 1948, Arabs and Jews lived in peace together for centuries in Arab lands«; »most of the existing Muslim regimes at the time recognized Jewish minority rights and treated them with dignity«; »it was not a history of anti-Semitic extermination or pogroms«; »›it is really only since the establishment of the state of Israel that Jews and Muslims have become antagonistic‹«.

Israel, unter europäischer Schirmherrschaft, löste eine systematische Feindseligkeit aus.« (Nancy 2018, 65)[120] Auch Iman Attia, Professorin für *Diversity Studies*, spricht euphemistisch von einer »Koexistenz von jüdischen, christlichen und muslimischen Gemeinden in der Region«[121] (Attia 2009, 82). Immer wieder ist die Rede von einem »Miteinander«, das erst durch den Zionismus oder koloniale europäische Manipulationen und Spaltungsversuche »am Beginn der Moderne« (Anidjar 2009, 154) beendet worden sei.[122]

Beinahe nichts davon ist wahr. Juden lebten unter islamischer

120 Diese Art des immunisierenden Argumentierens ist typisch für das Genre intellektueller Islamapologetik. Wer, so fragt man sich, behauptet, dass der islamische Antisemitismus einer nach »christlich-europäischer Art« war? Man stellt eine (falsche und pauschale) These auf (›der Islam kannte keinen Antisemitismus‹), nur um sie im nächsten Halbsatz wieder so aufzuweichen, dass daraus eine Banalität wird (›nach christlicher Art‹). Christliche und islamische Judenfeindlichkeit sind natürlich nicht völlig identisch – es gibt Differenzen, die aber nichts an einer islamisch-traditionellen Judenfeindschaft ändern und die These, der Islam habe keinen Antisemitismus gekannt, widerlegen. Ein anderer Kunstgriff (der Nancy verstellt bleibt, weil er eine Kontinuitätsthese zwischen christlicher und moderner Judenfeindschaft aufbaut) ist es, das Wort Antisemitismus nur für die moderne Judenfeindschaft zu verwenden, um so den islamischen Judenhass als relativ harmlos oder etwas ganz anderes dastehen zu lassen. Auch Nancys These vom Islam als »unabhängige[m] Nachfolger« des Judentums ohne »Eifersucht« (Nancy 2018, 65), ist längst widerlegt, vgl. Bostom 2008, Nirenberg 2015, Kap. 4, Ourghi 2023.

121 Weitere Beispiele für diese Legende sowie Kritik daran liefern Lewis 2004, Kap. IV, Yemini 2017, Kap. 10, Pollack 2017, 242-253, Bensoussan 2019, Weinstock 2019.

122 Anidjar erwähnt die Anwendung der französischen Staatsbürgerschaft auf algerische Juden, nicht aber auf Araber im Jahr 1870. Auch die *Alliance Israélite Universelle*, meint er, habe mit ihrem »Netz französischer Schulen in den Kolonien« lediglich in Gestalt einer kolonialen Teile-und-herrsche-Strategie versucht, die Juden »ihrer angestammten Umgebung zu entfremden« (Anidjar 2009, 154). Angesichts der realen Lebensbedingungen der jüdischen Dhimmis ist diese Aussage an Zynismus kaum zu übertreffen. Zu einer seriösen Einschätzung der Arbeit der *Alliance* vgl. Lewis 2004, 146-155.

Herrschaft als sogenannte Dhimmis.[123] Dieser sich auf den Koran (Sure 9, Vers 29) sowie die sogenannten *Umarschen Bedingungen* stützende Rechtsstatus bedeutete eine institutionalisierte Demütigung der Juden und Christen und war kein bloßes »Minderheitenrecht«, wie es bei Grosfoguel ebenso euphemistisch wie anachronistisch heißt. Der Dhimmi-Status enthielt unter anderem folgende, immer wieder ergänzte Regelungen: die Kennzeichnung der Juden zum Beispiel durch Einführung des gelben Flecks im 9. Jahrhundert in Bagdad und das Verbot des Tragens wertvoller Kleidung; das Verbot des Waffentragens; die Pflicht zur Entrichtung eines Schutzgeldes bzw. einer Sonder-Kopfsteuer (Dschizya); das Verbot des Baus neuer Synagogen; die Verpflichtung zu einer demütigen und erniedrigten Haltung gegenüber Muslimen im Alltag; kein Zeugnisrecht vor Gericht; eine Benachteiligung im Erbrecht; das Verbot der Ehelichung einer Muslimin; den Ausschluss von öffentlichen Ämtern; das Verbot des Reitens auf edlen Tieren. Nicht alle dieser Regelungen wurden zu allen Zeiten durchgesetzt, sie unterlagen gewissen Konjunkturen, schwebten, wie Bernard Lewis zeigt[124], aber stets als Damoklesschwert über der jüdischen Minderheit in islamischen Dominanzgesellschaften. Auch die Auffassung, es handele sich nicht um eine Geschichte von Pogromen, ist schlicht falsch. Zu nennen sind unter anderem das Massaker von Fes 1033, die Pogrome von Granada 1066 (ca. 4000 Tote) und Hebron 1517, die Zerstörung von Tiberias und Safed 1660, die Massaker von Safed 1834 und 1838, der Farhud von Bagdad 1941, die Pogrome von Osmanisch-Thrakien 1934 und von Tripolis 1945. Auch im britischen palästinensischen Mandatsgebiet verübten arabische Kräfte Pogrome gegen (teils sogar antizionistisch-orthodoxe) Juden in den Jahren 1920, 1921, 1929 und

123 Vgl. dazu Lewis 2004, 17-48, Bat Ye'or 2005, Bostom 2008, Weinstock 2019, 397-412, Ourghi 2023, 185-223.
124 Vgl. Lewis 2004, 37, 49, 53, 57-59.

1936 bis 1939.[125] Der Mythos hält sich vor allem deshalb so beharrlich, weil zum einen die Lage der Juden in den christlichen Gesellschaften als Maßstab verwendet und den muslimischen Dominanzkulturen davon ausgehend ein ›War ja nicht so schlimm‹ attestiert wird. Zum anderen ist er deshalb so unerlässlich, weil man die massive Verbreitung der Judenfeindlichkeit in den islamischen Gesellschaften der Gegenwart letztlich als ›verständliche Reaktion‹ auf das Handeln der Juden und des Westens zurückführen will. Dieses postkoloniale Muster der Entmündigung nichtwestlicher Akteure wird im nächsten Kapitel noch ausführlicher behandelt.

Der Mythos vom »Rückkehrrecht« der Palästinenser

Judith Butler zufolge wird ein »Rückkehrrecht« der palästinensischen Flüchtlinge des 1948er-Krieges in der UN-Resolution 194 »unmissverständlich anerkannt« (Butler 2013, 276). Sie verschweigt die Tatsachen, dass das palästinensische Flüchtlingsproblem Folge eines von arabischer Seite als Vertreibungs- und Vernichtungsfeldzug gegen den Jischuw geplanten Angriffskrieges war[126] und dass die palästinensische Flüchtlingsorganisation UNRWA eine singuläre Flüchtlingsdefinition etabliert hat[127]. Diese beinhaltet unter anderem, dass Nachkommen arabischer Flüchtlinge in der patrilinearen Folge automatisch diesen Status erhalten und auch dann noch als Flüchtlinge gezählt werden, wenn sie Bürger anderer Staaten geworden sind, was zu einem ständigen Anwachsen der Flüchtlingszahlen führt. So

125 Ein Überblick findet sich bei Karsh 2011, Kap. 1, Weinstock 2019, 428-431, Bensoussan 2019.
126 Vgl. Morris 2023, 515-519, 534f., Karsh 2011, 3, 17f., 52ff., 209.
127 Vgl. Schwartz/Wilf 2022, 140, 226-236. Dass die UNRWA genau das immer wieder leugnet, was sie selbst praktiziert, nämlich einen singulären Flüchtlingsstatus zu etablieren, zeigt zusätzlich ihren Charakter als politische Propagandaorganisation. Vgl. dazu auch Gruber 2023 sowie Markl 2023.

werden zum Beispiel etwa 2,2 Millionen jordanische Staatsbürger weiterhin als palästinensische Flüchtlinge gezählt: »In Jordanien sind die 2,2 Millionen Palästina-Flüchtlinge, die bei der UNRWA registriert sind, weitgehend in das soziale und wirtschaftliche Leben eingebunden. Die große Mehrheit besitzt die jordanische Staatsangehörigkeit«[128]*, stellt die UNRWA selbst fest (UNRWA 2023b). Dagegen heißt es in der Konvention des UNHCR, des Flüchtlingswerks für alle anderen Flüchtlinge der Welt, für diesen Fall unmissverständlich: »Dieses Übereinkommen ist auf eine Person, die unter Abschnitt A [also den Flüchtlingsstatus] fällt, nicht mehr anzuwenden, wenn sie […] eine neue Staatsangehörigkeit erworben hat und den Schutz des Landes ihrer neuen Staatsangehörigkeit genießt.«[129]* (UNHCR 2010, 15) Der Völkerrechtler Robbie Sabel bestätigt diesen Punkt: »Personen gelten normalerweise nicht als Flüchtlinge, wenn sie die Staatsangehörigkeit oder den ständigen Aufenthaltsstatus eines anderen Landes erworben haben.«[130]* (Sabel 2022, 159) Zudem seien viele palästinensische Araber 1948 in die Gebiete Gazas und der Westbank geflohen oder hätten 1948 nicht einmal einen permanenten Aufenthaltsstatus im britischen Mandatsgebiert gehabt. Weil es sich, wie Adi Schwartz und Einat Wilf konstatieren, bei der UNRWA offenbar vornehmlich um eine antiisraelische Propagandaorganisation handelt[131], hält

128 »In Jordan, the 2.2 million Palestine refugees who are registered with UNRWA enjoy broad inclusion in social and economic life. The vast majority have Jordanian nationality«.
129 »This Convention shall cease to apply to any person falling under the terms of section A if […] he has acquired a new nationality, and enjoys the protection of the country of his new nationality«.
130 »Persons are not normally regarded as refugees if they have acquired the nationality or permament residence of another country.«
131 »Trotz der Initialen ›UN‹ ist die UNRWA keine wirkliche UN-Agentur. Sie ist eine aktive Partei im palästinensisch-israelischen Konflikt.« (Schwartz/Wilf 2022, 241) Dies werde auch durch die Propaganda bestätigt, die in von der UNRWA geleiteten Schulen praktiziert werde.

sich diese Organisation auch gar nicht für zuständig, das Flüchtlingsproblem zum Beispiel durch Neuansiedlung zu lösen. So heißt es in den UNRWA-Richtlinien unmissverständlich: »Im Gegensatz zum UNHCR ist UNRWA nicht befugt, langfristige und dauerhafte Lösungen für Flüchtlinge, einschließlich ihrer Neuansiedlung in Drittländern, zu suchen.« (UNRWA 2023) Butler hat die Propaganda des palästinensischen Revanchismus derart verinnerlicht, dass sie den Erwerb einer neuen Staatsangehörigkeit bei Verzicht auf die »Zugehörigkeit zu Palästina« gar als »globale […] Ungerechtigkeit« sowie »andauernde Katastrophe« geißelt (Butler 2013, 249) und das Beharren auf dem Rückkehrrecht gegenüber jeder territorialen Zwei-Staaten-Lösung als Kern des Verständnisses einer palästinensischen Nation begreift. Eine Zwei-Staaten-Lösung würde hingegen die israelischen Grenzen anerkennen, die sie als illegitim und illegal betrachtet: »Jede auf diesen Grundlagen errichtete Nation basiert auf der Verleugnung von 1948« (241), die sie sogar (ohnehin äußerst seltenen) vorsichtig pragmatischen Äußerungen von Mahmud Abbas vorwirft.[132] Damit nimmt Butler, ungeachtet ihrer Humanitätsrhetorik, zum arabisch-israelischen Konflikt eine radikale Position ein.

Davon unabhängig ist auch die (ebenfalls von der UNRWA selbst kolportierte) These, UN-Generalversammlungsresolution 194 erkenne ein Rückkehrrecht an, falsch.[133] Ein juristisch gül-

132 Vgl. Butler 2013, 243.

133 Die entscheidenden Stellen der Resolution lauten (Herv. von mir): »Die Generalversammlung »beschließt, dass denjenigen Flüchtlingen, die zu ihren Wohnstätten zurückkehren und *in Frieden mit ihren Nachbarn leben wollen*, dies zum frühestmöglichen Zeitpunkt *gestattet werden soll* und dass für das Eigentum derjenigen, die sich entscheiden, nicht zurückzukehren, sowie für den Verlust oder die Beschädigung von Eigentum, auf der Grundlage internationalen Rechts oder nach Billigkeit von den verantwortlichen Regierungen und Behörden Entschädigung gezahlt werden soll […] beauftragt die Schlichtungskommission, die Rückführung, *die Neuansiedlung* und die wirtschaftliche und soziale Wiedereingliederung der Flüchtlinge sowie die Zahlung von Entschädigungen zu erleichtern« (UN 2023, eigene Übers., meine Herv.)

tiges Recht auf Rückkehr wird von der Resolution nicht postuliert und zwar aus mehreren Gründen: Als Resolution der UN-Generalversammlung hat sie ohnehin keine rechtliche Verbindlichkeit[134]; Resolution 194 spricht ferner davon, dass eine Rückkehr erlaubt werden *sollte*, nicht müsse; sie bindet die Rückkehr an die Bedingung der Friedlichkeit der Rückkehrenden (eine Bedingung, die nach jahrelangen gewalttätigen Konflikten nicht einfach generell als erfüllt vorausgesetzt werden kann und deren Erfüllung im Einzelfall auch schwer zu verifizieren sein dürfte); sie erwägt auch die Möglichkeit der Neuansiedlung der Flüchtlinge in den Fluchtländern und sie wurde von den arabischen Staaten abgelehnt, weil damit eine Anerkennung Israels einhergegangen wäre.[135] Es ist übrigens dieses vermeintliche »Rückkehrrecht«, dessen Deutung als unverhandelbares, individuelles und unveräußerliches Recht durch die PLO seit 2000 dazu geführt hat, dass die palästinensische Seite mehrere Friedensangebote und Staatsbildungsgelegenheiten ausgeschlagen hat.[136] Dass Butler und Konsorten sich ein Rückkehrrecht phantasieren, ohne die Konsequenzen einer ›Rückkehr‹ von inzwischen mehr als 5 Millionen angeblichen Flüchtlingen nach Israel zu bedenken und ohne die antisemitische Verhetzung ganzer Generationen von arabischen Kindern und Jugendlichen unter anderem in UNRWA-Schulen[137] zu beachten, von anderen arabischen Staaten ganz zu schweigen, darf hier nicht unerwähnt bleiben.

Umgekehrt wird das (reale) Rückkehrgesetz Israels, das Juden und Familienangehörigen von Juden (Kindern, Enkeln sowie Gatten) gestattet, israelische Staatsbürger zu werden, in die Nähe des Kolonialismus oder der Apartheid gerückt. Butler

134 Vgl. Herdegen 2023, 348-351.

135 Vgl. insgesamt zum angeblichen »Rückkehrrecht«: Feuerherdt/Markl 2018, 102ff.; Schwartz/Wilf 2022, 76-80, 220ff.; Sabel 2022, 160-168.

136 Vgl. Lozowick 2006, 272-277, Yemini 2017, Kap. 17; Schwartz/Wilf 2022, Kap. 5., Sabel 2022, 174f.

137 Vgl. dazu Schwartz/Wilf 2022, 56, 134, 137, 150-159, 238ff. sowie Labude 2017a und Markl 2022.

nennt es ein »diskriminierendes und antidemokratisches Gesetz« (Butler 2013, 245), hinter dem ein »rassistische[r] […] Grundsatz« »demografische[r] Überlegenheit« stecke (247). Um Israel zu ›dekolonisieren‹, fordert Butler daher bis zur Einlösung des angeblichen Rückkehrrechts der Palästinenser ein »unbefristetes Moratorium für das Rückkehrgesetz« (245), also dessen faktische Abschaffung. Auch hier wird wieder nicht reflektiert, was den politischen Zionismus zu der Idee einer jüdischen Mehrheit veranlasst hat. Butler argumentiert im luftleeren Raum, für den die völlige Abwesenheit des historischen wie des aktuellen Antisemitismus konstitutiv ist. Sie argumentiert zudem falsch, denn das Rückkehrgesetz ist keineswegs antidemokratisch. Wie Alexander Yakobson und Amnon Rubinstein detailliert zeigen, diskriminiert es keinen Bürger Israels, egal welcher Religion oder Ethnie[138]. Denn trotz der ethnischen Einbürgerungspräferenz und des Gedankens eines jüdischen souveränen Staates bestimmt der nationale Status der Bürger (Araber oder Jude) in Israel nicht ihren bürgerrechtlichen Status.[139] Demokratische Rechte werden von allen Bürgern Israels ausgeübt und Juden, die keine Staatsbürger Israels sind, haben dort kein Wahlrecht.[140] Die beiden Autoren weisen zudem darauf hin, dass sich ethnisch spezifizierte Einbürgerungsregeln in vielen als liberale Demokratien anerkannten Staaten (wie Deutschland, Griechenland, Polen, Finnland, Irland, der Slowakei, Bulgarien usw.) finden und ethnische Einbürgerungspräferenzen auch keineswegs gegen internationales Recht verstoßen.[141] So konstatiert das »Internationale Übereinkommen zur Beseitigung jeder Form von rassistischer Diskriminierung«: »Dieses Übereinkommen ist nicht so auszulegen, als berühre es die Rechtsvorschriften der Vertragsstaaten über Staatsangehörigkeit, Staatsbürgerschaft oder Einbürgerung, sofern diese Vorschriften nicht Angehörige

138 Vgl. Yakobson/Rubinstein 2010, 125f.
139 Vgl. ebd., 135f.
140 Vgl., ebd., 135.
141 Vgl. ebd., 126ff.

eines bestimmten Staates diskriminieren.« (BMJV 2017, 28) Das ist ersichtlich nicht der Fall, wenn man die Mitglieder der eigenen Ethnie in der Einwanderungsfrage gegenüber *allen* anderen bevorzugt. Eine liberale Demokratie, so resümieren Yakobson/Rubinstein, hat oft folgende Prinzipien: »eine nationale Identität, die nicht alle ihre Bürger einschließt; manchmal kann diese Identität von Menschen geteilt werden, die Bürger anderer Staaten sind; aber die politische Souveränität in dem Staat gehört in jedem Fall allen seinen Bürgern, und nur ihnen.«[142]* (Yakobson/Rubinstein 2010, 137) Nur am Rande sei noch erwähnt, dass Israel wie kein zweiter Staat des Nahen Ostens seinen Bürgern Religionsfreiheit, kulturelle Autonomie und demokratische Rechte garantiert und ethnisch wie religiös zu den diversesten Staaten zählt. Selbstverständlich steht es jedem frei, ethnische Nationsdefinitionen und auch die bei *allen* Formen nationalstaatlicher Organisation (Territorialprinzip und staatsbürgerlicher Nationsgedanke inklusive) zu findende Exklusionslogik zu kritisieren. Warum man sich aber gerade auf die Juden konzentriert, die angesichts ihrer Verfolgungs- und Vernichtungserfahrung im Gegensatz zu den meisten anderen Nationen gute Gründe für nationale Souveränität, Territorialität und demographische Mehrheit vorbringen können, entzieht sich einem rationalen Zugriff, denn hier wäre wirklich dringend ein doppelter Standard angebracht, um der Sache gerecht zu werden.

142 »a national identity that does not include all its citizens; sometimes this identity may be shared by people who are citizens of other states; but the political souvereignty in the state belongs in any case to all its citizens, and to them alone«.

Eine solche dichtet zum Beispiel Enzo Traverso zionistischen Positionen an.[143] Er behauptet: »Der nazistische Antisemitismus bot al-Husseini ein Argumentationsreservoir, mit dem er seinen panislamischen Antijudaismus rechtfertigen konnte; der Faschismus lieferte Jabotinsky das Modell eines radikalen Nationalismus. Der Erstere wollte ein islamistisches Palästina ohne Juden; der Letztere ein jüdisches Palästina ohne Araber.« (Traverso 2017, 141f.) Was in Bezug auf Amin al-Husseini richtig ist, ist in Bezug auf Vladimir Jabotinsky falsch. Dieser hielt unmissverständlich am Prinzip der doppelten Indigenität von Juden und Arabern in Palästina fest: »[E]rstens«, schrieb er, »betrachte ich eine Verdrängung der Araber aus Palästina – in welcher Form immer das erfolgen sollte – als absolut unmöglich, in Palästina wird es immer zwei Völker geben« (Jabotinsky 1983, 278). In einem zukünftigen jüdischen Staat, äußerte er weiterhin, »soll das Prinzip der gleichen Rechte für alle Bürger, gleich welcher Rasse, Glaubensrichtung, Sprache oder Klasse in allen Bereichen des öffentlichen Lebens uneingeschränkt gelten. […] Die hebräische und arabische Sprache sollen gleichberechtigt sein und den gleichen Rechtsstatus genießen […]. Die Parzellen sollen unter Aufsicht des Gerichts für Bodenfragen ohne Ansehen der Nationalität an jüdische und arabische Bewerber […] vergeben werden«. (Jabotinsky 2021, 168/170)

Eine jüdische Mehrheit sollte durch Einwanderung, nicht durch Vertreibung der arabischen Bevölkerung bewirkt werden.[144] Der Historiker Benny Morris zeigt für den zionistischen Diskurs insgesamt, dass Diskussionen über Bevölkerungstrans-

143 Zu den zionistischen Debatten über einen Bevölkerungstransfer und der Tatsache, dass er kein systematischer Bestandteil der politischen Agenda der Zionisten wurde, vgl. Morris 2009, Yemini 2017, Kap. 3., Morris 2023, 460f.

144 Vgl. Morris 2009, 351.

fers erst in den 1930er und 40er Jahren eine größere Rolle spielten, als der Jischuw einer Reihe von Pogromwellen und Aufständen seitens der konservativen arabischen Kräfte ausgesetzt war (1920, 1921, 1929, 1936ff.), die den Gedanken einer jüdischen Heimstatt in Palästina kompromisslos bekämpften; als das Bündnis des Führers der palästinensischen Nationalbewegung Amin al-Husseini mit dem NS erkennbar wurde; und als die britische Appeasement-Politik gegenüber den Arabern in Gestalt des Weißbuch-Kurses die jüdische Einwanderung ab 1939 beinahe zum Erliegen brachte und in Zukunft von der arabischen Zustimmung abhängig machte: »Zusammengefasst lösten die arabischen, auf Vertreibung und Vernichtung der zionistischen Juden ausgerichteten Intentionen die Vertreibungsabsichten des Jischuw gegenüber den palästinensischen Arabern erst aus.« (Morris 2023b) Der Holocaust habe zudem das Bewusstsein der zionistischen Führer dafür geprägt, »dass gewaltige mörderische Intentionen in die Realität umschlagen können und dies auch taten, und die Weltgemeinschaft nicht unbedingt einschreiten würde, um die Araber an derartigem zu hindern.« (Ebd.) Allerdings seien diese Transferüberlegungen dennoch niemals Teil der zionistischen Politik geworden, obwohl der Peel-Plan des Völkerbundes in Übereinstimmung mit der damaligen Völkerrechtsauffassung[145] einen (sogar erzwungenen) Bevölkerungstransfer zwischen beiden geplanten Gemeinwesen vorgesehen habe:[146] »1947/48 wurde durch die Führungsebene des Jischuw […] keine Entscheidung getroffen, ›die Araber‹ zu vertreiben; zu keinem Zeitpunkt wurde Vertreibung zur politischen Richtlinie erklärt (was der Grund dafür ist, dass der aus dem Krieg von 1948 heraus neu entstandene jüdische Staat annähernd zu einem Fünftel aus Arabern bestand).« (Ebd.) Jedoch habe diese aus

145 Über erzwungenen Bevölkerungstransfer als internationale Norm bis zur Mitte des 20. Jahrhunderts informiert u.a. Yemini 2017, Kap. 2 und 3.

146 Vgl. Morris 2009, 354.

dem historischen Kontext zu erklärende Transferdiskussion angesichts der Erfahrung mit einer feindseligen arabischen Umgebung den Weg für Israels Weigerung geebnet, die Flüchtlinge des Krieges nach 1948 vollständig wieder zurückkehren zu lassen. Es zeigt den propagandistischen Charakter großer Teile des postkolonialen Israeldiskurses, dass solche entscheidenden historischen ›Feinheiten‹ hier in der Regel zugunsten der von Becke beschriebenen okzidentalistischen Dämonisierung des Zionismus ignoriert werden.

Apropos Vertreibung: Durch die Auslassung der kompletten Vorgeschichte sowohl des europäischen Antisemitismus sowie der Judenverachtung durch die *Islamic Supremacy*-Ideologie des traditionellen Islam als auch der in den arabischen Angriffskrieg mündenden ethnozentrischen Machtpolitik der arabischen Staaten und erst recht der historischen Debatten über erzwungenen Bevölkerungstransfer außerhalb und innerhalb des Zionismus, erscheinen Flucht und Vertreibung palästinensischer Araber im Kontext der Gründungsgeschichte Israels als Folgen der ideologisch motivierten Handlungen der Zionisten. Oder wie Assmann sich, die Methode der Auslassung perfekt beherrschend, ausdrückt: »Die Entstehung dieses Staates Israel 1948 hatte aber eine Nebenwirkung, die bis heute Probleme macht, und das war die Flucht und Vertreibung von 700.000 Palästinenser:innen, die seit Jahrhunderten in der Region lebten.« (Assmann 2024) Wie manipulativ man vorgehen kann, zeigt auch der Antizionist Peter Beinart, Redner auf der vom Zentrum für Antisemitismusforschung und dem Einstein-Forum mitorganisierten Tagung »Hijacking Memory«. Um Flucht und Vertreibung zumindest eines großen Teils der Araber vom Kriegskontext zu entkoppeln, schreibt er in einem Artikel aus dem Jahr 2023: »Aber es war nicht nur so, dass Israel mit dieser Massenvertreibung von Palästinensern begann – übrigens wurden etwa 300000 dieser 750000 Palästinenser vertrieben, bevor die arabischen Armeen im Mai 1948 den Krieg erklärten (d.h. zwischen November 1947, als über den Teilungsplan abgestimmt wurde und als Israel seine Unabhängigkeit erklärte, und dem darauffolgenden Mai, als die

Armeen angriffen) – sondern dass Israel diese Vertreibungen auch danach fortsetzte.«[147]* (Beinart 2023) Auch hier finden wir wieder die Strategie der Verfälschung historischer Zusammenhänge durch die Methode der Auslassung: Was Beinart schlicht ausspart, ist die Tatsache, dass die erste Phase des israelischen Unabhängigkeitskrieges bereits am 30. November 1947 begann, einen Tag nachdem die UN-Generalversammlung die Teilungsresolution 181 beschloss.[148] Die zu diesem Zeitpunkt beginnenden blutigen Angriffe palästinensischer und panarabischer Milizen auf den Jischuw brachten diesen einerseits zunächst in die Defensive, andererseits waren bereits diese Kämpfe der Grund für viele Palästinenser, aus den entsprechenden Gebieten zu fliehen. Der Nahostforscher Efraim Karsh resümiert für diese Phase: »Und so kam es, dass in den vier Monaten der Kämpfe, die auf die Verabschiedung des Teilungsbeschlusses folgten, eine große Zahl palästinensischer Araber aus ihren Häusern floh, obwohl die Juden noch in der Defensive waren und nicht in der Lage, sie zu vertreiben. Sogar schon vor dem Ausbruch der Feindseligkeiten waren viele Araber geflohen, und eine noch größere Zahl verließ das Land, bevor der Krieg vor ihrer Haustür begann. Bis April 1948 waren etwa 100.000 geflohen, und bis zur Unabhängigkeitserklärung Israels hatte sich die Zahl mehr als verdreifacht. Selbst dann wurde keiner der 170000 bis 180000 Araber, die aus den Städten flohen, und nur eine Handvoll der 130000 bis 160000 Dorfbewohner, die ihre Häuser verließen, von Juden vertrieben. Die Ausnahmen fanden in der Hitze des Gefechts

147 »But it wasn't just that Israel began with this mass expulsion of Palestinians—by the way, maybe roughly 300 of those 750,000 Palestinians were expelled before the Arab armies declared war in May of 1948 (i.e., between November 1947 when the partition plan was voted on and when Israel declared independence, and the following May and then the armies attacked)—but that also Israel continued those expulsions afterwards.«

148 Vgl. Karsh 2011, 99ff.

statt und wurden durchweg von militärischen Ad-hoc-Erwägungen diktiert.«[149]* (Karsh 2011, 237)

Mit Benny Morris lassen sich mehrere Phasen von Flucht und Vertreibung arabischer Palästinenser in den Jahren 1947/48 unterscheiden. *November 1947 bis März 1948*: Flucht der arabischen Ober- und Mittelschicht aus Furcht vor Verwicklung in das Kampfgeschehen, während sich der Jischuw in der Defensive befindet und fast keine Gelegenheit der Vertreibung von arabischen Bewohnern hat oder ergreift. Der damit verbundene Niedergang der arabischen Wirtschaft ist für viele ein weiterer Grund, die entsprechenden Gebiete zu verlassen. *April/Mai 1948*: Offensive der Haganah und Plan Dalet, der nicht das Ziel einer ›ethnischen Säuberung Palästinas‹ verfolgt, sondern von der militärischen Logik der Sicherung des Hinterlandes und der Verkehrswege vor Angriffen arabischer Milizen angesichts der erwarteten panarabischen Invasion geleitet wird. Einwohner (übrigens durchaus mehr als eine »Handvoll«) der Dörfer, aus denen Angriffe auf die Haganah erfolgen, werden häufig vertrie-

149 »And so it was that in the four months of fighting that follwed the passing of the partition resolution vast numbers of Palestinian Arabs fled their homes even though the Jews were still in the defensive and in no position to drive them out. Even before the outbreak of hostilities, many Arabs had already escaped, and still larger numbers left before war reached their own doorstep. By April 1948 some 100,000 had gone, and by the time of Israel's Declaration of Independence the number had more than trebled. Even then, none of the 170,000-180,000 Arabs fleeing urban centers, and only a handful of the 130,000-160,000 villagers who left their homes, had been forced out by Jews. The exceptions occurred in the heat of battle and were uniformly dictated by ad hoc military considerations.«

ben.[150] *Ab Mai 1948*: Vernichtungskrieg[151] fünf arabischer Armeen gegen Israel und Forcierung der die Pazifizierung des Hinterlands intendierenden Vertreibungen seitens der Haganah, wobei teilweise präventive Vertreibungen und die Zerstörung von Dörfern zur Freisetzung kämpfender Einheiten vorgenommen werden und in Israel Furcht vor einer ›fünften Kolonne‹ feind-

150 Zur rein militärischen Logik von Plan D vgl. Morris 2023, 168-174, 215, 220. Der Jischuw war durch die arabischen Überfälle auf Versorgungswege in der Defensive, die USA drohten im März 1948, ihre Zustimmung zum UN-Teilungsplan zurückzuziehen und die arabischen Armeen planten ihre Invasion für den Tag des Abzugs der Briten aus Palästina (15.5.48). Um diesen Herausforderungen zu begegnen, ging die Haganah in die Offensive mit dem Ziel der »Sicherung der von den Vereinten Nationen für die jüdische Staatlichkeit veranschlagten Gebiete und mehrerer jüdischer Bevölkerungskonzentrationen außerhalb dieser Gebiete [...]. Die Straßen zwischen den jüdischen Kerngebieten und den Grenzgebieten, in denen die eindringenden arabischen Armeen voraussichtlich angreifen würden, sollten gesichert werden.« (172)

151 Letztlich waren die arabischen Staaten militärisch nicht in der Lage, Israel zu vernichten, weshalb die offen formulierten Drohungen, die Juden ins Meer zu werfen und »›den Zionismus aus[zu]rotten‹« (Morris 2023, 254) schließlich praktisch den Charakter einer »unkoordinierte[n], multilaterale[n] Landnahme« aufwiesen. Morris betont aber, dass im Falle einer militärischen Schwäche Israels die Invasionsarmeen »zweifellos ganz Palästina, einschließlich Tel Aviv und Haifa, eingenommen« und wahrscheinlich alle Juden vertrieben hätten (263). Keine der arabischen Autokratien hatte 1948 und in den Folgejahren übrigens die Absicht, einen palästinensisch-arabischen Staat zu gründen. Vielmehr befanden sich die Blöcke Ägypten/Syrien und Jordanien/Irak in einem antagonistischen »Scramble for Palestine« (Karsh 2011, 190) und waren, als instabile Diktaturen, zugleich von der (oft selbst angeheizten) militanten antijüdischen Stimmung der ›arabischen Straße‹ getrieben. Vgl. instruktiv Morris 2023, 248, 253, 393f., 400, 515ff.

seliger arabischer Bürger herrscht.[152] Die Rückkehr von Flüchtlingen wird daher weitgehend verhindert[153] und soll erst in einem Friedensvertrag erörtert werden. Die Entscheidungen über Vertreibung oder Nichtvertreibung haben dabei oft einen unsystematischen Charakter und sind nicht auf einen zentralen Plan oder Befehl zurückzuführen.[154] Weitere Gründe der Fluchtbewegung waren unter anderem: Kriegsverbrechen zionistischer Milizen (zum Beispiel in Deir Yasin), die zum Anlass von Gräuelpropaganda wurden und statt Motivation zum Kampf die Flucht arabischer Bevölkerungsteile bewirkten; Anweisungen seitens lokaler arabischer Führungen, von der Haganah kontrolliertes oder an jüdische Siedlungen grenzendes Gebiet zu verlassen (zum Beispiel in Haifa); die arabische Evakuierung von Dörfern und deren Umwandlung in Militärstützpunkte sowie Vergewaltigungen und Plünderungen arabischer Viertel seitens der *Arab Liberation Army* (zum Beispiel in Jaffa). Die Motive und Gründe der Flucht waren also vielfältig und stark kontextabhängig. Wie auch immer man die militärisch und kriegsbedingt vorgenommenen Vertreibungen bewerten mag, es ist eindeutig, dass sie nicht einem ideologischen Programm und Masterplan rassistisch motivierter ethnischer Säuberung entsprangen.[155] Hinge-

152 Vgl. Morris 2023, 403ff. Die arabischen Flüchtlinge wurden auch in der arabischen Welt selbst von Beginn an als fünfte Kolonne verstanden, deren Rückkehr mit einer Zerstörung Israels gleichzusetzen sei, vgl. Schwartz/Wilf 2022, 60f. Daher bestand mit Ausnahme Jordaniens bei den arabischen Auffangstaaten der palästinensischen Flüchtlinge auch kein Interesse an deren Eingliederung – sie sollten und sollen als politisches Faustpfand gegen Israel dienen. Vgl. zu den Lebensbedingungen der (Nachkommen der) Flüchtlinge in Ägypten, Syrien und Libanon: Schwartz/Wilf 2022, 141-146, 249-254, Yemini 2017, Kap. 11.
153 In diesem Zuge werden auch arabische Häuser und Ländereien enteignet (vgl. Morris 2023, 409-414). Diese Enteignungen sind ebenfalls unmittelbare Konsequenz des Krieges.
154 Vgl. Morris 2009, Morris 2023, 460f.
155 Zu den Phasen und Gründen der arabischen Fluchtbewegungen und Vertreibungen 1947/48 vgl. instruktiv: Karsh 2011, Schwartz/Wilf

gen kann im Fall der arabischen Seite ein von Beginn an die entscheidenden politischen Akteure prägendes »expulsionist mindset« (Morris 2008b, 409) festgestellt werden: Nicht nur galt ein jüdisches Gemeinwesen als ›Infizierung‹ arabisch-islamischen Landes und wurde von offizieller Seite explizit mit der totalen Vernichtung oder zumindest der Vertreibung der jüdischen Bevölkerung gedroht[156], die Vertreibung wurde 1948 auch konsequent »in die Tat umgesetzt« (Morris 2023, 536), indem sämtliche von arabischen Milizen oder Armeen eroberten jüdischen Siedlungen oder Gebiete »zerstört« wurden, »nachdem ihre Bewohner verhaftet oder vertrieben worden waren« (ebd.). Die bis heute, allen gegenteiligen Verlautbarungen zum Trotz, nicht geänderte Charta der PLO[157] führte die Vertreibungsideen Amin al-Husseinis und des *Arab Higher Commitee*, wonach die palästinensische Staatsbürgerschaft nur für Juden vorgesehen war, die vor 1917 nach Palästina gekommen waren, [158] konsequent fort.[159]

Ich beende hier meine Erörterung von Beispielen. Wie gesagt: Eine auch nur halbwegs vollständige Darstellung der Lügen, Legenden und Verzerrungen der Geschichte des arabisch-jüdischen Konflikts in den Texten prominenter postkolonialer Denker würde mindestens ein ganzes Buch füllen.

BDS-Business

Der antiisraelische Furor des postkolonialen Milieus setzt sich vor allem in Gestalt unzähliger offener Briefe sowie Boykottaufrufe aus dem Umfeld der BDS-Kampagne in konkrete Politik

2022, 26-38, Morris 2023, 142, 144f., 168-174, 180-183, 202-205, 213, 220, 403-414 u.a.

156 Vgl. u.a. Karsh 2011, 17-20, 32f., 52f., 58, 91ff., 209, 214, Yemini 2017, 50-53, Morris 2023, 70, 88, 253f., 516-519, 534ff., 539-543.

157 Vgl. Markl 2021.

158 Vgl. dazu Karsh 2011, 192f., 227, Morris 2023, 534.

159 Vgl. Harkabi 1980, Herf 2019, 110-114, Morris 2023, 536.

um. So veröffentlichten im Mai 2021 etliche Institute und Projekte der Genderforschung in den USA und Kanada eine Erklärung, in der Israel unter anderem systematischer siedlerkolonialistischer Rassismus, eine »globale Macht über Palästina«, Apartheid, die »wahllose Bombardierung« Gazas und eine seit 1948 anhaltende ethnische Säuberung Palästinas vorgeworfen wird (Gender Studies Departments In Solidarity With Palestinian Feminist Collective 2021, eigene Übers.). Die Erklärung verweigert sich explizit einer, wie sie dort genannt wird, »Beide Seiten-Rhetorik« und thematisiert mit keinem Wort die anhaltende antisemitische Aggression der Hamas oder anderer arabischer Akteure in der Geschichte des Konflikts. Schließlich wird ein Recht auf Rückkehr der inzwischen mehr als 5 Millionen zählenden palästinensischen Flüchtlinge in ihre Häuser gefordert, ohne auf die Singularität der Flüchtlingsdefinition für Palästinenser hinzuweisen oder die Folgen für den Staat Israel zu thematisieren. Dieses Genre zeichnet sich durch eine geradezu infantil simple, manichäische Weltanschauung, gröbste De-Realisierungen und die ständige Wiederholung der immergleichen Formulierungen, Legenden und Vorurteile aus – eine klassische Strategie totalitärer Propaganda. Bis in den Wortlaut hinein zeigen sich inzwischen auch offene Briefe aus postkolonialen Historikerkreisen diesem Weltbild verpflichtet. Eine, von den unzähligen vormaligen öffentlichen Erklärungen des aktivistischen Milieus nicht mehr zu unterscheidende, Täter-Opfer-Verkehrung führt zum Beispiel in einem unter anderem von Moses, Rothberg, Alon Confino, Omer Bartov und Stefanie Schüler-Springorum, der Leiterin des Zentrums für Antisemitismusforschung, unterzeichneten offenen Brief dazu, Israel (und Israel allein) als erste Ursache für den antisemitischen Massenmord der Hamas zu identifizieren. »Fünfundsiebzig Jahre Vertreibung, sechsundfünfzig Jahre Besatzung und sechzehn Jahre Blockade des Gazastreifens«, heißt es dort, »haben zu einer immer schlimmer werdenden Spirale der Gewalt geführt, die nur durch eine politische Lösung gestoppt werden kann.«[160]* (Bartov et al 2023). Dass das palästinensische Flüchtlingsproblem die Folge des verlorenen arabischen Angriffskrieges gegen den Jischuw und Israel ist und es außerdem längst einen palästinensischen Staat sowie friedliche Beziehungen zwischen Palästinensern und Israelis geben könnte, wenn die arabische Seite den von der Peel-Kommission vorgelegten Vorschlag einer Zwei-Staaten-Lösung von 1937, den UN-Teilungsplan von 1947 oder eines der israelischen (und z.T. amerikanischen) Friedensangebote der Jahre 1967, 2000, 2008, 2014 und 2020 angenommen hätte, wird, wie immer in solchen Pamphleten, verschwiegen. Dass das Massaker des 7. Oktober längst vor dem Jahr 2023 stattgefunden hätte, wenn Israel den Verkehr zum Gazastreifen nicht minutiös kontrolliert und reglementiert hätte, kommt den Unterzeichnern offenbar ebenfalls nicht in den Sinn – auch hier zeigen sie, dass sie selbst offenen, eliminatorischen Antisemitismus, wenn er nur von Palästinensern geäußert wird, nicht ernst nehmen.

Das von Protagonisten der Postcolonial Studies angestrebte antirassistische Bündnis ist nicht nur durch die Ausblendung antisemitischer Gewalt arabisch-nationalistischer oder islamistischer Akteure, sondern nicht selten gar durch eine Zusammenarbeit oder zumindest eine Solidaritätserklärung mit Antisemiten dieser Couleur gekennzeichnet – Michael Rothberg fordert, ich erwähnte es bereits, explizit eine »Offenheit für die Möglichkeit merkwürdiger politischer Bettgesellen« (Rothberg 2021, 45). Das kann solche Formen annehmen wie bei Judith Butler, die meint, es sei »äußerst wichtig, Hamas und Hisbollah als soziale Bewegungen zu verstehen, die fortschrittlich, links und Teil einer globalen Linken sind«. (Butler, zit. nach Salzborn 2018, 111 sowie Butler 2017, Minute 5:59)[161]* Selbst nach dem

160 »Seventy-five years of displacement, fifty-six years of occupation, and sixteen years of the Gaza blockade have generated an ever-deteriorating spiral of violence that can only be arrested by a political solution.«

161 »understanding Hamas and Hezbollah as social movements that are

7. Oktober 2023 meint Butler, es sei eine »Karikatur«, wenn die Hamas im öffentlichen Diskurs als terroristisch bezeichnet werde.[162] Andere, wie der postmoderne Starphilosoph und Träger des Hannah Arendt-Preises der Stadt Bremen Gianni Vattimo, fordern, »to raise money ›to buy Hamas some more rockets‹«, oder wollen auch gleich selbst Hand anlegen: »I'd like to shoot those bastard Zionists« (Vattimo, zit. nach Momigliano 2014). Auch der in der klimapolitischen Linken einflussreiche Theoretiker Andreas Malm möchte seine »admiration for the heroes of the resistance in Gaza headed by Mohammed Deif« zum Ausdruck bringen. Deif, der Generalstabschef und oberste Befehlshaber des militärischen Flügels der Hamas, richte sich lediglich gegen die »proto-genocidal right« der »Zionist entity« (Malm, zit. nach Youtube 2021, Minute 22:15ff.).

Die Kampagne BDS[163] ist ein zentrales Scharnier dieses Bündnisses. Bereits die wesentlich vom Mullah-Regime im Iran mitgeprägte Vorgeschichte[164] dieser Bewegung und die Tatsache, dass islamistische Terrororganisationen wie die Hamas, der Palästinensische Islamische Dschihad sowie die ›säkulare‹ PFLP zu den Mitbegründern der Bewegung zählen, straft die ad nauseam wiederholte Litanei vom ›gewaltfreien‹ und ›zivilgesellschaftlichen‹ Charakter von BDS Lügen. Formal wurde BDS im Jahr 2005 von 170 Organisationen der sogenannten palästi-

progressive, on the left, part of a global left, is extremely important«. Eine ausführliche Analyse dieser Aussage und von Butlers anschließender Nebelkerzen-Strategie findet sich in Salzborn 2018, 109ff.

162 »once we see these caricatures taking hold in public discourse all Palestinians are Hamas or Hamas is terrorist rather than say an armed resistance struggle« (Butler 2023b, ab Minute 4:16). Ich danke Chantalle El Helou für den Hinweis.

163 Zum antisemitischen Charakter der BDS–Kampagne vgl. u.a. DIG 2016, Biskamp 2018, Hirsh 2018, Kap. 4, Nelson 2019, State of Israel 2019, Feuerherdt/Markl 2020, Baier 2021, Anders 2021.

164 Vgl. Markl 2017.

nensischen Zivilgesellschaft gegründet – darunter auch die genannten Terrorgruppen. De facto geht die Boykottkampagne aber auf den NGO-Ableger der »Weltkonferenz gegen Rassismus« 2001 in Durban[165] zurück, wurde wesentlich vom Mullah-Regime im Iran forciert und hat im Boykott Israels durch die Arabische Liga einen historischen Vorläufer[166]. Es handelt sich bei BDS um eine internationale Boykott-Kampagne gegen israelische Waren und Bürger, insbesondere Wissenschaftler und Künstler, teils aber auch gegen nichtisraelische Juden, die sich nicht vom Zionismus distanzieren. BDS fordert von Israel, dass es 1) »Die Besetzung und Kolonisation allen arabischen Landes beendet und die Mauer abreißt; 2) das Grundrecht der arabisch-palästinensischen BürgerInnen Israels auf völlige Gleichheit anerkennt; und 3) die Rechte der palästinensischen Flüchtlinge, in ihre Heimat und zu ihrem Eigentum zurückzukehren, wie es in der UN Resolution 194 vereinbart wurde, respektiert, schützt und fördert« (BDS 2005), also das »Recht auf Rückkehr« der inzwischen von ca. 700000 auf 5,9 Millionen angewachsenen Zahl palästinensischer Flüchtlinge des Jahres 1948 in das israelische Kerngebiet. Wie der gesamte postkoloniale Propaganda-Diskurs abstrahiert BDS von der tödlichen Bedrohung Israels seitens des iranischen Regimes, seines libanesischen Arms, der Hisbollah, und der Hamas, was angesichts der Tatsache, dass diese islamistischen und antisemitischen Kräfte zum Teil selbst diesem Bündnis angehören, kaum verwundert. Es wird suggeriert, es liege ausschließlich an Israel, für Frieden und die Einhaltung der Menschenrechte in der Region zu sorgen, während die katastrophalen menschenrechtlichen Verhältnisse unter der Herrschaft von Hamas und PLO oder im Iran außenvor bleiben – auch für Menschenrechte von Palästinensern in Staaten wie

165 Diese Konferenz ist als beispielloses antisemitisches Hass-Festival unter dem Label des Antirassismus in die Geschichte eingegangen. Vgl. Lantos 2002, Feuerherdt/Markl 2020, 49-58.

166 Vgl. Feuerherdt/Markl 2020, Kap. 2.

Syrien, Ägypten oder dem Libanon[167] interessiert man sich offenbar wenig.

Forderung 1 wird meist bewusst diffus gehalten, um sowohl radikale antizionistische Kräfte, die Israel generell für illegitim halten, als auch eher naive Kritiker der Besetzung des Westjordanlands ins Boot der Kampagne zu holen. Dabei muss man schon weltentrückt sein, um als humanitär drapierter Anhänger der Kampagne die bei BDS-Aktionen allgegenwärtigen Slogans wie »From the River to the Sea – Palestine will be free« oder die Aussagen prominenter Vertreter wie Omar Barghouti zu überhören: »Definitely, most definitely we oppose a Jewish state in any part of Palestine.« (Barghouti zit. nach Anders 2021, 9) Weltfremd oder interessiert ignorant muss man als BDS-Sympathisant auch sein, wenn einem die massenhafte Verwendung antisemitischer Motive, wie »Kindermord«-Vorwürfe, buchstäblich dämonisierender Karikaturen oder Gleichsetzungen von Israel mit Nazi-Deutschland, auf Twitter- oder Facebook-Accounts von BDS selbst oder seitens BDS-naher Akteure entgeht.[168] Forderung 2 unterstellt kontrafaktisch die Inexistenz der Rechtsgleichheit der arabischen Bürger Israels und ist mit dem immer wieder von BDS erhobenen Apartheidsvorwurf verbunden.[169] Forderung 3 beruft sich auf den vererbbaren Flüchtlingsstatus palästinensischer Flüchtlinge von 1948. Daher sollen 5,9 Millionen, nicht bloß die noch lebenden ca. 30000 zurückkehren. Die Konsequenz wäre die Majorisierung der Juden Israels durch eine ihnen gegenüber weitgehend feindselig eingestellte, einer jahrzehntelangen antisemitischen Propaganda unterzogene arabische Bevölkerung und damit unter den gegebenen Bedingungen die Zerstörung des jüdischen Staates sowie ein Massenmord an

167 Vgl. zu letzteren Yemini 2017, Kap. 11 und Schwartz/Wilf 2022, 141-146, 249-254.

168 Beispiele u.a. in: State of Israel 2019, Zachor Legal Institute 2019 sowie bei Bernstein 2021, 44-78 und Collier 2021.

169 Zur Kritik daran vgl. Lozowick 2006, Kap. 7, Safian 2012, Danzig 2016.

seinen Bürgern.[170] Mit seinen in der einen oder anderen Form stets auf die Zerstörung Israels hinauslaufenden Forderungen kann BDS auch als Angriff auf das Judentum insgesamt begriffen werden. Denn nicht nur werden der einzige garantierte Aufnahmeort für vom Antisemitismus verfolgte Juden und ihre einzige Möglichkeit, sich selbstbestimmt und bewaffnet gegen Verfolgung und Versuche der Vernichtung zur Wehr zu setzen, negiert. Das Ende Israels als jüdischer Staat hätte allermindestens durch Flucht und Vertreibung der Juden aus Israel die Zerstörung eines der beiden Zentren des Judentums weltweit zur Folge und würde einen zentralen Bezugspunkt auch der überwältigenden Mehrheit des Diasporajudentums vernichten.[171]

Der BDS-Kontext verweist auf das pseudohumanitäre Gewand, in das sich der linke Hass auf den jüdischen Staat schon immer gekleidet hat. In der Regel herrschen in diesem Spektrum eine Sprache der Gewaltlosigkeit, Beschwörungen eines Israels Ende bedeutenden Friedens und die Rede vor, man wolle den verzweifelten, unterdrückten Palästinensern nicht vorschreiben, welche Mittel des Widerstands sie wählen sollen. Die Dämoni-

170 Karl Erich Grözinger konstatiert, die Realisierung der Utopie eines binationalen Staates Israel »würde […] bedeuten, Israel und seine Juden hinsichtlich der sozialen Struktur und der politischen Gestaltungsmacht wieder auf ein Leben in der Diaspora zurückzuwerfen, in dem die Juden nur Teil einer multikulturellen Gesellschaft wären und in absehbarer Zeit als Minderheit leben müssten, mit der Folge, dass in Notsituationen in der Diaspora, die Einwanderungsquoten und damit die Rettungschancen wieder von nichtjüdisch-nationalen und vielleicht gar antisemitischen Kräften abhängig ist [sic].« (Grözinger 2015, 427)
171 Umfragen in Europa und den USA aus den Jahren 2019 und 2020 konstatieren, dass 73% der europäischen Juden die Unterstützung Israels als wichtig erachten und 80% der amerikanischen Juden sich als proisraelisch bezeichnen. Vgl. zu den entsprechenden Umfragen unter Diaspora-Juden sowie zum Gesamtkomplex, der hier angedeutet wurde: Feuerherdt/Markl 2020, 90-102. Dagegen behauptet Meron Mendel ohne jeden Beleg: »Ein Großteil der Juden, die außerhalb von Israel leben, ist antizionistisch.« (Mendel 2023) Zur Kritik: Markl 2023b.

sierung Israels artikuliert sich auch im akademischen Antirassismus auf den ersten Blick meist als Universalismus, der allerdings im besten Fall ein Pseudouniversalismus ist[172], weil er geradezu zwanghaft von der antisemitischen Bedrohung absieht, der Israel und die Juden ausgesetzt sind und der die Gattungseinheit reklamiert, ohne die handfeste Leugnung dieser Gattungseinheit seitens der Antisemiten zu registrieren – jedenfalls wenn diese Antisemiten Muslime oder ›People of Color‹ sind und wenn sie an den Juden und Israel die angeblichen ›Feinde der Völker‹ oder ›Gefahren für den Weltfrieden‹ bekämpfen. Dabei wird von Israel ein bis zur Selbstaufgabe reichender, kontextfreier Universalismus verlangt, während umgekehrt andere Nationalismen oder ›indigene‹ Gemeinschaftsvorstellungen entweder nicht beachtet oder gar gefeiert werden – wir haben am repräsentativen Beispiel Butlers gesehen, dass sie die revanchistische Ideologie des palästinensischen Nationalismus bis ins Detail verinnerlicht hat und jede Abweichung davon (und sei sie nur rhetorischer Art) als Verrat verdammt.[173]

Wie einst in der Rechten die absurde assoziative Verkettung von sozialer Frage, Friedensfrage und ›Judenfrage‹,[174] ist heute in großen Teilen der Linken die von Gerechtigkeitsfrage, Friedensfrage und ›Israelfrage‹ zum selbstverständlichen »Erkennungszeichen der Zugehörigkeit« zur Kultur der Guten und Aufrechten geworden (Volkov 2000, 31, 84). Die Haltung zur Israel-Palästina-Frage wird zum Lackmustest für jede als emanzipatorisch deklarierte Bewegung stilisiert – »Palestine is a Feminist Issue«, behauptet zum Beispiel die bereits erwähnte Kampagne

172 Im schlimmsten Fall, so bei Butler oder Badiou, haben wir es mit einer Utopie der Bestimmungslosigkeit oder der permanenten Identitätsverwischung zu tun, die sich in der politischen Diktion als Universalismus tarnt und meist von naiven Rezipienten auch so verstanden wird.

173 Vgl. Butler 2013, 241, 243.

174 Zur Friedensfrage vgl. Herf 2008, 208f., zur sozialen Frage vgl. Holz 2010, 218ff., 389ff.

»Gender Studies Departments In Solidarity With Palestinian Feminist Collective« (2021), womit sie nicht Verletzungen von Frauenrechten durch palästinensische Akteure meint. Diese Art von pseudouniversalistischer Israelfeindschaft vertritt also die Forderung, die Juden sollten aus Auschwitz die Lehre ziehen, auf ›Grenzen und Trennungen‹ zu ›den Anderen‹ zu verzichten. Der Historiker Michael Wolffsohn charakterisiert dieses von ihm »kernwestlicher Antisemitismus« genannte Denken wie folgt: Linksliberale (»Li-Libs«) »haben gelernt: 1. Gewalt als Mittel der Politik ist inakzeptabel, weil mörderisch. Die jüdisch-israelische Mehrheit hat aus derselben Geschichte gelernt: Gewaltverzicht kann selbstmörderisch sein. 2. Li-Libs haben gelernt: Partikularismus beziehungsweise Nationalismus ist mörderisch, Universalismus beziehungsweise ›Kosmopolitismus‹ – einst von den Nazis als ›typisch jüdisch‹ verunglimpft – die einzig ethische Alternative. Die jüdisch-israelische Mehrheit hat aus derselben Geschichte gelernt: Kosmopolitismus war selbstmörderisch. Als sechs Millionen Juden vernichtet wurden, weinte die ›internationale Gemeinschaft‹ Krokodilstränen und schaute tatenlos zu. 3. Li-Libs haben aus der Geschichte gelernt: Land beziehungsweise Territorium als politischer Faktor bedeutet, ›wie bei den Nazis‹, Blut und Boden [...]. Die jüdisch-israelische Mehrheit hat aus derselben Geschichte gelernt: Land, nur das eigene Land (das man notfalls mit Gewalt verteidigt), garantiert Sicherheit.« (Wolffsohn 2020)

Um sich dabei selbst ein gutes Gewissen zu bereiten, reicht es aber nicht, mit pastoralem Gestus die ›Versöhnung‹ oder die ›Reparatur‹ der Welt zu fordern, man muss auch mit allen Mitteln leugnen, dass ›die Anderen‹ wirklich Feinde der Juden sein könnten. Juden, die sich gegen reale Feinde wehren müssen, werden vielmehr der projektiven und irrationalen – wahlweise nationalistischen, orientalistischen oder rassistischen – Feindseligkeit bezichtigt. Es handelt sich hier um einen Universalismus, der die weitgehende Gleichgültigkeit oder zumindest Tatenlosigkeit ausblendet und reproduziert, mit der große Teile der Welt noch stets zugesehen haben, wenn Juden in unmittelbarer existentieller Gefahr schwebten und sich nicht allein auf sich selbst verlassen konnten – diese Tatenlosigkeit lässt sich von der Verweigerung der Aufnahme vor dem Nationalsozialismus fliehender Juden in aller Welt über das militärische Nichteigreifen der UNO im Falle des arabischen Angriffskrieges gegen Israel 1948 bis hin zur Verweigerung der Überflugrechte für amerikanische Waffenlieferungen im Jom Kippur-Krieg 1973 seitens der meisten europäischen Staaten verfolgen, und weit darüber hinaus.[175] Die Konsequenz des pseudohumanistischen Geraunes westlicher Israelboykotteure ist allermindestens »die Wiederherstellung jener Art von Verletzbarkeit« und Ausgeliefertsein der Juden, »die vor Auschwitz bestand und die dazu beitrug, Auschwitz Wirklichkeit werden zu lassen.« (Rosenfeld 2015, 241) Wie die weltweiten Reaktionen auf das Oktoberpogrom der Hamas und ihrer willigen Vollstrecker gezeigt haben, scheut man sich in dem hier zur Debatte stehenden politischen Milieu auch nicht vor offener Verherrlichung von antisemitischem Massenmord als legitimem dekolonisierendem Widerstand oder zumindest einer verständnisvollen Pseudokontextualisierung dieser Gewalt. Was Israel erwartet, wenn Teile der vielbeschworenen palästinensischen »Zivilgesellschaft«, nämlich die BDS-Gründungsmitglieder Hamas und PIJ, siegen, ist nichts anderes als »Endkolonialisierung« (Palästina spricht 2023b).[176] Vielleicht war den Vertretern des Bremer Ablegers der Propagandaorganisation »Palästina spricht« gar nicht bewusst, welche Wahrheit über den entsprechenden ›palästinensischen Widerstand‹ sie mit diesem wahrscheinlich zufälligen Schreibfehler aussprachen: Es wird sich um eine Mischung aus »Endlösung« und (vermeintlicher) Entkolonialisierung handeln. Anders for-

175 Jean-Paul Sartre wusste in seinen »Überlegungen zur Judenfrage« noch, dass die Juden »leidenschaftliche Feinde und leidenschaftslose Verteidiger« haben (Sartre 1994, 46).

176 Zu den Plänen der Hamas im Falle eines Sieges über Israel vgl. Frank 2021c.

muliert: Decolonize Palestine heißt, so verstanden, nichts anderes als: Pogrom von Kfar Aza und Be'eri, ausgeweitet auf ganz Israel.

5

Der postkoloniale Blick auf ›die Anderen‹

5.1. De-Thematisierung des Islam im Orientalismuskonzept

Die Verknüpfung traditioneller islamischer Judenfeindlichkeit mit dem modernen Antisemitismus stellt für Juden weltweit eine der wesentlichen Gefahren dar.[1] Es brauchte nicht das größte antisemitische Massaker nach dem Holocaust, das im Oktober 2023 von Hamas und Palästinensischem Islamischem Dschihad an israelischen Bürgern verübt wurde, um das zu erkennen. Auch hier ist der postkoloniale Antirassismus mindestens blind für die antisemitische Bedrohung, was unmittelbar mit der weltanschaulichen Umformung und postmodernen Fundierung bestimmter, zunächst legitimer Motive der Rassismuskritik zusammenhängt. Um die De-Thematisierung des islamischen Antisemitismus zu verstehen, muss man zunächst die De-Thematisierung des Islams überhaupt aus der weltanschaulichen Überdehnung theoretischer Annahmen erklären.

Essentialistischer Antiessentialismus

Im Zentrum dieser Annahmen steht die Orientalismus-Diagnose des amerikanischen Literaturwissenschaftlers Edward Said, die,

1 Nicht zu vergessen ist natürlich auch der bis in die 1970er Jahre im Nahen Osten vorherrschende panarabische Nationalismus. Dass es Antisemitismus auch in anderen politischen und religiösen Kontexten gibt und dieser dort nach 1945 nicht einfach verschwunden ist, dass auch rechtsradikaler Terror von Neonazis nach wie vor eine Gefahr darstellt, bleibt unbestritten.

wie bereits ausgeführt, besagt, »dass die europäische Kultur erstarkte und zu sich fand, indem sie sich vom Orient als einer Art […] Schattenidentität abgrenzte.« (Said 2017, 12) Diese Identität, in der Regel als ›der Andere‹ oder ›die Anderen‹ bezeichnet, bestehe vornehmlich aus Projektionen negativer (oder begehrter) Selbstanteile des Westens, der dem Orient kulturelle Rückständigkeit, Statik und Primitivität attestiere und mittels dieser Zuschreibungen einen Herrschaftsanspruch begründe. Der orientalistische Diskurs, der Wissenschaftssystem, Mentalitätsstrukturen und imperialistische Politik miteinander verbinde, sei damit ein Wissen-Macht-Komplex im Sinne Michel Foucaults: ein institutionalisiertes System von Aussagemöglichkeiten und -begrenzungen, das einen legitimen Wissensgegenstand hervorbringe und zugleich zur Produktion asymmetrischer Machteffekte beitrage.[2]

Die Orientalismuskritik dreht sich zunächst vornehmlich um die Frage der Legitimität eines doktrinbezogenen bzw. »doktrinäre[n] Essentialismus« (Khawaja 2018, 147). Dieser Begriff bezeichnet die Tatsache, dass es Deutungsmuster mit erkennbaren semantischen Gehalten gibt, die eine identitätsbestimmende Eigenschaft (Essenz oder Wesen) aufweisen und damit die Differenz einer Doktrin zu anderen markieren: Der Marxismus ist in keiner möglichen sinnvollen Deutung ein Wirtschaftsliberalismus und der Islam in keiner möglichen sinnvollen Deutung ein Katholizismus. Diese semantischen Gehalte, die eine relative historische Kontinuität, also Tradierung, aufweisen sollen, werden als zumindest teilweise handlungsleitende Weltdeutungen und Normen für Anhänger dieser Doktrin verstanden.[3] Damit ist weder unterstellt, dass es keine variierenden Interpretationen dieser doktrinären Gehalte innerhalb bestimmter Grenzen gäbe, noch, dass die Akteure ausschließlich durch diese Gehalte motiviert wären.

Geht es in klassischen Texten postkolonialen Denkens um den

2 Vgl. Said 2017, 16f., 22.
3 Vgl. Khawaja 2018, 151f.

Islam, so wird ein doktrinbezogener Essentialismus darin abgelehnt, handelt es sich hingegen um den Westen, so wird er hier in äußerst kruder Form praktiziert: *Den* Islam gebe es nicht, wohl aber *die* westliche Kultur. Die Annahme von kulturellen Mustern als handlungsleitend sei rassistisch, das kulturelle Muster des Orientalismus sei aber handlungsleitend für westliche Akteure. Dabei konstruiert Said sogar die kontinuierliche Tradition eines verzerrten orientalistisch- europäischen Blicks von Homer bis Bernard Lewis und von Aischylos bis Karl Marx.[4] So hat man es im Falle Saids mit einer geradezu grotesk monolithischen doktrinbezogen essentialistischen Beschreibung einer Doktrin (des Orientalismus) zu tun, die dieser Doktrin vorwirft, eine Doktrin (den Islam) doktrinbezogen essentialistisch zu beschreiben.[5] Dass das bei dieser Kultur nicht, bei jener hingegen sehr wohl gehen soll, dafür gibt er keine Argumente. Saids Denken, so kritisiert der Philosoph Sadik Jalal al-'Azm, »verleiht den essentialistischen Kategorien ›Orient‹ und ›Okzident‹, die für die unauslöschliche Unterscheidung zwischen Ost und West stehen, die Said in seinem Buch angeblich aufheben will, einfach mehr Kraft. In ähnlicher Weise verleiht es der ontologischen Unterscheidung zwischen Europa und Asien [...] die Art von Glaubwürdigkeit und Seriosität, die normalerweise mit Kontinuität, Beständigkeit und fernen historischen Wurzeln verbunden ist.«[6]* (Al-'Azm 2014). Said verwandle den Orientalis-

4 Vgl. Said 2017, 11.
5 Vgl. kritisch zu diesem Punkt bei Said: Khawaja, 160ff., Biskamp 2016, Kap. 3, Uhlig/Mendel 2017, 35ff. Zur Kritik an Said insgesamt innerhalb und außerhalb des Diskurses der postkolonialen Studien vgl. Kramer 2001, 27-43, Polaschegg 2005, 28-38, Teitelbaum/Litvak 2022.
6 »simply lends strength to the essentialistic categories of ›Orient‹ and ›Occident‹, representing the ineradicable distinction between East and West, which Said's book is ostensibly set on demolishing. Similarly it lends the ontological distinction of Europe versus Asia (…) the kind of credibility and respectability normally associated with continuity, persistence and distant historical roots«.

mus letztlich in eine wesenhafte, über 2500 Jahre alte europäische Mentalität, die er bisweilen kulturalistisch und idealistisch zur Ursache für den französisch-britischen Imperialismus der Moderne stilisiere, wenn er beispielsweise behaupte, »dass die europäischen und später amerikanischen Ziele im Orient zwar ganz offenkundig politischer Natur waren, dass sie aber aus der Kultur erwuchsen«. (Said 2017, 21)[7] Wie genau Machtinteressen, imperialistische Politik und kulturelle Imaginationen bei Said und in der auf ihn folgenden Tradition zusammenhängen, bleibt allerdings meist unklar, wie die Kulturwissenschaftlerin Andrea Polaschegg feststellt. Ob die Imaginationen der Grund für die Politik seien, sie nur begleiteten, nachträglich legitimierten oder verstärkten, werde nicht klar beantwortet: »Offenbar [...] ist die Existenz eines *irgendwie* gearteten Zusammenhangs sozialer Konstruktionen mit Machtverhältnissen inzwischen derart evident, daß alle Differenzen im Lichte dieser Selbstverständlichkeiten zu Marginalien schrumpfen.« (Polaschegg 2005, 17)[8]

Saids Ausführungen schwanken darüber hinaus beständig zwischen radikalem, machtreduktionistischem Sozialkonstruktivismus und kulturellem Realismus: Einerseits wird unterstellt, Wahrheit sei eine lebensdienliche Fiktion,[9] und der Islam damit ein machtbasiertes Konstrukt des Westens, andererseits wird dem Orientalismus vorgeworfen, dass er den Islam falsch darstelle.[10] Man stelle also etwas falsch dar, dem aber eine Identität,

7 Vgl. Al-'Azm 2014. Anschließend sagt Said aber, diese Kultur habe »zusammen mit handfesten ökonomischen und militärischen Erwägungen« (Said 2017, 21) gewirkt.

8 Allerdings hat man dieses Problem bei allen diskursanalytischen Ansätzen im Gefolge Foucaults und bereits bei diesem selbst. Nach Kausalanalysen sucht man oft vergeblich. Weil irgendwie alles mit allem verwoben sei, tritt ein fröhlich positivistischer Deskriptivismus an deren Stelle.

9 Vgl. Said 2017, 32, 233, der sich explizit auf Nietzsches antirealistische Sprach- und Wahrheitstheorie bezieht (vgl. Nietzsche 1988a).

10 Vgl. Said 2017, 32f. 38, 369. Said spricht beständig von *den* Arabern und *dem* Islam, die falsch dargestellt würden und behauptet zugleich,

ein Wesen fehlt, und das somit gar kein bestimmtes Etwas sein kann, das falsch dargestellt werden könnte. Dieses Changieren zwischen Realismus und Antirealismus, zwischen der These, es gebe Kulturen, die man also auch falsch beschreiben könne, und jede Kultur sei die Konstruktion einer anderen Kultur (wobei dann die Frage bleibt, warum es *diese* Kultur denn gibt und wie man das wissen kann), kennzeichnet im Anschluss an Said viele postkoloniale Studien.[11] Nicht nur behauptet Said, dass »der Islam im Westen *grundsätzlich* falsch dargestellt wird«, er fragt auch, »ob es überhaupt richtige Darstellungen von irgendetwas geben kann oder ob nicht alle Darstellungen *als solche* zuerst in die Sprache und dann in die Kultur, die Institutionen und das politische Ambiente des Darstellenden eingebunden sind.« Daher bestünden zwischen »Darstellungen […] oder Entstellungen […] allenfalls graduelle Unterschiede.« (Said 2017, 312) Alle »Darstellungen« des Orients durch den Westen seien »zweckgerichtet, tendenziös und auf einen spezifischen historischen, geistigen und sogar wirtschaftlichen Kontext bezogen«, ihre (Wissens-) »Formationen« stets auch »Deformationen« (313). Alle Kulturen neigten schließlich »immer dazu, sich andere Kulturen zu assimilieren, das heißt sie nicht so zu nehmen, wie sie sind, sondern wie sie zum eigenen Nutzen sein sollten.« (84) Dass es aufgrund von Machtinteressen verzerrte Darstellungen anderer Kulturen geben kann, ist kaum zu bestreiten. Allerdings tendiert Said eindeutig zu einer generalisierten Verdachtshermeneutik,

dass es den echten Orient und den echten Islam nicht gebe. Nur an wenigen Stellen gesteht er zu, dass der Islam im Westen angesichts der islamischen Expansion »[n]icht ohne Grund« für »Terror« und »Verwüstung« stand (76).

11 Das wird auch nicht besser, wenn man tendenziell *jede* Kultur in einer ungreifbaren Komplexität auflöst. Die Hybriditätskonzepte Homi Bhabas (vgl. Bhaba 2000) oder Stuart Halls (vgl. Hall 1994, 180-222) sind zwar (ungeachtet des schwurbeligen Stils vor allem Bhabas) deskriptiv nicht ohne Sachgehalt, tendieren aber zu einem Deskriptivismus ohne Erklärungskraft, setzen fragwürdige postmoderne Konzepte fragmentierter Identitäten voraus und sind, normativ gewendet, hochgefährlich. Dazu weiter unten mehr.

die die historische und machtbasierte Situiertheit des westlichen Blicks auf den Islam zu einer unüberbrückbaren kulturellen Blickschranke stilisiert. Das führt zu seiner Verurteilung westlicher Forschung über den Islam im 19. Jahrhundert, die »praktisch jede[n] Europäer« zu einem »fast absolut ethnozentrisch eingestellte[n] Rassist[en] oder Imperialist[en]« stempelt. (234)

»Mit seiner Behauptung, alle ›Darstellungen‹ des anderen seien grundsätzlich Verzerrungen«, konstatieren die Nahost-Historiker Joshua Teitelbaum und Meir Litvak, »sagt Said im Grunde nichts anderes, als dass Menschen nur sich selbst studieren und dass nur Muslime den Islam angemessen ›darstellen‹ könnten.« (Teitelbaum/Litvak 2022, 135) Das sei aber mehr als fragwürdig, da »Forscher von außen sogar gewisse Vorteile haben mögen, da sie frei von den Mythen und Vorannahmen sind, die Angehörige der jeweiligen Gruppe teilen.« (134) Das islamische Erkenntnisprivileg gegenüber der eigenen Kultur ist auch angesichts der wenig ausgeprägten liberalen, demokratischen Öffentlichkeiten der Staaten des Nahen und Mittleren Ostens (mit Ausnahme Israels) sowie des aggressiven Revanchismus und Suprematismus panarabischer oder konservativ islamischer Provenienz eine absonderliche Idee. Eine selbstkritische Analyse der islamisch-arabischen Geschichte sei vielmehr immer noch eine Seltenheit, diagnostizieren Heiko Heinisch, Nina Scholz, Tilman Nagel oder Benny Morris[12] und sie sei für diejenigen, die sie tatsächlich leisten, nicht selten lebensgefährlich. So stellt Morris fest, wer im arabischen Raum eine wissenschaftliche Historiographie des arabisch-israelischen Konflikts wage, habe »handfeste soziale und physische Folgen zu befürchten. Das kann von Problemen beim Besuch arabischer Länder über soziale Ausgrenzung, die Sorge um Familienmitglieder in diesen Ländern bis hin zu Todesdrohungen oder gar der Umsetzung solcher reichen.« (Morris 2023, 16).

12 Vgl. Heinisch/Scholz 2012, 136, 255, Nagel 2014, Morris 2017.

Die fast ausschließliche Konzentration Saids auf die angeblichen Machtinteressen und Motive der westlichen Orientalistik führe, so Teitelbaum/Litvak, nicht nur zu einem Desinteresse an ihren empirischen Befunden, sie befeuere auch unfreiwillig die von islamistischen Okzidentalisten gehegten Verschwörungstheorien, »westliche Forscher seien Agenten ihrer Länder« mit dem Ziel »den Ruf des Islams in der Welt zu ruinieren« (Teitelbaum/Litvak 2022, 148). »Dieser angebliche geistige Krieg gegen den Islam«, schreibt der Historiker Daniel Rickenbacher, »ist Teil einer umfassenderen Verschwörungstheorie, wonach der Westen, in der Regel unter Anleitung der Juden, einen Krieg gegen den Islam führe, um ihn letztlich zu zerstören. Diese Theorie ist seit der jungtürkischen Revolution im Jahr 1909 im Umlauf und stellt einen der Kerninhalte islamistischer Propaganda dar. Edward Saids Thesen ähneln dieser Verschwörungstheorie frappant und stellen gewissermaßen ihre säkularisierte Form dar.« (Rickenbacher 2020b, 104) Der Stil des Denkens von Said diene »Islamisten und arabischen Nationalisten als Munition […], die jedwede Kritik des Status quo in der arabischen Welt als ›Orientalismus‹ abwehren.« (149) So heißt es in der Zeitschrift der angesehenen islamischen al-Azhar-Universität: »›Sämtliche Orientalisten arbeiten in den ausländischen Geheimdiensten in allen westlichen Ländern‹«. Ihr Ziel sei es, »›unsere wissenschaftlichen, kulturellen und zivilisatorischen Schätze in den Westen zu bringen und […] neue Auslegungen des Islams […] zu liefern, entsprechend ihren zionistischen und kreuzzüglerischen Neigungen‹.« (Zit. nach Lütt/Brechmann/Hinz/Kurz 1998, 552f.) Der Westen erscheint in diesen islamistischen Erzählungen als ebenso homogen und unwandelbar, seine Wissenschaft als ebenso bösartigen Machtinteressen dienend und unfähig, den Islam zu begreifen, wie in Saids Werk.[13] Auch der Literaturwissenschaftler Aijaz Ahmad hat hellsichtig

13 Zur islamistischen Rezeption von Saids Orientalismus-Konzept vgl. Lütt/Brechmann/Hinz/Kurz 1998, 551-559.

darauf hingewiesen, dass Said den postmodernen »Irrationalismus« einer qua kulturell-sprachlicher Vermittlung *per se* verzerrten Wahrnehmung anderer Kulturen und die »Denunziationen der gesamten westlichen Zivilisation« durch Foucaults und Derridas Kritik des Macht-Wissens bzw. des Logozentrismus mit »der sentimentalsten, […] extremsten Form […] des Dritte-Welt-Nationalismus« verbinde, einer Dämonisierung des ›Westens‹ bei weitgehendem Schweigen über die Verantwortung des ›Ostens‹. »Das Buch« (also Saids »Orientalismus«), schreibt er, »sagt nichts [...] über irgendeine Schuld von unserer Seite, aber alles, woran wir uns selbst erinnern könnten – sagen wir, das Blutbad, das wir zur Zeit der Teilung [Pakistans von Indien] angerichtet haben, – verblasst einfach im Vergleich zu dieser anderen Macht, die uns seit zweitausendfünfhundert Jahren oder mehr viktimisiert und unterlegen gemacht hat.«[14]* (Ahmad 2008, 195).

Philosophisch ist die Annahme, jedes Verstehen sei perspektivisches Andersverstehen oder jede Wissensformation Deformation, leicht zu entkräften. Um die Differenz zwischen unserer Interpretation der Kultur und der Kultur selbst, also das Andersverstehen, überhaupt diagnostizieren zu können, müssen wir, so die Philosophen Hans Krämer und Gunter Scholtz, immer schon wissen, wie die andere Kultur an sich beschaffen ist, was der These vom Verstehen als generellem Andersverstehen aber widerspricht. »Wären uns die vorliegenden Interpretationen mit ihren unterschiedlichen Auffassungen« (hier: die andere Kultur) »gar nicht zugänglich, wären auch sie durch unsere Situation gänzlich gefiltert oder eingefärbt, kaum könnten wir sicher sein, daß sich etwas änderte.« (Scholtz 1997, 202) Die Erkenntnis der

14 »denunciations of the *whole* of Western civilization«; »most sentimental, […] most extreme form[…] of Third-Worldist nationalism«. »The book says nothing […] about any fault of our own, but anything we ourselves could remember – the bloodbath we conducted at the time of Partition, let us say – simply pales in comparison with this other Power which has victimized us and inferiorized us for two thousand five hundred years or more.«

Verschiebung oder Verzerrung einer Bedeutung setzt die unverzerrte Erkenntnis der Bedeutung voraus, die sich verschoben hat oder die wir verzerrt haben. Schließlich, so Teitelbaum/Litvak weiter, frage man sich, warum Said den Westen denn für die angebliche Verzerrung des Islams *kritisiere*, wenn doch jede Kultur die andere nur verzerrt (also anders als sie tatsächlich ist) wahrnehmen könne. Hier zeichne sich ein doppelter Standard ab, der nicht nur im Widerspruch zu der Verzerrungsthese unterstelle, man könne durch Selbstreflexion doch ein angemessenes Bild des Anderen gewinnen, sondern auch dem Westen diese kritische Selbstreflexion zumute und zutraue, dem Orient aber nicht.[15]

»White man's burden of guilt«

Postkoloniale Ansätze praktizieren also bei der Abwehr orientalistischer Konstruktionen häufig einen Okzidentalismus: Das heißt, sie entwerfen einen Kulturalismus in Bezug auf den Westen und lehnen einen Kulturalismus in Bezug auf den ›Osten‹ ab. Andere zeichnen sich durch eine generelle Reduktion kultureller Orientierungen auf materielle oder Machtinteressen aus. Diese Strategie impliziert die Ablehnung des Redens über Kultur als rassistisch, wenn sie nicht sogar so weit geht, die Verwendung bestimmter Allgemeinbegriffe überhaupt als unzulässige Homogenisierung und Rassifizierung zu bezeichnen – so lehnt Saba-Nur Cheema Gruppenbezeichnungen in Verbindung mit negativen Bewertungen ab, wenn es um Muslime geht,[16] oder dekretiert ein Oldenburger Antidiskriminierungskollektiv, die Verwendung der Bezeichnung »DER Islam« sei »verletzend[…]«. (POOL-Kollektiv 2019, 6) Auch hier finden wir aber nicht selten den doppelten Standard, dass man die ›Essentialisierung‹ nur gegenüber den ›Anderen‹ ablehnt. An diesen Beispielen zeigt sich

15 Vgl. Teitelbaum/Litvak 2022, 134f. Vgl. auch Lütt/Brechmann/Hinz/Kurz 1998, 533.
16 Vgl. Cheema 2018, 47.

übrigens der handfeste Paternalismus, der antirassistische ›Antiessentialisten‹ auszeichnet: Umfragen bestätigen nämlich gerade die These, dass es vielen Muslimen keineswegs als abwegig oder gar verletzend gilt, von *dem* Islam zu sprechen oder sogar nur eine mögliche Deutung desselben zu akzeptieren.[17] Gleiches gilt für die fiktionalistische These Saids, der Islam sei eine Erfindung des Westens, der Thomas M. Greene entgegenhält: »›Für viele Muslime ist es heute eindeutig wichtig, dass sie Muslime *sind*: Zu behaupten, dass dieses Anliegen in erster Linie eine westliche Erfindung ist, ist ein Blick auf das islamische Selbstbewusstsein, für den unter anderem die Führer der Arabischen Liga nicht dankbar wären.‹«[18]* (Greene, zit. nach Lütt/Brechmann/Hinz/Kurz 1998, 534)

»Political talk«, fordert ganz in diesem eurozentrisch-paternalistischen Sinne der postkoloniale Anthropologe Mahmood Mamdani, soll an die Stelle von »Culture talk« treten (Mamdani 2004, 219). Wer das Handeln von Terroristen mit Rekurs auf kulturelle Faktoren wie den Islam erkläre, unterstellt er grundlos, konstruiere Kultur als ein die Individuen total determinierendes, unverfügbares Wesen, das nicht durch anderes erklärt werden könne und das differentialistisch als ›Kultur der Anderen‹ konzipiert werde.[19] Als Alternative werden von ihm quasi-behavioristische Verhaltenstheorien ökonomistischer oder machttheoretischer Art aufgeboten: Ein Gedanke oder eine Tat sei eine bloße Reaktion auf die Situation ökonomischer oder politischer Unter-

17 Zur weiten Verbreitung fundamentalistischer Glaubensauffassungen in islamischen Ländern und islamischen Communitys in Europa vgl. die empirischen Ergebnisse bei Koopmans 2013 sowie Koopmans 2020, 36-40.

18 »›it clearly matters to many Muslims today that they *are* Muslims: to suggest that this concern is chiefly a western concoction is a reflection on Islamic self-consciousness for which the leaders of the Arab League, among others, would not be grateful.‹«

19 Vgl. Mamdani 2004, 17.

privilegierung »in the face of terrible oppression« (219).[20] Damit werden, wie auch immer gesellschaftlich und sozialpsychologisch bedingte, kulturelle Deutungsmuster, Weltanschauungen oder Glaubenssysteme als Faktoren menschlichen Verhaltens ausgeschlossen.[21] Einen islamischen oder islamistischen Terror kann es dann per definitionem nicht geben. Dahinter sollen in *Wirklichkeit* nur Reaktionen auf politische Unterdrückung stecken – durch Israel und den Westen, versteht sich. Die antisemitische Gewalt von Muslimen in Frankreich erklärt Enzo Traverso in diesem Sinne aus rassistischer Diskriminierung – er meint, »dass diese Judenfeindlichkeit aus einer legitimen Revolte gegen eine sehr reale Unterdrückung herrührt« (Traverso 2017, 138) – und aus der Politik Israels. Zudem seien die jüdischen Gemeinden selbst schuld, wenn sie mit Israel verwechselt und zum Ziel von Gewalt würden, weil sie sich so deutlich mit dem jüdischen Staat solidarisierten: »Es kommt hinzu, dass die

20 Er erwähnt zwar, die Terroristen hätten eine Wahl, diese spielt aber für sein Erklärungsmuster nicht die geringste Rolle. Die Wahl findet ihm zufolge nur im »context of unadressed grievances« (ebd.), nicht im Lichte kultureller Deutungsmuster und Werte statt. Zur Kritik vgl. auch Biskamp 2014.

21 Der kollektiv-narzisstische Gewinn und damit die emotionalen Gratifikationen, die eine autoritäre Ideologie mit ihren Überlegenheitsversprechen, Manichäismen, starren Identitätskonzepten und Ehrbegriffen beinhaltet, sollten allerdings immer mitbedacht werden, wenn man die Ideologie als Erklärungsgrundlage des Handelns annimmt. Folgt man dem Ansatz der Kritischen Theorie, so spielt tatsächlich eine aus gesamtgesellschaftlichen Erfahrungen gespeiste Ideologie und nicht die Diskriminierung einer bestimmten Gruppe eine zentrale Rolle bei der Erklärung autoritären Verhaltens, aber die Ideologie passt zu bestimmen, gesellschaftlich produzierten Bedürfnismustern und reproduziert oder verstärkt diese. Zwischen den billigen Erklärungsversuchen mit ›der Gesellschaft‹ und den allein auf die Ideologie abzielenden steht also ein sozialpsychologisch vermittelter, der sowohl gesellschaftliche Bedingungen (die aber vorrangig nicht in Diskriminierung bestehen, sondern die zu bewältigende Prekarität der Existenzweise im Kapitalismus und narzisstische Kränkungen implizieren), als auch kulturelle Eigenlogiken zugleich ernst nimmt und doch nicht verdinglicht.

Verwirrung absichtlich durch Sprecher der israelitischen Gemeinden aufrechterhalten wird, die vorgeben, die Juden in ihrer Ganzheit zu vertreten und dabei eine bedingungslose Unterstützung der israelischen Politik verlautbaren lassen: Deren vollständige Identifizierung mit Israel befördert letztlich die negative Gleichung, welche Antisemiten zur Schändung einer Synagoge führt, weil sie darin einen Ausdruck des ›jüdischen Staates‹ sehen.« (140)[22] Auch bei Mamdani wird nahegelegt, bei der »violence of the settler« (gemeint ist der jüdische Siedler) handle es sich um »terrorism«, bei der Gewalt des (palästinensischen) »suicide bombers« um »counterterrorism« (Mamdani 2004, 219). Dieses simple Weltbild mit seiner Ausblendung der Komplexitäten des arabisch-israelischen Konflikts und seiner die Täter entmündigenden klassischen Täter-Opfer-Umkehrung ist sowohl in antiimperialistischen als auch in postkolonialen Kreisen so weit verbreitet, dass man inzwischen von einem Standard sprechen muss. So wussten Klaus Holz, Enzo Traverso und Elfriede Müller ausgerechnet während der zweiten Intifada zu berichten: »Die israelische Besatzung ist der Ausdruck eines Staatsterrorismus, die palästinensische Gewalt ist eine Reaktion darauf.« (Holz/Müller/Traverso 2002) Ungefähr zur gleichen Zeit verkündete Susan Buck-Morss selbstgewiss: »Der israelische Staatsterror ist nicht nur die Wirkung, sondern auch die Ursache des Terrors, der sich ihm widersetzt«.[23]* (Buck-Morss 2003, 106) Damit wird insbesondere im Kontext der Analyse des

22 Ähnlich Neiman 2021: »Doch seit die Bilder von den Angriffen auf Gaza (denen 66 Kinder zum Opfer fielen) um die Welt gingen, fokussieren sich deutsche Medien auf die Szenen, in denen Demonstranten vor einer deutschen Synagoge ›Scheißjuden‹ skandierten. Entrüstet wird behauptet, man dürfe die israelische Politik nicht mit den in Deutschland lebenden Juden verwechseln. Aber wenn die Kritik an dieser Politik ständig als antisemitisch stigmatisiert wird, sollte man sich nicht wundern, wenn eine solche Verwechslungsgefahr entsteht.«

23 »Israeli state terror is not only the effect but also the cause of the terror that resists it«.

arabisch-israelischen Konflikts jede irrationale Handlungsorientierung von Terroristen, die sich explizit am Antisemitismus und an der kollektiv-narzisstischen Logik von Ehre und Schande nationalistischer oder islamischer Provenienz orientieren, begrifflich eliminiert und als bloße ›Rhetorik‹ beiseitegeschoben – eine »paternalistische und sogar neokoloniale Haltung […], die sich weigert, die Palästinenser beim Wort zu nehmen« (Schwartz/Wilf 2022, 215).[24] Dass ›Unterdrückung‹ häufig erst ausgehend von bestimmten kulturellen Deutungsmustern, die eigene Überlegenheits- und Größenphantasien transportieren, als Unterdrückung erscheint, wird von Mamdani und Co. nicht berücksichtigt. Es handelt sich also um eine theoretische Herabwürdigung islamischer Akteure, die lediglich als *Re*agierende betrachtet werden – eine Sichtweise, die ihnen keine eigene Geschichte, keine originären Handlungsmotive, keine eigenen Machtansprüche und keine eigene Islamisierungsabsicht gemäß den Vorgaben der religiösen Tradition zugesteht. Methodisch haben wir es hier mit einem »liberal cognitive egocentrism« (Landes 2007, 846) oder einem »Intimism« zu tun, der die Ansprüche und Spezifik des Anderen ignoriert und ihm immer schon die eigenen Motive unterstellt. »Intimismus«, so Berkovits, ist der »gegenteilige Trugschluss« zum Exotismus, »eine Art Soziologismus, der alle kulturellen und vor allem politischen Faktoren ausblenden will«.[25]* (Berkovits 2019, 76)

Der westliche Kolonialismus oder der Rassismus insgesamt

24 Landes 2018 kritisiert diese Eskamotierungsstrategie am Beispiel Saids und anderer. Wie zentral das Motiv der kollektiv-narzisstischen Kränkung die palästinensische Politik gegenüber Israel von Beginn an prägt, zeigen Adi Schwartz und Einat Wilf anhand des zentralen Problems der palästinensischen Flüchtlinge, vgl. Schwartz/Wilf 2022, 25, 44, 48-51, 53, 55, 57, 98, 117f. Zum generellen Einfluss religiöser Vorstellungen auf die Gewaltbereitschaft gegen ›Ungläubige‹ vgl. Koopmans/Kanol/Stolle 2021.
25 »a kind of sociologism that intends to get rid of all cultural and especially political factors«.

wird als Alleinschuldiger an allen negativ konnotierten Handlungen von Muslimen ausgemacht.[26] So zitiert Mark Terkessidis bereits 1995 zustimmend einen »französischen Moslem«, der meint: »›Frankreich bekommt den Islam, den es verdient‹«, während es für Terkessidis »nicht um eine Darstellung und Bewertung von Bewegungen gehen [kann], die sich auf den Islam beziehen« (Terkessidis 1995, 138f.) – klare Schuldzuweisung an den Westen hier, Schweigen, wenn es um den Islam geht, dort. Als Antwort auf ähnliche verelendungstheoretische Rationalisierungen von islamistischer Gewalt, wie sie in etlichen Pamphleten westlicher postkolonialer Soziologen im Zuge des Charlie Hebdo-Attentats auftauchten, schreibt Blair Taylor: »Derartige Darstellungen sind nicht nur gefährlich naiv, indem sie die Schirmherrschaft machtvoller, gut abgesicherter Staaten wie Saudi Arabien und Iran vergessen, sondern sie übersehen auch die signifikante Anziehung, die der politische Islam sogar auf die Mittelklasse und Wohlhabendere ausübt. […] Es gibt keine direkte Kausalität, die soziale Ausgrenzung und Armut mit politischer Radikalisierung verbindet, weder zur Linken noch zur Rechten. Während solche Verelendungstheorien über soziale Veränderung für den Marxismus und die Arbeiterklasse weitestgehend diskreditiert wurden, leben sie im postkolonialen Diskurs weiter.« (Taylor 2016)

Diese eurozentrische Nabelschau, die den Islam stets aus der Perspektive der Konstellation von ›westlicher Dominanz‹- und islamischer ›Minderheitenkultur‹ betrachtet und sich zum Schutz der Minderheitenkultur berufen fühlt, egal welche Inhalte sie haben mag, bringt eine eigentümliche politstrategische Beißhemmung mit sich. Es wird behauptet, wer den Islam kritisiere, der spiele den Rechten in die Hände. Dieses Manöver kommentiert Pascal Bruckner wie folgt: »So wie wir einst be-

26 Empirische Widerlegungen dieser populären Auffassung, der westliche Kolonialismus sei schuld am islamischen Autoritarismus, findet man u.a. bei Koopmans 2020, 73-80, 148.

lehrt wurden, dass Kritik an der Sowjetunion dem amerikanischen Imperialismus in die Hände spiele, werden heute diejenigen, die […] salafistische, wahhabitische und khomeinistische Fanatiker angreifen, beschuldigt, die Interessen der nativistischen Rechten zu fördern. Diese Art von stalinistischer Erpressung […] hat Generationen von fortschrittlichen Intellektuellen zu feigem Schweigen und selbstgefälliger Beschwichtigung angesichts des Totalitarismus verleitet.«[27]* (Bruckner 2018) Der Unterschied zum feigen Schweigen und selbstgefälligen Einverständnis heute ist allerdings, dass sich die erwähnten westlichen Intellektuellen damals selbst als Kommunisten begriffen, ihre heutigen Pendants sich aber meist nicht als Muslime verstehen. Hier sind möglicherweise zwei Mechanismen am Werk: zum einen das exotisierende »Lawrence-of-Academia-Syndrom […], das westliche Wissenschaftler dazu veranlasst, alle Aspekte der Gesellschaften, die sie studieren, zu verteidigen, insbesondere der Gesellschaften der Dritten Welt, selbst wenn dies bedeutet, dass sie Verhaltensweisen verteidigen, die sie in ihrem eigenen Land niemals tolerieren würden, und selbst wenn dies bedeutet, dass sie Intellektuelle aus den Gesellschaften, die sie studieren, ignorieren oder kritisieren, die genau das verurteilen, was sie verteidigen«[28]* (Munson, zit. nach Moghissi 1999, 49f.); zum anderen eine »white man's burden […] of guilt«, die den Rest der Welt bevormundet, infantilisiert und zum bloßen Opfer erklärt, während der Westen die »responsibility for the world and

27 »Just as we were once instructed that criticising the Soviet Union played into the hands of American imperialism, those who attack […] salafi, Wahhabi, and Khomeinist fanatics today stand accused of promoting the interests of the nativist Right. This kind of Stalinist blackmail […] led generations of progressive intellectuals into cowardly silence and complacent appeasement of totalitarianism.«
28 »Lawrence of academia syndrome […] that leads Western scholars to leap to the defense of any and all aspects of the societies they study, especially third-world societies, even if this means defending conduct they would never tolerate in their own country and even if it means ignoring or criticising intellectuals from the societies they study who condemn the very things they defend«.

its ills« (Lewis 1990, 102) in Gestalt eines invertierten rassistischen Täterstolzes allein für sich reklamiert. Wenn von Rassismus die Rede ist, dann wird meist nicht nur der arabische Hautfarbenrassismus verschwiegen, sondern auch die Geschichte des umfangreichen Systems der islamisch-arabischen Versklavung von Afrikanern und Europäern.[29] Auch Blair Taylor kritisiert diese völlige Ignoranz gegenüber repressiven Dominanzansprüchen und ideologischen Motivationen nicht-westlicher imperialer Akteure wie dem Iran, Russland oder China, als Untermauerung des »Eurozentrismus [...], indem die Welt auf narzisstische Art und Weise ausschließlich in Relation zu den Verbrechen« des Westens betrachtet werde (Taylor 2016). »Orientalismuskritik«, schreibt Richard Schuberth, »ist wie viele ihrer postkolonialen Kinder zutiefst eurozentristisch, weniger, weil ihre Vertreter, gleich ob sie genuine Westler oder westlich gebildete Orientalen sind, ihre Kritik westlicher Wissenssysteme mit den Kategorien westlicher Wissenssysteme formulieren, und mit eben diesen von Nichteuropa die Stärkung autochthoner Wissenssysteme fordern, nein, sie ist vor allem eurozentristisch, weil selbst in der schärfsten Kritik Europa der übermächtige Referenzpol bleibt, demgegenüber der Rest der Welt sich lediglich als epistemisches Opfer, als Objekt verhält. Die Kritik des Orientalismus löst den Orientalismus quasi darin ab, den Orient zu objektivieren. Die Einwohner dieses ominösen Orients figurieren nicht als Opfer von Ölpreisschwankungen, neokolonialer Wirtschaftserpressung oder der eigenen religiösen wie säkularen Eliten, sondern als perennierende Opfer von Goethe, Flaubert und Massignon. Es gibt nichts Nichtwestliches mehr.« (Schuberth 2023, 8) Und um noch eine letzte Kritikerin anzuführen: Bereits 1995 hat die intersektionale Gendertheoretikerin Anne Mc Clintock moniert, dass postkoloniale Studien dazu tendieren, die Geschichte um den westlichen Kolonialismus zu zentrieren.

29 Vgl. dazu Lewis 1992, Flaig 2018, Kapitel 3 und 4.

Bereits im Begriff Postkolonialismus sei ein lineares geschichtsphilosophisches Modell angelegt, das Geschichte »als eine Reihe von Etappen auf einem epochalen Weg vom ›Vorkolonialen‹ über das ›Koloniale‹ bis zum ›Postkolonialen‹« betrachte (Mc Clintock 1995, 10). Aber nicht nur die Geschichte, auch unterschiedlichste Kulturen und Gesellschaften würden »im Sinne einer singulären und ahistorischen Abstraktion« gelesen und sämtliche nichteuropäischen Gesellschaften auf »›*den* postkolonialen Anderen‹« (heute auch ›BIPoC‹ oder ›PoC‹) reduziert. Das berge »die Gefahr, dass entscheidende geopolitische Unterscheidungen in die Unsichtbarkeit verschoben werden« (11)[30]* und de-thematisiere Frauenunterdrückung in postkolonialen Gesellschaften.

Die Orientalismusthese Saids wird somit als Schablone[31] verwendet, ohne jede Überprüfung des empirischen Gehalts von Aussagen über den Anderen, insbesondere den Islam. Aussagen über die kollektiven Identitäten der sogenannten Anderen werden auf Machtstrategien des Westens reduziert. Sie seien nichts als projektive, homogenisierende, identitätsstabilisierende und -konstituierende, Privilegien sichernde Fiktionen, die alle Probleme der eigenen Gesellschaft auf den Anderen, den Gegenpol der Dichotomie, ablenken und schließlich handlungsanleitend werden. Ein Wissen über den Islam als Anderes wird damit irrelevant, weil dieses Andere nichts als das Eigene der ›Mehrheitskultur‹ sei. Islamkritik erscheint ausschließlich als rassistische »Umwegkommunikation« (Shooman 2018a) oder als »Sprachversteck«. (Mecheril u.a. 2018, 20) Da lediglich das Sprechen der sogenannten ›weißen Mehrheitskultur‹ betrachtet wird, findet entweder eine vollständige De-Thematisierung des Islam

30 »as a series of stages along an epochal road from ›the precolonial‹, to ›the colonial‹, to the ›post-colonial‹« (10); »in terms of a singular and ahistorical abstraction«; »›*the* postcolonial Other‹«; »the risk of telescoping crucial geo-political distinctions into invisibility« (11).
31 »Eine Schablone ist ein ausgeschnittenes Muster zur Herstellung oder Bearbeitung gleichgestaltiger Dinge«, so Wikipedia.

oder anderer Kulturen, politischer Bewegungen und Gruppen statt oder diese werden nur als auf westliche oder israelische Unterdrückung Reagierende in den Blick genommen[32], das heißt »man degradiert sie zu unmündigen Kindern« (Bruckner 2020, 79). Der Historiker Jürgen Osterhammel stellt fest, dass Saids »Modell des machtgestützten Monologs des Okzidents [...] methodisch aus[schließt] [...] [,] der entmündigten Dritten Welt ihre Stimme zu geben.« (Osterhammel 1997, 605) Exemplarisch für diese Strategie sind die Arbeiten Iman Attias, in denen Hinweise auf imperiale, patriarchale, antiliberale, homophobe und antisemitische Gehalte des konservativen Islam als rassistisch, teils an »rechtsextreme Politik« (Attia 2009, 65) anschlussfähig oder von inneren Problemen des Westens ablenkend, ja gar als Ersetzung »antisemitische[r] durch antimuslimische Stereotype« (63) abgewehrt werden. Der »aus Kreuzzügen und Nahostkonflikt bekannte [...] Diskurs über den ›kriegerischen Islam‹« (69) scheint ihr zufolge derart jeder faktischen Grundlage zu entbehren, dass nicht einmal der Ansatz einer empirischen Überprüfung stattfindet.[33] Dieser Saidsche Gestus der Abwehr des Sprechens über ›die Anderen‹, der »De-Thematisierung des Islam« (Biskamp 2016, 72) und der Verkehrung von Verantwortung prägt wesentliche Teile der deutschen Forschung zum antimuslimischen Rassismus, worauf Floris Biskamp in seiner Kritik der »neuere[n] deutschsprachige[n] Rassismusforschung« (58) aufmerksam gemacht hat. Insbesondere, so Biskamp, fehlten dieser Forschung operationalisierbare Kriterien zur Unterscheidung von antimuslimischem Rassismus[34] und legitimer

32 Zum darin implizierten »Rassismus der reduzierten Erwartungen« vgl. kritisch: Küntzel 2019, 158-161 sowie zur eurozentrischen Tilgung von »Kultur« als Erklärungsfaktor für Terror: Biskamp 2014, Landes 2018.

33 Vgl. Attia 2009, 65. Zur detaillierten Kritik an Attia vgl. Biskamp 2016, Kap. 2 sowie Pfahl-Traughber 2020.

34 Wie sinnvoll dieser Begriff (und auch Biskamps Konzeptualisierung desselben) ist, kann hier nicht weiter untersucht werden. Eine Kritik am Begriff des antimuslimischen Rassismus liefert Pfahl-Traughber 2020.

Kritik an islamischen Akteuren und Ideologien. *Jede* Kritik am Islam wird somit illegitim oder fällt auf die Kritiker selbst zurück, die die eigentlichen Verursacher des Hasses von Muslimen seien. Als Alternative zur Kritik an islamisch bzw. kulturspezifisch geprägten Haltungen präsentieren postmoderne Antirassistinnen wie Attia unter anderem die »Umkehrungsstrategie[...]« (Kostner 2019, 53) – eine partielle Anerkennung der Realität kritikwürdiger Praktiken von Muslimen bei gleichzeitiger Verleugnung ihres kulturellen Aspekts, begleitet von der Unterstellung, die kritikwürdigen Einstellungen und Handlungen seien vor allem aus der Übernahme ›dominanzgesellschaftlicher‹ Deutungsmuster zu erklären. Antisemitismus von Muslimen ist dann vorrangig »auf ihre Vergesellschaftung und Enkulturation in deutsche Diskurse« zurückzuführen (Attia 2009, 87). Selbst Kritik an offenkundig den Menschenrechten widersprechenden Haltungen von Muslimen kann mit der Orientalismus-Schablone im Geiste eines »Menschenrechtsrelativismus« (Pfahl-Traughber 2020, 146) abgewehrt werden, so wenn Attia schreibt (man beachte die Anführungszeichen): »Auch die ›aufklärerisch-menschenrechtliche Islamkritik‹ wird von einer Position aus geübt, die ihre eigene Zugehörigkeit als überlegen setzt.« (Attia 2014, 24)[35] Hier zeigt sich erneut, welche fatalen Konsequenzen eine

35 Auch Biskamp erwähnt einige dieser Punkte: 1) Über Kultur dürfe in Diskursen über antimuslimischen Rassismus (zumal abwertend) nur in Bezug auf die eigene »Mehrheitskultur« gesprochen werden, während eine kulturelle Semantik im Falle des Islam, ja ein kritisches Sprechen über den Islam überhaupt, radikal abgelehnt werde. 2) Dabei werde eine Überspitzung der Ausmaße und der Qualität des antimuslimischen Rassismus praktiziert, bis hin zur Behauptung, Muslime seien die neuen Juden. 3) Die Erklärung der ›Islamisierung des Diskurses‹ setze nahezu ausschließlich auf die abwertende und homogenisierende Zuschreibungspraxis seitens der Mehrheitsgesellschaft, ohne Muslime als eigenständige Akteure von Islamisierungsprojekten wahrzunehmen. 4) Daran anknüpfend würden muslimische Identitätskonstruktionen »*vor allem* als Antwort auf die Identitätsdiskurse der Dominanzgesellschaft und Erfahrungen der Exklusion« (zit. nach Biskamp 2016, 79) verstanden, statt zu reflektieren, dass Diskriminierungserfahrungen mit

– jedenfalls gegenüber westlichen Akteuren – generalisierte Verdachtshermeneutik und eine machtreduktionistische Wissensauffassung haben. Da Wissen und Aussagen nichts anderes als Effekte und Spielmarken von Dominanzverhältnissen sein sollen, können die semantischen Gehalte von Aussagen auch nicht mehr ernstgenommen werden. Es ist unwiderruflich vorentschieden, dass westliche Akteure mit allen Äußerungen lediglich ihre Herrschaftsposition absichern.[36]

Kampf gegen ›Westoxification‹

Die Fehldiagnose, westlicher Kolonialismus, Rassismus und schließlich der Nationalsozialismus seien unmittelbare Konsequenzen der universalistischen Vernunftkonzeption der Aufklä-

der Mehrheitsgesellschaft auf familial sowie medial und politisch von der Herkunftsgesellschaft mitgeprägte Einstellungen treffen. 5) Den Kritikern von Antisemitismus oder Sexismus unter Muslimen werde begründungslos unterstellt, es gehe ihnen »*in Wirklichkeit*« um eine Reinwaschung der eigenen Kultur (»Projektion von mehrheitsgesellschaftlichen Problemen auf den Islam« (83)) und die Etablierung eines Dominanzverhältnisses gegenüber Muslimen. 6) Oft würden »Probleme im Islam« aber auch schlicht verschwiegen oder mit Hilfe der Hat-nichts-mit-dem-Islam-zu-tun-Strategie (81f.) als Provokation oder Angleichung an westliche Normen begriffen. 7) Schließlich werde beispielweise beim Thema Kopftuchzwang die Selbstbewusste-Muslima-Strategie angebracht: Es würden ›freiwillig‹ das Kopftuch tragende Musliminnen angeführt, meist »bildungsprivilegierte[…] ›Neo-Muslimas‹« (85), während diejenigen, die es tragen *müssen*, zum Schweigen verurteilt würden: »Die Rassismuskritik tut genau das, was Spivak dem antikolonialen Diskurs in Indien zum Vorwurf macht: Um einem rassistischen Diskurs zu widersprechen [sic] *behauptet* sie einen freien Willen der betroffenen Frauen und verharmlost effektiv patriarchalische Strukturen.« (85) 8) Daran anknüpfend würden Symbole wie das Kopftuch – in vollständiger Übereinstimmung mit islamistischen Deutungen – als Widerstandshandlungen »‹gegen ›westliche‹ Laster wie Konsumkultur oder Sexismus‹« gedeutet (zit. 86).

36 Vgl. dazu die Teile 5.2 und 5.3. Wobei sich der westliche Diskurs der postkolonialen Studien selbstverständlich in der Regel von diesem Vorwurf ausnimmt.

rung, ist eine weitere Quelle der De-Thematisierung oder Verharmlosung der ›Anderen‹ in postkolonialen Kreisen. Häufig wird dafür die »Dialektik der Aufklärung« von Horkheimer/Adorno bemüht, die erwiesen habe, »dass es einen direkten Weg von der Aufklärung in den Genozid gab.« (Schiffauer 2009, 181)[37] Die Lehre aus dem Scheitern dieses ›repressiven‹ westlichen Universalismus seien die Selbstrelativierung der westlichen Vernunft und die Anerkennung kultureller Vielfalt um der Vielfalt willen.[38] So postuliert der postmoderne Antirassist und Star-Theoretiker Ibram X. Kendi: »Antirassistisch sein heißt, kulturelle Standards abzulehnen und kulturelle Unterschiede als gleichwertig zu betrachten [...]. ›Alle Kulturen sollen im Verhältnis zu ihrer eigenen Geschichte beurteilt werden und alle Individuen und Gruppen im Verhältnis zu ihrer Kulturgeschichte und definitiv nicht anhand des willkürlichen Standards einer einzelnen Kultur‹, schrieb [...] Ashley Montagu 1942 und bezog damit eindeutig Stellung für eine kulturelle Relativierung, einen Grundzug des Antirassismus. Antirassistisch zu sein heißt, alle Kulturen mit all ihren Unterschieden als gleichwertig zu betrachten, als gleichgestellt. Wenn wir kulturelle Unterschiede sehen, dann sehen wir kulturelle Unterschiede – nicht mehr und

37 Um die Randständigkeit liberaler, aufklärerischer Positionen im Islam als dessen Vorteil zu verkaufen, wird gerade in Islam-Apologien gerne auf die »Dialektik der Aufklärung« rekurriert, vgl. neben Schiffauer auch Ucar 2017. Eine andere übliche Strategie besteht darin, zu behaupten, der Westen konstruiere einen unaufgeklärten Islam, um sich selbst als aufgeklärt und zivilisiert verstehen zu können, ohne die Ambivalenzen der Aufklärung zu reflektieren. Auch diese Strategie ist in dem Interview mit Schiffauer zu finden, in dem er suggeriert, eine Kritik am Islam als unaufgeklärt sei nichts anderes als eine solche projektive Abwehr (vgl. Schiffauer 2009, 180f.). Dass eine rationale Selbstkritik des Westens *und* eine Kritik am konservativen Islam möglich sein könnten, wird von vornherein ausgeschlossen, genauso wie eine gleichzeitige Kritik der europäisch-nationalistischen wie der islamistischen Kultur der Ehre und Schande.

38 Vgl. dazu kritisch: Finkielkraut 1989a, 62f., 71-92, Claussen 1994, 7f., 16f. sowie Benl 2022.

nicht weniger.« (Kendi 2019, 130, 141) Dieser von Kendi in seinen Werken nicht konsequent durchgehaltene Kulturrelativismus verlangt die vollständige Verabschiedung der Idee universeller individueller Menschenrechte. Das Postulat der Gleichwertigkeit aller Kulturen impliziert notwendig das der Gleichwertigkeit derjenigen Kulturen, die von der Nichtgleichwertigkeit aller Kulturen ausgehen – Ku-Klux-Klan-Anhänger und Islamisten dürfen sich über einen solchen Antirassismus freuen. Die »wechselseitige Feindseligkeit der Kulturen«, schreibt Alain Finkielkraut, Claude Lévi Strauss zitierend, »stellt den Preis dar, ›der dafür entrichtet werden muß, daß die Wertsysteme jeder geistigen Familie oder Gemeinschaft bewahrt werden‹« (Finkielkraut 1989a, 91). Die Behauptung der universellen Gleichwertigkeit aller Kulturen enthält also einen durch diese Aussage zugleich *negierten* Universalismus.

Die Konsequenzen dieses Denkens sind die Schutzlosstellung und Diffamierung liberaler Muslime oder Ex-Muslime, die den vorherrschenden Islam kritisieren, sowie die Einkerkerung von Individuen in ihren Herkunftskulturen, entweder weil man jede Kritik an diesen Kulturen als rassistisch delegitimiert und deren Strukturen damit jedem Wandel entzieht oder weil man ganz offensiv in exotisierender Manier die Differenz der Kulturen als Gegengift gegen den ›homogenisierenden Universalismus‹ und die imperialen Bestrebungen des Westens feiert. Beispiele dafür sind Judith Butlers Würdigung der »wichtigen kulturellen Bedeutungen der Burka« als »Übung in Bescheidenheit und Stolz«[39] (Butler 2008, 168) und Susan Buck-Morss' Apologie der freiwilligen Verschleierung vermeintlicher islamischer Feministinnen als »Praktizierung ihrer eigenen feministischen Kritik an der Verdinglichung von Frauenkörpern durch die Kulturindustrie« (Buck-Morss 2003, 48).[40] Die islamische Revolution

39 Zum repressiven Topos der Bescheidenheit der Frau im islamischen Denken vgl. kritisch: Mernissi 1987, 159f.

40 Zur Kritik an der Idee eines ›islamischen Feminismus‹ vgl. instruktiv: Moghissi 1999, Kap. 7.

im Iran habe zwar Staatsterrorismus mit sich gebracht, meint Buck-Morss, aber sie habe auch eine stolze neue muslimische Subjektivität hervorgebracht, »eine, die unbestreitbar modern und ebenso unbestreitbar nicht-westlich ist«. Hier sei kollektive Würde wichtiger als westliche Freiheiten: »Es geht hier nicht um Freiheit, sondern um Würde. Und in einem postkolonialen Kontext ist die Würde wichtig. Besser gesagt: Würde *ist* Freiheit in einem anderen Sinne, als Befreiung von westlicher Hegemonie.«[41]* (46) Dies führt zu einem doppelten Standard, mit dem jede noch so patriarchale, antisemitische oder ethnozentrische Haltung der ›Anderen‹ relativiert wird, bis hin zur Einreihung in den Kampf gegen die »›Westoxification‹« oder »›Occidentosis‹« (Al-e Ahmad, zit. nach Benl 2021, 93).[42] »[I]n dem Moment«, schreibt Finkielkraut, »wo man dem anderen Menschen seine Kultur zurückgibt, nimmt man ihm seine Freiheit: sein Eigenname verschwindet im Namen seiner Gemeinschaft, er ist nur noch ein Muster, der austauschbare Repräsentant einer bestimmten Klasse von Menschen. Unter dem Vorwand, ihn bedingungslos anzunehmen, verbaut man ihm jede Bewegungsfreiheit, jeden Ausweg, verbietet man ihm die Eigenständigkeit, lockt man ihn hinterhältig in die Falle seiner Andersartigkeit; man glaubt, vom abstrakten Menschen zum wirklichen Menschen überzugehen und hebt die Distanz zwischen der Person und ihrer Herkunftsgemeinschaft auf […]; aus Altruismus macht man den Anderen zu einem einheitlichen Block und opfert dann für dieses Gebilde *die anderen* in ihrer individuellen Realität. Eine solche Fremdenfreundlichkeit bringt die früheren Besitzungen Europas

41 »performing their own feminist critique of the culture industry's reification of women's bodies« (48); »one that is indisputably modern and just as indisputably non-Western«. »What is involved here is not freedom but dignity. And in a postcolonial context, dignity matters. Better put, dignity *is* freedom in a different sense, as liberation from Western hegemony.« (46)

42 Vgl. dazu Finkielkraut 1987a, 72-86, Moghissi 1999, 7f. 94, Moller Okin 2010, Ebert 2018, 176-188, Kostner 2019, 64ff., Küntzel 2019, 158-161, Bruckner 2020, u.a. 28-36.

um die europäische Erfahrung mit der Demokratie.« (Finkielkraut 1989a, 81)

5.2. Postkoloniale Theorie als angewandter Postmodernismus

›Postkolonial‹ kann man Ansätze nennen, die Spuren kolonialer Herrschaft in Wissensbeständen und gesellschaftlichen Strukturen untersuchen, die über das System kolonialer Herrschaft im engeren Sinne hinaus wirken. An einem solchen Programm ist prinzipiell nichts auszusetzen – es gehört zum Bestand einer legitimen (Selbst-)Kritik moderner, politisch liberaler Gesellschaften. Von Beginn an war der postkoloniale Diskurs allerdings eine Kombination von (bereits an sich nicht unproblematischen) antiimperialistischen und postmodernen Theorieelementen. Diese theoretische Synthese tendierte dazu, aufklärerische Ideen von Vernunft und legitimer politischer Ordnung in mal mehr, mal weniger radikaler Form als »pluralitätsausmerzende Hybris«[43] (Gruber 2018, 144) eines eurozentrischen Partikularismus zu »provinzialisieren« (Chakrabarty 2010, 61): Von einer legitimen Kritik nur vermeintlich universeller sozialer Ordnungsmuster und wissenschaftlicher Geltungsansprüche war der Weg nicht weit zur anti- oder dekolonial frisierten Wiederauflage des schmittschen Leitmotivs »Wer Menschheit sagt, will betrügen« (Schmitt 2002, 55), und einer ›progressiven‹ Variante seines konkreten Ordnungsdenkens, das Wissen und Menschenrechte im kulturrelativen Zusammenhang von »Ordnung und Ortung« (Schmitt 1988, 13) auflöst. Ich werde im Folgenden zeigen, wie dabei die postmoderne Idee einer fundamental machtbasierten und kulturrelativen Konstruktion der Wirklichkeit im postkolonialen Kontext aufgegriffen und in gewisser Hinsicht halbiert wurde, sodass es möglich war, einen breitenwirksamen,

43 Gruber thematisiert diesen Topos in kritischer Absicht.

aktivistisch orientierten, reduktionistischen und geradezu manichäisch-identitätspolitischen »*angewandten Postmodernismus*« (Pluckrose/Lindsay 2022, 48) hervorzubringen.[44]

Diskurssozialdarwinismus: Die Reduktion von Wissen auf Macht

Postmodernes Denken beruht auf einem *radikalen Konstruktivismus*: Das Erkenntnismedium bringe den Gegenstand der Erkenntnis oder zumindest seine uns zugängliche Bedeutung hervor. Diese Konstruktion, so wird *(kultur-)relativistisch* unterstellt, sei radikal von Ort, Zeit und Akteur abhängig: Der Konstruktionsprozess der Wirklichkeit sei individuell, kulturell oder historisch stets verschieden und nicht nach übergreifenden Kriterien zu beurteilen, verändere sich also auch im Laufe der Zeit bzw. abhängig von der Perspektive stets. Der alle Interpretationen der Wirklichkeit leitende Standpunkt, der diese Wirklichkeit für uns angeblich erst hervorbringt, sei zudem immer ein *Machtgeschehen*. Wissen wird demnach als *machtbasierte, (kultur-)relative Konstruktion der Wirklichkeit* verstanden.

Das Fundament ist damit eine »sozialdarwinistische[...]

44 Damit will ich nicht behaupten, alle Vertreter der postkolonialen Theorie seien Postmoderne. Teilweise beschränken sich Beiträge zum Feld der *Postcolonial Studies* auch auf empirische Forschungen über die genannten kolonialen Aspekte kultureller Produktionen oder gesellschaftlicher Strukturen. Eine solche Forschung ist nicht per se kritikwürdig. Es ist aber zu fragen, ob man dafür das kategoriale Gerüst der postkolonialen Theorie benötigt und insbesondere ihren Anspruch akzeptieren muss, ein völlig neues Paradigma der Erforschung kolonialer Spuren zu etablieren. Ich würde das mit Matthias Leanza und Axel T. Paul (2022) verneinen und denke, dass insbesondere die ›multidirektionale‹ Erforschung des Holocaust mittels des Kolonialismus-Motivs und des Kolonialismus mit Holocaust-Verflechtungsdogmen der empirischen Erforschung beider Phänomene keinen Gefallen getan hat. Das bedeutet wiederum nicht, dass es schlechthin unsinnig wäre, bestimmte Theoriefragmente des Postkolonialismus zu adaptieren und aus dem weltanschaulichen Gerüst der Theorie herauszubrechen.

Sprachphilosophie und Linguistik« (Frank 1993, 120) oder diskurssozialdarwinistische[45] Wissenskonzeption mit ihrer Reduktion von Geltung auf Genesis: Die Quelle dieses sich heute auch gerne als »Links-Nietzscheanismus« bezeichnenden Denkens ist vor allem Friedrich Nietzsches Machtontologie, die später von Michel Foucault und anderen weiterentwickelt wurde:[46] Diese enthält eine logisch inkonsistente Kombination aus Korrelationismus (alles, was wir wahrnehmen, ist nur in Bezug auf uns zu bestimmen und daher jede Aussage über ein An sich unzulässig), antirealistischem Fiktionalismus (alle Begriffe sind nur »Metaphern der Dinge, die den ursprünglichen Wesenheiten ganz und gar nicht entsprechen« (Nietzsche 1988a, 879)) sowie machtreduktionistischem Konstruktivismus im doppelten Sinne (alle Begriffe sind nur von uns gebildete »Illusionen« (881) zur Realisierung eines gewalttätigen Selbsterhaltungs- und Bemächtigungsstrebens *und* jede Erkenntnis ist an sich buchstäblich Gewalt, weil sie ein »Gleichsetzen des Nicht-Gleichen« ist (880)). Erkenntnis ist demnach lebensdienliche Illusion, und besteht im Suchen nach Ostereiern, die man selber versteckt hat.[47] Zugleich gibt es, die Mode eines postmodernen ›neuen Materialismus‹ vorwegnehmend, ein eigentümliches Nebeneinander von vitalistischem Materialismus, der den Körper und den Lebenserhalt ins Zentrum rückt[48], und sprachidealistischem Konstruktivismus, der bei Nietzsche anhand eines Vergleichs von »Biene« und »Baugenie« erläutert wird: »Als Baumeister erhebt sich solcher

45 Manfred Frank hat immer wieder auf das »prä-faschistische« Erbe hingewiesen, das von dieser poststrukturalistischen Philosophie angetreten wurde, die Recht, Moral und Wahrheit lediglich als Spielmarken eines durch »Kraft und Unterdrückung entschieden[en]« Kampfgeschehenes deutet (Frank 1993, 120, 135). Vgl. auch Priester 2014, 201, 266.
46 Vgl. Schubert 2020, zur Kritik vgl. Rehmann 2004, Wallat 2012.
47 Oder in Nietzsches Worten: »Wenn Jemand ein Ding hinter einem Busche versteckt, es eben dort wieder sucht und auch findet« (Nietzsche 1988a, 883), dann habe man das vor sich, was man geläufig Erkenntnis nenne.
48 Vgl. Nietzsche 1988a, 876.

Maassen der Mensch weit über die Biene: diese baut aus Wachs, das sie aus der Natur zusammenholt, er aus dem weit zarteren Stoffe der Begriffe, die er erst aus sich fabriciren muss.«[49] (882)

Die Verwechslung von Macht als Handlungsfähigkeit mit Herrschaft[50], von realistischem Aspektperspektivismus und antirealistischem Konstruktionsperspektivismus[51] und die Umdeutung des Transzendentalsubjekts in der Wille-zur-Macht-Ideologie zeichnen das in der Postmoderne tradierte Denken Nietzsches aus: Deuten, Schaffen, Synthetisieren und Handeln werden in Analogie zum repressiven Herr-Sklave- und zum patriarchalen Mann-Frau-Verhältnis als gewaltsames Wollen und Befehlen, Überwältigen, Versklaven, nominalistisches Formgeben gegenüber einem widerstrebenden, an sich nicht zum Begriff

49 Dieser Vergleich steht in bezeichnendem Kontrast zu Marx' Biene-Baumeister-Vergleich aus dem 5. Kapitel des ersten »Kapital«-Bandes (vgl. Marx 1993, 193). »Bei Marx«, stellt Rehmann (2004, 115) zu Recht fest, »ist der Naturgegenstand (das Wachs) ebenso wenig verschwunden wie der naturale Aspekt der Arbeit selbst«.

50 Vor allem der in Anlehnung an Nietzsche formulierte Machtbegriff von Foucault konfundiert systematisch Handlungsfähigkeit, Herrschaft, Unterwerfung in Form von Selbsttätigkeit, wechselseitige Einwirkung auf die Handlungsbedingungen (Strukturen) von Akteuren und asymmetrische Ausstattung mit Ressourcen sowie den Kampf um diese Ressourcen. Hinzu tritt die Dimension des Ausschlusses und des Zutritts von Akteuren zu Diskursen sowie die der begrifflichen Bestimmung als Ausschluss von Möglichkeiten und Bedeutungsebenen. Vgl. Foucault 1994b. Wehler hat daher völlig recht, wenn er schreibt: »Alle Unterscheidungen von Macht, Zwang, Gewalt, Autorität, Herrschaft verschwinden bei Foucault, wie zuvor bei Nietzsche, im Nebel. Foucaults Unbegriff von Macht bezeichnet, weil er alles und jedes so nennt, zuletzt nichts mehr genau.« (Wehler 1999, 66) Für einen sinnvollen Machtbegriff vgl. Schuck 2012.

51 Vgl. Krämer 2007, 80ff. Bei Ersterem geht man von einem objektiv bestimmten Gegenstand aus, dessen verschiedene Aspekte aus verschiedenen Perspektiven wahrgenommen werden, bei Letzterem bringt die Perspektive die Bestimmung des Gegenstands hervor.

passenden Material gedeutet.[52] Hier ist alles Denken Vergewaltigung und Instrumentalisierung, freilich ohne dass es eine Alternative dazu gäbe. Dabei fallen gerade die Formen der Rationalität und des Universalismus, die Herrschaft kritisieren könnten, als erste unter das Verdikt der Gewalttätigkeit – darin sind sich die faschistischen und die linken Nietzsche-Apologeten einig.[53] Die Absurdität dieses misogyn-misanthropen Denkens, seine geradezu wahnhafte Übersteigerung moderner erkenntnistheoretischer Motive[54], springt sofort ins Auge: Nietzsche muss

52 Vgl. u.a. Nietzsche 1988b, 207, 1988c, 312ff. Nietzsches Grunddogma ist, »dass alles Geschehen in der organischen Welt ein *Überwältigen, Herrwerden* und dass wiederum alles Überwältigen, Herrwerden ein Neu-Interpretieren, ein Zurechtmachen ist, bei dem der bisherige ›Sinn‹ und ›Zweck‹ nothwendig verdunkelt oder ganz ausgelöscht werden muss.« (Ebd., 313f.)

53 Der sich »Links-Nietzscheanismus« nennende Diskurssozialdarwinismus versucht sich von einem »Rechts-Nietzscheanismus« dadurch abzugrenzen, dass gegen dessen Naturalismus der Konstruktivismus betont wird (vgl. u.a. Schubert 2020, 41f.). Dieses Manöver, das analog im sog. Links-Schmittianismus angewendet wird (Naturalismus vs. Konstruktivismus des Volksbegriffs), ignoriert, dass auch faschistische Nietzsche-Adaptionen konstruktivistisch argumentieren. Darüber hinaus ist auch der konstruktivistische Machtreduktionismus der Linken nichts anderes als eine Ontologisierung von Herrschaft und Gewalt. Dass bei den Linken gelegentlich Hybridität statt Homogenität von Identitäten im Vordergrund steht und die willkürliche Auswahl des Subjekts, dem man Definitions- und privilegierte gesellschaftliche Zugriffsmacht verschaffen will (vgl. ebd., 43f.), bisweilen anders ausfällt als bei den Rechten, ändert nichts an der gemeinsamen theoretischen Basis: der Diffundierung des Gewaltbegriffs, der Umdeutung von Vernunft und Allgemeinheit in Gewalt und Macht, der Auflösung des Subjekts im antagonistischen Diskursgeschehen, der begrifflichen Verunmöglichung von Freiheit und der neokonservativen Feier der Intransparenz und Unkontrollierbarkeit des Sozialen. Vgl. dazu Elbe 2021c/2021e.

54 Die radikalempiristische Antimetaphysik vor allem David Humes mit ihrer Subjektivierung von Kausalität und ihrer »punktualistischen Ereignisontologie« (Lindner 2014, 205) führt bereits in einen Antirealismus, da die klassisch metaphysischen Annahmen objektiver Zusammenhänge, Seinsqualitäten und Substanzen ebenso auf einen ›rationalen Glauben‹ (vgl. Hume 2005, 59-63) oder gar eine ›Erdichtung‹ der

die Realität an sich schon kennen, um behaupten zu können, Erkenntnis sei eine Fiktion, die nicht zur Realität passe und deren Allgemeinbegriffe das Konkrete stets nur vergewaltigen könnten. Es fragt sich zudem, wie eine nicht zur Realität passende Fiktion erfolgreich die Selbsterhaltung sichern kann [55] und wie diese ›Lebensdienlichkeit‹ überhaupt festgestellt werden soll, da auch sie Teil eben der Realität ist, die das Denken angeblich immer schon verfehlt. Die ›Erkenntnis‹, Erkenntnis sei eine Fiktion, muss zudem entweder selbst wieder eine Fiktion sein, womit sie keine Erkenntnis wäre, oder keine Fiktion, womit der Fiktionalismus seinen eigenen Prämissen zufolge falsch wäre. Des Weiteren ergibt der Begriff der Interpretation ohne eine von der Willkür des Interpreten unabhängige Bedeutung keinen Sinn, ebenso wenig die Metapher ohne die wörtliche Bedeutung.[56]

Foucault und das postmoderne Denken tradieren diesen Nietzscheanismus nun: »Jede Gesellschaft«, meint Foucault, »hat ihre eigene Ordnung der Wahrheit« (Foucault 1978, 51). Er hält Wahrheit für ein »Ausschließungssystem«, das heißt eine Ordnung des Diskurses, die ein kontingentes, »historisches, veränderbares, institutionell zwingendes System« (Foucault 1993, 14) von Aussagen darstellt. Wahrheit, so die Idee dieser universalisierten Verdachtshermeneutik, sei lediglich ein ritualisiertes Handeln privilegierter Sprecher und ein Zirkulieren von Themen, eine auf einem herrschaftlichen Bemächtigungswillen beruhende und den Dingen Gewalt zufügende Praxis[57], kein Verhältnis von Aussagen zu Sachverhalten: Die Worte, behauptet Foucault, »zeigen kein Bezeichnetes an, sondern zwingen eine

Einbildungskraft reduziert werden, wie die Idee eines Ichs oder Erkenntnissubjekts (vgl. Hume 1989, 326ff., 329ff.). Nichtsdestotrotz ist der Beitrag Humes noch ein Erkenntnisfortschritt im Kampf gegen einen naiven Realismus oder theologischen Dogmatismus, der freilich in einer *rationalen* Metaphysik und einem *kritischen* Realismus wieder aufgehoben werden muss (vgl. Lindner 2014, 203-213).

55 Vgl. dazu das »Wunderargument« zugunsten des wissenschaftlichen Realismus bei de Caro 2014, 26f.

56 Vgl. Eco 2014, 36f.

57 Vgl. Foucault 1993, 34.

Interpretation auf« (Foucault 2005, 735).[58] Auch Judith Butler will den »traditionellen ontologischen Referenten« zum Beispiel des Begriffs ›Körper‹ »suspendier[en]« (Butler 1995, 53) und damit Sprache von ihrer referentiellen auf ihre performative Funktion reduzieren.[59] Ein performativer Akt bezeichnet nichts von ihm Unabhängiges, sondern ist der »Vollzug einer Handlung« (Austin 1968, 140). Er bringt das, was er bezeichnet, in dem und durch den Akt der Bezeichnung hervor, zum Beispiel: »Ich bitte um Entschuldigung« (ebd.). Butler will nun von dieser banalen Dimension einiger Sprechakte hin zu der radikalen

58 Foucault referiert zustimmend Nietzsche: »Die Wahrheit ist ein Irrtum, der nicht mehr abgewiesen werden kann, weil er durch eine lange Geschichte hartgesotten wurde.« (Foucault, 1991, 72) »Wenn aber Interpretieren heißt, sich eines Systems von Regeln, das in sich keine wesenhafte Bedeutung besitzt, gewaltsam oder listig zu bemächtigen, und ihm eine Richtung aufzuzwingen, es einem neuen Willen gefügig zu machen, es in einem anderen Spiel auftreten zu lassen und es anderen Regeln zu unterwerfen, dann ist das Werden der Menschheit eine Reihe von Interpretationen. Und die Genealogie muß ihre Historie sein«. (78) Diese Genealogie postuliert u.a. »das wahrheitszersetzende Opfer« und »stellt sich gegen die Historie als Erkenntnis.« (85) Letzteres bedeute die »Opferung des Erkenntnissubjekts« (87), die aufzeige, dass »es keine Erkenntnis gibt, die nicht auf Ungerechtigkeit beruht (und daß es daher in der Erkenntnis kein Recht auf Wahrheit und keine Begründung des Wahren gibt) und daß der Erkenntnisinstinkt böse ist (daß es in ihm etwas Mörderisches gibt und daß er für das Glück der Menschheit nichts tun kann und will).« »Anstatt sich allmählich von seinen empirischen Wurzeln, von den primitiven Bedürfnissen zu lösen, um als reine Spekulation nur mehr der Vernunft zu gehorchen, anstatt in seiner Entwicklung an die Konstituierung und Bejahung eines freien Subjekts gebunden zu sein, versammelt das Wissen immer mehr Gewaltinstinkte in sich.« (87) Alle Phänomene der Moral und der Erkenntnis weisen demnach einen schmutzigen Ursprung und einen ebenso schmutzigen Sinn auf – Werte entstehen aus Herrschaftsunterschieden und diene nur ihnen, Freiheit entsteht aus der Klassenherrschaft und dient nur ihr, Logik aus dem Bemächtigungswillen des auf Selbsterhaltung und -steigerung erpichten subjektlosen Subjekts und dient nur diesem.

59 Eine systematische Kritik der sprachphilosophischen Fehlschlüsse, die diesem Denken zugrunde liegen, liefert Tallis 1995, eine Kritik an Foucaults Bedeutungstheorie findet sich bei Honneth 1994, 147-167.

These, Sprache sei stets nach diesem Muster zu begreifen. Damit setzt sie den Diskursimperialismus Foucaults fort, der ebenfalls proklamierte, man müsse »Diskurse […] als Praktiken […] behandeln, die systematisch die Gegenstände bilden, von denen sie sprechen.« (Foucault 1995, 74) »Der als dem Zeichen vorgängig gesetzte Körper«, meint Butler daher, »ist stets als *vorgängig gesetzt* oder *bezeichnet*. Diese Bezeichnung vollzieht sich dadurch, daß sie einen Effekt ihres eigenen Verfahrens hervorbringt, nämlich den Körper, und dennoch zugleich behauptet, diesen Körper als das zu entdecken, was jeder Bezeichnung *vorhergeht*.« Die vermeintliche Tatsache, dass »der Körper, der als der Bezeichnung vorhergehend bezeichnet ist, einen Effekt der Bezeichnung bildet«, destruiere den Glauben an den »repräsentativen Status der Sprache« und erweise sie als »produktiv, konstitutiv […] [,] *performativ*, weil dieser Bezeichnungsakt den Körper produziert, selbst wenn er ihn angeblich als aller und jeder Bezeichnung vorgängig vorfindet.« (Butler 1995, 52) Die radikale Skepsis der Postmodernen gegenüber Kategorisierungen und Abstraktionen führt letztlich zu der Annahme, Denken an sich gleiche die Dinge »gewaltsam einander an[…]«. (Foucault 1991, 77) Den Diskurs müsse man generell »als eine Gewalt begreifen, die wir den Dingen antun; jedenfalls als eine Praxis, die wir ihnen aufzwingen« (Foucault 1993, 34f.). Auch hier schwingt die antirealistische Idee mit, die Sachen seien völlig anders als ihre Begriffe und diese jenen völlig äußerlich. Die Einsicht, dass Kategorien Sachverhalten entsprechen können, dass es treffende und nicht treffende Bestimmungen geben könnte und nicht nur gewaltgestützte und selbst Gewalt ausübende Konstruktionen, wird hier dogmatisch auf dem Altar des machtreduktionistischen, interpretationistischen Antirealismus geopfert.

Die Foucault-Rezeption nutzt dabei die Ambivalenz von dessen These, Wahrheit sei »von dieser Welt« (Foucault 1978, 51) und knüpft, je nach Bedarf, mal an diese, mal an jene mögliche Interpretation an: *Einerseits* kann damit gemeint sein, dass man die Produktionsbedingungen – gesellschaftliche Verhältnisse, Machtinteressen, Ausschließungsstrukturen, Sagbarkeitszwänge, Autoritätsverhältnisse – von Diskursen untersucht, in denen *behauptet* wird, Wissen hervorzubringen. Solcherart kann der Wissenssoziologe natürlich eine neutrale Stellung zu den propositionalen Gehalten der jeweiligen Diskurse einnehmen und sie als empirische Ereignisse beschreiben, die einem Verdauungsprozess ähneln: einige Dinge werden verwertet, andere ausgeschieden. Diese Beschreibung muss allerdings wahr sein, wenn sie irgendeine Bedeutung beanspruchen will. Hier tritt an die Stelle der pragmatischen ›Wahrheits‹-Auffassung (wahr ist, was x aus praktischen Gründen, zum Beispiel seinem Machtwillen, für wahr hält) eine Einstellung, die, indem sie Aussagen in ihrer empirischen Entstehung und Funktion betrachtet, selber behauptet, damit etwas Wahres auszusagen, also einen universellen Geltungsanspruch formuliert.[60] Auch diese Haltung wird nun aber *andererseits*, argumentiert man konsequent, mit dem konstruktivistischen Machtreduktionismus Foucaults abgewehrt und für unmöglich erachtet. Demnach wäre seine Machtanalyse eine machtbasierte Fiktion über machtbasierte Fiktionen und Wahrheit nichts anderes als ein pragmatisches Mittel für was auch immer.[61]

60 Die »*Rechtfertigungsgründe*« (Steinvorth 2002, 159) für wahre Aussagen sind in diesem Sinne epistemischer Art, nicht bloß pragmatischer (vgl. Boghossian 2013, 20f.), und sie »beanspruchen *Allgemeinverbindlichkeit*« (Steinvorth 2002, 73, 138). Das steht nicht im Widerspruch dazu, dass Aussagen fehlbar sind, »wir können vielmehr unsere Fehlbarkeit nur deshalb erkennen, weil wir nichtrelativ, allein durch Rechtfertigungsgründe bestimmt, urteilen können.« (124)

61 So redet Thomas Lemke mit Bezug auf Foucault einem relativistischen, »historisch-kontingenten« (Lemke 1997, 335) Wahrheitsbegriff das Wort, indem er den pragmatischen Wahrheitsbegriff, wie er in wissenssoziologischen Beschreibungen von Diskursen auftaucht (z.B.: ›wahr ist, was eine Gruppe aus Gründen der Herrschaft über andere für wahr erklärt‹), mit dem epistemischen Wahrheitsbegriff konfundiert. Stefan Münker und Alexander Roesler begreifen es gar »als eine Tugend« (Münker/Roesler 2012, 158), auch die Machttheorie des Denkens als eine Machtstrategie zu fassen. An Foucaults machttheoretischen, institutionalistischen Reduktionismus knüpfen viele Vertreter des postkolonialen Denkens an, vgl. nur Chakrabarty 2010, 104.

Dass die genealogischen Texte von Nietzsche und Foucault in ihrer dogmatischen Setzung der Zufälligkeit, der Gewordenheit und der Machtdurchtränktheit des Selbst nicht auf Wahrheit abzielen, sondern auf den bloßen Effekt einer Machtverschiebung, spricht der postmoderne Philosoph Martin Saar offen aus. Genealogien (der Moral oder des modernen Subjekts) sähen lediglich »wie eine sozialwissenschaftliche Realgeschichte der Macht aus[...]«, konstruierten aber tatsächlich »hypothetische, fiktive oder spekulative Vorgeschichte(n)« (Saar 2009, 251), die auf einen Wandel der Ordnungen des Selbst hin zu anderen Machtordnungen zielten. Saar meint, »Übertreibung«, »Dramatisierung«, »Überzeichnung« (254), also der »*hyperbolische* Charakter der genealogischen Erzählungen [,] befreit [...] diese Form der Sozialkritik aus dem erdrückenden Anspruch, wissenschaftlich fundierte Gesellschaftsanalyse zu sein.« Denn sie »erzielt ihren Effekt der Kritik nur auf dem Weg der überzeichnenden, irrealisierenden grellen Darstellung.« (264f.) Der von Historikern oft monierte fiktive Charakter beispielsweise von Foucaults Geschichte der Disziplinarmacht[62] wird hier als »Vorteil« angepriesen. Der aktivistische Imperativ der Erzielung des Effekts einer Machtverschiebung prägt die als Realgeschichtsschreibung nur verkleidete Erzählung durch und durch. Eine ›wie Wissenschaft aussehende‹ Rede soll eine von vornherein erwünschte Wirkung erzielen – wir sahen das in etwas weniger drastischer Form bereits bei Rothberg oder Assmann. Das Subjekt soll sich durch eine erfundene oder zumindest ›grell‹ überzeichnete Darstellung seines Wesens (als bloßer kontingenter Machteffekt) zu einem radikalen Austausch seiner konstituierenden Machtbasis entscheiden – und konkret zu einer Verabschiedung der angeblich ohnehin nur lügenhaften Versprechungen einer humanitären universalistischen Moderne. Eine grotesk einseitige Erzählung vom Westen als »große[s] Kerkernetz« (Foucault 1994, 385),

62 Eine Kritik an Foucaults Darstellung des Gefängnissystems schildert z.B. Rehmann 2004, Teil IV. Zur Kritik an Foucault als Historiker vgl. auch Wehler 1999, 45-95.

eine ›Genealogie‹, die unfähig oder unwillig ist, die humanitären Fortschritte moderner Gesellschaften (bei aller unleugbaren Vermittlung dieser Fortschritte mit Herrschaftsmechanismen) auch nur wahrzunehmen, soll eine radikale Praxis der Umgestaltung anleiten. Allerdings können oder wollen sich die Vertreter der angewandten Postmoderne im Umfeld der *Postcolonial Studies* eine solche Offenheit selten leisten – im Gegensatz zum philosophischen Feld vertritt man hier zumeist noch die Auffassung, man betreibe faktenbasierte und auf Wahrheit abzielende Wissenschaft und nicht lediglich einen als Erkenntnisproduktion verkleideten Machtkampf. Daher wird »die eigene Beteiligung beim Ringen um Definitionsmacht normalerweise nicht reflektiert, diese vielmehr ausschließlich anderen zugeschrieben« (Albrecht 2012, 81) – am liebsten ›den Rechten‹.

In einer Vorlesung aus dem Jahr 1976 bringt es Foucault fertig, diesen Diskurssozialdarwinismus in philo-antisemitischer Weise zu begründen. Er spricht hier von einem »im 16. und 17. Jahrhundert aufkommende[n]« (Foucault 2016, 91) »Diskurs des Krieges und des Rassenkampfes« (82), aus dem erst im 19. Jahrhundert der moderne Rassismus hervorgegangen sei. Unter ›Rasse‹ könnten dabei ständische, klassenspezifische, ethnische oder religiöse Differenzen verstanden werden.[63] Dieser Diskurs postuliere einen »Kampf[…] der Rassen quer durch Nationen und Gesetze« (87), sei demnach gegen den zentralistischen homogenisierenden Souveränitätsdiskurs der Moderne gerichtet und zeichne sich durch folgende Momente aus: 1) Der Souverän erscheint nicht mehr als legitimer Repräsentant der Einheit der Nation, seine Gesetze und Verlautbarungen werden als Gewalt, nicht als Recht oder Wahrheit im emphatischen Sinne gedeutet. 2) Der Diskurs spreche »von der Seite des Schattens, aus diesem Schatten heraus« und sei sozusagen ein subalternes Wissen jener, »die keinen Ruhm genießen, oder jener, die

63 Vgl. Foucault 2016, 79, 96.

ihn verloren haben« (88). Die Gesellschaft wird manichäisch in Unterdrückte und Unterdrückende eingeteilt und es werde vom »Unglück der Vorfahren« erzählt. Die Geschichte erscheine als Reihe von Niederlagen, die in Zukunft mit der apokalyptischen Wiederaufrichtung der »alten Rechte und de[s] verlorenen Ruhm[es]« (89) gesühnt würden. 3) Der Diskurs zeige dabei im Stile einer generalisierten Verdachtshermeneutik, dass legitime Macht »eine Frage des Zufalls und der Ungerechtigkeiten der Schlachten ist« (90). Recht und Gerechtigkeit lösen sich hier »in den Mechanismen und Ereignissen der Stärke, der Macht und des Krieges« auf. (74) Der souveränistische Diskurs hingegen verleugne diesen partikularen Gewaltgrund und maße sich im Stile eines lügenhaften Universalismus an, »im Namen aller« (91) zu sprechen. 4) Schließlich sei der Rassendiskurs als »Gegen-Geschichte« des die souveränen Einheiten durchziehenden Rassenkampfes eine klar partikularistische Kritikform: Sie übt Foucault zufolge »nicht nur Kritik an ihr [der souveränen Macht], sondern greift sie an und beansprucht sie für sich. Die Macht ist nicht deshalb ungerecht, weil sie hinter ihren höchsten Vorbildern zurückbleibt, sondern einfach, weil sie nicht uns gehört.« (91) Dieser »Diskurs der Revolte« (92), wie er ihn auch nennt, kann in gewisser Hinsicht als Vorläufer des nietzscheanischen Kritiktyps Foucaults verstanden werden, der jeden Universalismus als Lüge und verdeckten Ausschließungsdiskurs begreift, weshalb er diesem Diskurs in Form einer »Lobeshymne« (82) auch explizit seine Sympathien bekundet. Zugleich, und das macht dieses Lob – schon ungeachtet des machtreduktionistischen Zynismus, der damit verbunden ist – zu einer besonders heiklen Angelegenheit, nennt Foucault diesen Rassendiskurs »eine Geschichte biblischen, quasi hebräischen Typs« (92) und evoziert damit die Klischees des jüdischen Partikularismus, der, zum universalistischen Denken unfähig, lediglich die Macht des auserwählten, bislang erniedrigten Volkes über die anderen Ethnien im Blick habe. Nicht weniger problematisch ist dies angesichts der Tatsache, dass Foucaults Beschreibung durchaus einige wichtige Punkte zum Beispiel des nationalsozialistischen

Erlösungsdenkens und seiner konformistischen Rebellion trifft[64], deren genuin antisemitischer Gehalt freilich nur angedeutet wird.[65]

Foucault verdeutlicht seinen diskurssozialdarwinistischen Wahrheitsbegriff auch am Beispiel der ›Vertreibung der Sophisten‹ in der griechischen Antike: Während diese noch erkannt hätten, dass der wahre Diskurs der war, »vor dem man Achtung und Ehrfurcht hatte und dem man sich unterwerfen mußte, *weil er der herrschende war, eben der Diskurs, der von den hierzu Befugten nach dem erforderlichen Ritual verlautbart worden ist*«, habe sich unglücklicherweise »eines Tages [...] die Wahrheit vom ritualisierten, wirksamen und gerechten Akt der Aussage weg und zur Aussage selbst hin verschoben: zu ihrem Sinn, ihrer Form, ihrem Gegenstand, ihrem referentiellen Bezug.« (Foucault 1993, 14, Herv. v. mir) Jan Rehmann zeichnet überzeugend nach, wie Foucaults Trauer über die ›Vertreibung der Sophisten‹, das heißt über die Ersetzung der Identifizierung »von Wahrheit und Herrschaftsausübung« (Rehmann 2004, 119) durch den Gedanken einer Wahrheit jenseits von Gewalt und Instrumentalisierung, die rechts-sophistische »nietzschesche Ursprungsidylle einer unsublimierten Herrschaftsmacht in der vorklassischen Antike« (119) reproduziert. Diese begreife universelle Wahrheit und Moral nur als verschleierte Herrschaft und kritisiere diese »vom Standpunkt unvermittelter Herrschaft« aus. Foucault überführe diese herrschaftsaffirmative, totalisierte Ideologiekritik aber »in den Diskurs der studentischen Protestbewegungen«, der nun nicht mehr direkt als Herrenmacht angesprochen, sondern mit dem Nimbus des Subversiven, der rebellischen Gewalt von unten versehen wird: »Das sophistische

64 Vgl. dazu Hebauf 2022, 373f.
65 Vgl. Foucault 2016, 102f. Dass der moderne Antisemitismus auf dem religiösen beruhte, aus ihm seine »Energie und Mythologie« bezog und die Juden »als eine in allen Rassen gegenwärtige Rasse« gedeutet wurden (107), ist eine richtige Beobachtung Foucaults. Dabei belässt er es aber auch und untersucht den Antisemitismus nicht weiter.

Recht des Mächtigeren fließt ununterscheidbar mit dem Gewalttätig-Kämpferischen zusammen« (120), das als verdrängtes Außen der offiziellen Diskurse beschworen wird.

Die Stelle der Studentenbewegung als Ort der ›Gegenmacht‹ haben heute ›People of Color‹ eingenommen. Von dieser soziologistischen Verabschiedung des Wahrheitsbegriffs aus ist es also nur noch ein kleiner, aber konsequenter Schritt hin zu den größten Absurditäten des postmodernen Antirassismus, bei denen die Beschäftigung mit der ›Sprecher*innen-Position‹ im Rahmen einer »›Geopolitik des Wissens‹« (Grosfoguel 2010, 312) die Prüfung des Wahrheitsgehalts von Aussagen vollends ersetzt: Wer kein Argument hat, hat wenigstens eine Identität und eine Herkunft. Und nach dieser Herkunft *allein* (deren Inhalt ein anonymes Machtgeschehen oder ein dadurch zustande gekommenes Subjekt sein kann) fragt die Foucaultsche ›Genealogie‹: »Man interpretiert nicht, was im Bezeichneten ist, sondern fragt letztlich, von wem die Interpretation stammt. Das Prinzip der Interpretation ist nichts anderes als der Interpret«. (Foucault 2005, 736)[66] Der prominente ›dekoloniale‹ Literaturwissenschaftler Walter Mignolo führt diesen hermeneutischen Antirealismus weiter aus: »[H]alten wir fest, dass *Worte nicht zur wahrhaften Bedeutung der Dinge führen*, sondern vielmehr zu Bewusstseinsformen und Sinnuniversen, in denen das Wort Bedeutung erlangt. Bedeutung ist keine Frage referenzieller Ob-

66 Foucaults grotesker Antirealismus postuliert als »Prinzip[…] der modernen Hermeneutik«: »Die Interpretation ist niemals abgeschlossen, weil es gar nichts zu interpretieren gibt […], denn im Grunde ist alles immer schon Interpretation […]. Danach gäbe es […] kein *interpretandum*, das nicht bereits *interpretans* wäre. […] In der Tat erhellt die Interpretation keine interpretationsbedürftige Materie […], vielmehr vermag sie sich nur gewaltsam einer bereits vorhandenen Interpretation zu bemächtigen«, die dann mit »dem Hammerschlag zertrümmert« und anders wieder zusammengesetzt wird (Foucault 2005, 734). Zum Selbstwiderspruch dieser Hermeneutik vgl. Krämer 2007 sowie Elbe 2021d, 124-135. Zur Kritik am hermeneutischen Antirealismus vgl. auch Tallis 1995.

jektivität, sondern eine kognitive (epistemische und hermeneutische) Reflexion, die in besondere geopolitische Entwürfe eingeschmiedet und inkorporiert ist.« (Mignolo 2019, 137) Woher Mignolo das weiß und wie es mit seiner antirealistischen Hermeneutik vereinbar ist, mit Worten auf das Objekt ›geopolitisch verkörperte Sinnuniversen‹ zu referieren, bleibt dahingestellt. Allerdings müssen die als subaltern Identifizierten dann doch wieder die *genehmen* Aussagen tätigen, das heißt den von Foucault favorisierten ›lokalen‹, »disqualifizierten Wissensarten« (Foucault 1978, 60) das Wort reden.

Geopolitik des Wissens: Ethnopluralismus von links

> »Die Rolle des weißen Mannes ist zu Ende!«
> (Sayyid Qutb)[67]

Solche Wissensformen sind ›subaltern‹ oder ›minoritär‹, weil ihnen im kolonialen Kontext ein Weniger »an Bedeutung« (Chakrabarty 2010, 71) zugemessen wird und sie nicht in die westlichen Rationalitätsstandards integrierbar sind. ›Subalternität‹ bezeichnet daher nicht vorrangig gesellschaftlich ungleich Behandelte oder Unterworfene, sondern primär »zum Schweigen gebracht[e]« (Grosfoguel 2010, 328) oder nicht ernst genommene ›Kosmologien‹ oder ›Epistemologien‹ des sogenannten ›globalen Südens‹ – der modische Ausdruck dafür ist ›epistemische Ungerechtigkeit‹. Denn »[a]uch Eliten und herrschende Gruppen können subalterne Vergangenheiten haben« (Chakrabarty 2010, 73), wenn diese im kolonialen Wissensreservoir als illegitim gelten, meint der indische Historiker Dipesh Chakrabarty. Diese »[s]ubalterne[n] Formen von Wissen« (Grosfoguel 2010, 328) sollen mehrere Funktionen erfüllen:

1) Sie sollen »eine kritische Sichtweise des hegemonialen Wissens in Machtverhältnissen ermöglich[en]« (312), das heißt

67 Zit. nach Nagel 2018b, 1092.

zeigen, dass universelles Wissen »ein westlicher Mythos« sei (313), alles Wissen auf Herkunft zu reduzieren und auch die universalistische Anmaßung des Westens nur provinzielles Denken sei. Grosfoguel bezieht sich hier auf Enrique Dussel, einen Vordenker der dekolonialen Theorie, der meint: »Vom ›Ich erobere‹, […] vom ›Ich versklave‹, […] vom ›Ich vernichte‹, […] von diesem ›Ich‹ geht das Cartesianische Denken im ›Ich denke‹ (ego cogito) aus.« (Dussel 1989, 21) Walter Mignolo spricht unmissverständlich von der »vom Körper des kolonialen Subjekts bestimmte[n] [!] Bewusstwerdung der Kolonialität von Sein und Wissen« (Mignolo 2019, 101). 2) Die subalternen Wissensformen sollen einen privilegierten Zugang zur Erkenntnis kolonialer Herrschaft haben[68] und in einem »Dialog […] zwischen allen Völkern der Welt« (Grosfoguel 2010, 332) »epistemische Äquivalenz und Gleichberechtigung« (Mignolo 2019, 99) herstellen, also einen kulturrelativistischen globalen ›Diskurs‹ institutionalisieren. Welcher Logik dieser angestrebte Dialog der Völker (nicht der Individuen!) folgt, bleibt unklar. 3) Sie sollen dem westlichen Denken gegenüber inkommensurable ›Narrative‹ darstellen, die neben die westlichen Wissensformen gestellt werden. Chakrabartys Beispiel sind die religiösen Vorstellungen der

68 Vgl. auch Aram Ziai, der meint, »dass Betroffene von kolonialen oder rassistischen Herrschaftsverhältnissen aufgrund ihrer Positionalität meist eine tiefere Einsicht in diese Verhältnisse haben« (Ziai 2023). Warum man besser als andere begreife, was Kolonialismus oder Rassismus ist, wenn man ihm ausgesetzt ist, können diese Theorien nicht begründen. Kolonialismus ist mit ökonomischen, politischen und sozialpsychologischen Mechanismen verbunden, in die man als Betroffener, dem materielle und symbolische Ressourcen aller Art verwehrt werden, oft eher weniger als mehr Einblick gewinnen kann. Auch Ziai kommt in seiner durchsichtigen Apologie der postkolonialen Studien aber nicht umhin festzustellen, dass die »postkolonialen Studien […] immer auch auf die Kollaboration einiger Kolonisierter als Voraussetzung für das Funktionieren des Kolonialismus hingewiesen« hätten. Darauf hat allerdings auch schon der platteste Antiimperialismus der 70er Jahre hingewiesen. Warum Ziai meint, hiermit die These von der manichäischen Denkweise des postkolonialen Ansatzes widerlegen zu können, bleibt ein Rätsel.

Santal aus Indien, die Mitte des 19. Jahrhunderts einen Aufstand vermeintlich auf Geheiß ihres Gottes Thakur losgetreten haben. Eine ›epistemisch ungerechte‹ Deutung wäre Chakrabarty zufolge, die Santal als handelnde Akteure mit religiösen Vorstellungen zu begreifen. ›Epistemisch gerecht‹ wäre es hingegen, die Erzählung der Santal ernst zu nehmen und nicht sie, sondern ihren Gott Thakur als Akteur zu betrachten, sowie diese ›Epistemologie‹ gleichberechtigt neben die historiographisch-säkulare zu stellen.[69] 4) Subalterne Wissensformen sollen als »an der Schnittstelle zwischen Tradition und Moderne« befindliche ›Epistemologien‹ und ›Kosmologien‹ »transkulturelle Hybridformen von Wissen« (Grosfoguel 2010, 328) sein, traditionelle Wissensformen der Kolonisierten, die durch »mimicry« (Nanda 2001, 181) die »emanzipatorische Rhetorik der Moderne« (Grosfoguel 2010, 330) imitieren und umdefinieren.

Wie die indische Biologin und Philosophin Meera Nanda treffend bemerkt, werden mit dem Gedanken der westlichen kalten Rationalität, der die inkommensurablen indigenen Kosmologien gegenübergestellt werden, die orientalistischen Gegensätze von Dichotomie/Trennung versus Einheit/Verschmelzung von Mensch und Natur, Individuum versus Gemeinschaft und Rationalität versus Affekt wiederhergestellt.[70] Und schließlich werden mit der Fokussierung auf kolonial (also: durch den Westen) zum Schweigen gebrachte ›Epistemologien‹ und Weltbilder, die auch diejenigen der lokalen Eliten sein können, Herrschaftsverhältnisse innerhalb der ehemals kolonisierten Staaten und Gemeinschaften ausgeblendet und die repressiven Funktionen traditioneller Weltbilder sowie ihrer Kombination mit moderner Technologie in Form eines »reactionary modernism« (Nanda 2001, 165) de-thematisiert. Postkoloniales Hybriditätsdenken

69 Vgl. Chakrabarty 2010, 79f. Tatsächlich soll dieses ›minoritäre Wissen‹ der Geschichtswissenschaft sogar vorgeordnet werden. Dabei greift Chakrabarty auf die konservative Hermeneutik von Heidegger und Gadamer zurück. Vgl. kritisch dazu: Nanda 2001, 166, Elbe 2021d.

70 Vgl. Nanda 2001, 171.

und epistemischer Relativismus werden so zu Steigbügelhaltern ›spiritualistisch‹ oder religiös verbrämter illiberaler Regime und Bewegungen. Die postmoderne Hybriditätsterminologie immunisiert Nanda zufolge eine genuin neokonservative Verbindung von traditionellen, antiliberalen politischen Orientierungen und moderner Technologie, wie man sie im indischen Hindunationalismus oder bei Regimen wie denen des Iran oder Chinas finden kann, gegen Kritik und hat katastrophale Folgen für Rechte, Leben und Gesundheit vieler Menschen: »Der Kern der postkolonialen Theorie [...] ist die Ablehnung der fortschreitenden Anhäufung von wissenschaftlichem Wissen über die Welt und von dessen Relevanz für die Rationalisierung und Säkularisierung überlieferter Weltanschauungen in nicht-westlichen Gesellschaften.« Eine »solche Perspektive« immunisiere »die objektiv falschen und sozial regressiven Elemente indigener Wissenssysteme nicht-westlicher Gesellschaften gegen kritische Bewertung und Reform [...]. Ich habe auch zu zeigen versucht, dass sie sich durch die postmoderne Nachsicht mit Widersprüchen ideal für populistische Politik eignet, sowohl auf der linken als auch auf der rechten Seite, aber mit größerer Resonanz bei der religiösen Rechten. Ich habe argumentiert, dass der Zustand der Hybridität nicht etwas ist, das Intellektuelle feiern sollten. Vielmehr birgt der Einsatz moderner Technologie in einem stark traditionalistischen gesellschaftlichen Kontext große Gefahren, da er illiberalen gesellschaftlichen Verhaltensmustern den Anschein von Modernität verleiht.«[71]* (Nanda 2001, 183f.) Die aus dem Iran

71 »The core of post-colonial theory, I have argued, is a repudiation of the progressive cumulation of scientific knowledge of the world and its relevance for rationalization and secularization of inherited worldviews in non-Western societies. [...] I have tried to show that such a perspective ends up immunizing the objectively false and socially regressive elements of indigenous knowledge systems of non-Western societies from critical evaluation and reform. I have also tried to show that the postmodern indulgence of contradictions makes it ideally suited for populist politics, both of the left and the right, but with a greater resonance with the religious right. I have argued that the state of hybridity

stammende Feministin Haideh Moghissi bringt die Folgen eines postmodernen Relativismus ›alternativer Modernen‹ ebenfalls auf den Punkt: »Unabhängig von ihrer Absicht spielen Argumente, die das Recht verschiedener Kulturen behaupten, ihre eigenen Normen, Bedeutungen und Grundsätze festzulegen, zu definieren und auszuüben, direkt in die Hände politischer und wirtschaftlicher Eliten, religiöser Führer und autoritärer Regime und vor allem von Fundamentalisten, die für ihre eigenen Zwecke argumentieren, dass der Begriff der Menschenrechte ›kulturgebunden‹ und westlich sei und dass internationale Maßnahmen für die Menschenrechte imperialistische Manöver seien.«[72]* (Moghissi 1999, 62) ›People of Color‹ (PoC), die den Universalismus und eine säkulare politische Ordnung verteidigen, werden im postkolonialen Diskurs also keineswegs zufällig exkommuniziert und als unauthentische Sprecher gebrandmarkt, die vom kolonialen Mindset »[w]estoxicated« (Moghissi 1999, 7) seien. So sind beispielsweise Grosfoguel zufolge diese PoC dazu gebracht worden, »wie diejenigen zu denken, die sich in dominanten Positionen befinden« (Grosfoguel 2010, 312) – Dussel spricht von »Gehirnwäsche« (Dussel 1989, 25). So sei der Topos der ›Unterentwicklung‹ letztlich ein kolonialer Ansatz.[73] Die Unzufriedenheit mit Armut, hoher Kindersterblichkeit und antidemokratischen politischen Strukturen wird im Ex-

is not something intellectuals should celebrate. Rather the use of modern technology in a highly traditionalist social context is fraught with dangers as it gives illiberal social habits a gloss of modernity.«

72 »Whatever their intent, arguments which assert the right of different cultures to establish, define and exercise their own standards, meanings and principles play directly into the hands of political and economic elites, religious leaders and authoritarian regimes, and, above all, fundamentalists, who argue, for their own purposes, that the notion of human rights is ›culture-bound‹ and Western, that international measures for human rights are imperialist ploys.«

73 Vgl. Grosfoguel 2010, 327. Bei Vinay Lal (2005, 234f., 237) werden Entwicklungshilfe und die Verbreitung universellen Wissens gleich zum Genozid erklärt – eine Position, die auch bei Grosfoguel ansatzweise zu finden ist.

tremfall zu einer vom Westen eingeredeten Identitätskrise und habe diesem Denken zufolge, wie Nanda kritisch anmerkt, »no *internal and material* causes« (Nanda 2001, 182).

Einerseits wird also radikal relativistisch, machtreduktionistisch und kulturalistisch versichert, die »vom Körper losgelöste und örtlich ungebundene Neutralität und Objektivität [...] des Wissens ist ein westlicher Mythos« (Grosfoguel 2010, 313), der aus dem »›imperialen Sein‹« (314) der Europäer resultiere. Jeder Sprechende sei »immer vom epistemologischen Standort seiner Ethnie, Rasse, seines Geschlechts und seiner Sexualität« bestimmt (312) – wie gezeigt, soll es der *verortete Körper* des Kolonisierten sein, der das Denken *bestimmt*. Lateinamerikanische oder afrikanische antikoloniale Denker brachten Walter Mignolo zufolge für europäische Theoretiker der Aufklärung unvorstellbare und nicht verstehbare Weltbilder hervor, weil sie »eine andere Haut« hatten, »das heißt, sie verfügten über andere Sensoren als Machiavelli, Smith oder Hobbes« (Mignolo 2019, 68): »*Man ist und fühlt, von wo aus man denkt*.« (99) »[A]lles Wissen«, meint Grosfoguel weiter, sei »epistemologisch auf der dominanten oder der subalternen Seite der Machtbeziehungen situiert [...] und das [sic] dies mit der Geopolitik und der Körperpolitik des Wissens zusammenhängt.« (Grosfoguel 2010, 313) Dabei verwechselt Grosfoguel nicht nur eine soziologische Analyse der Genese von als Wissen deklarierten Aussagen mit einer erkenntnistheoretischen Reflexion der Geltungsbedingungen des Wissens. Es ist auch grotesk, wenn er mit einer grandiosen Pauschalisierung konstatiert, »[i]n der westlichen Philosophie und den westlichen Wissenschaften ist der Sprechende immer verborgen, versteckt, aus der Analyse ausradiert.« (312) Grosfoguel ignoriert nicht nur die aufklärerische Ideologiekritik in der Tradition von Bacon über die französischen *Idéologues* bis hin zu Karl Marx und Sigmund Freud sowie die gesamte Tradition der Wissenssoziologie, er blendet auch die konservativen kulturalistischen oder rassistischen Volksgeisttheorien aus, die eine radikale Lokalisierung und Reduktion des Wissens auf den Standort des Subjekts praktizieren. So würde der Faschist und

›konkrete Ordnungsdenker‹ Carl Schmitt Grosfoguel zustimmen: »Ein Artfremder mag sich noch so kritisch gebärden und noch so scharfsinnig bemühen, mag Bücher lesen und Bücher schreiben, er denkt und versteht anders, weil er anders geartet ist, und bleibt in jedem entscheidenden Gedankengang in den existenziellen Bedingungen seiner eigenen Art. Das ist die objektive Wirklichkeit der ›Objektivität‹.« (Schmitt 1934, 45) Ein anderes Beispiel für die absurde Überzeichnung räumlich-perspektivischer Einflüsse auf das Denken ist Mignolos Behauptung: »Von England aus sieht man nur die Moderne, die ›schlechten Aspekte‹ wie die Sklaverei, die Ausbeutung und die Landenteignung bleiben im Dunkeln« (Mignolo 2019, 103f.). Ungeachtet der Tatsache, dass die Berücksichtigung der Sklaverei keine ›indigenen Epistemologien‹ erfordert und Sklaverei in diesen bisweilen sogar als normal und geboten erscheint, solange man nicht selbst zu den Versklavten gehört[74]: Marx (und viele andere nach ihm) haben sehr wohl von England aus die Sklaverei und die koloniale Ausbeutung gesehen und kritisiert. Was soll man von einer solch inkonsistenten und auf groben Auslassungen und Falschbehauptungen beruhenden ›Geopolitik‹ des Wissens halten?

Andererseits macht Grosfoguel dann wieder einen Rückzieher und postuliert im krassen Widerspruch zu seinen vorherigen Aussagen eine Differenz zwischen »epistemische[m]« und »soziale[m] Standort«, was bedeute, dass sich die Position als kolonisierter Subalterner »nicht automatisch« in ein »Wissen ›von unten‹« (Grosfoguel 2010, 312) übersetze. Es gebe eben auch unauthentische, kolonisierte Denkweisen der Beherrschten. Das ist angesichts der geradezu überwältigenden Kraft, die dem Ort und dem Körper, also der »physischen Verortung« (Mignolo 2019, 104), bei der Determination des Denkens zugesprochen werden, eine einigermaßen verwunderliche Vorstellung.[75] So

74 Vgl. dazu Lewis 1992, Flaig 2018.

75 Diese obskure Postulierung und anschließende Zurücknahme der Standpunkttheorie des Wissens wird auch in folgendem Tagungsbericht

widerlegt diese postkoloniale Variante von Georg Lukács' ›zugerechnetem Klassenbewusstsein‹ beständig die Prämissen der eigenen Standpunkttheorie und entlarvt sie zugleich als ideologisches Manöver, mittels dessen sich postmoderne Intellektuelle mit einer politischen Agenda hinter einer vermeintlich authentischen Erfahrung der Unterdrückten verstecken, die diese Intellektuellen den Unterdrückten in Wirklichkeit diktieren.[76]

Der südafrikanische Philosoph George Hull macht ebenfalls auf die systematischen Widersprüche des post-/dekolonialen Diskurses der Gegenwart aufmerksam: Einerseits werde behauptet, die Subalternen hätten ein Erkenntnisprivileg und die

über einen Vortrag des Philosophen Robin Celikates veranschaulicht: »Diese Forschungsfelder erlauben ein nuanciertes Verständnis des Standpunktes der Kritiker*in, sowie dafür, wie dieser Standpunkt die inhaltliche Kritik beeinflusst. Forscher*innen in dem Feld argumentieren, dass jene, die andere dominieren, aufgrund ihrer Positionalität epistemisch beschränkt sind. Im Gegensatz dazu können jene, die marginalisierten Gruppierungen zugewiesen werden, als epistemisch privilegiert aufgefasst werden. Laut der Theorie verfügen rassifizierte Menschen in Deutschland wegen ihrer tagtäglichen Auseinandersetzung mit ihren Symptomen beispielsweise über ein klareres Verständnis von strukturellem Rassismus. Diese Einsicht übersetzt sich jedoch nicht in einen Automatismus zwischen marginalisierter oder unterdrückter Positionalität und erweitertem Wissen. Laut der Theorie sind Standpunkte nicht durch Geburt gegeben, sondern werden aktiv durch die Analyse bestehender Gesellschaftsverhältnisse und Machtasymmetrien von marginalisierten Menschen eingenommen.« (Azizi 2020) Man wird also durch eine soziale Position zur Erkenntnis bestimmter Verhältnisse privilegiert, diese Erkenntnis wird dann aber doch nicht aufgrund der Position, sondern eines – wie auch immer – durch »Analyse« gewonnenen »Standpunkts« erreicht. Als solche »Analyse« gilt selbstverständlich nur das, was den postkolonialen Ideologen genehm ist, alles andere ist koloniale Kontamination des subalternen Standpunkts.

76 Vgl. dazu kritisch Maani 2015, 10, 39f. Bereits Habermas hat gegen Foucault zu Recht eingewandt, dass damit, freilich unter Tilgung eines universalistischen Wahrheitsbegriffs, die marxistische Idee eines durch die Situierung im sozialen Sein verbürgten Erkenntnisprivilegs wieder aufgewärmt wird (vgl. Habermas 1993, 329f.). Dieser Topos des seinsverbürgten Erkenntnisprivilegs taucht gegenwärtig in vielen postmodern-antirassistischen Beiträgen auf, vgl. u.a. Schubert 2020, 45f.

dekoloniale Theorie sei eine zutreffende Analyse von mindestens 500 Jahren westlicher Kolonialität, andererseits werde unterstellt, damit gehe die (universell gültige) Erkenntnis einher, alles Wissen sei nur kultur-, körper- und ortsrelativ gültig. So meint der Professor für „Epistemologien des globalen Südens" in Bayreuth, Sabelo J. Ndlovu-Gatsheni: „Eine dekoloniale Haltung [...] beginnt damit, zu akzeptieren, dass alle Menschen in ein gültiges und legitimes Wissenssystem hineingeboren wurden/werden"[77]* (Ndlovu-Gatsheni 2018, 78), wobei er diese Wissenssysteme als räumlich/ethnisch geprägt versteht. ‚Epistemologien' werden dabei nur noch machttheoretisch (hegemonial oder subaltern) verglichen, nicht mehr inhaltlich. Ziel, so Ndlovu-Gatsheni, ist die epistemische Gleichwertigkeit aller ethnisch verwurzelten Wissensformen: „Das ultimative Ziel, dekolonial gesprochen, ist es, alle onto-epistemischen Traditionen in eine nicht dominante und gleichberechtigte Position zu bringen, um das menschliche Leben in seiner Vielfalt zu bereichern."[78]* (Ndlovu-Gatsheni 2020, 150) Da ‚Epistemologien' ethnischen Räumen zugeordnet werden und die Gleichwertigkeit sowie Unantastbarkeit dieser Epistemologien, nicht der Individuen, gefordert wird, entsteht automatisch das Problem des unauthentischen, westvergifteten, kulturell überfremdeten Sprechers. „In der Politik", so Hull, „stellt der epistemische Ethnonationalismus eine Herausforderung für die liberale Idee dar, dass es das Recht der Bürger ist, ihre Überzeugungen und Werte auf der Grundlage ihrer eigenen Beurteilung der Fakten und ihrer eigenen Überzeugungen zu vertreten."[79]* (Hull 2022, 150) Man hat es mit einem an den europäischen Radikalkonservatismus Jo-

77 „Decolonial attitude […] begins from accepting that all human beings were/are born into valid and legitimate knowledge system."
78 „The ultimate goal, decolonially speaking, is to put all onto-epistemic traditions in a non-dominant and equal position for the purposes of enriching human life in its diversity."
79 „In politics, epistemic ethnonationalism represents a challenge to the liberal idea that it is right for citizens to adopt beliefs and values based on their own appraisal of the evidence and their own convictions."

seph de Maistres gemahnenden Angriff auf die (universelle) „individuelle Vernunft“ im Namen einer kulturrelativ festgelegten „nationalen Vernunft“ zu tun (de Maistre 2000, 46f.), die aber nichts anderes als eine kontingente Tradition ist. Man solle sich, so de Maistre im Jahr 1794, bedingungslos der jeweiligen „nationalen Vernunft“, dem geoffenbarten Glauben und sittlichen Band der Väter, unterwerfen, in jedem anderen Fall sei man ein Philosoph, der kulturfremde und -zersetzende Ideen postuliere. Ganz in diesem Sinne fordert auch Ndlovu-Gatsheni eine Dewesternisierung der Afrikaner durch afrikanische Hochschullehrer mit einem ‚afrikanischen Bewusstsein‘.[80]

Die diskursive Strategie in Bezug auf den Relativismus – relativistische Positionen vertreten und ihnen bei Bedarf durch salvatorische Klauseln oder vage Formeln die Spitze abbrechen – findet sich auch in Bezug auf die sogenannten ›alternativen Modernen‹, die von dekolonialen Ansätzen postuliert werden. Man polemisiert einerseits gegen den »epistemicide« (Grosfoguel 2009, 99), den der westliche Universalismus an indigenen Formen des Wissens begangen hätte, will sich andererseits aber von traditionalistischen Fundamentalismen abgrenzen und spricht daher, wie oben gezeigt, beim »subalterne[n] Wissen« von »Wissen, das an der Schnittstelle zwischen Tradition und Moderne steht. Es sind transkulturelle Hybridformen von Wissen [...] im Sinne einer ›subversiven Komplizenschaft‹ [...] gegen das System.« (Grosfoguel 2010, 328). Damit wird, wie bereits angedeutet, der Idee einer kulturrelativen Ausdeutung von Menschenrechten der Weg geebnet, die es autoritären Eliten des sogenannten ›globalen Südens‹ erlaubt, die Idee individueller Freiheitsrechte als westlichen Imperialismus zu brandmarken. So gilt Grosfoguel die Idee individueller menschlicher Würde, wie sie in Artikel 1 der UN-Menschenrechtsdeklaration formuliert ist, als »epistemic racism« (Grosfoguel 2009, 90), der nicht-westliche, gemeinschaftsbasierte Würde-Konzeptionen ausschließe oder

80 Vgl. Ndlovu-Gatsheni 2018, 83ff.

lehnt Mignolo den Prozess der Säkularisierung als koloniales Unterfangen fundamental ab.[81] Die kulturrelativistische Tendenz des Postkolonialismus verstärkt und legitimiert dabei die Wendung von säkularen Linken zu neuen, als antiimperialistisch, bzw. ›dekolonial‹ phantasierten Kollektiv-Subjekten vor allem aus der islamischen Welt.

Die Liaison von linken Antiimperialisten und Islamisten, die in Frankreich und Großbritannien besonders ausgeprägt ist, wird auch »*islamo-gauchisme*« (Fourest 2021)[82] genannt. Als Islamo-Gauchisme kann man eine formelle oder informelle Zusammenarbeit zwischen Linken und Islamisten auf der Basis ideologischer Schnittmengen bezeichnen, seien es oft auch nur Sympa-

81 Vgl. Mignolo 2009, 86f.

82 Zum Islamo-Gauchisme vgl. aus einer linksliberalen Perspektive auch Yemini 2017, Kapitel 19, Rickenbacher 2020, Bruckner 2020, Kapitel 4-6, Fourest 2021, Ghiles-Meilhac 2021. Weil der von Pierre-André Taguieff geprägte Begriff auch von der extremen Rechten verwendet wurde und viele Linke die eigene Verstrickung in Bündnisse mit judenfeindlichen, homophoben, antikommunistischen, fundamentalistischen und patriarchalen Bewegungen unter dem Vorwand des Antirassismus oder des Kampfes gegen den Neoliberalismus legitimieren, wird dieser Begriff von diesen Linken meist abgelehnt. Auch in Deutschland ist die Leugnung dieses Phänomens in linken Kreisen verbreitet, wenn es denn überhaupt wahrgenommen wird. Mustergültig wird das in einem Artikel für das Online-Portal *Belltower-News* betrieben (vgl. Maplestone 2021), der nach 2 Jahren aufgrund kritischer Kommentare wieder von der Seite entfernt wurde. Der Autor des Artikels, der auch für *Al Jazeera* geschrieben hat – ein Organ, das regelmäßig die islamistischen und antisemitischen Hasspredigten des Muslimbruders Yusuf al-Qaradawi ausgestrahlt hat – ignoriert vollständig die Faktenlage in Frankreich und reduziert den Begriff Islamo-Gauchisme auf eine rechte Strategie. Er will ihn zudem mit den Profitinteressen rechter Medien erklären, wobei die Verwendung des Begriffs sogar in die Nähe antisemitischer Verschwörungstheorien gerückt wird. Interessant sind auch die Quellen, auf die sich der Autor stützt. In einer, einem Beitrag von Wajahat Ali, werden jüdische Organisationen in den USA maßgeblich für »Islamophobie« verantwortlich gemacht. Dabei fühlt sich Ali auch bemüßigt, mit solchen ›lustigen‹ Sprachspielen zu arbeiten: »Congressman Steve Israel – excuse me, Steve King of Indiana – said – I didn't mean to say that, totally didn't mean to say that. Steve King. Steve King tweeted out recently…« (Ali 2017).

thiebekundungen oder apologetische Kampagnen. Diese Tendenz, die in der Linken vereinzelt bereits in der ersten Hälfte des 20. Jahrhunderts auftaucht, ist vornehmlich ab Ende der 1970er Jahre festzustellen – Edward Saids »Orientalism« ebnet dafür, wie in Kapitel 5.1 bereits erwähnt, ebenso den Weg, wie Michel Foucaults kurzzeitige politexistentialistische Begeisterung für die islamische Revolution im Iran 1979.[83] Der mit dem Bedeutungsverlust des panarabischen Nationalismus zunehmende Einfluss des Islamismus auf der einen Seite und das Scheitern des Realsozialismus auf der anderen waren der Nährboden für dieses Bündnis, das sich vor allem im Antiamerikanismus und im Israelhass einig ist. Worauf die von Postkolonialen beschworene Hybridität hinausläuft, zeigt sich beispielsweise an Phrasen wie derjenigen, »islamische […] Formen von Demokratie« (Grosfoguel 2010, 331) würden vom Westen nicht respektiert. Wobei Grosfoguel es bezeichnenderweise unterlässt, klar zu benennen, was solche ›Demokratien‹ genau beinhalten.[84] Deutlicher wird da schon Mignolo, der meint, »von arabisch-islamischen Denkern (Sayyid Q'utb, Ali Shariati, Ayatollah Komeini [sic])« sei »die Dekolonialität klar formuliert« worden (Mignolo 2019, 70f.). Und ist es nicht sogar zutreffend, dass der Antisemitismus dieser Denker eine Hybridform aus islamischen Traditionen und modernen, europäischen Ideologien darstellt – geradezu eine ideale Form ›subalternen Grenzdenkens‹? Ian Buruma und Avishai Margalit konstatieren auch im Falle japanisch-faschistischer oder islamistischer Todeskulte eine »mitunter tödliche Mischung aus einer Neuinterpretation einheimischer Traditionen und reaktionären europäischen Ideen«, gar eine »Mimikry« (Buruma/Margalit 2005, 64, 67).

Während Mignolo also den Dschihadismus des 20. Jahrhun-

83 Vgl. Foucault 2011.

84 Zum beklagenswerten Stand demokratischer Rechte in islamischen Gesellschaften vgl. Koopmans 2020, Kap. 2, zur ›islamischen Demokratie‹ im Iran: Schulz 2017.

derts zum dekolonialen Projekt adelt, freilich nicht ohne das übliche Lippenbekenntnis gegen Fundamentalismus im Allgemeinen, es aber unklar bleibt, was genau die besagten Islamisten dazu qualifiziert, in die Armada des »epistemischen Umsturz[es]« (57) aufgenommen zu werden, wird die postkoloniale Philosophin Susan Buck-Morss etwas deutlicher. Sie will das ihrer Ansicht nach korrumpierte Europa hinter sich lassen, um zusammen mit Kräften des ›globalen Südens‹ eine Alternative zur europäischen Moderne zu artikulieren. Sie fragt, wie eine globale Linke in einer Welt nicht geteilter Werte möglich sei, und betrachtet zu diesem Zweck die Kritische Theorie der Frankfurter Schule sowie den islamistischen Vordenker Sayyid Qutb als mögliche Bündnispartner einer Kritik der Moderne. Die Kritische Theorie habe die Werte der europäischen Moderne mit deren Realität konfrontiert und gezeigt, dass »sogenannte Demokratien undemokratisch waren; wie die Massenkultur unkultiviert war; wie die westliche Zivilisation barbarisch war […], wie die Vernunft, der höchste Wert der europäischen Moderne, zur Unvernunft geworden war.«[85]* (Buck-Morss 2003, 94f.). Dagegen sei die immanente Kritik im arabisch-islamischen Raum nicht von säkular-nationalistischen oder marxistischen Theoretikern gekommen, die allesamt die westlichen Werte gegen den ihrer Ansicht nach rückständigen Islam ins Spiel gebracht hätten, sondern vom Islamismus. Als Musterbeispiel dient Qutbs Kritik, die gezeigt habe, dass »die heutige islamische Gesellschaft (Ägypten) unislamisch war«[86]* (98). Das habe zwar den Preis des Fundamentalismus und des Okzidentalismus mit sich gebracht, was aber zu vernachlässigen sei, denn in ihrem Kritikgegenstand seien Horkheimer, Adorno und Qutb sich einig. So behauptet Buck-Morss »die westliche Moderne, die Qutb und andere angriffen, war in Wirklichkeit die verarmte Tradition der instrumentellen Vernunft, des Besitzindividualismus und des

85 »so-called democracies were un-democratic; how mass culture was uncultured; how Western civilization was barbaric […], how reason, the highest value of European modernity, had become unreason.«
86 »present-day Islamic society (Egypt) was un-Islamic«.

fehlenden sozialen Bewusstseins, die die Mitglieder der Frankfurter Schule und andere europäische Marxisten von innen heraus kritisierten«.[87]* (98f.) Diese Überschneidung und die Tatsache, dass sich islamisch-arabische Intellektuelle nach dem Modell des Grenzdenkens auch westlicher Versatzstücke einer Kritik des Westens bedienen könnten (und vice versa), seien die intellektuelle Basis dafür, »sich zu einer Kritik der westlichen Vernunft in ihrer verarmten, (neo-)liberalen, instrumentalisierten Form zusammenzuschließen«.[88]* Es gehe um einen »Angriff von innen und außen«[89]*. Dabei müssten kulturelle Differenzen dadurch überwunden werden, dass man sich bewusst sei, denselben Feind zu bekämpfen. Der theoretische Rahmen, in dem man diese Kritik formuliere, sei zweitrangig: »Um eine globale Kritik zu erreichen, muss jedoch der kritisierte Gegenstand im Vordergrund stehen, nicht das diskursive Modell.«[90]* (99) Auch der iranische Islamist Ali Shariati wird als hybrider Grenzdenker erwähnt, dessen »eklektische theoretische Mischung« durch den »kritisierten Gegenstand – Weltimperialismus, Rassismus und Klassenausbeutung«[91]* (100) zusammengehalten worden sei.[92]

Zunächst wirkt es befremdlich, dass Buck-Morss offenbar meint, das »diskursive Modell« der Kritik von dem von diesen theoretischen Grundlagen aus bestimmten Gegenstand der Kritik abtrennen zu können – was ›Klassenausbeutung‹, ›soziale Ungerechtigkeit‹ oder ›Unfreiheit‹ bedeuten, ist in einer marxistischen und einer islamistischen Theorie in der Regel durchaus

87 »the Western modernity that Qutb and others attacked was in fact the impoverished tradition of instrumental reason, possessive individualism, and lack of social consciousness that the members of the Frankfurt School and other European Marxists were critizing from within«.
88 »to join forces in a critique of Western reason in its impoverished, (neo-)liberal, instrumentalized form.«
89 »attack launched both from within and without«.
90 »To accomplish a global critique, however, it is the object criticized that must have priority, not the discursive model.«
91 »eclectical theoretical mix«, »the object criticized – world imperialism, racism, and class exploitation«.
92 Zu Shariati, dem Iran und ihrer Rolle im postkolonialen Denken vgl. Benl 2021.

verschieden bestimmt. Oder verwechselt Buck-Morss Adorno mit Oskar Lafontaine?[93] Und selbst wenn man insbesondere in der »Dialektik der Aufklärung« und in Horkheimers Spätwerk modernefeindliche Motive finden mag, so muss man schon viel Phantasie aufbringen, um die materialistische, individualistische, antisemitismuskritische, freudomarxistische Tradition der Kritischen Theorie in eine Reihe mit Qutbs anti-materialistischem, kollektivistischem, antisemitischem und gegenaufklärerischem Ressentiment gegen Marxismus, Psychoanalyse und Säkularismus zu stellen. Teilt Buck-Morss etwa die regressive Modernekritik und islamfaschistische Umma-Konzeption der Muslimbruderschaft, die von einer voluntaristisch-spiritualistisch eingehegten Privateigentumsordnung volksgemeinschaftlicher Provenienz mit im Feindbild des Juden externalisierter Konfliktdynamik träumt?[94] Hat sie überhaupt den Hauch einer Ahnung von dem, was Fanatiker wie Qutb und Shariati wirklich am Westen kritisierten? Lassen wir Qutb selbst zu Wort kommen: »Hinter der Doktrin des atheistischen Materialismus stand ein Jude; hinter der Doktrin der animalischen Sexualität stand ein Jude; und hinter der Zerstörung der Familie und der Zerrüttung der heiligen Beziehungen in der Gesellschaft [...] stand ein Jude.«[95]*

93 Der ehemalige SPD- und Linkspartei-Politiker Lafontaine hat bereits 2006 mit folgenden Worten die Hand zum islamlinken Bündnis ausgestreckt: »Es gibt Schnittmengen zwischen linker Politik und islamischer Religion: Der Islam setzt auf die Gemeinschaft, damit steht er im Widerspruch zum übersteigerten Individualismus, dessen Konzeption im Westen zu scheitern droht. Der zweite Berührungspunkt ist, dass der gläubige Muslim verpflichtet ist zu teilen. Die Linke will ebenso, dass der Stärkere dem Schwächeren hilft. Zum Dritten: Im Islam spielt das Zinsverbot noch eine Rolle, wie früher auch im Christentum. In einer Zeit, in der ganze Volkswirtschaften in die Krise stürzen, weil die Renditevorstellungen völlig absurd geworden sind, gibt es Grund für einen von der Linken zu führenden Dialog mit der islamisch geprägten Welt.« (Lafontaine 2006)

94 Vgl. dazu instruktiv: Küntzel 2003, 17-24, Nagel 2014, 134-150, Nagel 2018b, 911-916, 1080-1086.

95 »The Jews have confronted Islam with enmity from the moment that the Islamic state was established in Medina […]. Behind the doctrine

(Qutb 2008, 360) Oder trifft hier Matthias Küntzels Diagnose zu, »[e]he sie ihre Blütenträume von der Unschuld und Progressivität ›der Massen‹ aufgeben«, würden sich »viele Linke und Exlinke lieber antisemitischen Massenbewegungen anschließen«? (Küntzel 2003, 88) Es sagt jedenfalls mehr über Buck-Morss als über die von ihr bis zur Unkenntlichkeit verzerrte Kritische Theorie aus, wenn sie hier Bündnispotential sieht, nicht ohne sich pflichtschuldig von allen Formen einer »cultural domination« (Buck-Morss 2003, 103) im Namen welches Fundamentalismus auch immer, zu distanzieren. Auch bei Grosfoguel findet sich diese Strategie, einerseits antidemokratischen Despotien wie dem Iran eine Legitimationsbasis zu verleihen, sich andererseits aber zugleich vorgeblich vom »Islamic fundamentalism« (Grosfoguel 2009, 99) zu distanzieren[96] – allerdings in einer Weise, die dessen Differenzen zu liberalen Demokratien des ›Westens‹ völlig einebnet: Islamismus sei eine »derivative form[…] of Eurocentric fundamentalism« (99) meint Grosfoguel, die »so eurozentrisch, hierarchisch, autoritär und anti-demokratisch ist, wie diejenige, gegen die sie aufbegehrt« (Grosfoguel 2010, 329). Eine Aussage, die vom häufig anzutreffenden Verlust politischer Urteilsfähigkeit, von der Gleichsetzung verschiedenster Formen und Grade von Herrschaft im postkolonialen Denken zeugt, und die Religionswissenschaftlerin Petra Klug zu Recht resümieren lässt: »Der schiefe Vergleich ist die postmoderne Paradedisziplin« (Klug 2022).

Zudem konstatiert Grosfoguel, dass »Kolonialität und Moderne […] zwei Seiten einer Medaille« bilden würden (Grosfoguel 2010, 317) und »liberale Demokratie[n]« nur als »westliche[…] rassialisierte[…] und kapitalismuszentrierte[…]« (331) vorgestellt werden könnten. Auch Mignolo redet apodiktisch

of atheistic materialism was a ›Jew‹; behind the doctrine of animalistic sexuality was a Jew; and behind the destruction of the family and the shattering of sacred relationships in society […] was a Jew.«

96 Auch Mignolo will den Islam aber letztlich nur als regionale (Groß-)Raumordnung akzeptieren, die keiner »imperialen Logik« (Mignolo 2019, 76) folgen dürfe.

von der »für den Fortschritt der Moderne unvermeidliche[n] Logik der Kolonialität« (Mignolo 2019, 104) sowie davon, dass »die Kolonialität […] für die Moderne konstitutiv war und ist« (103). Die Behauptung der »prägenden Rolle des Kolonialismus als reale Grundlage und unausweichliche [!] Möglichkeitsbedingung der Moderne«[97]* (Kalyvas 2018, 48) wird im postkolonialen Wissensregime ad nauseam wiederholt. Nimmt man das ernst, dann bleibt realiter nur noch das Votum für autoritäre Despotien oder vage, Volk und Gemeinschaft romantisierende Utopien einer »radikalen Demokratisierung von unten« (Grosfoguel 2010, 333), die zugleich lokal und global, jedenfalls aber jenseits des Nationalstaats verortet werden, einer Demokratie, »die wir bislang weder vollständig begreifen noch antizipieren können«, wie Chakrabarty (2010, 80) raunt. Zu Recht kritisieren Matthias Leanza und Axel T. Paul, dass ein solcher Dogmatismus kolonialer Verflechtung (alles in Europa, ja Europa selbst, sei nur durch Verflechtung mit bzw. Unterordnung von Kolonien zu erklären) »die Bedeutung lokaler, das heißt innereuropäischer Konstellationen« für die europäische Entwicklung »verkennt« (Leanza/Paul 2022, 388). Und Monika Albrecht diagnostiziert treffend einen »doppelten Standard« (Albrecht 2012, 73), bzw. eine »postkoloniale[…] Umkehrung« der klassischen Othering-Theorie, der zufolge »die Welt aus einem abgewerteten Westen und einem aufgewerteten Nicht-Westen« bestehe. Allen Hybriditätskonzepten zum Trotz werde nicht nur nichtwestlicher Kolonialismus in der Regel ignoriert, sondern auch eine kulturalisierende »Abwertung der westlichen Welt« sei »in Postcolonial Studies immer präsent« (Albrecht 2023, 135) – eine Abwertung, die zugleich autoritären »global players« wie China, Russland oder Saudi-Arabien »rhetorische Munition gegen ›den‹ Westen« liefere. »Diese neuen globalen Akteure«, so Albrecht weiter, »nutzen nicht zuletzt Europas koloniale Vergangenheit, um ihre Präsenz auf dem afrikanischen Kontinent in ein besseres Licht

97 »formative role of colonialism as the real foundation and the inescapable condition of possibility of the modern«.

zu rücken, wobei Verweise auf ›den‹ europäischen Kolonialismus nicht zuletzt vom eigenen neokolonialen Vorgehen ablenken sollen.« Ein postkolonialer Diskurs, der lediglich die westlichen Demokratien als (zudem unheilbar) koloniale Akteure brandmarke und sich als kompatibel mit den Strategien von imperialen Mächten wie China erweise, sei »selbst ›provinziell‹ und eurozentrisch« (153). Es sei festzustellen, »dass es auf beiden Seiten der ehemaligen kolonialen Trennlinie Akteure und Gruppen gibt, die an der ›realistischen Utopie‹ […] einer Zukunft nach dem Postkolonialismus nicht interessiert sind.« (155) »Die Auffassung eines von den Grundfesten her verdorbenen Westens, die mit Vorstellungen von seinem ›kolonialen Denksystem‹ oder der ›kolonialen Mentalität‹ seiner Bewohner einhergeht«, resümiert Albrecht, »läuft letzten Endes darauf hinaus, dass diese nicht zu überwinden sind, solange es diesen Westen gibt.« (Albrecht 2020, 37)

Die ebenso gefährliche wie naive Vorstellung alternativer Modernen oder einer ›Transmoderne‹ verbindet sich konsequent mit Chantal Mouffes Konzept der »multipolaren Weltordnung« (Mouffe 2007, 151). Mouffe, Ikone des europäischen Linkspopulismus der Marke Podemos, Syriza oder Linkspartei und Klassikerin der postmodernen ›Theorien des Politischen‹, präsentiert damit eine scheinbar ›progressive‹ Neuauflage von Carl Schmitts rechtsradikaler Idee einer »[v]ölkerrechtliche[n] Großraumordnung mit Interventionsverbot für raumfremde Mächte« (Schmitt 1995a, 269) und seines ›Nomos der Erde‹ – einer raunenden Geschichtsphilosophie über den angeblichen Zusammenhang von Landnahme und Gesetz, politischer Ordnung und geopolitischer Verortung. Während Schmitt vom »Pluriversum« (Schmitt 2002, 54) der Staaten bzw. Großräume oder dem konstitutiven Zusammenhang von »Ordnung und Ortung« (Schmitt 1988, 13) spricht, wollen Mouffe und auch Mignolo erklärtermaßen (Rechts-)Ordnung und räumliche (Ver-)Ortung aneinanderkoppeln – die Stichworte sind hier »Pluriversalität« (Mignolo 2019, 56), »Geopolitik der Erkenntnis« (83) oder »Pluralismus« (Mouffe 2007, 151). Wie Schmitt spricht Mouffe davon, »den

Pluralismus ernst zu nehmen« (151) und statt einer »kosmopolitischen Ordnung« (135) eine Weltordnung zu etablieren, die »auf der Idee regionaler Pole und kultureller Identitäten basiert[…]« (153). Dies sei nötig, weil »der globalisierte Raum ›gefurcht‹« (149), also in partikulare Raumordnungen zersplittert sei – es ist kein Wunder, dass Mouffe Schmitts faschistische Kritik universalistischer Kriegslegitimationen und einer westlichen globalen Hegemonie ohne Abstriche teilt.[98] Andreas Kalyvas[99] zeigt sich ebenfalls begeistert von Schmitts Vision des »Aufbrechen[s] eines echten Pluralismus« (Schmitt 1995b, 500) in Gestalt einer postkolonialen und postamerikanischen Großraumordnung mit Interventionsverbot sowie von Schmitts Lob des »*tellurischen*« (Schmitt 2006, 26), erdverbundenen Partisanentums Mao Tsetungs, dessen Idee einer Dreiteilung der Welt in partikulare Blöcke Schmitt explizit würdigt.[100] Schmitt habe nicht nur die koloniale Basis der Moderne erkannt, er begreife auch die »Bedeutung der Postkolonien als alternative Räume, in denen sich größere Regionen und geopolitische Blöcke zu konstituierenden Teilnehmern und gleichberechtigten Mitgliedern eines pluriversalen globalen Nomos entwickeln können.« Kalyvas hebt daher »unerwartete Begegnungen zwischen Schmitts Theorie des Völkerrechts und antikolonialen und postkolonialen Perspektiven«[101]* (Kalyvas 2018, 48, 47) hervor. Diese Fetischisierung des Raumhaften und des Großraumpluralismus führt neben der Wertschätzung lokaler Traditionen im Hybriditätskonzept dazu, die Idee allgemeiner Menschenrechte zu verabschieden und die Individuen der jeweiligen ›islami-

98 Vgl. Mouffe 2007, Kap. V. Zur Kritik vgl. Priester 2014, 230f., Elbe 2021e, 196-203.
99 Vgl. Kalyvas 2018, 44f.
100 Vgl. Schmitt 2006, 62f.
101 »significance of the postcolonies as alternative spaces where greater regions and geopolitical blocks may develop into becoming founding participants and equal members of a pluriversal global nomos.« »unexpected encounters between Schmitt's theory of international law and anticolonial and postcolonial perspectives«

schen‹, ›russischen‹ oder ›chinesischen‹ Rechtsordnung unterwerfen zu wollen, wie es die jeweiligen lokalen Eliten ja auch selbst propagieren. Dass nur das verortete »existenzielle Teilhaben und Teilnehmen« (Schmitt 2002, 27) dazu befuge – faktisch die Herrschenden des jeweiligen Staates –, die jeweils kulturell angemessene Auslegung des Begriffs Demokratie zu bestimmen (Stichwort: Hybridität), dieses kulturrelativistische Motiv ist ein Standard der Erklärungen des chinesischen, iranischen oder russischen Regimes, ja sogar des indischen Hindu-Nationalismus.[102]

Halbierte Postmoderne? Die postkoloniale Parteinahme

Kommen wir noch einmal auf die genannten postmodernen Grundlagen zurück: Alles Wissen wird demnach als nur relativ gültig im Verhältnis zu historisch-spezifischen Diskursformationen verstanden, die hegemoniale Kristallisationen von Kämpfen um ›Definitionsmacht‹ seien. Kommunikation wird »bloß noch als Sublimation von Kräfteverhältnissen oder [...] als euphemistische Form des Krieges (Klassenkampf, Triebkonflikte, Sichstoßen der einzelnen Machtbestrebungen, etc.)« begriffen, wie Luc Ferry und Alain Renaut das Denken in der Tradition Nietzsche-Foucault kritisch kommentieren. (Ferry/Renaut 1987, 33) Da Wahrheit auf kulturspezifische Spiele der Macht reduziert wird und lediglich »eine besondere Machtbeziehung in der Form der Wissenschaft« sein soll (Demirovic 2008, 179), sei letztlich »alles [...] politisch« (Slaby 2017, 162), sei die gesamte Welt von parteilichen, im Kampf durchgesetzten und verallgemeinerten »Imaginationen« bevölkert, die »als objektiv, wahr, unveränderlich erscheinen lassen« (Mecheril u.a. 2018, 17), was in Wirklichkeit radikal perspektivisch konstruiert sei. So ist dann

102 Vgl. dazu die Kritik der indischen Marxistin Kavita Krishnan am linken Votum für eine multipolare Weltordnung, deren Propagierung »zum Grundpfeiler der gemeinsamen Sprache der globalen Faschismen und Autoritarismen geworden« (Krishnan 2023, 161) sei.

»Wahrheit […] die *Konzeptualisierung eines klassenspezifischen Typs von Objektivität und gesellschaftlicher Wirklichkeit*« (Demirovic 1989, 72) oder gar »jede Form des Wissens als eine Konstruktion von Welt zu begreifen, die sich nicht nach Kriterien von wahr und falsch beurteilen lässt«. (Scherschel 2006, 51)[103] Es könnte daher so viele Wahrheiten geben wie Interpreten, Klassen oder Kulturen – auch der Referenzpunkt der Relativität, also die Frage, auf was bezogen eine Aussage relativ ist, ist letztlich unentscheidbar, weil eine klare Angabe, dass eine Aussage wahr nur in Bezug auf eine Klasse oder Kultur an einem bestimmten Ort zu einer bestimmten Zeit sei, ja objektives Wissen über diese voraussetzen würde.

All das führt in heillose Selbstwidersprüche und Selbstmarginalisierungen: Entweder ist es objektiv, kulturübergreifend wahr, dass alles Wissen nur subjektiv, kulturspezifisch wahr ist. Die Theorie ist dann ihr selbst zufolge falsch. Oder die Aussage, dass alles Wissen nur kulturspezifisch wahr ist, ist eine nur kulturspezifisch wahre Aussage. Die Theorie ist dann nur eine Meinung neben der genauso wahren, alles Wissen sei kulturübergreifend gültig. Vertreter einer solchen ›Theorie‹ haben also die Wahl zwischen Selbstaufhebung (wir wissen objektiv, dass alles Wissen nur kulturspezifisch subjektiv ist) oder Skeptizismus (wir wissen nicht einmal mehr, dass alles Wissen nur kulturspezifisch wahr ist). Dies ist, wie der Philosoph Hans Krämer herausgearbeitet hat, das logisch zwingende »Beweisdilemma« des relativistischen Antirealismus:[104] »Wir müssen nämlich entweder […] zum Realismus zurückkehren – oder *Urteilsenthaltung*

103 Ob Scherschel diese Position, die sie der Diskursanalyse in der Tradition Foucaults zuschreibt, selbst übernimmt, bleibt uneindeutig. Einerseits meint sie: »Ob rassistische Aussagen und Ansichten von Akteuren wahr oder falsch sind, stellt dabei kein relevantes Kriterium der Analyse dar.« (Scherschel 2006, 51, vgl. auch 223) Andererseits fällt ihr auf, dass man so nicht einmal die Naturalisierung sozialer Verhältnisse, die im Rassismus anzutreffen ist, kritisieren kann (vgl. 51).
104 Zur Kritik an den heillosen Aporien des wahrheitstheoretischen Re-

üben. Aber im zweiten Fall wissen wir zu wenig, im ersten Fall hingegen wissen wir schon zu viel für einen entscheidenden Beweis zugunsten des Antirealismus.« (Krämer 2007, 15) In der Regel versuchen poststrukturalistische Konstruktivisten allerdings, sich gegen Kritik zu immunisieren, indem sie sich möglichst unklar ausdrücken oder beliebig zwischen »truism« und »paradox« (Tallis 1995, 19) hin- und hergleiten, also nicht nur von unbezweifelbaren sprach- oder sozialtheoretischen Annahmen aus zu absurden, selbstwidersprüchlichen Antirealismen übergehen, sondern bei Bedarf auch wieder zu eher banalen Begriffen von Machtanalyse und sozialer Konstruktion zurückkehren, wenn ihnen die radikalen Konsequenzen ihres Denkens vorgehalten werden. Die Philosophin Kathleen Stock spricht treffend von einem »Eiertanz von […] radikalen Schlussfolgerungen zurück auf sichereren, vernünftigeren Boden – manchmal sogar auf ein und derselben Seite« der jeweiligen postmodernen Werke. (85)[105]

lativismus, wie er von Gadamer bis Foucault und von Rorty bis Feyerabend vertreten wird, vgl. Habermas 1993, u.a. 327ff., Wendel 1989, v.a. Kap. I und V, Krämer 2007, Boghossian 2013.

105 Postmodernes Denken schwankt dabei noch zusätzlich zwischen verschiedenen antirealistischen Strategien. Zu nennen sind hier vor allem: 1) Ein linguistischer Konstruktionsperspektivismus, der Sprechen und Bezeichnen als performativen Akt eines kulturell verschieden verorteten Akteurs oder Diskurses versteht, wobei eine radikale Identität von Erkenntnismedium und Erkenntnisgegenstand behauptet wird und damit die Welt zum Spracheffekt mutiert. 2) Ein nominalistischer Diskurs-Okkasionalismus, demzufolge (unbenennbare) Einzelentitäten existieren, deren Zusammenhang (Kausalität, Struktur, Form etc.) diskursiv, kulturrelativ und kontingent konstruiert ist. ›Dinge‹ ›existieren‹ dann zwar, aber daraus folgt nichts für ihre Bedeutung. Die erste Position ist selbstwidersprüchlich, aber auch die zweite ist ersichtlicher Unsinn. Ich kann zwar einen Berg als tabubeladenen Ort, geologischen Erkenntnisgegenstand, bergsteigerische Herausforderung oder ästhetisches Objekt deuten. Ich kann diesen Berg aber nicht in einer sinnvollen Weise als Fahrzeug verstehen, mit dem ich die »Autobahn zwischen Turin und Agognate Richtung Mailand entlang[…]radeln« kann, wie Umberto Eco ironisch anmerkt (Eco 2014, 37). Ebenso wenig kann ein Körper, der kleine Gameten produziert und keine Gebärmutter hat, in

Zudem offenbart sich hier eine Nähe zu rechten Mythen-Konzeptionen von Nietzsche über Georges Sorel bis hin zu Alain de Benoist, in denen die Wahrheit ebenfalls als mobilisierender Mythos oder lebensdienliche, heroische Illusion begriffen wird. In diesem Sinne argumentieren Neue Rechte, alles sei politisch motivierter Interpretation und Perspektive unterworfen, nichts entgehe dem Kampf um kulturelle Hegemonie: »Kunst, Literatur, Mode, Symbole und Zeichen, nichts entgeht der Interpretation, die eine spezifische Weltsicht zu geben vermag.« (de Benoist 2017, 44) De Benoist, Nestor der französischen Neuen Rechten, stellt fest, »daß nichts im Dasein ›neutral‹ ist« (45): »Wahr ist das, was sich in die Lage versetzt, zu existieren und fortzudauern [...]. Der Marxismus kann die ›Wahrheit‹ von morgen sein. Aber es handelt sich um eine ›Wahrheit‹, die abzulehnen man berechtigt ist, um ihr eine stärkere entgegenzustellen [...]. Ich glaube vor allem, daß man, gerade weil die reine Wahrheit unentscheidbar ist, mehr denn je ›heroisch‹ schaffen, aufbauen und gestalten muß.« (52ff.) Das sah ein Vorreiter des postkolonialen Denkens wie Frantz Fanon nicht anders: »Wahr ist, was die Auflösung des Kolonialregimes vorantreibt, was das Entstehen der Nation begünstigt. Wahr ist, was die Eingeborenen schützt und die Ausländer verdirbt. Im kolonialen Kontext gibt es keine unbedingte Wahrheitsregel. Und das Gute ist einfach das, was *ihnen* schadet.« (Fanon 2017, 42) Man muss dann nur noch den ›Machteffekten‹ von Aussagenformationen nachspüren und der Kampf ›Narrativ gegen Narrativ‹ kann jede Frage nach Sachangemessenheit ersetzen. So wird kritisches Denken mit seinen Kriterien wie Urteilsfähigkeit und Übereinstimmung mit dem Gegenstand auch in Alison Baileys Rassenepistemologie als bestenfalls zweitrangige, wenn nicht gar bisweilen schädliche Angelegenheit abgetan: »Die kritische Pädagogik betrachtet die Aussagen, die Schülerinnen und Schüler als Reaktion auf

einer biologisch sinnvollen Weise als schwanger qualifiziert werden.

Fragen der sozialen Gerechtigkeit machen, nicht als Behauptungen, die auf ihren Wahrheitswert hin geprüft werden müssen, sondern als Ausdruck von Macht, der dazu dient, soziale Ungleichheiten neu einzuschreiben und aufrechtzuerhalten. Die Aufgabe besteht darin, den Schülern beizubringen, wie sie erkennen und zuordnen können, wie Macht unser Verständnis der Welt prägt. Dies ist der erste Schritt, um sich gegen soziale Ungerechtigkeiten zu wehren und sie zu verändern. Indem sie die Politik der Wissensproduktion hinterfragt, stellt diese Tradition auch die Anwendung des üblichen Instrumentariums des kritischen Denkens zur Bestimmung der epistemischen Angemessenheit in Frage.«[106]* (Bailey 2017, 881) »[A]n die Stelle der [...] traditionellen Wahrheitskriterien«, resümiert die Philosophin Christine Hauskeller diesen Diskurs im Gefolge Foucaults affirmativ, »treten politische Kriterien [...]. Die epistemischen, sozialen, [sic] und politischen Implikationen einer Denkweise [...] und ihre Auswirkungen auf die Lebensrealität der Menschen werden zum Argument für oder gegen eine bestimmte Auffassung oder Theorie.« (Hauskeller 2000, 24) Ist also Wissen gar selbst Politik? Wie die Autorinnen die Machtwirkungen von Aussagen ohne klassische Wahrheitskriterien feststellen können wollen, bleibt ihr Geheimnis.[107] Oder, um mit der Philosophin Janet Radcliffe Richards (1996, 410) zu sprechen: „Wenn wir sagen können, was den Frauen zugutekommt, müssen wir annehmen, dass wir etwas darüber wissen, wie die Welt funktio-

106 »Critical pedagogy regards the claims that students make in response to social-justice issues not as propositions to be assessed for their truth value, but as expressions of power that function to re-inscribe and perpetuate social inequalities. Its mission is to teach students ways of identifying and mapping how power shapes our understandings of the world. This is the first step toward resisting and transforming social injustices. By interrogating the politics of knowledge-production, this tradition also calls into question the uses of the accepted critical-thinking toolkit to determine epistemic adequacy.«

107 Dies stellt kritisch gegen Hauskeller fest: Creydt 2024, 98.

niert, und daher eine andere Erkenntnistheorie als diejenige voraussetzen, die wir eigentlich verteidigen wollen.“[108]*

Wenn aber die Universalität der Vernunft, wenn Logik und Empirie als Kriterien der Überprüfung von Theorien abgelehnt und auf das »epistemic home terrain[…]« (Bailey 2017, 882) weißer Herkunft oder imperialer Macht reduziert werden, dann führt das zur Rassifizierung oder »Konfessionalisierung des ›Wissens‹« (Pluckrose/Lindsay 2022, 292), einer »*tribal epistemology*« (Koschorke 2022, 472). Die Konsequenz eines solchen ›Respekts vor der Vielfalt‹ ohne vernünftiges Allgemeines ist die Gleichgültigkeit oder der Kampf. »[W]enn die heterogenen Interessen sich selbst überlassen werden«, kommt »allein das Gesetz des Stärkeren zur Herrschaft« (Ferry/Renaut 1987, 235). Das Plädoyer für Differenz, für den Respekt vor allen Annahmen und Regeln, verhindert also immer schon den Dialog, den es stets beschwört, weil es kein Medium mehr gibt, in dem man einen sinnvollen Dialog führen könnte.[109] Diese völlig inkohärente und gefährliche Wissenskonzeption liegt vielen postkolonialen Beiträgen zugrunde, wobei sich, wie gezeigt, neben der Strategie des ›Political talk‹ auch die entgegengesetzte findet: ein lupenreiner ethnopluralistischer Orientalismus, also ein kultureller ›Essentialismus‹ in Bezug auf nichtwestliche Länder und die Leugnung der Existenz universeller Handlungslogiken der Akteure. Solche Argumentationen liegen dann der exotisierenden bis autoritär-masochistischen Wertschätzung ›fremder Handlungsfähigkeiten‹ zugrunde, wie man sie teilweise in den indischen Subaltern Studies, im lateinamerikanischen Dekolonisierungsansatz und bei ›feministischen‹ Ver-

108 „If we can tell what is going to benefit women, we must think we know something about how the world works, and therefore must presuppose an epistemology other than the one we are supposed to be defending.“

109 Vgl. Finkielkraut 1989a, 92.

harmlosungen bis Verherrlichungen von Verschleierung, Genitalverstümmelung oder Selbstmordattentaten antrifft.[110] Dass sowohl relativistischer Kulturalismus als auch die Leugnung von Kultur teils von denselben Autoren vorgebracht werden, erklärt Sandra Kostner als diskursstrategischen Zug: »Wenn es also der eigenen Agenda entspricht« (zum Beispiel im Fall »interkulturelle[r] Öffnungsforderungen an die Mehrheitsgesellschaft«), »dann werden kulturelle Unterschiede stark gemacht. Wenn es ihr widerspricht« (zum Beispiel bei der Frage kultureller Gründe für Antisemitismus oder patriarchaler Gewalt), »dann werden sie kleingeredet oder gleich ganz negiert.« (Kostner 2019, 55)

Wenn alles Wissen und alle Subjekte brutale oder sublime Machteffekte sind, wie kommt es dann zur postkolonialen Parteinahme für subalterne Akteure und ihr Wissen? Ist dieses nicht einfach Macht, die auf ihren Moment der Hegemonie und damit der Überwältigung der bisherigen Wissensordnung wartet? Zu Recht fragen Helen Pluckrose und James Lindsay daher[111], ob

110 Meera Nanda (2001) und Vivek Chibber (2018) haben diese Tendenz einer treffenden Kritik unterzogen. Der o.g. falsche Antikulturalismus entgeht Chibber aber weitgehend. Kulturelle Momente wie religiöse Deutungsmuster oder spezifische Ideologien werden von Chibber nicht in ihrer relativen Eigenständigkeit ernstgenommen und er begreift nicht, dass z.B. ökonomisch irrationale Motive durchaus materialistisch erklärbar sein können. Sein Rational-Choice-Marxismus ignoriert die Kritische Theorie mit ihrer analytischen Sozialpsychologie. Zur Kritik an kulturrelativistischen Ansätzen im Feminismus vgl. u.a. Moghissi 1999, Vukadinović 2019, 2020.

111 Da der vor allem linke Diskurs nun einmal ist, wie er ist, soll an dieser Stelle darauf hingewiesen werden, dass sich Lindsays Positionen in den letzten Jahren erheblich in Richtung eines radikalen Konservatismus verändert haben und seine Thesen vom *Race Marxism* und anderes von mir nicht geteilt werden. Wenn es nicht so traurig wäre, wäre es natürlich fast amüsant zu sehen, dass exakt die Vertreter des linken Diskurses, die meinen, man könne Lindsay deshalb generell nicht mehr zitieren, ohne sich des Verbrechens des Faschismus schuldig zu ma-

die Identitätspolitik der Postkolonialen, der Critical Race-Theory und verwandter Ansätze wirklich postmodern sei, immerhin stehe die Postmoderne für radikale Skepsis gegenüber Identitäten, während die Identitätspolitik nicht nur einen selbstgewissen Manichäismus zwischen Subalternen und Weißen etabliere, sondern sogar den Rassenbegriff plötzlich als irreversible Situierung bejahe.[112] Pluckrose und Lindsay sprechen daher von mehreren Phasen des Postmodernismus, der ursprünglichen, radikalen, ironisch-skeptischen, rein dekonstruktiven sowie der »Phase des *angewandten Postmodernismus*« (Pluckrose/Lindsay 2022, 48), die die gegenwärtigen Strömungen des Postkolonialismus, der Gendertheorie und der Critical Race Theory beherrsche und in der dritten Phase zur basalen Weltanschauung mutiere.[113] Sämtliche Phasen einte die Annahme, »dass wir die objektive Realität nicht kennen können, dass ›Wahrheit‹ ein soziales Konstrukt aus Sprache und Sprachspielen ist, das wiederum in einer bestimmten Kultur verortet werden muss, und dass Wissen dazu dient, die Interessen der Privilegierten zu schützen und zu befördern. […] Dieses Set von radikal skeptischen Ideen, wonach Wissen, Macht und Sprache lediglich soziale Konstrukte mit repressiver Schlagseite im Dienste der Herrschenden sind, ist nicht nur mehr oder weniger intakt geblieben, sondern hat gerade in den auf Identität und Kultur spezialisierten Studienfächern eine Blütezeit erlebt« (49, 53f.).

Antirealismus, Konstruktivismus, Kulturrelativismus und Machtreduktionismus seien also allen Phasen gemeinsam, während die heutigen Theoretiker sich als Aktivisten im Namen der Subalternen gerierten und die distanzierten, ironisch-dekonstruktiven Postmodernen kritisierten. Ein jeden Standpunkt dekonstruierender Ansatz sei eine Illusion oder ein Privileg reicher

chen, bedenkenlos die Ansätze des Herrenmenschen-Apologeten Nietzsche, des Antisemiten Heidegger oder Kronjuristen des Dritten Reichs Carl Schmitt zur Grundlage ihres gesamten Denkens machen.

112 Vgl. Pluckrose/Lindsay 2022, 140f.

113 Eine ähnliche Diagnose liefert Koschorke 2022, 470ff.

weißer Männer, das sich sozial subaltern Positionierte nicht leisten könnten.[114] So spricht Grosfoguel auch von der »Postmoderne« als »eurozentrische[r] Kritik am Eurozentrismus«, während dekoloniale Ansätze »eine Kritik des Eurozentrismus auf Grund von subalternen und unterdrückten Erkenntnissen darstell[en]« (Grosfoguel 2010, 310). Allerdings taucht ja, wie gezeigt, der Gedanke ›marginalisierten Wissens‹ und einer ›Lokalisierung‹ allen Denkens in einem unverfügbaren, wenn auch schwankenden »Boden, aus dem wir stammen« (Foucault 1991, 87), bereits in Foucaults Genealogie auf und die Abstraktionsskepsis der Postmodernisten der ersten Stunde beinhaltete immer die willkürlich wechselnde Berufung auf vermeintlich antibegriffliche Gegenparts zur aufgeklärten Vernunft, wie die Delinquenz, den Wahnsinn, die Leiblichkeit, das unaussprechliche Individuum oder Ähnliches.[115] Und es war Foucault, der sich explizit zu einer Kritikform im Namen partikularer Akteure und Ausgestoßener bekannte. Auch wenn die Postmodernen der zweiten Phase immer noch an der Idee machtkonstruierter Identitäten festhalten, schreibt schließlich Meera Nanda, so gestehen sie den Subalternen doch eine »›strategic indigenousness‹« (Nanda 2001, 175) oder einen ›strategischen Essentialismus‹ (Spivak) zu, eine erlaubte Erfindung von Indigenität als Kampfposition gegen die westliche Unterdrückung. Nanda weist auch zu Recht darauf hin, dass sich diese ›Als ob‹-Identität, diese »postmodernen Stämme« (Bauman 1995, 234), die auch von Chantal Mouffe oder Zygmunt Bauman gepriesen werden[116], in

114 Vgl. Pluckrose/Lindsay 2022, 50, 141.

115 Zu den Gemeinsamkeiten zwischen Postmoderne und Radikalkonservatismus vgl. Elbe 2021, 8-17. Zur Berufung auf antirationale Gegenmodelle in der Postmoderne vgl. kritisch: Habermas 1993.

116 Bauman beschwört »postmoderne Stämme« als mit einer hohen »Intensität emotionalen Verhaltens« und einer »symbolisch demonstrierten Feindseligkeit« ausgestattete »*vorgestellte Gemeinschaften*« (Bauman 1995, 234), die keine Substanz besitzen, »ihr Dasein einem falschen Versprechen« von Einmütigkeit verdanken, ohne die »der Ein-

der Praxis fast immer in wirklich geglaubten Essentialismus und Tribalismus verwandelt. Auch wenn man beispielsweise Judith Butlers Übernahme des revanchistischen palästinensischen Nationalismus oder ihre Affirmation islamistischer Gemeinschaftsvorstellungen als strategischen Essentialismus versteht – Mittel im Kampf gegen die westliche Subjekt- und Geschlechterordnung –, so ist dessen Effekt doch eine faktische Stärkung regressivster Kräfte, die jeder postmodernen Identitätsskepsis abhold sind.

Die »abgespeckte[…] Form« (Pluckrose/Lindsay 2022, 50) der Übernahme postmoderner Ideen, von der Lindsay und Pluckrose sprechen, kann vielleicht begriffen werden als *halbierter machtreduktionistischer Konstruktivismus* (man untersucht nur die machtbasierte Wirklichkeitskonstruktion der hegemonialen weißen Seite oder bewertet diejenige der Subalternen kritiklos als ›gute Gegenmacht‹); als *strategischer Nominalismus* (man verwahrt sich gegen jeden Allgemeinbegriff als rassistische Pauschalisierung, verwendet aber je nach politischem Bedarf selbst grandiose Abstraktionen und Pauschalisierungen wie ›den Westen‹ oder auch ›den globalen Süden‹ und sogar ›den Islam‹ – wenn Terror und Repression mal wieder nichts mit dem Islam zu tun haben sollen); als *inkohärenter Positionalismus* (man erklärt die Gefühle der Subalternen zum letzten Maßstab der Kritik, um diesen sogleich fallenzulassen, wenn die Subalternen nicht der eigenen postkolonialen Ideologie entsprechend agieren); sowie als *inkonsistenter Antirealismus* (man unterstellt, alle Entitäten des Wissens seien sprachlich, kulturrelativ und perspektivisch konstruiert, meint aber die Realität von Herrschaftsmechanismen und natürlich die Tatsache dieser relativen Konstruktion objektiv erkennen zu können). In der identitären Phase des postkolonialistisch angewendeten Postmodernismus ›löst‹ man also die Selbstwidersprüche des Relativismus

zelne [aber] keine Entscheidungen treffen« kann (172) und die man deswegen angeblich wollen muss.

bzw. der sogenannten ›Standpunkttheorie‹, indem man dogmatisch eine aus der eigenen abstrakten Theorie abgeleitete Position als die aus der kulturellen Situierung stammende, authentische Interpretation behauptet.[117] Wenn die subjektive Erfahrung Subalterner die Quelle der inhaltlich legitimen Positionen ist, diese Subalternen aber einander widersprechende Positionen vertreten und damit widerlegen, dass die kulturelle Positionierung (die man ja auch objektiv erkannt haben muss) das Denken bestimmt, werden, ohne überprüfbare Kriterien der Logik oder der Empirie (denn diese wären ja wieder ohne Rekurs auf einen partikularen Standpunkt zu formulieren) einfach »bevorzugte (weil mit der *Theorie* konsistente) Interpretationen gelebter Erfahrungen marginalisierter Personen aus[gewählt] und [...] zu den authentischen erklär[t]« (245). Die Vertreter der zweiten Phase des Postmodernismus entscheiden sich also schlicht dazu, einen der vielen partikularen und lokalen Standpunkte einzunehmen (oder eine Vielheit von Standpunkten, die aber immer anti-westlich sein müssen), von denen man schon in der ersten Phase erzählte: »Indem sich die Wissenschaftler mit den Subalternen identifizieren, identifizieren sie sich mit dieser ›Subjektposition‹.«[118]* (Nanda 2001, 170) Die Theorie wird als Ausdruck eines Standpunkts angepriesen, der von der Theorie dogmatisch von vornherein als richtiger gesetzt wird und eine herrschaftskritisch-dekonstruktive Betrachtung *aller* Standpunkte oder Kulturen wird mit einem moralischen Verbot belegt: »Der kritische Blick auf die andere Seite wird aus der wissenschaftlichen Agenda entfernt, indem Kritik als solche bereits mit Bestätigung und Unterstützung der westlichen Hegemonie gleichgesetzt wird« (Albrecht 2012, 81).[119] Der von Monika Albrecht ebenfalls zitierte

117 Vgl. Pluckrose/Lindsay 2022, 244f.
118 »In identifying with the subaltern, the scholars are identifying with this ›subject position‹.«
119 In diesem Sinne legitimiert Judith Butler beispielsweise ihre vollständige Ausblendung des Terrors und der ideologischen Vorstellungen

Paul Boghossian beschreibt diese postkoloniale »Doppelmoral« mit den Worten: »Die Kritik an einer fragwürdigen Idee ist erlaubt, wenn diese von den Mächtigen vertreten wird – wie etwa den christlichen Kreationisten –, aber nicht, wenn sie von jenen vertreten wird, die von den Mächtigen unterdrückt werden – wie etwa die Zuni-Kreationisten.« (Boghossian 2013, 134)

Die paternalistische postkoloniale Parteinahme für den wirklichen oder vermeintlichen Underdog ist das kümmerliche Residuum linker Herrschaftskritik.

5.3. Die Verleugnung des islamischen Antisemitismus

Die De-Thematisierung der regressiven Gehalte des Islams beinhaltet notwendig die Leugnung oder Verharmlosung eines islamischen Antisemitismus[120], wobei diese verschiedene Variationen aufweisen. Oft wird das Problem im oben am Beispiel Attias beschriebenen Stil als rassistische Projektion abgetan: Man wolle nur vom eigenen Antisemitismus ablenken. Die Kritik am arabisch-islamischen Antisemitismus habe lediglich die Funktion einer orientalistischen moralischen Überlegenheitserzählung.[121] Eine sachliche Berechtigung der Erhöhung der Aufmerksamkeit für islamischen Antisemitismus wird ohne jede Begründung verworfen. Einen Schritt weiter geht die These, die

der palästinensischen Seite im Konflikt mit Israel. Man habe es, so Butler, schlicht mit einer »grundlegende[n] Ungleichheit« beider Seiten zu tun, weshalb es »keinen Sinn« ergebe, »die Beziehungen zwischen Israel und Palästina als ›zwei Seiten‹ eines Konflikts zu betrachten.« (Butler 2013, 143). Dass diese Zustandsbeschreibung wiederum nur durch die Ausblendung entscheidender Tatsachen (der atomaren Bedrohung durch den Iran, des Zermürbungseffekts des palästinensischen Terrors, der immer besseren militärischen Ausstattung von Hamas und Hisbollah etc.) zustande kommt, sei nur am Rande erwähnt.

120 Zur Verharmlosung des islamischen Antisemitismus in relevanten Teilen der deutschen Antisemitismusforschung vgl. Küntzel 2020, Schindler 2020, Jikeli 2020b.

121 Vgl. Attia 2018, 24, Attia 2009, 84.

Muslime seien die neuen Juden, würden »für sämtliche gesellschaftliche Missstände verantwortlich gemacht« und »die im Begriff der ›Islamophobie‹ implizierte Angst vor muslimischer Weltbeherrschung« habe »Verschwörungsmythen über die jüdische Weltbeherrschung abgelöst« (Attia 2009, 68, 75). Auch Enzo Traverso meint: »Die Islamfeindlichkeit nimmt im neuen Rassismus diejenige Rolle ein, die ehemals der Antisemitismus spielte.« (Traverso 2017, 147)[122] Solche Diagnosen beinhalten gleich eine ganze Reihe von Fehlern: Erstens werden Muslime nicht für sämtliche gesellschaftliche Missstände verantwortlich gemacht, z.B. in der Regel nicht für Finanzkrisen und Börsencrashs. Zweitens sind die Vorstellungen jüdischer und muslimischer Weltbeherrschung nicht symmetrisch, da es im radikalen Islam solche Weltherrschaftsphantasien zuhauf gibt, es aber keine reale jüdische Weltherrschaftsidee gibt. Drittens wurden antisemitische Verschwörungstheorien nicht abgelöst, sie erfreuen sich im Gegenteil einer erschreckenden Beliebtheit. Letztlich wird mit derartigen Diagnosen die religiöse Gruppe mit der höchsten Zustimmung zu judenfeindlichen Haltungen[123] nicht nur von jeder Kritik ausgenommen, sondern auch noch selbst zu den neuen Juden erkoren. So lagen beispielsweise die Zustimmungsraten zu explizit antisemitischen Aussagen im Zuge einer weltweiten Umfrage der Anti Defamation League (ADL) bei Buddhisten, Hindus, Atheisten und Christen zwischen 17% und 24%, bei Muslimen hingegen bei 49%.[124] Günther Jikeli stellt in seinem Überblick über die empirische Forschung fest: »Die 16 Länder mit den laut ADL Studie weltweit höchsten Niveaus an antisemitischen Einstellungen im Jahr 2014 sind alle mehrheitlich muslimisch«. (Jikeli 2020a, 125) Jikeli resümiert, »dass antisemitische Einstellungen in muslimischen Ländern so stark verbreitet sind, dass sie eine nicht mehr

122 Vgl. vorsichtiger, aber mit ähnlicher Tendenz: Wetzel 2012, 96.
123 Vgl. u.a.: ADL 2014, Jikeli 2015, Heinisch/Scholz 2019, 106, Jikeli 2020a, Jikeli 2020b, Jikeli 2020c, Ehsan 2020, Koopmans 2020, 210-215, AJC 2022, 19, 24, Rensmann et al 2024.
124 Vgl. ADL 2021.

hinterfragte Norm sind.« (125) Insgesamt gelte demnach für die untersuchten Länder, dass, je stärker Staaten islamisch-fundamentalistisch geprägt seien, die Zustimmung zu explizit antisemitischen Statements desto höher sei, während dort, wo Muslime eine Minderheit in einer nichtmuslimischen Mehrheitsgesellschaft darstellen, ihre antisemitischen Haltungen eher weniger stark ausgeprägt seien – auch in Israel. »Der Vergleich mit muslimischen Ländern«, so Jikeli, »führt die These ad absurdum, der Antisemitismus unter Muslimen in Deutschland oder Europa sei erst durch hiesige Diskriminierungserfahrungen entstanden.« (126) Doch auch bei europäischen Muslimen ist bisherigen Untersuchungen zufolge eine durchgehend höhere Zustimmung zu antisemitischen Aussagen als in der Restbevölkerung zu finden, und zwar eine doppelt bis viermal so hohe.[125] Eine Repräsentativumfrage des American Jewish Committee (AJC) in Deutschland aus dem Jahr 2022 bestätigt diese Ergebnisse: So stimmten Muslime meist doppelt so häufig antisemitischen Statements zu wie der Rest der Bevölkerung.[126]

Etwas ausgeklügelter präsentieren sich Versuche, die zugestehen, dass ein Problem mit islamischer Judenfeindschaft besteht, diese aber als »*islamisierten Antisemitismus*« (Cheema 2018, 47) und reines europäisches Exportprodukt begreifen – als Beispiel sei hier Saba-Nur Cheema, ehemals Mitarbeiterin der Bildungsstätte Anne Frank, genannt. Der Begriff des islamisierten Antisemitismus ist geeignet, Muslime auch in ihrer Judenfeindschaft zum Opfer des Westens und zu passiven Figuren ohne eigene Geschichte zu stilisieren. Zunächst einmal verwundert Cheemas Behauptung, allein mit der Bezeichnung »›muslimischer‹ Antisemitismus« werde »eine Gruppenzuschreibung verursacht (›die Muslime‹) und ein[…] Verdacht formuliert (›Muslime sind antisemitisch‹).« (47) Die Feststellung, dass es eine Gruppe gibt, bei

125 Vgl. Jikeli 2020a, 120f. Allerdings werden z.B. bei der ADL keine israelbezogen antisemitischen Statements abgefragt, was die antisemitischen Zustimmungsraten insgesamt, v.a. aber unter Nichtmuslimen, vermutlich deutlich erhöhen würde.
126 Vgl. AJC 2022, 19, 24.

deren Mitgliedern eine antisemitische Haltung zu finden ist, soll offenbar etwas Schlechtes sein, zumindest, wenn es um Muslime geht (bei anderen haben einige Antirassistinnen kein Problem damit, von »der narzisstische[n] Selbstbezogenheit *der Deutschen*« und von einer »Täternation« zu sprechen (Attia 2018, 24)).[127] Nun wäre es in der Tat unsinnig zu behaupten, jeder Muslim sei antisemitisch. Wenn man aber feststellen kann, dass in muslimischen Communitys und Staaten antisemitische Einstellungen (sogar überproportional) häufig vorkommen – und das kann man, wie gesehen –, und wenn man zudem auf judenfeindliche doktrinäre Grundannahmen und Praktiken islamischer Traditionen hinweisen kann, so darf der Begriff ›muslimischer/islamischer Antisemitismus‹ getrost ohne Anführungszeichen verwendet werden.

Zwar postulieren Interpreten wie Thomas Gräfe lapidar, es gebe »keine judenfeindliche theologische Tradition« im Islam (Gräfe 2019, 72). Er beruft sich dabei unter anderem auf eine Schrift von Bernard Lewis, in der dieser ausführt, die traditionelle »Judenfeindlichkeit« »in der islamischen Gesellschaft« (Lewis 2004, 83) sei nicht theologischer Natur, sondern resultiere aus dem Überlegenheitsgefühl der Herrschenden gegenüber der Minderheit, sei also eher historisch-kulturell.[128] Während Gräfe allerdings (ebenso wie Cheema) die durchgehende, wenn auch nicht immer gleich intensive, Judenfeindlichkeit in den traditionellen islamischen Gesellschaften, die sich im Dhimmi-Status ja sogar institutionell niederschlug, unerwähnt lässt, leugnet Lewis diese keineswegs. Dass diese Feindschaft

127 Kursivierung im Original. Diese Deutschen, von denen den ganzen Text hindurch die Rede ist, soll es am Ende dann doch nicht geben, weil es ja Widerständler im NS gegeben habe. Dafür gibt es nun *die* Anti-Deutschen (vgl. Attia 2018, 34). Wer zwischen stigmatisierenden Pauschalisierungen und sinnvollen Allgemeinbegriffen nicht unterscheiden kann, muss sich in solchen Inkonsistenzen und Widersprüchen verfangen. Vgl. kritisch zu den Weigerungen, von ›dem Islam‹ zu sprechen: Nagel 2014, 19-28 sowie Maani 2015, 22ff.

128 Zu Lewis' Unterscheidung zwischen Islam als Doktrin und als Kultur vgl. Lewis 2004, 14f.

nicht theologischer Natur sei, ist zudem Lewis' eigenen Ausführungen zufolge fraglich – immerhin erwähnt er etliche judenfeindliche Stellen in Koran und Hadithen und betont sogar, dass Juden im Vergleich zu Christen dort erheblich negativer dargestellt werden.[129] Ausführlicher als Lewis analysieren Andrew G. Bostom (2008), David Nirenberg (2015, Kap. 4) und Abdel-Hakim Ourghi (2023) die umfangreiche klassische theologische Tradition islamischer Judenfeindschaft. Dass es auch einige judenfreundliche Stellen im Koran gibt und Juden im Islam keine zu jener im Christentum analoge heilsgeschichtliche Funktion haben, wird damit nicht angezweifelt. Aber insbesondere Nirenberg zeigt, dass es gleichwohl durchaus analoge, genuin theologische Funktionen der Judenfeindschaft in Islam und Christentum gibt, einen »Aneignungs- und Stigmatisierungsprozess« (Nirenberg 2015, 147), den Hyam Maccoby der »Methode der Usurpation« im Rahmen einer »Theologie der Verdrängung« (Maccoby 2019, 48f.) zuschreibt. Diese besteht in der Anknüpfung an die jüdische Überlieferung, ihrer Umdeutung als immer schon auf den Islam hinweisende, dem Vorwurf an die Juden, diese Umdeutung nicht als letzte Wahrheit zu akzeptieren sowie eigentlich als Volk schon in der Vergangenheit ungläubig gewesen zu sein (bis hin zur Tötung der eigenen Propheten) und letztlich in der Forderung der irdischen Demütigung der Juden als ›Beweis‹ ihrer Verstocktheit. So resümiert Nirenberg, »dass die Stellung des Korans gegenüber den Juden eine doppelte ist, nämlich zugleich einbeziehend und ausschließend. Gerade weil der Koran in seinem prophetischen Kern etwas übernimmt, was er als ›wahres Judentum‹ begreift, grenzt er die ›realen‹ Juden, denen er begegnet, als falsch und korrupt aus. […] Die Demütigung der Juden, ihre Erhaltung im Zustand der Unterworfenheit, beweist die Herrschaft und Wahrheit des Islam.« (Nirenberg 2015, 156) Das vom Judentum Übernommene ist demnach immer schon islamisch, die realen Juden hingegen sind blind und

129 Vgl. Lewis 2004, 20, 60, 69. Zum Judenhass im Koran vgl. ausführlich: Ourghi 2023.

bösartig. So stellt auch Lewis für den Islam fest: »Wird ein jüdischer Einfluß oder Bestandteil als solcher identifiziert, so erfährt er prinzipiell Ablehnung. Akzeptiert man ihn als Teil des authentischen Islam, so ist er per definitionem nicht jüdischen, sondern göttlichen Ursprungs.« (Lewis 2004, 70)[130] Der Gedanke, dass Juden die Schrift verfälscht oder ihren wahren Sinn verfehlt hätten, durch den innere Glaubenskämpfe und -zweifel, wie bereits im Christentum geschehen, an den Juden ausagiert wurden, sei ein weit verbreitetes Phänomen der theologischen Tradition im Islam, meint auch Nirenberg.[131]

Man kann also in personeller (hohe Zustimmungswerte zu judenfeindlichen Aussagen bei Umfragen unter Muslimen in islamischen, aber zum Teil auch in nichtislamischen Ländern), institutioneller (Legitimierung antisemitischer Haltungen bis in Kreise der Staatsführungen[132] und Staatsdoktrinen einzelner Länder hinein), historischer (praktische Tradition der Judenfeindschaft in Gestalt des Dhimmi-Status) und theologischer Hinsicht (spezifische herabgewürdigte Rolle der Juden im Islam als Religion) von einer islamischen Judenfeindschaft sprechen.[133] Im Übrigen kann man für fast zwei Jahrtausende ebenso

130 Vgl. zu diesem Punkt auch Nirenberg 2015, 154.

131 Vgl. Nirenberg 2015, 150f., 156ff.

132 Selbst der ultrakonservative muslimische Präsident eines NATO-Mitgliedsstaates, Recep Tayyip Erdoğan, ist hier nicht auszunehmen. Immer wieder fällt er durch Aussagen auf, die judenfeindlich codiert sind. So nannte er beispielsweise auf einer Tagung der OIC Israel ein Land, »›das sich von Blut ernährt‹« (zit. nach Die Welt 2017a) oder äußerte »›jene, die meinen, die Stadt [Jerusalem] zu besitzen‹ – also Israels Juden –, würden irgendwann in der Zukunft ›keinen Baum finden, hinter dem sie sich verstecken können‹«. (Die Welt 2017b) Letzteres ist ein Hinweis auf den apokalyptischen Vernichtungshadith Abu Hurairas, der auch in der Charta der Hamas zu finden ist. 2023 nannte er die Hamas nach dem Massaker vom 7. Oktober eine »Gruppe von Befreiern« (Tagesschau 2023b).

133 Ich orientiere mich bei dieser begrifflichen Unterscheidung an Lagodinsky 2009, 65ff., der freilich den Begriff eines islamischen Antisemitismus gerade ablehnt. Zu den einzelnen Punkten vgl. u.a. vgl. Wistrich 1987, Poliakov 1992, 98f., Groiss 2001, Küntzel 2003, Lewis

berechtigt eine *christliche* Judenfeindschaft konstatieren, trotz verschiedenster Strömungen und Konfessionen. Dass Cheema in einem in keiner Weise begründeten nächsten Schritt dann einfach *behauptet*: »Letztlich folgt diese Gruppenkonstruktion einer rassifizierenden Logik, in der Muslimsein nicht als religiöse Zugehörigkeit gelesen wird, sondern ethnisiert wird« (Cheema 2018, 47), kann als unzulässige Unterstellung zurückgewiesen werden, die jeden rationalen Diskurs durch den Vorwurf des Rassismus abwürgt. Sicherlich begreifen rechte Ethnopluralisten den Islam als ›natürliche‹ arabische oder türkische Volksreligion[134], aber offensiv reformorientierte Muslime oder liberale Islamkritiker betrachten »Muslimsein« eben nicht, auch nicht »letztlich«, als Ausdruck einer unverfügbaren völkischen Substanz (genauso wenig wie ›Christsein‹), sondern als politisch-religiöse Haltung, die auch von Muslimen prinzipiell kritisiert, korrigiert und reformiert werden kann.

Die Exportthese ist insofern richtig, als der moderne Antisemitismus tatsächlich aus Europa in den Orient ›exportiert‹ wurde. Allerdings gab es im klassischen Islam, wie gezeigt, sowohl historisch als auch theologisch bereits eine ausgeprägte Judenfeindschaft, die nun mit zentralen Motiven des modernen Antisemitismus kombiniert wurde[135] – und genau diesen traditionellen islamischen Judenhass blendet Cheema in ihrem Beitrag aus. Sie beantwortet auch nicht wirklich die Frage, warum ausgerechnet die *islamische* Welt für den modernen Antisemitismus derart empfänglich war und ist – das ist mit der Exportthese oder

2004, Kap. IV, Küntzel 2007, Bostom 2008, Mallmann/Cüppers 2011, Wistrich 2012, Heinisch/Scholz 2012, 131-148, Nirenberg 2015, Kap. 4, Harkabi 2017, Bauer 2018, Bensoussan 2019, 82, 146ff., 184, Weinstock 2019, 25f., 342, 358ff., 377ff., 402-412, Heinisch/Scholz 2019, 102-115, Jikeli 2020a/b, Schreiber 2020, Grigat 2020a, Koopmans 2020, 210ff, 239ff., Rickenbacher 2020, Ourghi 2023.

134 Vgl. bereits den radikalkonservativen Kulturrelativisten de Maistre im Jahr 1794 (2000, 48, 153-160).

135 Zum modernen islamischen Antisemitismus vgl. Wistrich 1987, Groiss 2001, Cook 2007, Bostom 2008, Wistrich 2012, Harkabi 2017, Bauer 2018, Grigat 2020a.

dem Anführen politischer Krisen nämlich noch nicht erklärt. Auch hier waren und sind, folgt man einer Reihe von Autoren[136], genuin islamische Faktoren am Werk[137], die den kulturellen Hintergrund für moderne Entwicklungen darstellen: Der Import europäischer antisemitischer Weltverschwörungstheorien mit dem Juden als Figur des völkerzersetzenden, die Abstraktionen und die liberalen Momente der Moderne personifizierenden Dritten, half der islamischen Welt demnach bei einer projektiven, jede Selbstkritik ausschließenden Bewältigung der kollektiv-»narzisstischen Krise« (Diner 2007, 17), in die die von Allah auch auf Erden als »die beste Gemeinschaft, die unter den Menschen entstanden ist« (Koran Sure 3:110) bestimmte Umma geriet, als sie zunehmende Machtverluste und schließlich (zum Teil) die Kolonialisierung durch den Westen hinnehmen musste. Hinter der die Umma zerstörenden, vor allem von der Emanzipation der Frau signalisierten Zersetzung der tradierten moralischen Ordnung steckte demzufolge der Jude.

Mustergültig artikulierte der bereits oben zitierte Muslimbruder Sayyid Qutb diese weitverbreitete Haltung im Jahr 1950 mit seiner Verschwörungstheorie, die Juden stünden hinter sämtlichen Doktrinen des Atheismus, der sexuellen Freizügigkeit der Frau und des familienfeindlichen Individualismus.[138] Der Histo-

136 Vgl. Küntzel 2003, Lewis 2003, 43f., Lewis 2004, 63ff., 165ff., Kap. IV, Lozowick 2006, 94, Diner 2007, Morris 2023, 516f., 548f., Heinisch/Scholz 2012, 135f., Nagel 2014, 59f., 63ff., Yemini 2017, 129, Landes 2018, Weinstock 2019, 378, Maccoby 2020, 212, Rickenbacher 2020.

137 Die antijüdisch mobilisierende Ideologie war im arabischen Raum z.B. in den 1920er/30er Jahren vorwiegend der Islam und zunächst nicht ein in der Masse der Bevölkerung damals wohl noch weitgehend Fremdkörper gebliebener (pan-)arabischer Nationalismus. Vgl. dazu Morris 2008c, Teil II, Morris 2023, 516ff., 524f., Karsh 2011, 18f., Motadel 2017, 53f., 71f., Küntzel 2019, 84. Benny Morris spricht von einem »Islamic nationalism« (Morris 2008c).

138 Dieses Diktum wird dann im arabischen Antisemitismus fast wortgleich immer wieder vorgebracht, zum Beispiel von ‘Abbas Mahmud al-‘Aqqad im Jahr 1956, vgl. Harkabi 2017, 251.

riker Daniel Rickenbacher verfolgt die Tradition der Verschwörungstheorie »eines vom Westen und den Juden orchestrierten *Krieges gegen den Islam*« (Rickenbacher 2020, 157) bis zum Anfang des 20. Jahrhunderts und zu den Schriften des Islamisten Rashid Rida (1903ff.) zurück. 1937 publiziert ein NS-Organ einen »Aufruf des Großmufti an die islamische Welt«. Hier charakterisiert mutmaßlich Mohammed Amin al-Husseini die Juden gemäß der Tradition als ewige Feinde des Islam, die »Zweifel in die Herzen der Anhänger Mohammeds säen« (al-Husseini 2019, 238), die islamischen heiligen Stätten zerstören wollen und »Zwietracht zwischen den Stämmen [...] säen, um die Macht des Islams zu brechen« (242). Weil die Juden die Muslime vernichten wollten, müssten sie vertrieben und vernichtet werden. Wenige Jahre später wurde al-Husseini diesbezüglich deutlicher und verglich die Juden mit »krankheitserregenden Insekten«, gegen die »nur noch radikale Mittel helfen«. Der NS wurde dafür gelobt, »die jüdische Frage aus der Welt zu schaffen« (al-Husseini, zit. nach Mallmann/Cüppers 2011, 115). Wie bereits al-Husseini zitiert die Hamas in ihrer Charta von 1988 den apokalyptischen Hadith Abu Hurairas, demzufolge am Ende der Tage »die Muslime gegen die Juden kämpfen und die Juden töten« werden (Hamas 2018, eigene Übers.), wobei sie auf die »Protokolle der Weisen von Zion« zurückgreift und den (jüdischen) »Feinden« unterstellt, die Medien unterwandert, Revolutionen angezettelt, Weltkriege initiiert, Kolonialstaaten unter ihre Kontrolle gebracht und mit ihrem Vermögen weltweit Geheimorganisationen geschaffen zu haben, um »Gesellschaften zu unterhöhlen«.[139] Auch Ahmad al-Tayyeb, Scheich der Kairoer al-Azhar-Universität und damit einer der höchsten Würdenträger des heutigen sunnitischen Islam, pflegt ein ähnliches Weltbild: »Wir sind mit großen internationalen Verschwörungen gegen Araber und Muslime konfrontiert, mit dem Ziel, die Gesell-

139 Zum Status der sog. Zweiten Charta der Hamas von 2017 als für den Westen erdachte »strategische Täuschung« vgl. Pfahl-Traughber 2023 sowie Abu Toameh 2022.

schaft so zu spalten, wie es den Träumen des neuen Weltkolonialismus entspricht, der ein Bündnis mit dem Weltzionismus gebildet hat – Hand in Hand und Schulter an Schulter. […] Das Ergebnis dieser ausgefeilten Manipulationen ist, dass der Irak verloren gegangen ist, Syrien verbrannt, Jemen auseinandergerissen und Libyen zerstört wurde.« (al-Tayyeb, zit. nach Koopmans 2020, 146f.)[140] Dass die von al-Tayyeb geleitete Universität auch das Massaker der Hamas vom 7. Oktober 2023 feierte (»Al-Azhar begrüßt mit größtem Stolz die Widerstandsbemühungen des stolzen palästinensischen Volkes.«[141]* (zit. nach Winter/Barak 2023)), kann daher kaum verwundern. Die Verschwörungstheorie, dass es Juden seien, die hinter innerislamischen Konflikten stünden, wurde auch auf dem linken Weltsozialforum in Montreal 2016 propagiert: Eine Veranstaltung mit dem Titel »Terrorizm, Wahhabism, Zionism« zeigte einen orthodoxen Juden mit Hakennase und Davidstern auf dem Hut, aus dessen bedrohlich großem Mund ein Uncle Sam kommt, aus dessen Mund wiederum ein grimmig dreinblickender Wahhabist lugt.[142] Man könnte hier ganze Regalmeter mit solchen Beispielen füllen, die keine Randfiguren, sondern autoritative Würdenträger und Funktionäre religiöser, kultureller oder staatlicher Institutionen der jeweiligen Gesellschaften betreffen.[143]

Die sozialpsychologischen Mechanismen der Schiefheilung kollektiv-narzisstischer Kränkungen durch antisemitische Verschwörungslegenden ähneln sich im Islamismus und bei den Nationalsozialisten also bis aufs Haar, und nicht erst Organisationen wie die Hamas greifen auch direkt auf das Weltverschwörungsmotiv der »Protokolle der Weisen von Zion« zurück, ein

140 Zu den antisemitischen Weltverschwörungstheorien im schiitischen Islam vgl. Marz 2023.

141 »Al-Azhar salutes with utmost pride the resistance efforts of the proud Palestinian people«.

142 Vgl. World Social Forum 2016.

143 Ich verweise auf die Werke von Wistrich 2012 und Bauer 2018, die einen ersten Eindruck vermitteln. Zum zentralen Status des Antisemitismus im hier nicht eigens erwähnten iranischen Regime vgl. Grigat 2023.

Dokument, das im modernen eliminatorischen Antisemitismus eine zentrale Rolle spielte.[144] Dass ausgerechnet Theoretiker wie A. Dirk Moses oder Michael Rothberg, die sonst alle möglichen Verflechtungen zwischen Kolonialismus, Holocaust und Antisemitismus erkennen wollen, sich gegen die Feststellung solcher offenkundiger Verbindungen verwahren, ist ein weiterer Treppenwitz des postkolonialen Betriebs.[145] Gegen die Verharmlosung des islamischen Judenhasses in der Exportthese großer Teile der deutschen Islamwissenschaft und Antisemitismusforschung hält Abdel-Hakim Ourghi schließlich zu Recht fest: »Auch das Versagen der Muslime in der arabisch-islamischen Welt beim Anschluss an die Moderne braucht Feindbilder. Jedoch darf der hausgemachte Antisemitismus, dessen Wurzeln in der Geschichte des Islam als Judenhass und Antijudaismus zu finden sind, nicht in Vergessenheit geraten. [...] [E]s scheint, dass weder die historische noch die religiöse Begründung dafür, dass Muslime für Judenfeindschaft anfällig sind, bei den Vertretern derer, die meinen, dass der Judenhass aus Europa exportiert wurde, eine Rolle spielen.« (Ourghi 2023, 63) Wie bereits erwähnt, kann der islamische Antisemitismus der Gegenwart damit als eine Variante des in dekolonialen Ansätzen gefeierten »Hybriden« oder des »Grenzdenkens« identifiziert werden, das westliche Ideen mit islamischen Traditionen verbindet. Die eigene Geschichte und das eigene kulturelle Arsenal islamischer Akteure dürfen nicht ausgeblendet oder kleingeredet werden, wenn man diese spezifische ideologische Gestalt des Antisemitismus erfassen will.

Es sind also nicht Konflikte oder Unterdrückung als solche, sondern es ist das durch ein kollektiv-narzisstisches Deutungs-

144 Zur Rezeption der »Protokolle« im arabischen Antisemitismus vgl. Harkabi 2017, 229-255, insbesondere 251f.

145 Rothberg, Moses, Omer Bartov, Stefanie Schüler-Springorum und andere unterzeichneten Ende 2023 einen offenen Brief, der gegen die Verbindung der Hamas mit dem NS argumentierte. Eine detaillierte Kritik findet sich in Elbe/Pfau 2023.

und Bedürfnismuster hindurch wahrgenommene historische Geschehen, das antiwestliche und antisemitische Ressentiments mobilisiert: Dass es ausgerechnet dem jahrhundertelang gedemütigten »Dhimmi-Volk gelang, im Herzen der arabischen Welt einen souveränen Staat zu errichten, mußten […] Moslems als unerträgliche Kränkung ihres Stolzes empfinden«, meint Robert Wistrich (1987, 312). »Die Palästinenser«, so der Historiker Yaacov Lozowick etwas vereinseitigend, »wiesen die jüdischen Ansprüche nicht ab, weil sie europäische Kolonialisten […] gewesen wären, sondern weil sie seit Jahrhunderten Einheimische zweiter Klasse waren, die es plötzlich gewagt hatten, die natürliche Ordnung auf den Kopf zu stellen und für eine nationale Heimstatt zu kämpfen.« (Lozowick 2006, 94) Allerdings ist es auch der damit einhergehende säkulare, egalitäre und universalistische Anspruch des Zionismus, der von Islamisten wie Amin al-Husseini gehasst wurde. Es war nicht nur die Tatsache, dass *jüdische Frauen* auf ›islamischem Grund‹ standen, sondern auch die, dass sie *Waffen und kurze Hosen* trugen, die den Hass des Muftis anfachte.[146] Leon Poliakov, George Bensoussan und Nathan Weinstock haben gezeigt, dass bereits die Idee rechtlicher Gleichstellung der Juden, die dem Orient seit dem 19. Jahrhundert von westlichen Staaten aufgenötigt worden war, auf der arabischen Seite zu gesteigertem Hass auf die ›dreisten‹ Dhimmis führte und dieser Hass zum kontinuierlichen Merkmal großer Teile der arabischen Politik gegenüber den Juden der arabischen Welt, speziell Palästinas und später Israels mutierte – eine Haltung, die ihre Quelle letztlich im Versprechen der islamischen Überlegenheit (*Islamic Supremacy*) hat, die der Dhimmi-Status von Juden und Christen impliziert und die durch deren Gleichstellung verloren ging.[147] Natürlich gab es in der arabischen Welt auch moderatere Stimmen, die aus verschiedenen Gründen – die kumulative Radikalisierung der arabischen Mächte durch eine innerarabische Konkurrenz um Palästina, der

146 Vgl. Karsh 2011, 276, Endnote 28.

147 Vgl. Poliakov 1992, 98f., Yemini 2017, 118, Bensoussan 2019, 82, 146ff., 184, Weinstock 2019, 25f., 342, 358ff., 377ff., 402-412.

Druck der ›arabischen Straße‹, der Terror des Muftis von Jerusalem und anderer radikaler Kräfte gegen Andersdenkende, das Appeasement der britischen Mandatsmacht gegenüber diesem Terror usw. – oft zum Verstummen gebracht wurden.[148] Die Juden, die von dem Hamas-Prediger Marwan Abu Ras »a nation extrinsic to mankind« genannt werden (Abu Ras 2017, Minute 4:43), verloren in den Augen der Islamisten durch ihre ›Dreistigkeit‹, sich gegen ihre subalterne Position von Menschen zweiter Klasse aufzulehnen und gleiche Rechte einzufordern, sich gar Teile des ›islamischen Bodens‹ anzueignen, den Status von Dhimmis. Sie wurden auf eine Stufe mit den Ungläubigen gestellt, die man töten darf – so bereits der Mufti von Gaza, Mohammed Said al-Husseini, im Jahr 1925.[149] Dies ist ein Motiv, das sich bis ins 21. Jahrhundert hin erhalten hat. So heißt es beim Hamas-Funktionär Yunis al-Astal: »›Wir müssen [die Juden] massakrieren [...] um sie daran zu hindern, Verderben in der Welt zu säen […]. Wir müssen sie in den Zustand der Demütigung zurückversetzen, der ihnen auferlegt wurde […]. Sie müssen die Dschizya-Sicherheitssteuer zahlen, während sie in unserer Mitte leben […]. Allerdings, in Palästina, wo sie Besatzer und Eindringlinge sind, können sie nicht den Status von Dhimmis haben.‹«[150]* (al-Astal, zit. nach Landes 2016, 219)[151]

Das ist ein Unterschied ums Ganze gegenüber der Auffassung, der Antisemitismus muslimischer Jugendlicher sei vornehmlich eine Reaktion auf ihre Diskriminierung durch die deutsche

148 Vgl. Cohen 2008, Karsh 2011, Küntzel 2019, 53-58, Morris 2023, 51ff., 107f.

149 Vgl. Morris 2008c, Teil II.

150 »›We must massacre [the Jews] … to prevent them from sowing corruption in the world … We must restore them to the state of humiliation imposed upon them … They must pay the jizya security tax while they live in our midst … However, in Palestine, where they are occupiers and invaders, they cannot have the status of dhimmis.‹«

151 Auf einer Hamas-Konferenz im Jahr 2021 wurde ein Programm vorgestellt, das die Maßnahmen nach einer Machtergreifung der Organisation in Israel umreißt. Neben der Tötung und Vertreibung der Israelis ist dort unter anderem die Versklavung nützlicher israelischer Wissenschaftler vorgesehen, vgl. Frank 2021c.

Mehrheitsgesellschaft oder der Antisemitismus von Muslimen eine Reaktion auf ihre ›koloniale Unterdrückung‹ oder den Konflikt mit Israel.[152] Dass ausgerechnet die Juden zur Zielscheibe werden, muss schon ein kulturelles Arsenal von Judenfeindschaft und eine autoritär-projektive Grundhaltung voraussetzen, die nicht die rassistisch diskriminierende Mehrheitsgesellschaft[153], sondern die Juden beschuldigt, die eigene Misere zu verursachen. Dass Erziehung oder systematische antisemitische Propaganda, die durch arabische oder türkische TV-Sendungen, im Internet, in Moschee-Predigten, durch Äußerungen staatsoffizieller Vertreter und religiöser Autoritäten oder – bei Flüchtlingen – in Schulbüchern der Herkunftsgesellschaft vermittelt wird, einen wichtigen Einfluss haben könnten, muss dann außen vor bleiben. Muslime sind aber natürlich nicht *nur* Muslime, sondern auch vielen anderen sozialen und kulturellen Einflüssen ausgesetzt. Die Annahme islamischer Faktoren bedeutet also keineswegs die Leugnung antisemitischer Einflüsse aus der deutschen Gesellschaft heraus.[154] Es ist völlig unplausibel, bei Muslimen eine andere, diskriminierungsbedingte Grundmotivation für Antisemitismus anzunehmen als bei Nichtmuslimen oder Mitgliedern der sogenannten Dominanzgesellschaft. Hier wie dort dient Antisemitismus offenbar zur Schiefheilung von zentralen Ambivalenzkonflikten und (kollektiv-)narzisstischen Kränkungen, die allerdings jeweils kulturell überformt und auf die Geschichte von für die eigene Identität als bedeutend angenommenen Traditionen bezogen sind.

152 Vgl. u.a. Ullrich/Kohlstruck 2015, 87, 90 sowie Attia 2009, 86. Zur Kritik daran vgl. Küntzel 2020, Jikeli 2020a, 128, Koopmans 2020.
153 Zur Kritik an Aspekten der Diskriminierungsthese vgl. Wagener 2017, Yemini 2017, 165, 169f., 173, Koopmans 2020, 74ff., 202-223, 234ff.
154 Neben sonstigen Faktoren befördern gerade das Appeasement gegenüber islamistischen Regimen, die Diskurse über ›Islamophobie‹ oder die antizionistisch verzerrte Darstellung des israelisch-arabischen Konflikts im akademischen, medialen und politischen Kontext generell problematische Haltungen.

6

Antisemitismus – »not systemic«?

Im Jahr 2017 äußerte sich die antirassistische muslimische Aktivistin Linda Sarsour zum Antisemitismus in den USA wie folgt: »Antisemitismus ist zwar etwas, das jüdische Amerikaner betrifft, aber es ist etwas anderes als Rassismus gegen Schwarze oder Islamophobie, weil es nicht systemisch ist.«[1]* (Sarsour 2017)[2] Dass Antisemitismus in antirassistischen Positionen aus dem Blick gerät, hat auch etwas mit der verbreiteten Definition von Rassismus als »Vorurteil plus Macht« (Miles 1991, 75)[3] zu

1 »While anti-Semitism is something that impacts Jewish Americans, it's different than anti-black racism or Islamophobia because it's not systemic.«

2 Vgl. dagegen die FBI-Zahlen über sog. Hassverbrechen, die von religiösen Vorurteilen motiviert sind. Sie weisen für die Jahre 2010-2018 zwischen 67% und 58% antijüdische Verbrechen auf, während die gegen Muslime begangenen von 12% auf 24% gestiegen und wieder auf 14% gesunken sind (darauf folgen dann ca. 10% antichristliche Taten) (vgl. FBI 2010, 2017, 2018, 2019). Es ist natürlich problematisch, Antisemitismus unter das Label eines religiösen Vorurteils zu subsumieren und diese Zahlen sind auch nicht mehr als ein erster Anhaltspunkt, um weiter zu fragen, ob Antisemitismus nicht vielleicht doch noch ›systemische‹ Ursachen und Aspekte haben könnte.

3 Miles selbst kritisiert diesen Ansatz treffend, vgl. Miles 1991, 69-83 sowie Kolchin 2002, Michaels 2008, Berkovits 2018, Marz 2020, 214-219. Miles zeigt, dass das Konzept des ›institutionellen Rassismus‹, das sich von allen Motiven der Akteure abkoppelt, bereits vor der Konjunktur der Critical-Whiteness-Studies eine »*Kümmerform von Gesellschaftskritik*« (Claussen 1994, 15) darstellte. Solche Regression findet sich vor allem in den extrem verbreiteten Biographien und populären Sachbüchern zum Thema. Bei Eddo-Lodge (2019) z.B. wird *White Privilege* zum Kapital-Substitut und zum personalisierend dargestellten, ›heimtückischen‹, »clever[en]« automatischen Subjekt, das alles durchdringt, das »die Industrien besitzt, zu denen du gerne Zugang hättest,

tun, die hinter Sarsours Statement steckt. Dieser Bestimmung zufolge ist nur ein *effektiver und kollektiver* Ausschluss der rassifizierten und herabgewürdigten Anderen vom gleichen Zugang zu materiellen oder symbolischen Ressourcen überhaupt Rassismus.[4] Wird Antisemitismus fälschlicherweise als bloßer Rassismus begriffen, so kann er dieser Definition zufolge nur von Seiten der ›Dominanzkultur‹ ausgeübt werden (zu der ja die Juden, zumindest bestimmten Critical-Whiteness-Vertreterinnen zufolge, inzwischen selbst gehören sollen). Unterstellt wird dann, wie Balázs Berkovits kritisch kommentiert, »dass antisemitische Übergriffe, die von anderen Minderheiten verübt werden, […] nicht von Bedeutung sein können, da es sich dabei nicht um Handlungen der dominanten (weißen) Gruppen handelt, die die Permanenz des strukturellen Rassismus bestimmen«; »es handelt sich nicht um ein kollektives oder strukturelles Phänomen, sondern um die Summe verstreuter individueller Handlungen.«[5]* (Berkovits 2018, 89)

Die Vorurteil-plus-Macht-Definition ist auch unabhängig von der Thematik des Antisemitismus kritikwürdig, weist im Kontext der Analyse von Judenfeindschaft aber besonders problematische Züge auf, weil der Anteil von ›Subalternen‹ bzw. Minderheiten mit antisemitischen Haltungen in vielen Staaten durchaus signifikant ist.[6] Wenn aber nur ein am Maßstab der gesellschaftlichen Ungleichstellung gemessener, erfolgreich praktizierter Rassismus überhaupt Rassismus ist, dann ist jeder Rassismus

und wenn du Geld zum Leben brauchst, bist du gezwungen, seine Bedürfnisse zu befriedigen«. Es »manifestiert sich in allen und niemandem«.

4 Vgl. Biskamp 2016, 356, Shooman 2018b, 5, Eddo-Lodge 2019, Mecheril u.a. 2018, 16.

5 »that anti-Semitic attacks carried out by other minorities […] cannot be significant, for those are not the actions of the dominant (white) groups, who determine the permanence of structural racism«, »it is not a collective or structural phenomenon, but the sum of scattered individual acts«

6 Vgl. neben den bereits angeführten Untersuchungen u.a. Anti-Defamation League 2016, 16 sowie Hersh/Royden 2021, 19ff.

subalterner Gruppen durch einen definitorischen Trick zum Verschwinden gebracht worden. So können sich die ehemaligen Women's-March-Protagonistinnen Linda Sarsour und Tamika Mallory mit akademischem Segen und gutem Gewissen mit antiweiß-rassistischen und antisemitischen Aktivisten wie Louis Farrakhan[7] von der *Nation of Islam* solidarisieren: Der Mann mag zwar ›Vorurteile‹ haben, so die Logik dieser Antirassistinnen, aber Rassist (und Antisemit) kann er ja nicht sein, weil er schwarz ist. Micha Keiten weist in kritischer Absicht darauf hin, dass der Vorurteil-plus-Macht-Theorie zufolge auch ein in Israel lebender »palästinensischer Attentäter, dessen geschlossen antisemitisches Weltbild ihn dazu verleitet, möglichst viele Juden zu ermorden, nicht mehr als Antisemit bezeichnet werden [kann]. Denn der wirkende Diskurs, der ihm diese Tat ermöglicht, ist keiner, der in der israelischen Gesellschaft Juden von ökonomischen oder symbolischen Ressourcen abschneidet und Palästinenser bevorzugt.« (Keiten 2022, 343)

Die Vorurteil-plus-Macht-Definition des Rassismus wirft Fragen auf wie die, *welcher Art* ein »Vorurteil« zum Beispiel eines Schwarzen sein soll, in dem die Aussagen und die Person eines Weißen (oder Juden) durch Hinweis auf dessen Herkunft oder Hautfarbe delegitimiert oder herabgewürdigt werden. Meist wird bloß behauptet, dieses Vorurteil sei möglicherweise ›diskriminierend‹[8] (womit die Art der Diskriminierung unklar bleibt), gelegentlich auch, es sei ›racial prejudice‹, aber nicht rassistisch. Das Vorurteil darf nicht mehr rassistisch genannt werden, weil man ja dogmatisch festgelegt hat, dass Rassismus mit der *faktischen gesamtgesellschaftlichen* Ungleichstellung der Diskriminierten identisch sein soll. Kontraintuitive (vom rassistischen

7 Vgl. dazu Fourest 2020, 54f. Zu Farrakhans antiweiß-rassistischen und antisemitischen Äußerungen vgl. Anti-Defamation League 2020. Selbst ein in vielerlei Hinsicht problematischer Autor wie Ibram X. Kendi weist kritisch auf antiweißen Rassismus in schwarzen Communitys in den USA hin, vgl. Kendi 2019, Kap. 10 sowie zu diesem Phänomen insgesamt: Arnold 2020, Danzig 2020, Funkschmidt 2020.
8 Vgl. u.v.a. Shooman 2018b, 5, Eddo-Lodge 2019, Amjahid 2020.

Vorurteil zum – allenfalls diskriminierenden – Vorurteil) oder gefährliche Verlegenheitsbegriffe (wie »rassische« Vorurteile) sind die Konsequenz dieser Idee. Man benötigt für die Bestimmung einer Haltung oder Ideologie unabhängig von ihrer praktischen Implementierung plötzlich einen neuen Begriff – die Definition produziert also mehr Probleme als sie löst.[9] Eine Handlung oder Haltung kann, so meint zum Beispiel Yasemin Shooman vom mit staatlichen Geldern überhäuften DeZIM-Institut[10], also dann nicht als Rassismus bezeichnet werden, wenn sie nicht geeignet ist, die durch diese Handlung oder Haltung hinsichtlich ihrer Hautfarbe oder ihrer ethnischen Herkunft Diskriminierten *gesamtgesellschaftlich* »auf eine untergeordnete soziale Stellung [zu] verweisen« (Shooman 2018b, 5) und weil Rassismus »auf der Vorstellung einer weißen, europäischen und westlichen Überlegenheit« (5) beruhe, wobei sich dieses Denkmuster noch heute in westlichen Institutionen reproduziere.

Zum zweiten Punkt ist zu sagen, dass hier eine historisch willkürlich herausgegriffene Konstellation als Entstehungsquelle *des* Rassismus bezeichnet wird, obwohl es in vielen außereuropäischen Gesellschaften lange vor dem westlichen Kolonialismus nachweislich rassistische Haltungen und Diskriminierungsformen gab. Daher haben Vertreter dieses Ansatzes, wenn sie nicht einfach ihre Dogmen begründungslos wiederholen, ein erhebliches Interesse daran, zum Beispiel den arabischen Hautfarbenrassismus (gegenüber Weißen und Schwarzen) im Kontext des Systems islamischer Sklaverei entweder zu verschweigen oder aufgrund des gegenüber dem transatlantischen westlichen Sklavenhandel *weniger systematischen* Charakters der Zuwei-

9 Vgl. Punkt 4 unten. Vgl. dazu auch Wessels 2021, 114f. Akzeptiert man die Vorurteil plus Macht-These, dann könnte also nicht einmal mehr von einem ›nichtsystemischen Rassismus/Antisemitismus‹ von Subalternen gesprochen werden, weil es sich definitorisch schlicht nicht mehr um Rassismus/Antisemitismus handeln würde.

10 Zur Kritik am Programm des Instituts vgl. u.a. Mathews 2020, Wessels 2022b.

sung von sozialem Status nach Hautfarbe wiederum als nicht-rassistisch zu bezeichnen.[11] Damit wären wir wieder beim ersten

11 Bernard Lewis zeigt, dass der »myth of Islamic racial innocence« (Lewis 1992, 101) ein Produkt von Idealisierungen der islamischen Kultur zu Zwecken innerwestlicher politischer Auseinandersetzungen im 19. Jahrhundert war. Man wollte, so Lewis, die brutale transatlantische Sklaverei und den damit verbundenen Hautfarbenrassismus kritisieren, indem man ihnen die tatsächlich etwas anders gelagerte islamische Sklaverei entgegenhielt. Zwar war, wie Lewis zeigt, die islamische Sklaverei tatsächlich nicht ethnisch oder ›rassisch‹ undurchlässig, aber die Behauptung, Hautfarbenrassismus sei unbekannt gewesen oder habe keine Rolle gespielt, ist grundlegend falsch. Auch die Behandlung der Sklaven bei Raub, Verkauf und Transport sei im islamischen Sklavenhandel, von der verbreiteten Kastration zwecks Wertsteigerung der Sklaven als Eunuchen abgesehen, kaum anders als im westlichen Sklavenhandel gewesen und auch im Zielgebiet seien die Sklaven, neben der Sexsklaverei der Frauen (›Konkubinat‹) und der Haussklaverei, auch als Feldsklaven unter bisweilen extremen Bedingungen eingesetzt worden (meist sei von den Apologeten islamischer Sklaverei aber die islamische Haus- mit der amerikanischen Feldsklaverei verglichen worden). Der Islam als Religion biete zwar keine Basis für Rassismus, aber in der islamischen Kultur sei dennoch, gerade im Zusammenhang mit der von der Religion erlaubten und ausführlich geregelten Versklavung ›Ungläubiger‹ (5-10, 78) und der imperialen Expansion des Islams nach Asien, Afrika und Europa, bereits im Mittelalter ein genuiner Hautfarbenrassismus entstanden (26, 37-42). In diesem seien verschiedene Motive zu finden: 1) Die Adaption des biblischen Fluchs Noahs über Hams Nachkommen, die zur Sklaverei verurteilt worden seien, wobei der biblischen Geschichte durch die arabischen Autoren eine hautfarbenrassistische Komponente beigemischt worden sei: Die Nachfahren Hams seien zusätzlich zur Knechtschaft mit schwarzer Hautfarbe ›bestraft‹ worden. (44f., 55, 123ff.) 2) Die Anknüpfung an die aristotelische Idee der ›Sklaven von Natur‹, z.B. in den Werken von Ibn Sina (980-1037). Dieser Idee sei beispielsweise bei Ibn Chaldun (1332-1406) ein genuiner klimadeterministischer Hautfarbenrassismus hinzugefügt worden: Das Klima, so wurde behauptet, bedinge die körperliche Ausstattung, die wiederum ›rassentypische‹ Fähigkeiten und Neigungen hervorbringe, aus denen dann der soziale Status begründet werden könne. Innerhalb dieses klimadeterministischen Rassismus habe es auch trichotomische Varianten des Hautfarbenrassismus gegeben: Die ›nördlichen Barbaren‹, u.a. die Slaven, hätten ein »blanched, and leprous coloring« und seien grob und dumm, weil sie »undercooked in the womb« als

Kriterium: Sebastian Wessels macht in seiner Kritik an Shooman darauf aufmerksam, dass im Vorurteil-plus-Macht-Ansatz unklar bleiben muss, gegen welche Norm Rassismus verstößt, da dieser eine Herabwürdigung des moralischen oder rechtlichen Personenstatus eines Menschen aufgrund seiner Hautfarbe oder seiner Herkunft bzw. Ethnizität sei. Dies könne aber auch gegenüber Weißen geschehen. »Es ist offensichtlich richtig«, konzediert Wessels zunächst, »dass Rassismus umso folgenreicher und gefährlicher ist, je mehr er mit Macht verbunden ist[,] und vergleichsweise harmlos, wenn ihm Macht fehlt. Doch damit ist

»half-baked dough« geboren würden, die ›südlichen Barbaren‹ hingegen seien »overdone« und »burned crust«, weshalb sie schwarz, körperlich missgebildet, unsittlich und geistig defizient seien (45, 47f.) – das schrieben arabische Autoren um 900/1000. 3) Lewis konstatiert dabei im Durchschnitt eine Privilegierung ›weißer‹ Sklaven gegenüber ›schwarzen‹ (59f., 77) und eine praktisch weit verbreitete, wenn auch nicht totale Gleichsetzung des Schwarzseins mit dem Sklavenstatus – die color line sei nicht annähernd so strikt gewesen wie im westlichen antischwarzen Rassismus des 19./20. Jahrhunderts. Schließlich identifiziert Lewis in der Literatur des islamischen Raums eine Ansammlung antischwarz-rassistischer Stereotype, die weitgehend mit denen der europäischen Moderne übereinstimmten (52f., 92ff.): ›Grobheit; Hässlichkeit; Gestank; Dummheit; Rhythmus im Blut; für körperlich schwere, manuelle Arbeiten geeignet, wenn auch nur durch Zwang dazu zu bringen; sexuelle Potenz und Ausschweifung; eher den Tieren als den Menschen ähnelnd‹ usw. Selbst die gegen rassistische Herabwürdigungen verfasste religiöse Literatur, die die Frömmigkeit des Menschen statt der Hautfarbe zum entscheidenden Faktor erklärte, arbeitete häufig mit der Voraussetzung ›rassischer‹ Defizienz der Schwarzen: Es wurde dem in den Geschichten auftauchenden Schwarzen nicht nur lediglich eine ›einfache‹ Frömmigkeit (im Gegensatz zur wenigstens ›cleveren‹ Unfrömmigkeit von Nichtschwarzen) attestiert (94), sondern meist auch mit dem ›*Sogar* der (gläubige) Schwarze ist dem (ungläubigen) Weißen/Araber moralisch überlegen‹-Argument gearbeitet: »piety outweighs blackness« (35), womit Schwarzsein als Makel vorausgesetzt worden sei (gelegentlich wurde der fromme Schwarze in diesen Geschichten auch mit einer Änderung seiner Hautfarbe ›belohnt‹ (35f.)). 4) Es habe dennoch Versuche gegeben, die hautfarbenrassistische Diskriminierung mit den Prinzipien der Scharia in Einklang zu bringen (57, 91) und faktisch seien auch viele schwarze Muslime in Afrika versklavt worden (53, 58f.).

noch nicht erklärt, warum die Differenzierung nach Folgenschwere bereits im Begriff selbst enthalten sein soll, statt durch den Kontext zu erfolgen.« (Wessels 2022, 75) Auch beim Begriff Gewalt gebe es ein Spektrum, das von einer Ohrfeige bis zum Genozid reiche, ohne dass Ersterer die Qualität der Gewalt abgesprochen würde (um erst gar nicht davon zu sprechen, dass es Vertreter der Critical Race Theory sind, die sogar von ›epistemischer Gewalt‹ oder gar ›Epistemicide‹ sprechen, also den Gewaltbegriff geradezu inflationieren). Der Vorurteil-plus-Macht-Begriff, resümiert Wessels, »schreibt in umfassender Weise vor, wie die Welt zu sehen ist, er unterbindet mehr Unterscheidungen als er ermöglicht, und er lässt neue Erkenntnis nur zu, wo sie seine apriorischen Prämissen und Schlussfolgerungen bestätigt.« (79) Der damit verbundene Begriff des institutionellen Rassismus kann das Vorurteil sogar vollständig in praxeologische Begriffe auflösen und erklärt dann jede Art der sozialen Schlechterstellung von Mitgliedern einer ethnisch oder kulturell bestimmten Minderheit zum Rassismus, ohne die Klassenstrukturen und kulturell tradierten Einstellungen in dieser Gruppe, ihren mehrheitlichen Bildungsgrad oder ihre Migrationskontexte als mögliche Erklärungsfaktoren zu berücksichtigen und ohne die Verbindung zu rassistischen ideologischen Haltungen oder historisch vorgängigen, von ideologischen Haltungen geprägten Diskursen zu belegen.[12]

Umgekehrt werden ›Weiße‹, die eine ›farbenblinde Agenda‹ vertreten, bisweilen als die neuen – und im Vergleich zu den Anhängern einer *White Supremacy* nicht weniger gefährlichen – Ras-

12 Vgl. dazu kritisch: Miles 1991, 69-83, 113-116, Lozowick 2006, 224, 238, Yemini 2017, 165f., 169f., Kostner 2019, 47, Koopmans 2020, 202-223, Beglinger 2021, Hübl 2021. Damit soll nicht bestritten werden, dass es institutionellen Rassismus gibt. Mit Miles ist aber die Überdehnung des Begriffes zu kritisieren.

sisten ausgemacht.[13] So bei Susan Arndt, die meint, *colour blindness* sei der neue Rassismus und »nicht harmloser« (Arndt 2009, 340) als rechtsradikaler Rassismus, oder bei Reni Eddo-Lodge, die feststellt, dass sie sich »mit offen rassistischen, rechten Extremisten wohler« fühle, weil sie dann wisse, woran sie sei, im Gegensatz zur »Heimtücke« der Colour-Blindness-Weißen (Eddo-Lodge 2019). Zunächst einmal werden dabei die *normative* Aussage der ›Farbenblindheit‹, Menschen sollten nicht aufgrund ihrer Hautfarbe oder ihrer Herkunft unterschiedlich behandelt werden, und die *Selbstauskunft*, man praktiziere eine solche rassistische Unterscheidung auch nicht (›Ihre Hautfarbe spielt für mich keine Rolle‹), auf die Ebene der *deskriptiven* Aussage verschoben, Menschen würden in dieser Gesellschaft *generell* nicht rassistisch diskriminiert.[14] Dass eine *derartige* Behauptung der Irrelevanz der Hautfarbe bei Fortbestehen eines Hautfarbenrassismus paradoxe, nämlich diskriminierende Effekte zeitigen kann, wird hier schließlich zu der Generalthese verzerrt, Universalismus, der nur noch als »rassistischer Mythos« (Arndt 2009, 340) begriffen wird, sei nichts anderes als verdeckter Partikularismus.

Aus der berechtigten Forderung, die Erfahrungen zum Beispiel von Schwarzen ernst zu nehmen, wird ein epistemisches Privileg des vermuteten Opfers von Rassismus abgeleitet. Als Weiße lernen, was Weißsein heißt, bedeute demnach zu erkennen, dass man unverdiente Privilegien habe, alltäglich »rassialisierte Gewalt« (Strohschein 2009, 509) ausübe, die ›Menschen of Color‹ »kolonialistischer Ausbeutung« (512) aussetze und dass jeder Widerspruch gegen die ›Sicht der Anderen‹ ein Abwehrmechanismus sei. Mehr als deren Perspektiven anerkennen

13 Da zudem der Begriff der rassistischen Gewalt bis ins Uferlose ausgedehnt wird, können Menschen, die Schwarze versklaven oder lynchen wollen, mit Personen auf eine Ebene gestellt werden, die unwillentlich und unreflektiert z.B. von dem »Privileg« profitieren, nicht ständig danach gefragt zu werden, wo man ›eigentlich‹ herkomme.
14 Vgl. mustergültig bei Arndt 2009, 340.

und demütig zuzuhören, wenn in Sachen Rassismus kompetente Schwarze reden, sei für Weiße nicht möglich und jeder darüberhinausgehende Anspruch eine weiße Allmachtsphantasie. Lernen bestehe für Weiße also weitgehend im Erfahren des eigenen »Nichtwissen[s]« (508) und im Verharren in dieser Position, nicht in einer Erlangung von (weiterem) Wissen; die Auffassung von Schwarzen hinsichtlich der Frage, was Rassismus sei, zu korrigieren, sei Weißen somit erst recht unmöglich. Wie wir bereits gesehen haben, wird diese Position natürlich nicht konsistent durchgehalten, weil Schwarze eben keine homogene Gruppe mit identischen Erfahrungen und vor allem nicht mit identischen *Deutungen* dieser Erfahrungen sind. Sehr schnell sind sogenannte ›Biodeutsche‹ dann bereit, Migranten zurechtzuweisen und als ›rechts‹ oder ›rassistisch‹ zu brandmarken. Man versteckt sich also hinter der Standpunkttheorie, um eine bestimmte inhaltliche Position mit dem Nimbus der Opferstimme unangreifbar zu machen. Dem Selbstverständnis nach besteht Lernen darin, dass man die eigene ›Positionierung‹ einsieht, einem ›situated knowing‹ schicksalhaft ausgesetzt zu sein und die Erfahrungen von Menschen vorbehaltlos affirmiert, die sich als von Rassismus betroffen bestimmen. Das ist ein radikalkonservativer Topos, der eine bedingungslose und dauerhafte Unterwerfung einer Person unter eine Autorität postuliert, wobei dieser Autorität ein numinoses, von allen anderen uneinholbares Erlebnis als Erkenntnisprivileg unterstellt wird: »Meine Grenzen und mein Nicht-Wissen zu erfahren, zu begreifen und anzuerkennen ist notwendiger Bestandteil des Prozesses. Außerhalb der *weißen* Allmachts- und Universalismusphantasien bin ich begrenzt und habe eine partikulare Perspektive […]. Subjektiv empfand ich es schmerzhaft [sic], anzunehmen, dass wir nicht alle gleich sind, dass ich rassistische Privilegien habe, und dass ich nicht einfach alles verstehen und über alles reden kann. Die Aussagen ›wir sind alle gleich‹, ›ich habe keine rassistischen Privilegien‹, ›ich kann alles verstehen und über alles reden‹ sind Phantasien, an die ich glauben will. Alles verstehen zu können, ist eine Allmachtsphantasie.« (Strohschein 2009, 512)

Mit der totalisierten Verdachtshermeneutik gegenüber dem Universalismus wird die einzige normative Position verspielt, die Rassismus überhaupt *kritisieren* (und nicht nur in Gestalt einer neuen Privilegienordnung umarrangieren) kann. Dies erinnert fatal an einen Standard radikalkonservativer bis faschistischer Aufklärungsdenunziation mit seinen nicht selten antisemitischen Untertönen – sollen demzufolge doch angeblich die Juden hinter dem (ja stets nur vermeintlichen) Universalismus stecken und ihre ›Privilegien‹ damit kaschieren. Es ist zudem kein Zufall, sondern eine grundbegriffliche Gemeinsamkeit zwischen postmodernem und faschistischem Denken, sich als »Aufstand des Menschen gegen seine Vergewaltigung durch Abstraktionen« (Mohler 1987, 33) zu verstehen, wie Armin Mohler, der Doyen der deutschen Neuen Rechten, sich in einer Würdigung des Poststrukturalismus ausdrückte. »Abstraktionen« sind dabei für die Postmoderne, ganz im Sinne der radikalen Rechten, »immer trojanische Pferde des Besonderen« (Kersting 2007, 5). »Wer Menschheit sagt, will betrügen« (Schmitt 2002, 55) ist damit der Leitspruch beider Strömungen.

Im Folgenden werde ich dafür argumentieren, dass sich, anders als in den oben genannten Beispielen behauptet, Antisemitismus sehr wohl als »systemisch« begreifen lässt. Ich werde mich dabei teilweise an Bestimmungen anlehnen, die in Texten des gegenwärtigen Antirassismus zu finden sind, teilweise aber auch darüber hinausgehen. ›Systemisch‹, ›institutionell‹ und ›strukturell‹ werden in der antirassistischen Literatur oft synonym verwendet. So spricht N'Dea Yancey-Bragg (2021) von »systemic racism, also called structural racism or institutional racism.« Es geht bei der Thematik vor allem um individuelle Absichten überschreitende diskursive oder materielle Praktiken oder deren Effekte.[15] Dem »Handbuch Diskriminierung« zufolge »zielt die Perspektive der institutionellen Diskriminierung auf ›dauerhafte

15 Vgl. Miles 1991, 69ff.

Benachteiligungen sozialer Gruppen, die auf überindividuelle Sachverhalte wie Normen, Regeln und Routinen sowie auf kollektiv verfügbare Begründungen zurückgeführt werden.‹« (Gomolla 2017, 134) Systemischer oder institutioneller Rassismus wird vor allem in folgenden Dimensionen gefasst:

1) *Institutioneller Rassismus im engeren Sinn*, das heißt explizit ideologisch angeleitete, organisierte Gewaltpraktiken oder Zugangsbeschränkungen zu materiellen und symbolischen Ressourcen (gestützt durch staatliche Rechtsordnungen oder Maßnahmen, durch Mitgliedschaftsregelungen von Vereinen etc.).

2) *Institutioneller Rassismus im weiteren Sinn* als »in Routinen und Abläufen angelegt[e]« (Hasselmann 2020) Praxis ohne expliziten Rekurs auf *manifeste* ideologische Begründungen und mit dem Effekt der rassistischen Ungleichbehandlung bestimmter Gruppen. Diese kann wiederum drei Unterformen annehmen: 2a) Faktische Ungleichbehandlung aufgrund der Ausblendung von Benachteiligungen, die ursprünglich Resultat ideologisch angeleiteter Praktiken waren; oder 2b) Fortsetzung von ideologischer Abwertung, Ungleichbehandlung bzw. Gewaltpraktiken durch »Verhältnisse, in denen ein explizit rassistischer Diskurs dergestalt abgewandelt wird, daß der direkt rassistische Inhalt verschwindet, während die ursprüngliche Bedeutung sich auf andere Wörter überträgt« (Miles 1991, 113)[16]; schließlich 2c) jede Praxis, deren Effekt eine faktische soziale Ungleichheit ethnisch oder kulturell definierter Minderheiten ist, ohne Rekurs auf eine ursprüngliche ideologisch begründete Diskriminierungspraxis.

3) *Institutioneller Rassismus als öffentliche Akzeptanz* bestimmter Ressentiments, Diskriminierungen oder Gewaltpraktiken im hegemonialen Diskurs einer politischen Kultur, bis hin zu staatlich betriebener und legitimierter Propaganda.

4) *Institutioneller Rassismus als Vorurteil plus Macht*.

5) *Institutioneller Rassismus als Alltagsrassismus*, eine auf

16 Dies ist eine von zwei Definitionen des institutionellen Rassismus, die Robert Miles für sinnvoll hält.

permanent reproduzierten und in signifikantem Umfang geteilten Haltungen, Ressentiments und Stereotypen aufbauende Abwertung von bestimmten Gruppen. Alltagsrassismus wird im Antirassismus oft gerade nicht ›systemisch‹ genannt, weil hier noch ein direkter Bezug auf rassistische Intentionen und Stereotype existiere, die Personen zu eigen seien, und man durch eine dogmatische Vorentscheidung für die Vorurteil-plus-Macht-Theorie oder einen spezifischen Begriff von institutionellem Rassismus die Begriffe ›strukturell‹ oder ›systemisch‹ für diese Konzepte reserviert.

Wenn ›systemisch‹ bedeuten soll, dass Rassismus »in Routinen und Abläufen angelegt« ist (Hasselmann 2020) *und nicht* in Personen oder Interaktionen bzw. *nicht* in »persönliche[n] Einstellungen und Vorurteile[n] von Individuen« (Shooman 2018b, 5), so lässt sich mit Bezug auf den Alltagsrassismus, neben der kognitivistischen Verkürzung durch den Vorurteilsbegriff, vor allem die starre Trennung von System und Subjekt kritisieren, die hier zugrunde liegt: a) Die in den alltäglichen Interaktionen der Subjekte realisierten und artikulierten Haltungen und Intentionen der Akteure stützen sich auf diskursive Logiken und Systeme geteilter Bedeutungen, die nicht in der einzelnen Person und ihrer selbstbewussten Intention aufgehen und Folgen haben können, die den Intentionen der Akteure weitgehend (wenn auch nicht prinzipiell) entzogen sind.[17] So mag jemand mit einer Aussage gar nichts Abwertendes intendiert, sich aber auf abwertende Bedeutungsgehalte gestützt haben, die gesellschaftliche Diskriminierungen fortschreiben. b) Der sozialtheoretische Bedeutungsgehalt von ›System‹ bezieht sich auf strukturell *ermöglichte, motivierte und begrenzte* Handlungszusammenhänge, die diese Strukturen wiederum reproduzieren. Strukturen sind Komplexe von Bedingungen, Regeln und Ressourcen, die Akteure

17 Vgl., bezogen auf den Antisemitismus: Schwarz-Friesel/Reinharz 2013, 49, Hirsh 2013, 1412, Kistenmacher 2016, 27, Hirsh 2018, 265ff., Nelson 2019, 91, 93, Rensmann 2023, 416.

benötigen, um überhaupt handeln zu können. Aus solchen gesellschaftlichen Struktur- und Systemzusammenhängen resultieren bestimmte Wahrnehmungsmuster (objektive Gedankenformen) und psychische Dispositionen (wie autoritär-masochistische Triebstrukturen), die zur Grundlage rassistischer oder antisemitischer Einstellungen werden können, für die der Begriff ›Vorurteil‹ denn auch viel zu okkasionell ist. Solche Einstellungen sind also auch in dieser Hinsicht kein bloßer individueller Zufall, sondern im weiteren Sinne struktureller und systemischer Art. c) Auch Handlungen formell nichtinstitutionalisierter Akteure haben strukturelle Aspekte. So können Gewaltdrohungen oder häufigere Gewaltakte ein »Regime der Angst« (Schuck 2012, 61) bei den potentiellen Opfern etablieren, dessen »Bedrohungsmacht« (62) nicht ständig mit unmittelbarer Gewalt aufrechterhalten werden muss und eine faktische Einschränkung der Handlungsspielräume von rassistisch oder antisemitisch bedrohten Menschen mit sich bringt – man denke an sogenannte ›national befreite Zonen‹ oder islamistisch dominierte Viertel und Diskurse.

Der Soziologe David Hirsh wundert sich zu Recht darüber, dass es in antirassistischen Diskussionen eine weitgehend geteilte Position ist, eine dem Akteur durchsichtige rassistische Intention von faktischem Rassismus (seien es rassistische Bedeutungen bestimmter Begriffe, seien es spezifische rassistische institutionalisierte Praktiken) zu unterscheiden, es häufig aber genau dieselben Antirassisten sind, die eine solche Unterscheidung bezüglich des Antisemitismus ignorieren:[18] »Antirassisten, die des Antisemitismus beschuldigt werden, vergessen oft, wie wichtig es ist, Rassismus in einem objektiven Sinne als etwas zu verstehen, das außerhalb des einzelnen Rassisten existiert. Es fällt ihnen leichter, in sich hineinzublicken und festzustellen, dass sie

18 Vgl. Hirsh 2013, 1412f. Vgl. auch Nelson 2019, 86: »If you augment and empower anti-Semitism unwittingly, it does not matter what is in your heart«, sowie ebd., 91, 93.

nicht absichtlich antisemitisch sind – sie sind vielmehr Gegner des Antisemitismus.«[19]* (Hirsh 2013, 1414)

In weitgehendem Kontrast zur antirassistischen Thematisierung von Antisemitismus kann dieser damit in folgender Weise als ›systemisch‹ begriffen werden:

Offen ideologisch begründete und institutionell durchgesetzte Zugangsbeschränkungen (Punkt 1) sind in westlichen Gesellschaften weitgehend nicht mehr vorhanden, in anderen, zum Beispiel islamischen Staaten wie dem Iran, hingegen durchaus.

Die Perpetuierung von antisemitischer Praxis durch den Bedeutungstransfer antisemitischer Begriffe auf unscheinbare Formulierungen (Punkt 2b) ist vor allem in Gestalt des israelbezogenen Antisemitismus systemisch: Meist ohne Juden direkt als Juden zu adressieren, werden abwertende, dämonisierende und die Sicherheit von Juden wenigstens mittelbar gefährdende Einstellungen perpetuiert, oftmals durch direkte Übertragung antisemitischer Stereotype auf Israel. Hier kehren Ritualmordlegenden ebenso wieder wie die Topoi des Feindes der Völker, der apokalyptischen Gefahr für den Weltfrieden oder des verstockten jüdischen Partikularismus.[20] Besonders gefährlich sind solche antizionistisch-antisemitischen Diskurse, weil es sich dabei um Konsens- bzw. Konvergenzideologien handelt, die sowohl Mehrheitsgesellschaft und Minderheiten als auch gegensätzliche politische Lager verbinden und durchdringen. »Im antizionistischen Antisemitismus«, konstatiert Klaus Holz, »können sich der islamistische, der rechtsradikale, der marxistisch-leninistische, der globalisierungskritische sowie der demokratische Antisemitismus treffen. Hierfür […] [ist] die Legitimation des Antisemitismus als Antirassismus und Antifaschismus […] wesent-

19 »Often antiracists accused of antisemitism forget the importance of understanding racism objectively as something that exists outside of the individual racist. They find it easier to look within themselves and to find they are not intentionally antisemitic – indeed they are opponents of antisemitism.«

20 Vgl. Hirsh 2013, Salzborn 2018, Kap. 5, Markl 2020, Rensmann 2021.

lich.« (Holz 2005, 82)[21] Solche auf der Ebene des Diskurses zu konstatierenden Bedeutungsproduktionen und -verschiebungen materialisieren und routinisieren sich zudem in institutionellen Vorgaben und Publikationen wie Schulbüchern, kanonischen akademischen Texten oder wiederkehrenden Entscheidungsprozessen politischer Organisationen.[22] Indirekter ist der Übertragungsmechanismus beim sogenannten strukturellen Antisemitismus, der eine zum manifesten Judenhass analoge Feindbildkonstruktion aufweist, ohne direkt auf Juden oder den jüdischen Staat zu referieren. Die Grundstruktur dieses Weltbildes besteht in einer personalisierenden und verschwörungstheoretischen Herrschaftsauffassung sowie der Konstruktion homogener Gemeinschaften als Opfern einer Gruppe, die als ›Anti-Gemeinschaft‹ schlechthin phantasiert und der Welt der Gemeinschaften manichäisch gegenübergestellt wird.[23]

21 Vgl. auch Rensmann 2005, Rensmann 2020.
22 Man denke z.B. an verzerrte Darstellungen oder israelbezogenen Antisemitismus in Schulbüchern (vgl. z.B. SPME o.J., Groiss 2001, Labude 2017a, Pardo 2018, Markl 2022), an systematisch antizionistische Kurse an US-Universitäten (vgl. Nelson 2019, Kap. 7), an die Boykottresolutionen führender Akademikervereinigungen in Großbritannien (vgl. Feuerherdt/Markl 2020, 106-110) oder an die jahrzehntelange Praxis israeldämonisierender Resolutionen diverser UN-Gremien, an denen sich mit Ausnahme der USA auch viele westliche Staaten immer wieder beteiligt haben und beteiligen. Auch die bloße Existenz der UNO-eigenen Abteilung CEIRRP oder der UNRWA mit ihrer einzigartigen Flüchtlingsdefinition und ihrer Finanzierung von Judenhass in palästinensischen Schulen, kann als institutioneller Antisemitismus im Weltmaßstab beurteilt werden (vgl. Feuerherdt/Markl 2018, Schwartz/Wilf 2022). Alan Posener (2021a) spricht z.B. von einem »institutionalisierte[n] Vorurteil des UN-Menschenrechtsrats gegen Israel, das man nicht anders als antisemitisch bezeichnen kann«. Zu den doppelten Standards der UN in Sachen Siedlungspolitik vgl. die instruktive Studie von Kontorovich 2017 sowie Markl 2020b.
23 Vgl. Haury 2002, u.a. 248-252, Thiele 2021. Struktureller Antisemitismus ist sowohl in linken Weltanschauungen wie dem Marxismus-Leninismus zu finden als auch in populären Verschwörungstheorien diverser Art. Auch die radikale Rechte artikuliert sich (v.a. nach Auschwitz) häufig strukturell antisemitisch.

Jede faktische Ungleichheit von (ethnischen, kulturellen oder religiösen) Gruppen als Folge von Rassismus zu deuten (Punkt 2c), ist eine illegitime Verwendungsweise des Begriffs des institutionellen Rassismus, weil hier von anderen Faktoren ohne jede Begründung abstrahiert wird.

Die Vorurteil-plus-Macht-Definition des institutionellen Rassismus (Punkt 4) ist, wie gezeigt, ebenso untauglich, da sie die von Unterprivilegierten oder Minderheiten ausgeübten Gewaltpraktiken und die von ihnen gehegten Ressentiments (in diesem Fall gegenüber Juden) durch einen definitorischen Trick unsichtbar macht.

Auch im Sinne der weitverbreiteten öffentlichen Akzeptanz (Punkt 3) ist Antisemitismus systemisch. Denn gerade antizionistisch-antisemitische Haltungen sind in Teilen, *nicht nur*, aber in *signifikanter* Weise *auch* der linken und liberalen Öffentlichkeit und unter den Eliten westlicher Staaten akzeptiert, von rechtsradikalen Gruppen oder arabischen/islamischen Staaten ganz abgesehen, wo sie – in Verbindung mit explizit antisemitischen Topoi – auch im Bildungssystem und in Äußerungen religiöser Autoritäten oder staatlicher Akteure auftauchen.

Punkt 5 schließlich ist in Gestalt permanent gesellschaftlich reproduzierter pathisch-projektiver Bedürfnisstrukturen und dazu passender Deutungsmuster sowie mit Alltagsgewalt verbundener struktureller Angstregime ein wesentlicher systemischer Aspekt des Antisemitismus. Man kann sogar sagen, dass diese Ebene die wahrhaft systemische Ebene des Antisemitismus ist, weil sie eng mit den Reproduktionsmechanismen der kapitalistischen Moderne verbunden ist und erklärt, warum es auch in einer säkularen Gesellschaft mit Rechtsgleichheit ein derart beständiges ideologisches und triebökonomisches *Potential* für antisemitischen Hass gibt – ohne dass dabei ein kruder Determinismus oder eine eindimensionale Reduktion des Judenhasses auf moderne Mechanismen impliziert sein muss. Zudem müssen diese Potentiale und latenten Haltungen nicht automatisch in der hegemonialen politischen Kultur realisiert oder legitimiert sein.[24] Der strukturelle Aspekt der ›Gewalt von unten‹, den Juden zum Beispiel in Deutschland, Frankreich oder Schweden durch rechtsradikale oder islamistische Gewalt zu spüren bekommen, ist ein anderer hier zu nennender Aspekt, der sich auf die genannten Regime der Angst bezieht.[25] Resümiert man diese hier nur stichwortartig aufgeführten Aspekte der Systematizität des Antisemitismus, so kann auch für das 21. Jahrhundert mit Recht von einem »globalized mainstreaming of antisemitism« (Rensmann 2020, 83) gesprochen werden.

24 Vgl. ausführlich: Rensmann 2005.

25 Zu diesen ökonomiekritisch, sozialpsychologisch und wissenssoziologisch aufzuweisenden Reproduktionsmechanismen und Verarbeitungsformen strukturell verankerter Widersprüche und Zumutungen moderner Vergesellschaftung vgl. u.a. Bruhn 1994, Rensmann 1998, Postone 2005, Pohl 2006, Weyand 2016.

7

Schluss

Postkoloniales Denken hat aus dem Antirassismus eine Weltanschauung gemacht, die bisweilen Züge eines gegen jede Erfahrung abgeschlossenen Systems annimmt, insbesondere in der generalisierten Verdachtshermeneutik der Orientalismusthese und der Ablehnung des *Colour-Blindness*-Universalismus. Diese Weltanschauung besteht darin, die für bestimmte Zusammenhänge gültigen Erkenntnisse des Antirassismus unzulässig auf qualitativ andere Sachverhalte auszudehnen, theoretische Konzepte schablonenhaft zu verwenden, ohne empirische Gehalte zu prüfen, eine kulturrelativistische und machtreduktionistische Wissenskonzeption zugrunde zu legen und sich bei der Beschreibung der Realität von politischen Ressentiments oder volkspädagogischen Absichten leiten zu lassen.

Wer auf der Spezifik der jüdischen Erfahrung beharrt und den Antisemitismus von Minderheiten und Linken thematisiert, ist in dieser Volkspädagogikgemeinschaft nicht mehr willkommen. Heute wird im Namen des Antirassismus und des ›Kampfes gegen den Rechtsruck‹ insbesondere der konservative Islam der Kritik entzogen, werden der Antisemitismus begrifflich eingeebnet, der Holocaust relativiert und im Zeichen des Kampfes gegen Rassismus und Nationalismus der Zionismus und die einzige Selbstschutzinstanz der Juden, der Staat Israel, dämonisiert. Mit der beharrlichen Arbeit an der Delegitimierung Israels wird die einzige Garantie für Juden bekämpft, sich nicht von der Gnade einer antisemitischen oder indifferenten Mehrheitsbevölkerung abhängig machen zu müssen und sich im Ernstfall gegen Diskriminierung und Vernichtung zur Wehr setzen zu können. »Der Antizionismus stellt daher, ob gewollt oder nicht, de facto nicht nur Israel, sondern die Sicherheit und Existenz aller Juden in Frage.« (Wistrich 1987, 410)[1]

Juden nehmen in der Ahnenreihe der antisemitischen Schiefheilungen innerer Konflikte nach der postkolonialen und postmodernen Variante heute die phantasmagorische Rolle der weißen privilegierten Nationalisten und ›toxischen‹ Souveränisten ein, die die metaphysische Fluidität der modernen Subjekte und die Diversität der transnationalen, multikulturellen Gemeinschaften verseuchen. Gegen dieses Böse, und vor allem den Staat Israel als seine ultimative Repräsentanz, scheint jedes Mittel recht, sogar die systematische Geschichtsklitterung und das Bündnis mit dschihadistischen Kräften. So beunruhigend es klingen mag: Relevante Teile der postkolonial grundierten akademischen und politischen Szene haben eine weltanschauliche Schablone entwickelt, deren Erfahrungsresistenz und aggressives Feinderklärungs-Potential zu einer Bedrohung für das Judentum im 21. Jahrhundert geworden sind. Die weltweit auch die Universitäten ergreifende kollektive antisemitische Psychose und der gesteigerte Hass auf den jüdischen Staat als Reaktion auf das größte antisemitische Massaker nach dem Holocaust belegen dies eindrücklich. Die »Konstruktion einer Pseudorealität«, von der Adorno (2019, 61) im Zusammenhang mit dem klassischen Antisemitismus sprach, hat sich auf die neueste, als kritisch geltende Selbstdeutung des Westens übertragen.

Doch nicht nur das Judentum, auch dieser Westen selbst ist, wie der Historiker Richard Landes feststellt, durch »das postkoloniale Rezept des epistemologischen Vorrangs der ›Subalternen‹« bedroht. Denn dieses etabliere einen doppelten Standard bei der Analyse säkularer, liberaldemokratischer Gesellschaften des ›globalen Nordens‹ einerseits und vermeintlich subalterner autoritärer Staaten oder politischer Bewegungen des ›globalen Südens‹ andererseits. Während der Westen als kolonial kontaminiert gelte, praktiziere man letzteren gegenüber einen Rassismus

1 Vgl. ähnlich: Feuerherdt/Markl 2020, 92-101.

der reduzierten Erwartungen und nehme sie weitgehend von der Kritik aus: »Für den ›Privilegierten‹ bedeutet dies: ›richtig oder falsch, ihre Seite‹, für den ›Subalternen‹: ›richtig oder falsch, meine Seite‹; eine Allianz von postmodernem Masochismus und prämodernem Sadismus« (Landes 2018, 137), wobei zu konstatieren ist, dass es sich eher um einen *modern-antimodernen* okzidentalistischen Sadismus handelt, der im europäischen Radikalkonservatismus und Faschismus ebenso anzutreffen ist wie im politischen Islam.

Ich habe das Buch mit einem Zitat des britischen Antisemitismusforschers David Hirsh begonnen und will es mit einem weiteren Zitat von ihm beenden. Ich teile seine Diagnose, die er aus der Perspektive eines Soziologen formuliert, der sich im wissenschaftlichen und politischen Kontext kritisch vor allem mit dem institutionellen Antisemitismus der Linken beschäftigt: »Nun, es stimmt, dass andere Gruppen, die Fanatismus bekämpfen, diese Erfahrung [der Isolation] in soziologischen Abteilungen, in der Labour Party und in den Gewerkschaften gemacht haben; daran ist nichts Ungewöhnliches. Aber Menschen, die gegen andere Formen von Fanatismus kämpfen, haben das Gefühl, dass die Geschichte auf ihrer Seite steht, dass sie am Ende siegen werden. Beim Antisemitismus habe ich dieses Gefühl nicht. Ich habe das Gefühl, dass sich die Dinge von uns wegbewegen, langsam aber stetig, Schritt für Schritt. Dinge, die heute möglich sind, so hat man immer wieder das Gefühl, wären vor ein paar Jahren noch undenkbar gewesen. Es gibt keine Katastrophe, keinen Sturz über die Klippe; es ist nicht wieder 1939, aber es gibt auch nicht das Gefühl, dass wir am Ende auf einen besseren Ort zusteuern.«[2]* (Hirsh 2018, 254)

2 »Well it is true that other groups fighting bigotry have experienced it in sociology departments, in the Labour Party and in the unions; there is nothing unsual about that. But there is a sense in which people fighting other forms of bigotry have had the feeling that history is on their side, that they will overcome in the end. I do not feel like that with antisemitism. I feel that things are moving away from us, slowly but

Als ich diese Zeilen vor dem 7. Oktober 2023 zitierte, dachte ich, zumindest was Deutschland betrifft, wir wären noch am Anfang dieser regressiven Entwicklung, die in progressiver Form daherkommt, und Hirsh hätte mit seiner Idee einer langsamen Erosion zivilisatorischer Standards recht. Aber die Weichen wären gestellt. Das antisemitische Massaker des 7. Oktober und die in Deutschland sowie weltweit zu vernehmenden Reaktionen darauf haben mich diese Annahme teilweise revidieren lassen. Die Juden Israels haben bereits an diesem Tag ein Pogrom katastrophalen Ausmaßes erlitten, und zwar durch eine Terrorgruppe, die sich bewusst in die Tradition des eliminatorischen Antisemitismus stellt – eine Verbindung, die ausgerechnet von postkolonialen Protagonisten vehement bestritten wird, die sonst alle möglichen Formen von Massenmord mit dem Holocaust ›verflechten‹ wollen.[3] Angesichts der weltweiten Feindseligkeit gegen den jüdischen Staat – zu nennen ist hier besonders die Arbeitsteilung zwischen dem ›progressiven‹ Propagandakrieg an den Universitäten, in den Medien und im Kulturbetrieb und der massiven Bedrohung Israels durch islamistische Terrorgruppen und die Waffenarsenale der parastaatlichen und staatlichen Antisemiten-Regime der Hisbollah und des Iran – sind weitere, noch größere Katastrophen für die Bürger Israels und die Juden der Welt zu befürchten.

consistently, one step at a time. Things that are possible today, one keeps feeling, would have been unthinkable a couple of years ago. There is no catastrophe, no falling over the cliff; it is not 1939 again, but neither is there a feeling that we are heading, in the end, to a better place.«

3 Vgl. zu dieser Debatte: Küntzel 2019, Elbe/Pfau 2023.

Literatur

A Letter Against Apartheid (2021): https://www.againstapartheid.com/ (letzter Zugriff: 1.11.23)

Abu Ras, Marwan (2017): Gaza Friday Sermon by Hamas MP Marwan Abu Ras. https://www.memri.org/tv/gaza-friday-sermon-hamas-mp-marwan-abu-ras-jews-recruit-prostitutes-girls-aids-lure-arabs-their (letzter Zugriff: 19.1.24)

Abu Toameh, Khaled (2022): Warum Friede mit der Hamas aussichtslos ist. https://www.mena-watch.com/friede-mit-der-hamas-aussichtslos/ (letzter Zugriff: 3.11.23)

Achcar, Gilbert (2023): On Hamas's October Counter-Offensive. https://gilbert-achcar.net/on-hamas-october-offensive (letzter Zugriff: 28.11.23)

Adorno, Theodor W. (1990) [1966]: Negative Dialektik. 6. Aufl. Frankfurt/M.

Ders. (2019): Bemerkungen zu ›The Authoritarian Personality‹ und weitere Texte. Berlin.

AG Friedensforschung (2003): »Den Mauerbau unverzüglich stoppen«. http://www.ag-friedensforschung.de/regionen/Nahost/mauer-appell.html?fbclid=IwAR12B4dkA2xdSAmF9aF-gfYw3offTIwzT3Wpu-0Ke6Vxr1kZtg0ioX2FGJWU (letzter Zugriff: 10.6.20)

Agamben, Giorgio (2010). Homo Sacer. Die Souveränität der Macht und das nackte Leben. 8. Aufl. Frankfurt/M.

Ders. (2017) [2003]: Was von Auschwitz bleibt. Das Archiv und der Zeuge. 6. Aufl. Berlin.

Aharony, Michal (2013): Über das Lager – die Vernichtung des Menschen als Menschen in der totalen Herrschaft. In: J. Schulze-Wessel/C. Volk/S. Salzborn (Hg.): Ambivalenzen der Ordnung. Der Staat im Denken Hannah Arendts. Wiesbaden.

Ahmad, Aijaz (2008) [1992]: Orientalism and After. Ambivalence and Metropolitan Location in the Work of Edward Said. In: Ders.: In Theory. Nations, Classes, Literatures. London/New York.

AJC (American Jewish Committee/Berlin Ramer Institute) (2022): Antisemitismus in Deutschland. Eine Repräsentativbefragung. Berlin.

Albert, Hans (1991) [1968]: Traktat über kritische Vernunft, 5. verb. u. erw. Aufl. Tübingen.

Albrecht, Monika (2012): Doppelter Standard und postkoloniale Regelpoetik: Eine kritische Revision postkolonialer Studien. In: H. Uedings/I.K. Patrut (Hg.): Postkolonialismus und Kanon. Bielefeld.

Dies. (2020): Hierarchien, Asymmetrien – und Griechenland als Postkolonialismus-Verlierer. Statt einer Einleitung. In: Dies. (Hg.): Europas südliche Ränder. Interdisziplinäre Perspektiven auf Asymmetrien, Hierarchien und Postkolonialismus-Verlierer. Bielefeld.

Dies. (2023): Erinnerungspolitische Transformationen und koloniale Gewalt. Aus der Perspektive von Critical Post-Colonial Studies. In: A. Dunker/M. Hofmann, S. Yowa (Hg.): Postkoloniale Germanistik und Konflikte im globalen Kontext. Herausforderungen, Möglichkeiten und Ausblick im 21. Jahrhundert. Berlin.

Ali, Wajahat (2017): Pro-Israel Organizations, Donors and Islamophobia: Findings From Fear, Inc.: The Roots of the Islamophobia Network in America. https://www.wrmea. org/ 2017-may/pro-israel-organizations-donors-and-islamophobia-findings-from-fear-inc.-the-roots-of-the-islamophobia-network-in-america.html (letzter Zugriff: 12.9.23)

Ali, Tariq (2023): Uprising in Palestine. https://newleftreview.org/sidecar/posts/uprising-in-palestine (letzter Zugriff: 23.10.23)

Amelung, Till Randolf (2023): Hass auf Israel – auch im queeren Aktivismus. https://queernations.de/hass-auf-israel-auch-im-queeren-aktivismus/ (letzter Zugriff: 26.10.23)

Améry, Jean (2002) [1966]: Jenseits von Schuld und Sühne. Bewältigungsversuche eines Überwältigten. In: Ders.: Werke Band 2. Stuttgart.

Amjahid, Mohamed (2020): Rassismus als System. Historisch tief verwoben. https://taz.de/Rassismus-als-System/!5702380/ (letzter Zugriff: 14.3.21)

An Open Letter from Columbia University and Barnard College Faculty in Defense of Robust Debate About the History and Meaning of the War in Israel/Gaza (2023). https://docs.google.com/document/d/1cVLg6RTnqd2BTzuouWbfACnFEex7GQeImDZJnMlUReM/edit (letzter Zugriff: 19.11.23)

Anders, Jan-Philip (2021): BDS. Geschichte, Ideologie und Struktur der Israelboykottbewegung. https://www.ffgi.net/files/pub/working-papers/FFGI-Working-Paper-01-BDS.pdf (letzter Zugriff: 16.8.23)

Anidjar, Gil (2003): The Jew, the Arab: A History of the Enemy. Stanford.
Ders. (2009): Juden, Araber und die semitische Spaltung. In: C. David/G. Khalil/B. Scherer (Hg.): Di/Visions: Kultur und Politik des Nahen Ostens. Göttingen.
Ders. (2017a): Antisemitism and Its Critics. In: J. Renton/B. Gidley (ed.): Antisemitism and Islamophobia in Europe. London.
Ders. (2017b): The Suicide State. In: boundary 2 44:4/November 2017.
Anti-Defamation League (ADL) (2014): West Bank and Gaza. https://global100.adl.org/country/west-bank-and-gaza/2014 (letzter Zugriff: 1.12.23)
Dies. (2016): A Survey about Attitudes towards Jews in America. https://www.google.de/url?sa=t&rct=j&q=&esrc=s&source=web&cd=&ved=2ahUKEwj6v8W9mvvsAh-WQGuwKHVB6BccQFjABegQIBxAC&url=https%3A%2F%2Fwww.adl.org%2Fsites%2Fdefault%2Ffiles%2Fdocuments%2FADL_MS_Survey_Pres_1_25_17.pdf&usg=AOvVaw1b0eFQDwIvZSlZYnBydscZ (letzter Zugriff: 22.2.21)
Dies. (2020): Farrakhan: In His Own Words. https://www.adl.org/education/resources/reports/nation-of-islam-farrakhan-in-his-own-words (letzter Zugriff: 17.8.20)
Dies. (2021): ADL/Global 100. https://global100.adl.org/map (letzter Zugriff: 15.3.21)
Arendt, Hannah (1989a) [1946]: Das Bild der Hölle. In: Dies.: Nach Auschwitz. Essays und Kommentare 1. Berlin.
Dies. (1989b) [1950]: Die vollendete Sinnlosigkeit. In: ebd.
Dies. (1989c): Die Krise des Zionismus. Essays und Kommentare 2. Berlin.
Dies. (1998) [1951]: Elemente und Ursprünge totaler Herrschaft. Antisemitismus, Imperialismus, totale Herrschaft. 6. Aufl. München.
Dies. (2002): Denktagebuch. 1950 bis 1973. Zwei Bände. München/Zürich.
Dies. (2007) [1958]: Vita Activa oder Vom tätigen Leben. 6. Aufl. München/Zürich.
Dies. (2013) [1963/65]: Eichmann in Jerusalem. Ein Bericht von der Banalität des Bösen. 7. Aufl. München.
Arendt, Hannah/Jaspers, Karl (1993): Briefwechsel 1926-1969. 3. Aufl. München/Zürich.
Arndt, Susan (2009) [2005]: ›Rassen‹ gibt es nicht, wohl aber die

symbolische Ordnung von Rasse. Der ›Racial Turn‹ als Gegennarrativ zur Verleugnung und Hierarchisierung von Rassismus. In: M. Eggers/G. Kilomba u.a. (Hg.): Mythen, Masken und Subjekte. Kritische Weißseinsforschung in Deutschland. 2. Aufl. Münster.

Arnold, Sina (2016): Das unsichtbare Vorurteil. Antisemitismusdiskurse in der US-amerikanischen Linken nach 9/11. Hamburg.

Dies. (2020): Kooperation und Konflikt. https://jungle.world/artikel/2020/29/kooperation-und-konflikt (letzter Zugriff: 23.2.21)

Artforum (2023): An Open Letter From The Art Community To Cultural Organizations. https://www.artforum.com/columns/open-letter-art-community-cultural-organizations-518019/ (letzter Zugriff: 1.11.23)

Assmann, Aleida (2020): »Wo viel Licht ist, ist auch viel Schatten«. https://www.ndr.de/kultur/Aleida-Assmann-Wo-viel-Licht-ist-ist-auch-viel-Schatten,mbembe102.html (letzter Zugriff: 26.1.2021)

Dies. (2023): Drei Formen von Antisemitismus. https://geschichtedergegenwart.ch/drei-formen-von-antisemitismus/ (letzter Zugriff: 13.12.23)

Dies. (2024): »Kaum jemand ist gern deutsch«. https://www.spiegel.de/geschichte/deutschsein-ist-vielfaeltig-und-verschieden-interpretierbar-a-96fce176-d20b-4374-93b5-2f75ad6890da (letzter Zugriff: 26.1.24)

Attia, Iman (2009): Die »westliche Kultur« und ihr Anderes. Zur Dekonstruktion von Orientalismus und antimuslimischem Rassismus. Bielefeld.

Dies. (2014): Antimuslimischer Rassismus in bester Gesellschaft. In: Dies./A. Häusler/Y. Shooman (Hg.): Antimuslimischer Rassismus am rechten Rand. Münster.

Dies. (2018): *Den* Rassismus gibt es nicht. Zum Verhältmis von Antisemitismus und antimuslimischem Rassismus. In: O. Keskinkılıç,/A. Langer (Hg.): Fremdgemacht & reorientiert – jüdisch-muslimische Verflechtungen. Berlin.

Augstein, Jakob (2017): Tohuwabohu total. http://www.spiegel.de/politik/ausland/benjamin-netanyahu-wende-in-der-deutschen-israel-politik-kolumne-a-1145083.html (letzter Zugriff: 4.4.21)

Aumann, Moshe (1972): Land Ownership in Palestine, 1880–1948. https://lessons.myjli.com/survival/index.php/2017/03/26/land-ownership-in-palestine-1880-1948/ (letzter Zugriff: 4.10.23)

Austin, John L. (1968): Performative und konstatierende Äußerungen. In: R. Bubner (Hg.): Sprache und Analysis. Göttingen.

AWRAD (2023): Public Opinion Polls. Gaza Survey 7th October. https://www.awrad.org/files/server/polls/polls2023/ Public%20Opinion%20Poll%20-%20Gaza%20War%202023%20-%20Tables%20of%20Results.pdf (letzter Zugriff: 29.11.23)

Axster, Felix (2020): War doch nicht so schlimm. In: Der Freitag, Nr. 22. https://www.freitag.de/autoren/der-freitag/war-doch-nicht-so-schlimm (letzter Zugriff: 17.6.20)

Azizi, Nerges (2020): Tagungsbericht: Ressourcen der Rechtskritik – Methodische Reflexion und Kritische Praxis. https://www.theorieblog.de/index.php/2020/10/tagungsbericht-ressourcen-der-rechtskritik-methodische-reflexion-und-kritische-praxis/ (letzter Zugriff: 23.4.23)

Al-'Azm, Sadik Jalal (2014) [1980]: Orientalism and Orientalism in reverse. In: https://libcom.org/article/orientalism-and-orientalism-reverse-sadik-jalal-al-azm (letzter Zugriff: 3.10.23)

Bach, Maurizio (2010): Nationalsozialismus als Regime: Die Charismatisierung des Staates im Dritten Reich. In: Ders./S. Breuer: Faschismus als Bewegung und Regime. Italien und Deutschland im Vergleich. Wiesbaden.

Baconi, Tareq (2022): A colonized Palestine isn't the answer to the world's guilt. https://www.972mag.com/hijacking-memory-palestine-antisemitism/ (letzter Zugriff: 13.11.23)

Badiou, Alain (2011) [2006]: Uses of the Word Jew. In: Ders.: Polemics. London.

Baier, Jakob (2021): Antisemitismus in der BDS-Kampagne. https://m.bpb.de/politik/extremismus/antisemitismus/328693/antisemitismus-in-der-bds-kampagne (letzter Zugriff: 29.3.21)

Baier, Lothar (1988): Der letzte Prozeß. Tagebuchnotizen aus Lyon. In: Ders.: Zeichen und Wunder. Kritiken und Essays. Berlin.

Bailey, Alison (2017): Tracking Privilege-Preserving Epistemic Pushback in Feminist and Critical Race Philosophy Classes. In: Hypatia 32/No. 4

Bajohr, Frank (2003): »Unser Hotel ist Judenfrei«. Bäder-Antisemitismus im 19. und 20. Jahrhundert. 3. Aufl. Frankfurt/M.

Bajohr, Frank/O'Sullivan, Rachel (2022): Holocaust, Kolonialismus und NS-Imperialismus. In: Vierteljahreshefte für Zeitgeschichte, 70. Jg., Heft 1.

Bakan, Abigail B. (2014): Race, Class, and Colonialism: Recon-

sidering the »Jewish Question«. In: Dies./D. Enakshi (ed.): Theorizing Anti-Racism: Linkages in Marxism and Critical Race Theories. Toronto.
Balibar, Etienne (1992) [1988]: Gibt es einen »Neo-Rassismus«? In: Ders./I. Wallerstein: Rasse, Klasse, Nation. Ambivalente Identitäten. 2. Aufl. Hamburg/Berlin.
Ders. (2002): Der antisemitische Komplex. Eine selbstkritische Konzeption des Feindes: Zur Doppelgestalt von Judenhass und Araberhass. https://www.hagalil.com/antisemitismus/europa/juden-araberhass.htm (letzter Zugriff: 15.2.21)
Ders./Morin, Edgar u.a. (2023): Guerre Israël-Hamas : »Nous appelons le président Macron à réclamer sans délai le cessez-le-feu«. In: https://www.lemonde.fr/idees/article/2023/11/09/ guerre-israel-hamas-nous-appelons-le-president-macron-a-reclamer-sans-delai-le-cessez-le-feu_6199196_3232.html (letzter Zugriff: 11.11.23)
Balke, Ralf (2013): Israel. Geschichte, Politik, Kultur. 5., neubearbeitete Aufl., München.
Ders. (2023): Ein Philosoph für alle Fälle. https://www.juedische-allgemeine.de/meinung/ein-philosoph-fuer-alle-faelle/ (letzter Zugriff: 20.12.23)
Bareli, Avi (2001): Forgetting Europe. Perspectives on the Debate about Zionism and Colonialism. In: Journal of Israeli History 20:2.
Bärsch, Claus-Ekkehard (1987): Erlösung und Vernichtung. Dr. phil. Joseph Goebbels. Zur Psyche und Ideologie eines jungen Nationalsozialisten 1923-1927. München.
Bartov, Omer/Confino, Alon/Rothberg, Michael u.a. (2023): An Open Letter on the Misuse of Holocaust Memory. https://www.nybooks.com/online/2023/11/20/an-open-letter-on-the-misuse-of-holocaust-memory/ (letzter Zugriff: 28.1.24)
Bartsch, Kayla (2023): Cornell Professor Takes Leave of Absence after Calling Hamas Attacks ›Exhilarating‹ and ›Energizing‹. https://www.nationalreview.com/news/cornell-professor-takes-leave-of-absence-after-calling-hamas-attacks-exhilarating-and-energizing/ (letzter Zugriff: 1.11.23)
Battegay, Caspar (2020): Postkolonialismus und jüdisches Denken. Anmerkungen der Debatte um Achille Mbembe. In: Geschichte der Gegenwart, 13.5.2020 https://geschichtedergegenwart.ch/postkolonialismus-und-juedisches-denken-anmerkungen-zur-debatte-um-achille-mbembe/ (letzter Zugriff: 10.6.20)
Bauer, Ullrich (2020): Shoah und Porajmos – eine relationale Perspektive. In: M. Grimm/B. Kahmann (Hg.): Antisemitismus im

21. Jahrhundert. Virulenz einer alten Feindschaft in Zeiten von Islamismus und Terror. Berlin.

Bauer, Yehuda (2001): Die dunkle Seite der Geschichte. Die Shoah in historischer Sicht. Interpretationen und Re-Interpretationen. Frankfurt/M.

Ders. (2018): Der islamische Antisemitismus. Eine aktuelle Bedrohung. Münster.

Bauman, Zygmunt (1995) [1992]: Ansichten der Postmoderne. Hamburg/Berlin.

BDS (2005): Der Aufruf der palästinensischen Zivilgesellschaft zu BDS. http://bds-kampagne.de/aufruf/aufruf-der-palstinensischen-zivilgesellschaft/ (letzter Zugriff: 9.8.23)

Becke, Johannes (2014): Towards a De-Occidentalist Perspective on Israel: The Case of the Occupation. In: *Journal of Israeli History. Volume 33, Issue 1.*

Becker, Randi (2021): Gleichheit und Differenz. Achille Mbembe, der Holocaust und das Judentum. In: J. Gerber u.a. (Hg.): Hallische Jahrbücher #1: Die Untiefen des Postkolonialismus. Berlin.

Beer, Bettina (2002): Körperkonzepte, interethnische Beziehungen, Rassismustheorien. Berlin.

Beglinger, Martin (2021): Warum sich Vietnamesen im Westen so gut zurechtfinden und als Integrationswunder gelten. https://www.nzz.ch/gesellschaft/vietnamesen-integrationswunder-ld.1311265 (letzter Zugriff: 13.3.21)

Beinart, Peter (2023): If It Can Happen Here, It Can Happen There. https://peterbeinart.substack.com/p/if-it-can-happen-here-it-can-happen (letzter Zugriff: 10.8.23)

Benl, Andreas (2021): Cultural Relativism and Antisemitism: History, Encounters, and Consequences of Ethno-Religious Identity Politics in the Orient and the West. In: A. Lange/K. Mayerhofer/D. Porat. L. Schiffmann (Hg.): Confronting Antisemitism from the Perspectives of Christianity, Islam, and Judaism. Berlin.

Ders. (2022): Über das Elend der Kultur. In: I. Elbe/K. Henkelmann/A. Stahl u.a. (Hg.): Probleme des Antirassismus. Postkoloniale Studien, Critical Whiteness und Intersektionalitätsforschung in der Kritik. Berlin.

Benoist, Alain de (2017) [1985]: Kulturrevolution von rechts. Dresden.

Bensoussan, Georges (2019) [2017]: Die Juden der arabischen Welt. Die verbotene Frage. Leipzig.

Berg, Nicolas (2004) [2003]: Der Holocaust und die westdeutschen Historiker. Erforschung und Erinnerung. 3. durchges. Aufl. Göttingen.

Bergmann, Werner (2009): Fritsch, Theodor Emil. In: W. Benz (Hg.): Handbuch des Antisemitismus. Judenfeindschaft in Geschichte und Gegenwart. Bd. 2/1. Berlin.
Bering, Dietz (1999): Der »jüdische« Name. In: J. Schoeps/J. Schlör (Hg.): Bilder des Judenhasses. Antisemitismus – Vorurteile und Mythen. Augsburg.
Berkovits, Balász (2018): Critical Whiteness Studies and the »Jewish Problem«. In: Zeitschrift für kritische Sozialtheorie und Philosophie, Band 5/Heft 1.
Ders. (2019): Social Criticism and the ›Jewish Problem‹. In: A. Rosenfeld (Hg.): Anti-Zionism and Antisemitism. The Dynamics of Delegitimization. Bloomington.
Ders. (2022): Israel als weißer, siedlerkolonialistischer Staat in den aktivistischen Sozialwissenschaften. In: I. Elbe/K. Henkelmann/A. Stahl u.a. (Hg.): Probleme des Antirassismus. Postkoloniale Studien, Critical Whiteness und Intersektionalitätsforschung in der Kritik. Berlin.
Berliner Zeitung (2022): Warum rechte Vereinnahmung des Gedenkens dem Kampf gegen Antisemitismus schadet. https://www.berliner-zeitung.de/kultur-vergnuegen/warum-rechte-vereinnahmung-des-gedenkens-dem-kampf-gegen-antisemitismus-schadet-li.243794 (letzter Zugriff: 13.11.23)
Bernstein, David M. (2022): Woke Antisemitism. How a Progressive Ideology Harms Jews. New York/Nashville.
Bernstein, Julia (2020): Antisemitismus an Schulen in Deutschland. Befunde – Analysen – Handlungsoptionen. Weinheim/ Basel.
Dies. (2021): Israelbezogener Antisemitismus. Erkennen – Handeln – Vorbeugen. Weinheim/Basel.
Bettelheim, Bruno (1980): »Individuelles und Massenverhalten in Extremsituationen«. In: Ders.: Erziehung zum Überleben. Zur Psychologie der Extremsituation. Stuttgart.
Bhabha, Homi (2000) [1994]: Die Verortung der Kultur. Tübingen.
Bibel (1982) – Die Heilige Schrift des Alten und Neuen Testaments. 18. Aufl. Zürich
Biskamp, Floris (2014): Der dekonstruierte Terrorist. Erkenntnisse und Aporien konstruktivistischer Thematisierung von Politik am Beispiel des islamistischen Terrorismus. In: R. Martinsen (Hg.): Spurensuche. Konstruktivistische Theorien der Politik. Wiesbaden.
Ders. (2016): Orientalismus und demokratische Öffentlichkeit. Antimuslimischer Rassismus aus Sicht postkolonialer und neuerer kritischer Theorie. Bielefeld.

Ders. (2018): Mitmachen gegen Israel. Teil 1. http://blog.florisbiskamp.com/2018/08/08/mitmachen-gegen-israel-teil-1-von-3-einer-mini-serie-ueber-die-israelfeindliche-bds-kampagne/ (letzter Zugriff: 10.6.20)

Ders. (2020): Ich sehe was, was Du nicht siehst. Antisemitismuskritik und Rassismuskritik im Streit um Israel. In: Peripherie Nr. 159/160

BMJV (Bundesministerium für Justiz und Verbraucherschutz) (2017): Das Internationale Übereinkommen der Vereinten Nationen zur Beseitigung jeder Form von Rassendiskriminierung (ICERD) vom 21. Dezember 1965 https://www.institut-fuer-menschenrechte.de/fileadmin/Redaktion/PDF/DB_Menschenrechtsschutz/ICERD/ICERD_Konvention_und_Allgemeine_Empfehlungen.pdf (letzter Zugriff: 10.8.23)

Boehm, Omri (2022): Das Schreiduell. https://www.zeit.de/2022/29/documenta-antisemitismus-bds-judentum/komplettansicht (letzter Zugriff: 20.12.23)

Boghossian, Paul (2013) [2006]: Angst vor der Wahrheit. Ein Plädoyer gegen Relativismus und Konstruktivismus. Berlin.

Bonacich, Edna (1973): A Theory of Middleman Minorities. In: American Sociological Review, Vol 38/October.

Bostom, Andrew G. (ed.) (2008): The Legacy of Islamic Antisemitism. From Sacred Texts to Solemn History. Amherst/New York.

Botmann, Daniel (2022): Die documenta muss neu gedacht werden. https://www.juedische-allgemeine.de/politik/die-documenta-muss-neu-gedacht-werden/ (letzter Zugriff: 20.2.23)

Botsch, Gideon (2021): Ein »nach rechts verzerrtes Bild«? Antisemitische Vorfälle zwischen Polizeistatistik, Monitoring und Betroffenenperspektive. In: Neue Kriminalpolitik. Forum für Kriminalwissenschaften, Recht und Praxis, Jg. 33, Heft 4.

Bouteldja, Houria (2016): Whites, Jews, and Us. Toward a Politics of Revolutionary Love. Cambridge (US)/London.

Bovermann, Philipp (2023): Krieg in Nahost. Falsch abgebogen. In: Süddeutsche Zeitung, 28.10.2023.

Boyarin, Daniel/Boyarin, Jonathan (1993): Diaspora: Generation and the Ground of Jewish Identity. In: Critical Inquiry, Vol. 19, No. 4.

BpB (2023): We still need to talk. Hin zu einer relationalen Erinnerungskultur. https://www.bpb.de/veranstaltungen/veranstaltungskalender/540851/we-still-need-to-talk/ (letzter Zugriff: 23.10.23)

Brenner, Michael (2020) [2016]: Israel. Traum und Wirklichkeit des jüdischen Staates, Von Theodor Herzl bis heute. München.

Brief aus Berlin (2023): Brief aus Berlin – kritische Wissenschaftler*innen an die deutsche Politik und Öffentlichkeit. https://docs.google.com/forms/d/e/1FAIpQLSdQexuMBpgFM3PK0DJUtRwYd1ZuKo3bIvsNrShXc11orOmzrA/viewform (letzter Zugriff: 15.1.24)

Brodkin, Karen B. (1998): How Did Jews Become White Folks? https://nelsonssociology101.weebly.com/uploads/2/6/1/6/26165328/jews.pdf (letzter Zugriff: 10.6.20)

Broszat, Martin (1995) [1969]: Der Staat Hitlers. Grundlegung und Entwicklung seiner inneren Verfassung. 14. Aufl. München.

Browning, Christopher R. (1991): Vernichtung und Arbeit. Zur Fraktionierung der planenden deutschen Intelligenz im besetzten Polen. In: W. Schneider (Hg.): »Vernichtungspolitik«. Eine Debatte über den Zusammenhang von Sozialpolitik und Genozid im nationalsozialistischen Deutschland. Hamburg.

Bruckner, Pascal (2018): A Reply to Nick Cohen. https://quillette.com/2018/11/27/a-reply-to-nick-cohen/?fbclid=I-wAR1yluZ_5Vqdp4mox76nsMYXco NAHWabPywPRdmgb-GaJ-HfzZneSbqrlt08 (letzter Zugriff: 10.6.20)

Ders. (2020): Der eingebildete Rasssismus. Islamophobie und Schuld. Berlin.

Brüggemann, Fynn (2019): Juden in der Diskriminierungsmatrix. Über den poststrukturalistischen Versuch Judenfeindlichkeit zu beschreiben. BA-Arbeit. Unv. Ms.

Bruhn, Joachim (1994): Unmensch und Übermensch. Über Rassismus und Antisemitismus. In: Ders.: Was deutsch ist. Zur kritischen Theorie der Nation. Freiburg i.Br.

Buck-Morss, Susan (2003): Thinking Past Terror. Islamism and Critical Theory on the Left, New York.

Bundestag (2023): Fördermittel für Zentrum für Migrationsforschung. https://www.bundestag.de/presse/hib/kurzmeldungen-959460 (letzter Zugriff: 5.12.23)

Buruma, Ian/Margalit, Avishai (2005) [2004]: Okzidentalismus. Der Westen in den Augen seiner Feinde. München/Wien.

Butler, Judith (1995): Kontingente Grundlagen: Der Feminismus und die Frage der »Postmoderne«. In: Dies./S. Benhabib u.a.: Der Streit um Differenz. Feminismus und Postmoderne in der Gegenwart. Frankfurt/M.

Dies. (2005) [2004]: Der Antisemitismus-Vorwurf. Juden, Israel und die Risiken öffentlicher Kritik. In: Ch. Heilbronn/D. Rabinovici/N. Sznaider (Hg.): Neuer Antisemitismus? Eine globale Debatte. 2. Aufl. Frankfurt/M.

Dies. (2008): Gefährdetes Leben. Politische Essays. 2. Aufl. Frankfurt/M.
Dies. (2012): Judith Butler responds to attack: ›I affirm a Judaism that is not associated with state violence‹. https://mondoweiss.net/2012/08/judith-butler-responds-to-attack-i-affirm-a-judaism-that-is-not-associated-with-state-violence/ (letzter Zugriff: 30.7.20)
Dies. (2013): Am Scheideweg. Judentum und die Kritik am Zionismus. Frankfurt/M.
Dies. (2017): Judith Butler Whitewashes Hamas and Hezbollah. https://www.youtube.com/watch?v=amJNIcSNPco (letzter Zugriff: 27.6.23)
Dies. (2019): Antisemitismus und Rassismus. Für eine Allianz der sozialen Gerechtigkeit. In: Ch. Heilbronn/D. Rabonovici/N. Sznaider (Hg.): Neuer Antisemitismus? Fortsetzung einer globalen Debatte. Berlin.
Dies. (2023): The Compass of Mourning. https://www.lrb.co.uk/the-paper/v45/n20/judith-butler/the-compass-of-mourning (letzter Zugriff: 26.10.23)
Dies. (2023b): Palestinian Lives Matter Too: Jewish Scholar Judith Butler Condemns Israel's »Genocide« in Gaza. https://www.youtube.com/watch?v=CAbzV40T6yk (letzter Zugriff: 29.1.24)
Casper, Jan Alexander (2022a): Thinktank eines neuen Antisemitismus. In: Die Welt Nr. 121/24.6.2022.
Ders. (2022b): »Die deutsche Intelligenzija applaudierte, als Israel als Kindermörder bezeichnet wurde«. In: Die Welt Nr. 114/15.6.2022.
Césaire, Aimé (2017) [1950]: Über den Kolonialismus. 2. Aufl. Berlin.
Chakrabarty, Dipesh (2010): Europa als Provinz. Perspektiven postkolonialer Geschichtsschreibung. Frankfurt/M.
Chamberlain, Houston Stewart (1899): Die Grundlagen des Neunzehnten Jahrhunderts. 1. Hälfte. München.
Chaouat, Bruno (2020) [2016]: Is Theory Good for the Jews? French Thought and the Challenge of the New Antisemitism. Liverpool.
Chapoutot, Johann (2016): Das Gesetz des Blutes. Von der NS-Weltanschauung zum Vernichtungskrieg. Darmstadt.
Cheema, Saba-Nur (2018): Islamistischer Antisemitismus und antimuslimischer Rassismus. Über Gleichzeitigkeiten und die Notwendigkeit zur Differenzierung in pädagogischen Räumen. http://lernen-aus-der-geschichte.de/Lernen-und-Lehren/Magazin/14023 (letzter Zugriff: 17.8.20)

Chervel, Thierry (2021): Wo der Hammer hängt. https://www.perlentaucher.de/essay/eine-antwort-auf-aleida-assmann-und-das-weltoffen-papier-der-kulturfunktionaere.html (letzter Zugriff: 4.3.21)

Chibber, Vivek (2018) [2013]: Postkoloniale Theorie und das Gespenst des Kapitals. Berlin.

Claussen, Detlev (1994): Was heißt Rassismus? Ein Essay. In: Ders. (Hg.): Was heißt Rassismus? Darmstadt.

Coffey, Judith/Laumann, Vivien (2021): Gojnormativität. Warum wir anders über Antisemitismus sprechen müssen, Berlin.

Cohen, Hillel (2008): Army of Shadows: Palestinian Collaboration with Zionism 1917-1948. Berkeley.

Collier, David (2021): Antisemitism in Ireland. https://embassies.gov.il/dublin/NewsAndEvents/Documents/Collier%20Antisemitism%20in%20Ireland%20_final_online.pdf (letzter Zugriff: 16.8.23)

Constitution of the Islamic Republic of Iran (2014). https://ecnl.org/sites/default/files/files/2021/IranConstitution.pdf (letzter Zugriff: 9.1.24)

Cook, David (2007): Anti-Semitic Themes in Muslim Apocalyptic and Jihadi Literature. https://jcpa.org/article/anti-semitic-themes-in-muslim-apocalyptic-and-jihadi-literature/ (letzter Zugriff: 28.4.21)

Creydt, Meinhard (2024): Der Foucault-Ismus. Analyse und Kritik einiger seiner zentralen Lehren. Kassel.

Croitoru, Joseph (2022): Avraham Burg antwortet … https://twitter.com/JoCroitoru/status/1551509913138085891 (letzter Zugriff: 20.2.23)

Danzig, Lilach (2016): Adalah vs. The State of Israel. http://www.izs.org.il/2016/07/adalah-vs-state-israel/ (letzter Zugriff: 10.6.20)

Danzig, Micha (2020): We Should Not Have to Choose Between Advocating For Black Lives and Against Anti-Semitism. In: Jewish Journal, 8.6.2020.

De Caro, Mario (2014): Zwei Spielarten des Realismus. In: M. Gabriel (Hg.): Der Neue Realismus. Berlin.

Detel, Wolfgang (1995): Griechen und Barbaren. Zu den Anfängen des abendländischen Rassismus. In: Deutsche Zeitschrift für Philosophie Nr. 43/6

Detjen, Stephan (2020). Antisemitismusbeauftragter als diskursiver Schrankenwärter. https://www.deutschlandfunk.de/ streit-um-historiker-mbembe-antisemitismusbeauftragter-als.720.de.html?dram:article_id=477265 (letzter Zugriff: 26.1.2021)

DIG (Deutsch-Israelische Gesellschaft) (2016): Boykottbewegungen gegen Israel. Widerspruch mit Informationen und Argumenten. Berlin.

Demirovic, Alex (1989): Die hegemoniale Strategie der Wahrheit. Zur Historizität des Marxismus bei Gramsci. In: Die Linie Luxemburg-Gramsci. Zur Aktualität und Historizität marxistischen Denkens. Berlin/Hamburg.

Ders. (2008): Das Wahr-Sagen des Marxismus: Foucault und Marx. In: Prokla. Zeitschrift für kritische Sozialwissenschaft 151.

DeZIM (2020): DeZIM-Jahresbericht 2020. https://www.dezim-institut.de/fileadmin/user_upload/Demo_FIS/publikation_pdf/FA-5228.pdf (letzter Zugriff: 5.12.23)

Die Welt (2017a): Islamische Staaten erkennen Ost-Jerusalem als Hauptstadt Palästinas an. https://www.welt.de/politik/ausland/article171554803/Islamische-Staaten-erkennen-Ost-Jerusalem-als-Hauptstadt-Palaestinas-an.html (letzter Zugriff: 12.11.23)

Dies. (2017b): Was wirklich hinter Erdogans Jerusalem-Rhetorik steckt. https://www.welt.de/politik/ausland/article171513658/Was-wirklich-hinter-Erdogans-Jerusalem-Rhetorik-steckt.html (letzter Zugriff: 12.11.23)

Diner, Dan (1991) [1987]: Negative Symbiose. Deutsche und Juden nach Auschwitz. In: Ders. (Hg.): Ist der Nationalsozialismus Geschichte? Zu Historisierung und Historikerstreit. Frankfurt/M.

Ders. (1992): Rationalisierung und Methode. Zu einem neuen Erklärungsversuch der »Endlösung«. In: Vierteljahreshefte für Zeitgeschichte. Jg. 40, Heft 3.

Ders. (2003): Feindbild Amerika. Über die Beständigkeit eines Ressentiments. 2. Aufl. München.

Ders. (2007): Versiegelte Zeit. Über den Stillstand in der islamischen Welt. Berlin.

Ders. (2007a): Gegenläufige Gedächtnisse. Über Geltung und Wirkung des Holocaust. Göttingen.

DLF Kultur (2020): Solidaritätsbrief für Achille Mebembe. »Vergleich bedeutet nicht Gleichsetzung«. https://www.deutschlandfunk.de/solidaritaetsbrief-fuer-achille-mbembe-vergleich-bedeutet-100.html (letzter Zugriff: 18.8.23)

Drumont, Edouard (1886): Das verjudete Frankreich. Versuch einer Tagesgeschichte. Erster Theil. 4. Aufl., Berlin.

Ders. (1887): Das verjudete Frankreich. Versuch einer Tagesgeschichte. Zweiter Theil. 4. Aufl. Berlin.

Du Bois, W.E.B. (1947): The World and Africa. An Inquiry Into the Part Which Africa Has Played in World History. New York.

Ders. (2019) [1952]: The Negro and the Warsaw Ghetto. https://europe.unc.edu/wp-content/uploads/sites/314/2021/ 02/DuBois-The-Negro-and-the-Warsaw-Ghetto.pdf (letzter Zugriff: 2.4.21)

Dühring, Eugen (1892) [1881]: Die Judenfrage als Frage der Racenschädlichkeit für Existenz, Sitte und Cultur der Völker. Mit einer weltgeschichtlichen, religionsbezüglichen, social und politisch freiheitlichen Antwort. 4., teilweise umgearbeitete und vermehrte Aufl. Berlin.

Dussel, Enrique (1989) [1977]: Philosophie der Befreiung. Hamburg.

Ebert, Marco (2018): Die »Identifikation mit dem Leiden«. Zur Apologie der Gewalt in Judith Butlers Agitation nach dem 11. September 2001. In: V.S. Vukadinovic (Hg.): Freiheit ist keine Metapher. Antisemitismus, Migration, Rassismus, Religionskritik. Berlin.

Eco, Umberto (2014): Gesten der Zurückweisung. Über den Neuen Realismus. In: M. Gabriel (Hg.): Der Neue Realismus. Berlin.

Eddo-Lodge, Reni (2019): Ausgeschlossen vom Menschsein. https://www.zeit.de/kultur/2019-01/rassismus-hautfarbe-weisse-white-privilege (letzter Zugriff: 10.6.20)

Edelman, Susan/Worrell, Georgia (2023): Pro-Israel teacher hides in Queens high school as ›radicalized‹ students riot: ›They want her fired‹. https://nypost.com/2023/11/25 /metro/jewish-teacher-hides-in-queens-high-school-as-students-riot/ (letzter Zugriff: 7.1.24)

Egger, Lukas (2022): Rassismus und historische Kontingenz. Die Debatte zum Ursprung der rassistischen Sklaverei im kolonialen Virginia. In: I. Elbe/R. Forstenhäusler/K. Henkelmann/H. Schneider/A. Stahl u.a. (Hg.): Probleme des Antirassismus. Postkoloniale Studien, Critical Whiteness und Intersektionalitätsforschung in der Kritik. Berlin.

Ehsan, Rakib (2020): Muslim Anti-Semitism in Contemporary Great-Britain. https://henryjacksonsociety.org/publications/britishmuslimantisemitism/ (letzter Zugriff: 2.5.21)

Elbe, Ingo (2015): Paradigmen anonymer Herrschaft. Politische Philosophie von Hobbes bis Arendt. Würzburg.

Ders. (2017): Die TAZ empört sich über Kritik am Hannah-Arendt-Preisträger 2017. https://www.mena-watch.com/die-taz-empoert-sich-ueber-kritik-am-hannah-arendt-preistraeger-2017/ (letzter Zugriff: 10.8.23)

Ders. (2020): Triebökonomie der Zerstörung. Kritische Theorie über die emotionale Matrix der Judenvernichtung. In: K. Henkelmann/A. Stahl u.a. (Hg.): Konformistische Rebellen. Zur Aktualität des autoritären Charakters. Berlin.

Ders. (2021): Gestalten der Gegenaufklärung. Untersuchungen zu Konservatismus, politischem Existentialismus und Postmoderne. 2. Aufl. Würzburg.

Ders. (2021a): »it's not systemic«. Antisemitismus im postmodernen Antirassismus. In: Ders.: Gestalten der Gegenaufklärung. Untersuchungen zu Konservatismus, politischem Existentialismus und Postmoderne. 2. Aufl. Würzburg.

Ders. (2021b): Die »Verschwörung der Asche von Zion«. Zur Vorgeschichte der gegenwärtigen Holocaustrelativierung. In: ebd.

Ders. (2021c): Einleitung: Gestalten der Gegenaufklärung. In: ebd.

Ders. (2021d): Die falsche Versöhnung von Subjekt und Objekt. Hans-Georg Gadamers Hermeneutik zwischen Heideggerscher Provinz und postmodernem Historyland. Mit einem Epilog: Konservative Hermeneutik in Dipesh Chakrabartys postkolonialer Geschichtsschreibung. In: ebd.

Ders. (2021e): Die postmoderne Querfront. Anmerkung zu Chantal Mouffes Theorie des Politischen. In: ebd.

Ders. (2021f): Kontraktualismus. Zur politischen Philosophie der Aufklärung. In: ebd.

Ders. (2022): Antisemitismus auf der documenta: Schlecht beraten. https://www.mena-watch.com/antisemitismus-auf-der-documenta-schlecht-beraten/ (letzter Zugriff: 11.9.23)

Ders. (2023): Postkolonialismus und Antisemitismus. Bibliographie und Einleitung zur Kritik postkolonialer und postmodern-antirassistischer Thematisierungen von Antisemitismus, Holocaust, Judentum und Zionismus. In: S. Grigat (Hg.): Kritik des Antisemitismus in der Gegenwart. Erscheinungsformen – Theorien – Bekämpfung. Baden-Baden (ständig aktualisierte Version unter: https://www.rote-ruhr-uni.com/cms/ texte-und-vortrage/article/bibliographie-zur-kritik-postkolonialer-und-antirassistischer-thematisierungen (letzter Zugriff: 18.8.23))

Elbe, Ingo/Pfau, Enrico (2023): Offener Brief: Missbrauch der Holocausterinnerung? https://www.mena-watch.com/missbrauch-der-holocausterinnerung/ (letzter Zugriff: 29.11.23)

Ellis, Marc H. (1994): Ending Auschwitz. The Future of Jewish and Christian Life. Louisville.

Emerson, Steven (2018): ISNA Convention Uses Shame, Fear to Stir Radical Agenda. https://www.algemeiner.com/2018/09/04/

isna-convention-uses-shame-fear-to-stir-radical-agenda/ (letzter Zugriff: 1.12.23)
End, Markus (2019): Sinnstrukturen von (Post-)Kolonialrassismus, Antiziganismus und modernem Antisemitismus. In: Lernen aus der Geschichte. http://lernen-aus-der-geschichte.de/Lernen-und-Lehren/content/14638 (letzter Zugriff: 17.1.23)
Ertuğrul, Ali Tonguç /Martin, Sabri Deniz/Vukadinović, Vojin Saša(2021): Linkspaternalistischer Rassismus. https://jungle.world/artikel/2021/28/linkspaternalistischer-rassismus (letzter Zugriff: 21.7.21)
Fanon, Frantz (2017) [1961]: Die Verdammten dieser Erde. 16. Aufl. Berlin.
FBI (2011): Hate Crime Statistics 2010. https://ucr.fbi.gov/hate-crime/2010/narratives/hate-crime-2010-victims (letzter Zugriff: 10.6.20)
FBI (2017): Hate Crime Statistics 2016. https://ucr.fbi.gov/hate-crime/2016/topic-pages/incidentsandoffenses (letzter Zugriff: 10.6.20)
FBI (2018): Hate Crime Statistics 2017. https://ucr.fbi.gov/hate-crime/2017/topic-pages/incidents-and-offenses (letzter Zugriff: 10.6.20)
FBI (2019): Hate Crime Statistics 2018. https://ucr.fbi.gov/hate-crime/2018/topic-pages/victims (letzter Zugriff: 10.6.20)
Ferry, Luc/Renaut, Alain (1987) [1985]: Antihumanistisches Denken. Gegen die französischen Meisterphilosophen. Hamburg
Feuerherdt, Alex (2013): Klare Meinung, wenig Ahnung. In: Jüdische Allgemeine, 15.1.2013. https://www.juedische-allgemeine.de/kultur/klare-meinung-wenig-ahnung/ (letzter Zugriff: 28.7.20)
Ders. (2016): Britische und amerikanische Universitäten als Hochburgen der BDS-Bewegung. In: Deutsch-Israelische Gesellschaft (Hg.): Boykottbewegungen gegen Israel. Widerspruch mit Informationen und Argumenten. Berlin.
Ders. (2018): Zentrum für Antisemitismusforschung: Flaggschiff in selbstverschuldeter Seenot. https://www.mena-watch.com/zentrum-fuer-antisemitismusforschung-flaggschiff-in-selbst-verschuldeter-seenot/ (letzter Zugriff: 7.9.23)
Feuerherdt, Alex /Markl, Florian (2018): Vereinte Nationen gegen Israel. Wie die UNO den jüdischen Staat delegitimiert. Leipzig.
Dies. (2020): Boykottbewegungen gegen Israel. Alter Hass in neuem Gewand. Leipzig.
Fings, Karola (2015): Opferkonkurrenzen. Debatten um den Völ-

kermord an den Sinti und Roma und neue Forschungsperspektiven. In: S:I.M.O.N. – Shoah: Intervention. Methods. Documentation, 2 (2015) 1.
Finkielkraut, Alain (1989a) [1987]: Die Niederlage des Denkens. Reinbek bei Hamburg.
Ders. (1989b): Die vergebliche Erinnerung. Vom Verbrechen gegen die Menschheit. Berlin.
Ders. (2005) [2004]: Im Namen des Anderen. Reflexionen über den kommenden Antisemitismus. In: Ch. Heilbronn/D. Rabonovici/N. Sznaider (Hg.): Neuer Antisemitismus? Eine globale Debatte. 2. Aul. Frankfurt/M.
Finkelstein, Norman (2000): Die Holocaust-Industrie. Wie das Leid der Juden ausgebeutet wird. München.
Flaig, Egon (2018) [2009]: Weltgeschichte der Sklaverei. 3. durchges. u. erw. Aufl. München.
Foroutan, Naika (2024): https://twitter.com/NaikaForoutan/status/174618 4447106359656?s=20 (letzter Zugriff: 15.1.24)
Foucault, Michel (1978): Wahrheit und Macht. In: Ders.: Dispositive der Macht. Michel Foucault. Über Sexualität, Wissen und Wahrheit. Berlin.
Ders. (1983) [1976]: Sexualität und Wahrheit. Erster Band: Der Wille zum Wissen. Frankfurt/M.
Ders. (1991) [1974]: Nietzsche, die Genealogie, die Historie. In: Ders.: Von der Subversion des Wissens. Frankfurt/M.
Ders. (1993) [1974]: Die Ordnung des Diskurses. Frankfurt/M.
Ders. (1994) [1976]: Überwachen und Strafen. Die Geburt des Gefängnisses. Frankfurt/M.
Ders. (1994b) [1982]: Das Subjekt und die Macht. In: H.L. Dreyfus/P. Rabinow: Michel Foucault. Jenseits von Strukturalismus und Hermeneutik. 2. Aufl. Weinheim.
Ders. (1995) [1969]: Archäologie des Wissens. 7. Aufl. Frankfurt/M.
Ders. (2005) [1967]: Nietzsche, Marx, Freud. In: Ders.: Schriften in vier Bänden. Dits et Ecrits. Bd. 1: 1954-1969. Frankfurt/M.
Ders. (2011) [1978]: Wovon träumen die Iraner? In: Ders.: Kritik des Regierens. Schriften zur Politik. 2. Aufl. Berlin.
Ders. (2016): In Verteidigung der Gesellschaft. Vorlesungen am College de France (1975-1976). Berlin.
Fourest, Caroline (2020): Generation Beleidigt. Von der Sprachpolizei zur Gedankenpolizei. Über den wachsenden Einfluss linker Identitärer. Eine Kritik. Berlin.
Fraenkel, Ernst (1974) [1941]: Der Doppelstaat. Frankfurt/M./ Köln.

Frank, Manfred (1991): Was ist Neostrukturalismus? 4. Aufl. Frankfurt/M.

Ders. (1993): Conditio Moderna. Essays, Reden, Programm. Leipzig.

Frank, Stefan (2016): Jerusalem: Wer schändet die heiligen Stätten? https://www.audiatur-online.ch/2016/10/28/jerusalem-wer-schaendet-die-heiligen-staetten/ (letzter Zugriff: 29.12.23)

Ders. (2019): Statistiken zu antisemitischen Straftaten – keine Einigkeit über Tätergruppen. https://www.audiatur-online.ch/2019/05/23/statistiken-zu-antisemitischen-straftaten-keine-einigkeit-ueber-taetergruppen/ (letzter Zugriff: 17.6.20)

Ders. (2021a): »B'Tselem« und »Breaking the Silence« lösen das »Apartheid«-Ticket, Teil 1. https://www.mena-watch.com/btselem-und-breaking-the-silence-loesen-das-apartheid-ticket-teil-1/ (letzter Zugriff: 18.2.21)

Ders. (2021b): »B'Tselem« und »Breaking the Silence« lösen das »Apartheid«-Ticket, Teil 2. https://www.mena-watch.com/btselem-und-breaking-the-silence-loesen-das-apartheid-ticket-teil-2/ (letzter Zugriff: 18.2.21)

Ders. (2021c): Hamas-Programm: Israel zerstören und »nützliche« Juden versklaven. https://www.mena-watch.com/hamas-will-israel-zerstoeren-und-nuetzliche-juden-versklaven/ (letzter Zugriff: 19.1.24)

Ders. (2022): Die Methode Omri Boehm. 13 Teile. https://www.mena-watch.com/die-methode-omri-boehm-juden-als-taeter-teil-1/ (letzter Zugriff: 20.2.23)

Friedländer, Saul (1991) [1987]: Überlegungen zur Historisierung des Nationalsozialismus. In: D. Diner (Hg.): Ist der Nationalsozialismus Geschichte? Zu Historisierung und Historikerstreit. Frankfurt/M.

Ders. (2008) [1997/2007]: Das Dritte Reich und die Juden. Gesamtausgabe. München.

Ders. (2022): Ein Genozid wie jeder andere? In: Ders./N. Frei u.a.: Ein Verbrechen ohne Namen. Anmerkungen zum neuen Streit über den Holocaust. München.

Friling, Tuvia (2016): What Do Those Who Claim Zionism Is Colonialism Overlook? In: E. Ben-Rafael/J.H. Schoeps u.a. (Hg.): Handbook of Israel: Major Debates. Berlin/Boston.

Fritsch, Theodor (1935) [1907]: Handbuch der Judenfrage. Die wichtigsten Tatsachen zur Beurteilung des jüdischen Volkes. 39. Aufl. Leipzig.

Funke, Hajo (2021): Black Lives Matter in Deutschland. George Floyd und die Diffamierung von Achille Mbembe als Antisemit

– eine Streitschrift über (post)koloniale Konflikte, Hamburg.
Funkschmidt, Kai (2020): Der Antisemitismus in der »Black Lives Matter«-Bewegung. In: S. Beppler-Stahl (Hg.): Schwarzes Leben, weisse Privilegien? Zur Kritik an Black Lives Matter. Frankfurt/M.
Ders. (2024): Im Zweifelsfall sind die Täter rechts: Wie die deutsche Polizeistatistik den islamischen Antisemitismus verschleiert. https://www.nzz.ch/feuilleton/im-zweifelsfall-sind-die-taeter-rechts-wie-die-deutsche-polizeistatistik-den-islamischen-antisemitismus-verschleiert-ld.1776548 (letzter Zugriff: 15.2.24)
Gailus, Manfred (2021): Gläubige Zeiten. Religiosität im Dritten Reich. Freiburg, Basel, Wien.
Gansinger, Simon (2020) [2018]: Antizionistische Identität. Der Kampf gegen Israel an US-amerikanischen Campus. In: M. Grimm/B. Kahmann (Hg.): Antisemitismus im 21. Jahrhundert. Virulenz einer alten Feindschaft in Zeiten von Islamismus und Terror. Berlin.
Gebauer, Matthias u.a. (2020): Fragwürdige Methoden. https://www.spiegel.de/politik/deutsch-juedische-werteinitiative-fragwuerdige-methoden-a-00000000-0002-0001-0000-000165218710 (letzter Zugriff 22.7.20)
Geisel, Eike (1992): Die Banalität der Guten. Deutsche Seelenwanderungen. Berlin.
Gender Studies Departments In Solidarity With Palestinian Feminist Collective (2021) http://genderstudiespalestinesolidarity.weebly.com/ (letzter Zugriff: 16.8.23)
Gerber, Jan (2021a): Universalismus und Partikularität. Der Barbie-Prozess und die Aporien der Erinnerung. In: Ders. u.a. (Hg.): Hallische Jahrbücher #1: Die Untiefen des Postkolonialismus. Berlin.
Ders. (2021b): »Lockerung der Verengungen«. In: Jungle World. Dschungel Nr. 13.
Ders. (2022): Anerkennung statt Erkenntnis. Michael Rothbergs Konzept der multidirektionalen Erinnerung. In: In: I. Elbe/K. Henkelmann/A. Stahl u.a. (Hg.): Probleme des Antirassismus. Postkoloniale Studien, Critical Whiteness und Intersektionalitätsforschung in der Kritik. Berlin.
Ders. (2024): W.E.B. Du Bois und der Aufstand im Warschauer Ghetto. Eine Urszene »multidirektionaler Erinnerung«? In: Vierteljahreshefte für Zeitgeschichte (i.E.).
Gerwarth, Robert/Malinowski, Stephan (2007): Der Holocaust als ›kolonialer Genozid‹? Europäische Kolonialgewalt und nati-

onalsozialistischer Vernichtungskrieg. In: Geschichte und Gesellschaft 33.

Gessen, Masha (2023): In the Shadow oft he Holocaust: https://web.archive.org/web/20231209161617/ https:/www.newyorker.com/news/the-weekend-essay/in-the-shadow-of-the-holocaust (letzter Zugriff: 29.12.23)

Gettleman, Jeffrey/Schwartz, Anat/Sella, Adam (2023): ›Screams Without Words‹: How Hamas Weaponized Sexual Violence on Oct. 7. https://www.nytimes.com/2023/12/28/ world/middleeast/oct-7-attacks-hamas-israel-sexual-violence.html (letzter Zugriff: 6.1.24)

Ghanim, Honaida (2018): When Yaffa Met (J)Yaffa: Intersections Between the Holocaust and the Nakba in the Shadow of Zionism. In: B. Bashir/A. Goldberg (Hg.): The Holocaust and the Nakba: A New Grammar of Trauma and History. New York.

Ghiles-Meilhac, Samuel (2021): Houria Bouteldja and the Indigènes de la République. On Jews, Zionism, the Holocaust, and Antisemitism. In: Antisemitism Studies, Vol. 5, No. 2

Gilman, Sander L. (1999): »Der jüdische Körper«. In: J. Schoeps/J. Schlör (Hg.): Bilder des Judenhasses. Antisemitismus – Vorurteile und Mythen. Augsburg.

Ders. (2009) [2005]: Die jüdische Nase: Sind Juden/Jüdinnen *weiß*? Oder: die Geschichte der Nasenchirurgie. In: M. Eggers/G. Kilomba u.a. (Hg.): Mythen, Masken und Subjekte. Kritische Weißseinsforschung in Deutschland. Münster.

Ginsberg, Benjamin (2017): Christian Zionism: Is It Good for the Jews? In: E. Pollack (Hg.): From Antisemitism to Anti-Zionism. The Past & Present of a Lethal Ideology. Boston.

Glanz, Maximilian (2018): Revolte gegen die moderne Welt. Über Julius Evola, die Neue Rechte und den Islam. In: sans phrase. Zeitschrift für Ideologiekritik Heft 12.

Goda, Norman J.W. (2024): South African Lawfare at The Hague. https://quillette.com/2024/01/17/lawfare-at-the-hague/ (letzter Zugriff: 26.1.24)

Goebbels, Joseph (1932) [1926]: »Der Nazi-Sozi«. Fragen und Antworten für den Nationalsozialisten. Elberfeld.

Ders. (1943): Die Juden sind schuld! (16. November 1941). In Ders.: Das eherne Herz. Reden und Aufsätze aus den Jahren 1941/42. München.

Ders. (2003): Tagebücher 1924-1945. Band 5. 3. Aufl. München/Zürich.

Goldhagen, Daniel J. (1998) [1996]: Hitlers willige Vollstrecker. Ganz gewöhnliche Deutsche und der Holocaust. Berlin.

Goldman, Lawrence (2023): Slavery, Capitalism and the Industrial Revolution. https://historyreclaimed.co.uk/slavery-capitalism-and-the-industrial-revolution-a-dissent/ (letzter Zugriff: 15.1.24)

Gomolla, Mechthild (2017): Direkte und indirekte, institutionelle und strukturelle Diskriminierung. In: A. Scherr/A. El-Mafaalani/G. Yüksel (Hg.): Handbuch Diskriminierung. Wiesbaden.

Gould, Steven Jay (2002): Der falsch vermessene Mensch. Frankfurt/M.

Gräfe, Thomas (2019): Antisemitismus im deutschen Kaiserreich. Stereotypenmuster, Aktionsformen und die aktuelle Relevanz eines »klassischen« Forschungsgegenstandes. In: Sozial.Geschichte Online 25 https://duepublico2.uni-due.de/receive/duepublico_mods_00070545 (letzter Zugriff: 7.12.20)

Grigat, Stephan (2011): Massenmörder Breivik – ein Islamhasser? Mitnichten! https://www.diepresse.com/687382/massenmoerder-breivik-ein-islam-hasser-mitnichten (letzter Zugriff: 12.1.24)

Ders. (2014): Die Einsamkeit Israels. Zionismus, die israelische Linke und die iranische Bedrohung. Hamburg.

Ders. (2020a) [2018]: Antisemitismus im Iran seit 1979. Holocaustleugnung und Israelhass in der der ›Islamische Republik‹. In: M. Grimm/B. Kahmann (Hg.): Antisemitismus im 21. Jahrhundert. Virulenz einer alten Feindschaft in Zeiten von Islamismus und Terror. 2. Aufl. Berlin.

Ders. (2020b): Flucht und Vertreibung von Juden aus den arabischen Ländern. In: https://www.bpb.de/politik/extremismus/antisemitismus/321671/flucht-und-vertreibung-von-juden-aus-den-arabischen-laendern (letzter Zugriff: 16.12.20)

Ders. (2023): Von Khomeini zu Raisi. Antisemitische Kontinuität im Iran und die Herrschaftsstruktur der »Islamischen Republik«. In: F. Keser/D. Schmidt/A. Stahl (Hg.): Gesichter des politischen Islam. Berlin.

Groiss, Arnon (2001): Jews, Zionism and Israel in Syrian School Textbooks. https://www.google.de/url?sa=t&rct=j&q=&esrc=s&source=web&cd=&cad=rja&uact=8&ved=2ahUKEwjrtMuBhuzvAh XHt6QKHbzQDosQFjAAegQIBBAD&url=http%3A% 2F%2F www.impact-se.org%2Fwp-content% 2Fuploads%2F2016%2F04%2 FSyria2001.pdf&usg= AOvVaw1in-VsWzPsL-wdU75-kyT-1 (letzter Zugriff: 7.4.21)

Grosfoguel, Ramón (2009): Human Rights and Anti-Semitism after Gaza. In: Human Architecture VII, 2

Ders. (2010): Die Dekolonisation der politischen Ökonomie und der postkolonialen Studien: Transmoderne. Grenzdenken und globale Kolonialität. In: M. Boatca/W. Spohn (Hg.): Globale,

multiple und postkoloniale Modernen. München.
Ders. (2024): Gaza: The Warsaw Ghetto of the 21st Century. https://www.ihrc.org.uk/gaza-the-warsaw-ghetto-of-the-21st-century/ (letzter Zugriff: 23.4.2024)
Grözinger Karl Erich (2010): Geschichtsschreibung als politischer Kampf. https://www.hagalil.com/2010/07/sand-2/ (letzter Zugriff: 7.1.24)
Ders. (2015): Jüdisches Denken. Theologie – Philosophie – Mystik. Bd. 4: Zionismus und Shoah. Frankfurt/M./ New York.
Gruber, Alex (2012): Mit Paulus gegen Griechen und Juden. Alain Badious postmoderner Platonismus als Verewigung von Herrschaft. In: sans phrase. Zeitschrift für Ideologiekritik. Heft 1.
Ders. (2017): »Différance, Diskurs und Nichtidentisches. Die Dekonstruktion Jacques Derridas und Judith Butlers im Verhältnis zu Theodor W. Adornos kritischer Theorie«. Diss. Wien. Unv. Ms.
Ders. (2018): Ontologie des Mangels in Ermangelung des ›absoluten Feinds‹. Zur Renaissance des Begriffs des Politischen. In: sans phrase. Zeitschrift für Ideologiekritik, Heft 12.
Ders. (2021): Speerspitze des postkolonialen Antisemitismus. Achille Mbembes ›Nekropolitik‹ als Handreichung für deutsche Erinnerungskultur. In: sans phrase. Zeitschrift für Ideologiekritik. Heft 17.
Ders. (2022): Israel als Hindernis für die »Utopie der Weltreparatur«. Achille Mbembes Begriff der ›Nekropolitik‹ als Speerspitze des postkolonialen Antisemitismus. In: I. Elbe/K. Henkelmann/A. Stahl u.a. (Hg.): Probleme des Antirassismus. Postkoloniale Studien, Critical Whiteness und Intersektionalitätsforschung in der Kritik. Berlin.
Ders. (2023): Warum Muriel Asseburg in Deutschland als Völkerrechtexpertin gilt. https://www.mena-watch.com/asseburg-einseitige-voelkerrechtsexpertin/ /letzter Zugriff: 10.8.23)
Habermas Jürgen (1993) [1985]: Der philosophische Diskurs der Moderne. Zwölf Vorlesungen. 4. Aufl. Frankfurt/M.
Hagedorny, Matheus (2022): Dem Eigenen fremd, dem Anderen vertraut. Über neurechte Perspektiven auf Islam und Muslime. In: V.S. Vukadinović (Hg.): Randgänge der Neuen Rechten. Philosophie, Minderheiten, Transnationalität. Bielefeld.
Hall, Stuart (1994): Rassismus und kulturelle Identität. Ausgewählte Schriften 2. Hamburg.
Hamas (2018): Hamas Covenant 1988. In: M. de Blois/A. Tucker: Israel on Trial. How International Law is Being misused to Deligitimize the State of Israel. Den Haag

Hammel, Andrew (2024): Narratives, Damned Lies, and Statitics. https://quillette.com/2024/02/13/narratives-damned-lies-and-statistics/ (letzter Zugriff: 15.2.24)

Hammerschmidt, Peter (2017): Klaus Barbie (1987). https://www.lexikon-der-politischen-strafprozesse.de/glossar/barbie-klaus/ (letzter Zugriff: 10.6.20)

Hankel, Gerd (2019): Ruanda, 25 Jahre später. Ein Völkermord und der Versuch seiner Aufarbeitung (Teil I). https://geschichtedergegenwart.ch/ruanda-25-jahre-spaeter-ein-voelkermord-und-der-versuch-seiner-aufarbeitung-teil-i/ (letzter Zugriff: 20.2.23)

Harkabi, Yehoshafat (1980): Das palästinensische Manifest und seine Bedeutung. Stuttgart.

Ders. (2017) [1972]: Arab Attitudes to Israel. New York.

Harstel, Andreas (2021): Das Gründungsdokument des Postkolonialismus. Edward Saids *Orientalism* und Israel. In: Hallische Jahrbücher #1: Die Untiefen des Postkolonialismus. Berlin.

Hashemi-Rafsanjani, Akbar (2001): Qods Day Speech (Jerusalem Day). https://www.globalsecurity.org/wmd/library/news/iran/2001/011214-text.html (letzter Zugriff: 10.6.20)

Hasselmann, Donata (2020): Was ist struktureller Rassismus? https://mediendienst-integration.de/artikel/was-ist-struktureller-rassismus.html (letzter Zugriff: 21.2.21)

Haury, Thomas (1992): Zur Logik des bundesdeutschen Antizionismus. In: L. Poliakov: Vom Antizionismus zum Antisemitismus. Freiburg i.Br.

Ders. (2002): Antisemitismus von links. Kommunistische Ideologie, Nationalismus und Antizionismus in der frühen DDR. Hamburg.

Hauskeller, Christine (2000): Das paradoxe Subjekt. Widerstand und Unterwerfung bei Judith Butler und Michel Foucault. Tübingen.

Hebauf, Hendrik (2022): Grenzen der »Bio-Macht«. Zum Verhältnis von Moderne, Holocaust und Antisemitismus in Theorien der Biopolitik. In: I. Elbe/K. Henkelmann/A. Stahl u.a. (Hg.): Probleme des Antirassismus. Postkoloniale Studien, Critical Whiteness und Intersektionalitätsforschung in der Kritik. Berlin.

Ders. (2023): Dirk Moses und die »Katechismus-Debatte«: Wandlungen im Holocaustverständnis. Unv. Ms.

Hegener, Wolfgang (2004): Erlösung durch Vernichtung. Zur Psychoanalyse des christlichen Antisemitismus. Frankfurt/M.

Heinisch, Heiko/Scholz, Nina (2012): Europa, Menschenrechte und Islam – ein Kulturkampf? Wien.

Dies. (2019): Alles für Allah. Wie der politische Islam unsere Gesellschaft verändert. Wien/Graz.

Heinrich, Michael (2005): Kritik der politischen Ökonomie. Eine Einführung. 3. Aufl. Stuttgart.

Herbert, Ulrich (1987): Arbeit und Vernichtung. Ökonomisches Interesse und Primat der »Weltanschauung« im Nationalsozialismus. In: D. Diner (Hg.): Ist der Nationalsozialismus Geschichte? Zu Historisierung und Historikerstreit. Frankfurt/M.

Ders. (1991): Rassismus und rationales Kalkül. Zum Stellenwert utilitaristisch verbrämter Legitimationsstrategien in der NS-»Weltanschauung«. In: W. Schneider (Hg.): »Vernichtungspolitik«. Eine Debatte über den Zusammenhang von Sozialpolitik und Genozid im nationalsozialistischen Deutschland. Hamburg.

Ders. (1998): Vernichtungspolitik. Neue Antworten und Fragen zur Geschichte des »Holocaust«. In: Ders. (Hg.): Nationalsozialistische Vernichtungspolitik. Neue Forschungen und Kontroversen. 2. Aufl. Frankfurt/M.

Ders. (2021): Wer waren die Nationalsozialisten? 3. Aufl. München.

Herdegen, Matthias (2023): Völkerrecht. 22., überarb. u. erw. Aufl. München.

Herder, Johann Gottfried (1985) [1784-1791]: Ideen zur Philosophie der Geschichte der Menschheit. Wiesbaden.

Herf, Jeffrey (2008) [2006]: The Jewish Enemy. Nazi Propaganda during World War II and the Holocaust. Cambridge/Ms./London.

Ders. (2019): Unerklärte Kriege gegen Israel. Die DDR und die westdeutsche Linke 1967-1989. Göttingen.

Ders. (2023): Vergleichende Perspektiven zu Antisemitismus, radikalem Antisemitismus während des Holocausts und amerikanischem weißem Rassismus. In: S. Grigat/J. Hoffmann/M. Seul/A. Stahl (Hg.): Erinnern als höchste Form des Vergessens? (Um-)Deutungen des Holocaust und der »Historikerstreit 2.0«, Berlin.

Hersh, Eitan/Royden, Laura (2021): Antisemitic Attitudes Across the Ideological Spectrum. https://www.eitanhersh.com/uploads/7/9/7/5/7975685/hersh_royden_antisemitism_040921.pdf (letzter Zugriff: 23.4.21)

Hirsh, David (2013): Hostility to Israel and Antisemitism: Toward a Sociological Approach. *Journal for the Study of Antisemitism*, 5. (https://research.gold.ac.uk/8734/1/hirsh.pdf) (letzter Zugriff: 17.2.21)

Ders. (2016): Why BDS is Antisemitic. https://engageonline.word-

press.com/2016/06/01/why-bds-is-antisemitic-david-hirsh/ (letzter Zugriff: 10.6.20)
Ders. (2018): Contemporary Left Antisemitism. New York.
Hirsch, Luise (2011): S. Sand: Die Erfindung des jüdischen Volkes. https://www.hsozkult.de/publicationreview/id/reb-14792 (letzter Zugriff: 7.1.24)
Hitler, Adolf (1943) [1925/27]: Mein Kampf. Zwei Bände in einem Band. 851.-855. Aufl. München.
Ders. (1980) [1920]: Warum sind wir Antisemiten? In: Ders.: Sämtliche Aufzeichnungen 1905-1924. München.
Ders. (1987) [1919]: Brief an Adolf Gemlich. In: D. Claussen (Hg.): Vom Judenhaß zum Antisemitismus. Materialien einer verleugneten Geschichte. Darmstadt.
Ders. (2018) [1945]: Politisches Testament. https://www.1000dokumente.de/ index.html?c=dokument_de&dokument=0228_hte&object=pdf&st=&l=de (letzter Zugriff: 30.1.24)
Hobbes, Thomas (1999) [1651]: Leviathan oder Stoff, Form und Gewalt eines kirchlichen und bürgerlichen Staates. 9. Aufl. Frankfurt/M.
Hobsbawm, Eric J. (1980) [1975]: Die Blütezeit des Kapitals. Eine Kulturgeschichte der Jahre 1848-1875. Frankfurt/M.
Hoerster, Norbert (2003): Ethik und Interesse. Stuttgart.
Hogh, Philip (2008): Antilogos Auschwitz. Eine Antwort auf Donatella di Cesare. In: Information Philosophie 2.
Holler, Martin (2010): »Like Jews?« The Nazi Persecution and Extermination of Soviet Roma Under the German Military Administration: A New Interpretation, Based on Soviet Sources. In: Dapim: Studies on the Holocaust No. 24
Holz, Klaus (2005): Die Gegenwart des Antisemitismus. Islamistische, demokratische und antizionistische Judenfeindschaft. Hamburg.
Ders. (2010) [2001]: Nationaler Antisemitismus. Wissenssoziologie einer Weltanschauung. Studienausgabe. Hamburg.
Ders. (2023): Über Antisemitismus: »Wir produzieren riesige blinde Flecken«. https://www.fr.de/kultur/gesellschaft/klaus-holz-ueber-antisemitismus-wir-produzieren-riesige-blinde-flecken-92574077.html? (letzter Zugriff: 13.11.23)
Holz, Klaus/Haury, Thomas (2021): Antisemitismus gegen Israel. Hamburg.
Holz, Klaus/Müller, Elfriede/Traverso, Enzo (2002): Schuld und Erinnerung. Die Shoah, der Nahostkonflikt und die Linke. https://jungle.world/artikel/2002/46/schuld-und-erinnerung (letzter Zugriff: 4-10.23)

Honneth, Axel (1994) [1986]: Kritik der Macht. Reflexionsstufen einer kritischen Gesellschaftstheorie. 2. Aufl. Frankfurt/M.

Ders. (1994b): Das Andere der Gerechtigkeit. Habermas und die ethische Herausforderung der Postmoderne. In: Deutsche Zeitschrift für Philosophie Nr. 42/2

Horkheimer, Max/Adorno, Theodor W. (1997) [1944/47]: Dialektik der Aufklärung. Philosophische Fragmente. In: M. Horkheimer: Gesammelte Schriften, Bd. 5. Frankfurt/M.

Hübl, Philipp (2021): »Struktureller Rassismus«. Ein irreführender Begriff. https://www.deutschlandfunkkultur.de/struktureller-rassismus-ein-irrefuehrender-begriff.2162.de.html? dram:article_id=494392 (letzter Zugriff: 23.3.21)

Huch, Tobias (2023): Israel – Das Grauen sichtbar gemacht. https://www.ruhrbarone.de/israel-das-grauen-sichtbar-gemacht/226516/ (letzter Zugriff: 14.11.23)

Hull, George (2022): Epistemic ethnonationalism: identity policing in neo-Traditionalism and Decoloniality theory. In: Acta Academica 54(3).

Hume, David (1989) [1739]: Ein Traktat über die menschliche Natur. Buch I. Über den Verstand. Hamburg.

Ders. (2005) [1748]: Eine Untersuchung über den menschlichen Verstand. Unv. Nachdruck der 12. Aufl. Hamburg.

Al-Husseini, Amin (2019): Islam – Judentum. Aufruf des Großmufti an die islamische Welt im Jahre 1937. In: Nazis und der Nahe Osten. Wie der islamische Antisemitismus entstand. Leipzig.

Identitäre Bewegung (2017): Kritik der Islamkritik. https://www.identitaere-bewegung.de/blog/kritik-der-islamkritik/ (letzter Zugriff: 25.2.21)

Ilany, Ofri (2020): Germany's pro-Israel Left Has a New Target in the Crosshairs: Jews. https://www.haaretz.com/world-news/.premium-germany-s-pro-israel-left-has-a-new-target-in-the-crosshairs-jews-1.8438634 (letzter Zugriff 22.7.20)

Jabotinsky, Vladimir Zeev (1983): Die palästinensischen Araber (1936). In: J. H. Schoeps (Hg.): Zionismus. Texte zu seiner Entwicklung. Wiesbaden.

Ders. (2021): Die jüdische Kriegsfront (1940). Freiburg/Wien.

Jäger, Herbert (1982) [1967]: Verbrechen unter totalitärer Herrschaft. Studien zur nationalsozialistischen Gewaltkriminalität. Neuauflage. Frankfurt/M.

Jikeli, Günther (2015): Antisemitic Attitudes among Muslims in Europe: A Survey Review. https://archive.jpr.org.uk/download?id=3523 (letzter Zugriff: 10.6.20)

Ders. (2020a) [2018]: Muslimischer Antisemitismus in Europa. Aktuelle Ergebnisse der empirischen Forschung. In: M. Grimm/B. Kahmann (Hg.): Antisemitismus im 21. Jahrhundert. Virulenz einer alten Feindschaft in Zeiten von Islamismus und Terror. 2. Aufl. Berlin.

Ders. (2020b): Antisemitismus unter Geflüchteten aus Syrien und dem Irak. Befunde einer qualitativen Erhebung. In: N. Hagen/T. Neuburger (Hg.): Antisemitismus in der Migrationsgesellschaft. Theoretische Überlegungen, empirische Fallbeispiele, pädagogische Praxis. Innsbruck.

Ders. (2020c): Assessing the Threat of Antisemitic Harassment and Attack in France. In: Journal of Contemporary Antisemitism. Vol. 3. No. 1. Spring.

Johnson, Alan (2022): On Amnesty's Antisemitic ›Apartheid‹ Report. https://fathomjournal.org/2022-introduction-enough-is-enough-on-amnestys-antisemitic-apartheid-report/ (letzter Zugriff: 11.9.23)

Ders. (2023): ›Progressives‹ and the Hamas Pogrom: An A-Z Guide. https://fathomjournal.org/progressives-and-the-hamas-pogrom-an-a-z-guide/ (letzter Zugriff: 11.10.23)

Jüdische Allgemeine (2019): Das Gerücht von der jüdischen Lobby. https://www.juedische-allgemeine.de/politik/das-geruecht-von-der-juedischen-lobby/ (letzter Zugriff: 11.6.21)

Kalyvas, Andreas (2018): Carl Schmitt's postcolonial imagination. In: Constellations No. 25.

Karsh, Efraim (2011): Palestine Betrayed. New Haven/London.

Katz, Steven T. (1981): The ›Unique‹ Intentionality of the Holocaust. In: Modern Judaism Vol. 1.

Ders. (1994): The Holocaust in Historical Context. Vol. 1: The Holocaust and Mass Death before the Modern Age. New York/Oxford.

Ders. (2019): The Holocaust and New World Slavery. A Comparative History. Cambridge.

Ders. (2020): Holocaust Studies. Critical Reflections. New York.

Ders. (2023): Gedanken über die ›Einzigartigkeit‹ des Holocaust. In: S. Grigat/J. Hoffmann/M. Seul/A. Stahl (Hg.): Erinnern als höchste Form des Vergessens? (Um-) Deutungen des Holocaust und der »Historikerstreit 2.0«. Berlin.

Kaube, Jürgen (2020): Alles in einem Topf. Ist dem in Deutschland vielgeehrten Philosophen Achille Mbembe Antisemitismus vorzuwerfen? In: FAZ, 20.4.2020

Keiten, Micha (2022): Warum Rassismustheorien an der Erklärung des Antisemitismus scheitern. In: I. Elbe/K. Henkelmann/A.

Stahl u.a. (Hg.): Probleme des Antirassismus. Postkoloniale Studien, Critical Whiteness und Intersektionalitätsforschung in der Kritik. Berlin.

Kelly, Natasha (2023): Tag des Gedenkens an die Opfer des Holocaust. Maafa – The African Holocaust. https://www.buendnisgegenrassismus.de/2023/01/27/maafa-the-african-holocaust/ (letzter Zugriff: 13.6.23)

Kendi, Ibram X. (2019): How to be an Antiracist. München.

Kepel, Gilles (2019) [2018]: Chaos. Die Krisen in Nordafrika und im Nahen Osten verstehen. München.

Kern, Lee (2023): Detailed Description of Hamas Massacre. https://leekern.substack.com/p/detailed-description-of-hamas-massacre? (letzter Zugriff: 19.11.23)

Kersting, Wolfgang (2007): Plädoyer für einen nüchternen Universalismus. https://www.humanrights.ch/cms/upload/pdf/070108_kersting_universalitaet.pdf (letzter Zugriff: 30.7.20)

Kettner Fabian (2009): Die Zeugen der Anklage. Traditionslinien in Enzo Traversos Gesellschaftskritik. http://www.rote-ruhr-uni.com/cms/texte/Die-Zeugen-der-Anklage (letzter Zugriff: 10.6.20)

Khawaja, Irfan (2018): Was will Edward Saids *Orientalismus*? In: Zeitschrift für kritische Sozialtheorie und Philosophie, Band 5/Heft 1.

KIgA (2021): Vorsicht Vorurteile! Antisemitismus im Alltag zu erkennen, ist manchmal gar nicht so einfach. https://m.facebook.com/kiga.berlin/photos/a.691109490913781/4126296707395025/?comment_id=4145537292137633&notif_id=1616590816743486&notif_t=feedback_reaction_generic&ref=notif (letzter Zugriff: 24.3.21)

Kirsch, Adam (2024): On Settler Colonialism. Ideology, Violence, and Justice. New York

Kirschnick, Sylke (2023): Linker Judenhass im geteilten Deutschland. https://www.sylke-kirschnick.de/2023/06/11/ linker-judenhass-im-geteilten-deutschland/ (letzter Zugriff: 29.8.23)

Kistenmacher, Olaf (2016): Arbeit und »jüdisches Kapital«. Antisemitische Aussagen in der KPD-Tageszeitung *Die Rote Fahne* während der Weimarer Republik. Bremen.

Klävers, Steffen (2018): Postkoloniale Normalisierung. Anmerkungen zur Debatte um eine koloniale Qualität von Nationalsozialismus und Holocaust. In: Zeitschrift für kritische Sozialtheorie und Philosophie, Band 5/Heft 1.

Ders. (2019): Decolonizing Auschwitz? Komparativ-postkoloniale Ansätze in der Holocaustforschung. Berlin.

Ders. (2022): Vergleichen, gleichsetzen, verkennen – Zur kolonialen Umdeutung des Holocaust im *Historikerstreit 2.0*. In: Zukunft. Die Diskussionszeitschrift für Politik, Gesellschaft und Kultur 02-03

Kloke, Martin (1990): Israel und die deutsche Linke. Zur Geschichte eines schwierigen Verhältnisses. Frankfurt/M.

Klug, Petra (2022): Frauenrechte im Nahen Osten: Ein bisschen Wind im Haar... https://taz.de/Frauenrechte-im-Nahen-Osten/!5874586/ (letzter Zugriff: 26.4.23)

Koch, Andreas (2016): Edward Said: Zionismus als rassistische Ideologie. In: M. Niehoff (Hg.): Nahostkonflikt kontrovers. Perspektiven für die politische Bildung. Frankfurt/M.

Koelgen, Birgit (2021): Theater der Welt in Düsseldorf – Was der Sand erzählt: »Pistes«. https://www.ddorf-aktuell.de/2021/06/27/theater-der-welt-in-duesseldorf-was-der-sand-erzaehlt-pistes-146646/ (letzter Zugriff: 13.6.23)

Kolchin, Peter (2002): Whiteness Studies: The New History of Race in America. In: The Journal of American History, Vol 89/No.1.

Kontorovich, Eugene (2017): Unsettled: A Global Study of Settlements in Occupied Territories. In: Journal of Legal Analysis, Volume 9, Issue 2, Winter. https://bit.ly/31fAVry (letzter Zugriff: 8.4.21)

Koopmans, Ruud (2013): Fundamentalismus und Fremdenfeindlichkeit. Muslime und Christen im europäischen Vergleich. https://bibliothek.wzb.eu/artikel/2013/f-18232.pdf (letzter Zugriff: 4.4.23)

Ders. (2020): Das verfallene Haus des Islam. Die religiösen Ursachen von Unfreiheit, Stagnation und Gewalt. München.

Koopmans, Ruud/Kanol, Eylem/Stolle, Dietlind (2021): Scriptural legitimation and the mobilisation of support for religious violence: experimental evidence across three religions and seven coutries.https://www.tandfonline.com/doi/full/10.1080/1369183X.2020.1822158 (letzter Zugriff: 26.4.21)

Koschorke, Albrecht (2022): Identität, Vulnerabilität und Ressentiment. Positionskämpfe in den Mittelschichten. In: Leviathan, 50. Jg., Nr. 3.

Kostner, Sandra (2019): Identitätslinke Läuterungsagenda. Welche Folgen hat sie für die Migrationsgesellschaften? In: Dies. (Hg.): Identitätslinke Läuterungsagenda. Eine Debatte zu den Folgen für Migrationsgesellschaften. Stuttgart.

Kramer, Martin (2001): Ivory Towers on Sand. The Failure of Middle Eastern Studies in America. Washington.

Krämer, Hans (2007): Kritik der Hermeneutik. Interpretationsphilosophie und Realismus. München.

Kreienbaum, Jonas (2010): »Vernichtungslager« in Deutsch-Südwestafrika? Zur Funktion der Konzentrationslager im Herero- und Namakrieg (1904-1908). In: Zeitschrift für Geschichtswissenschaft 12.

Ders. (2015): »Ein trauriges Fiasko!« Koloniale Konzentrationslager im südlichen Afrika 1900–1908. Hamburg.

Krishnan, Kavita (2023): Multipolarität – Das Mantra des Autoritarismus. https://emanzipation.org/2023/01/multipolaritaet-das-mantra-des-autoritarismus/ (letzter Zugriff: 7.6.23)

Kundrus, Birthe (2006): Kontinuitäten, Parallelen, Rezeptionen. Überlegungen zur »Kolonialisierung« des Nationalsozialismus. WerkstattGeschichte 43.

Dies. (2008): Entscheidende Unterschiede. Für die Frage nach den Verbindungen zwischen Kolonialismus und NS ist der Genozid-Begriff wenig hilfreich. https://www.freiburg-postkolonial.de/Seiten/iz3w2008-KD-Kundrus.htm (letzter Zugriff: 10.8.22)

Dies. (2018): »Dieser Krieg ist der große Rassenkrieg«. Krieg und Holocaust in Europa. München.

Dies./Strotbek, Henning (2006): »Genozid«. Grenzen und Möglichkeiten eines Forschungsbegriffs – ein Literaturbericht. In: Neue Politische Literatur Jg. 51

Küntzel, Matthias (2003): Djihad und Judenhaß. Über den neuen antijüdischen Krieg. Freiburg i.Br.

Ders. (2007): Islamischer Antisemitismus und deutsche Politik. Heimliches Einverständnis? Berlin.

Ders. (2019): Nazis und der Nahe Osten. Wie der islamische Antisemitismus entstand. Leipzig.

Ders. (2020) [2018]: Islamischer Antisemitismus als Forschungsbereich. Über Versäumnisse der Antisemitismusforschung in Deutschland. In: M. Grimm/B. Kahmann (Hg.): Antisemitismus im 21. Jahrhundert. Virulenz einer alten Feindschaft in Zeiten von Islamismus und Terror. 2. Aufl. Berlin.

Labude, David (2017a): Bildung für die nächste Generation. http://www.mideastfreedomforum.org/fileadmin/editors_de/Broschueren/mffb_broschuere_textbuecher.pdf (letzter Zugriff: 8.4.21)

Ders. (2017b): Nachkriegsdiplomatie. In: DIG (Hg.): Der Sechstagekrieg. Ursachen. Verlauf, Folgen. https://www.deutsch-israelische-gesellschaft.de/download/der-sechstagekrieg/ (letzter Zugriff: 5.7.23)

Ders. (2017c): Die Vorgeschichte des Sechstagekrieges. In: ebd.
Lafontaine, Oskar (2006): »Wir können nicht warten, bis Bush etwas merkt«. https://www.linksfraktion.de/themen/nachrichten/detail/wir-koennen-nicht-warten-bis-bush-etwas-merkt/ (letzter Zugriff: 21.9.23)
Lagodinsky, Sergey (2009): Kommentar zum Vortrag von Juliane Wetzel »Judenfeindschaft unter Muslimen in Europa«. In: W. Benz (Hg.): Islamfeindlichkeit und ihr Kontext. Dokumentationd er Konferenz »Feindbild Muslim – Feindbild Jude«. Berlin.
Lal, Vinay (2005): The concentration camp and development: the pasts and future of genocide. In: Patterns of Prejudice, Vol. 39, No. 2.
Land, Thomas (2023a): Der Abolitionismus von Daniel Loick und Vanessa E. Thompson. https://www.rote-ruhr-uni.com/cms/texte-und-vortrage/article/der-abolitionismus-von-daniel-loick-und-vanessa-e-thompson (letzter Zugriff: 19.11.23)
Ders. (2023b): Die Freiheit der Barbarei. https://jungle.world/artikel/2023/46/die-freiheit-der-barbarei (letzter Zugriff: 19.11.23)
Landes, Richard (2007): Edward Said and the Culture of Honour and Shame: *Orientalism* and Our Misperceptions of the Arab-Israeli Conflict. In: Israeli Affairs13:4.
Ders. (2016): Jihad. In: C. Nelson: Dreams Deferred. A Concise Guide to the Israeli-Palestinian Conflict & the Movement to Boycott Israel. Bloomington.
Ders. (2018): Desorientiert durch Said. Die Auswirkung des Postkolonialismus auf den geistigen Dschihad des 21. Jahrhunderts. In: Zeitschrift für kritische Sozialtheorie und Philosophie, Band 5/Heft 1.
Lantos, Tom (2002): The Durban Debacle. An Insider's View of the UN World Conference Against Racism. In: The Flechter Forum of World Affairs Vol. 26/Issue 1.
Lapidot, Elad (2021): Anti-Anti-Semitismus. Eine philosophische Kritik. Berlin.
Laplanche, Jean/Pontalis, Jean-Bertrand (1994) [1967]: Das Vokabular der Psychoanalyse. 12. Aufl. Frankfurt/M.
Le Monde (2023): Anti-Semitic acts in France rise to 1,500 since October 7. https://www.lemonde.fr/en/international/article/2023/11/14/anti-semitic-acts-in-france-rise-to-1-500-since-october-7_6253987_4.html# (letzter Zugriff: 7.1.24)
Leanza, Matthias/Paul, Axel T. (2022): Wie der Kolonialismus sich (nicht) denken lässt. In: Soziologie, 51. Jg., Heft 4.
Lehnstaedt, Stephan (2017): Der Kern des Holocaust. Belzec, Sobibor, Treblinka und die Aktion Reinhardt. München.

Lelle, Nikolas/Uhlig, Tom (2020): Das diskrete Pathos wissenschaftlicher Antisemitismusverharmlosung. Über offene Briefe, »Israelkritik« und den »Streitfall« Antisemitismus. https://www.belltower.news/antisemitismus-ueber-offene-briefe-israelkritik-und-den-streitfall-antisemitismus-102163/ (letzter Zugriff: 4.8.20)

Lemke, Thomas (1997): Eine Kritik der politischen Vernunft. Foucaults Analyse der modernen Gouvernementalität. Hamburg.

Lenhard, Philipp (2012): Aufstand gegen das Gesetz. Zur Kritik des Neopaulinismus von Badiou, Agamben und Zizek. In: Widerspruch. Münchner Zeitschrift für Philosophie. Nr. 55

Ders. (2021): »Weiße Juden«. Zum Unterschied von Rassismus und Antisemitismus. In: u.a. (Hg.): Hallische Jahrbücher #1: Die Untiefen des Postkolonialismus. Berlin.

Lewis, Bernard (1992) [1990]: Race and Slavery in the Middle East. An Historical Enquiry. New York/Oxford.

Ders. (2003): Die Wut in der arabischen Welt. Warum der jahrhundertelange Konflikt zwischen dem Islam und dem Westen weiter eskaliert. Frankfurt/M./New York.

Ders. (2004) [1984]: Die Juden in der islamischen Welt. Vom frühen Mittelalter bis ins 20. Jahrhundert. München.

Lindner, Kolja (2020): Mastererzählung auf tönernen Füßen. Über Houria Bouteldjas »Whites, Jews, and Us. Towards a Politics of Revolutionary Love«. In: Texte zur Kunst, Nr. 119.

Lindner, Urs (2014): Soziale Strukturen, generative Mechanismen und das gute Leben. *Critical Realism* als Philosophie der Sozialwissenschaften. In: Zeitschrift für kritische Sozialtheorie und Philosophie, Bd. 1/Heft 2.

Linfield, Susie (2023): The Return of the Progressive Atrocity. https://quillette.com/2023/11/18/the-return-of-the-progressive-atrocity/ (letzter Zugriff: 18.11.23)

Liska, Vivian (2021) [2016]: Prekäres Erbe. Deutsch-jüdisches Denken und sein Fortleben, Göttingen.

Litvak, Meir/Webman, Esther (2009): From Empathy to Denial. Arab Responses to the Holocaust. New York.

Loick, Daniel (2017): Wir Flüchtlinge: Überlegungen zu einer Bürgerschaft jenseits des Nationalstaats. In: Leviathan. Berliner Zeitschrift für Sozialwissenschaft 4.

Löwenthal, Leo (1990): Falsche Propheten. Studien zur faschistischen Agitation. In: Ders.: Falsche Propheten. Studien zum Autoritarismus. Schriften 3. Frankfurt/M.

Lozowick, Yacoov (2000): Hitlers Bürokraten. Eichmann, seine

willigen Vollstrecker und die Banalität des Bösen. Zürich/München.
Ders. (2006) [2003]: Israels Existenzkampf. Eine moralische Verteidigung seiner Kriege. Bonn.
Lütt, Jürgen/Brechmann, Nicole/Hinz, Catherina/Kurz, Isolde (1998): Die Orientalismus-Debatte im Vergleich: Verlauf, Kritik, Schwerpunkte im indischen und arabischen Kontext. In: H. Kaelble/J. Schriewer (Hg.): Gesellschaften im Vergleich. Forschungen aus Sozial- und Geschichtswissenschaften. Frankfurt/M./u.a.
Maani, Sama (2015): Respektverweigerung. Warum wir fremde Kulturen nicht respektieren sollten. Und die eigene auch nicht. Sechs Essays. Klagenfurt/Wien/Celovec/Dunaj.
Maccoby, Hyam (2019) [1996]: Ein Pariavolk. Zur Anthropologie des Antisemitismus. Leipzig.
Ders. (2020) [2006]: Der Antisemitismus und die Moderne. Die Wiederkehr des alten Hasses. Leipzig.
Machunsky, Niklaas (2007): Alain Badiou – Meisterdenker des Ausnahmezustands. In: Prodomo Nr.7. https://www.rote-ruhr-uni.com/cms/IMG/pdf/alain_badiou-libre.pdf (letzter Zugriff: 17.1.23)
Ders. (2021): Aleida Assmann: Mythologin des Holocaust. In: sans phrase. Zeitschrift für Ideologiekritik. Heft 17/Winter 2020/21.
Maistre, Joseph de (2000) [1794]: Von der Souveränität. Ein Anti-Gesellschaftsvertrag. Berlin.
Malinowski, Stephan (2023): Die Logik der Täter. In: https://zeitung.faz.net/fas/feuilleton/2023-08-27/b3878584 100c 6841d25aad74fbb4479c/?GEPC=s74 (letzter Zugriff: 8.11.23)
Mallmann, Klaus-Michael/Cüppers, Martin (2011) [2006]: Halbmond und Hakenkreuz. Das Dritte Reich, die Araber und Palästina. 3. Aufl. Darmstadt.
Mamdani, Mahmood (2004): Good Muslim, Bad Muslim. America, the Cold War and the Roots of Terror. Kampala.
Ders. (2014): Palestine's South Africa Moment? Part 2. https://www.youtube.com/watch?v=yStY24A89P0&t=382s (letzter Zugriff: 30.3.21)
Maplestone, Zorro (2021): »Islamo-Gauchisme«. Die Strohmann-Rhetorik, die Frankreichs Kulturkriege nährt. https://www.belltower.news/islamo-gauchisme-die-strohmann-rhetorik-die-frankreichs-kulturkriege-naehrt-117929/ (letzter Zugriff: 12.9.23)
Margalit, Gilad (2000): The uniqueness of the Nazi persecution of the Gypsies. In: Romani Studies 5, Vol. 10, No. 2.

Markl, Florian (2017): Der Ursprung der Israel-Boykottbewegung. In: sans phrase. Zeitschrift für Ideologiekritik, Heft 11.
Ders. (2020a) [2018]: »Giftiges Natterngezücht«. Antisemitische Argumentationsmuster in der deutschsprachigen Medienberichterstattung über Israel. In: M. Grimm/B. Kahmann (Hg.): Antisemitismus im 21. Jahrhundert. Virulenz einer alten Feindschaft in Zeiten von Islamismus und Terror. 2. Aufl. Berlin.
Ders. (2020b): Besetzt – umstritten – annektiert? Jüdische Präsenz im Westjordanland. Völkerrechtliche Analyse. https://www.mena-watch.com/mena-watch-wissen-volkerrechtliche-analyse/ (letzter Zugriff: 8.4.21)
Ders. (2021): Hat die Fatah Israel anerkannt? https://www.mena-watch.com/hat-die-fatah-israel-anerkannt/?no_cache=1610430425 (letzter Zugriff: 17.2.21)
Ders. (2022): Erziehung zum Hass. Eine Analyse palästinensischer Schulbücher. https://www.mena-watch.com/wp-content/uploads/2022/09/erziehung-zum-hass-palaestinensische-schulbuecher-dossier.pdf (letzter Zugriff: 10.8.23)
Ders. (2023): Märchenstunde mit dem UNRWA-Chef. https://www.mena-watch.com/marchenstunde-unrwa-chef/ (letzter Zugriff: 9.8.23)
Ders. (2023b): Meron Mendel glaubt nur Statistiken, die er selbst erfunden hat. https://www.mena-watch.com/mendel-statistiken-erfunden/ (letzter Zugriff: 29.8.23)
Marty, Eric (2013): Alain Badiou und Israel. In: sans phrase. Zeitschrift für Ideologiekritik. Heft 2.
Ders. (2015): Radical French Thought and the Return of the »Jewish Question«, Indiana.
Marx, Karl (1993) [1867]: Das Kapital. Kritik der politischen Ökonomie. Erster Band. Buch I: Der Produktionsprozeß des Kapitals. MEW 23. 18. Aufl. Berlin.
Marz, Ulrike (2020): Kritik des Rassismus. Eine Einführung. Stuttgart.
Dies. (2023): Das Phantasma vom jüdischen Weltstaat. CARS Working Papers #011. Aachen.
Mathews, Peter (2020): Lohn der Angst. https://www.perlentaucher.de/intervention/das-regierungsprogramm-zur-rassismusbekaempfung-eine-kritik.html (letzter Zugriff: 25.8.23)
Mbembe, Achille (2008): What is postcolonial thinking? https://www.eurozine.com/what-is-postcolonial-thinking/# (letzter Zugriff: 26.1.2021)
Ders. (2011): Nekropolitik. In: M. Pieper u.a. (Hg.): Biopolitik – in der Debatte.Wiesbaden.

Ders. (2015): On Palestine. Apartheid Israel: The Politics of an Analogy. An Ebook by Africa is a Country. https://africaisacountry.atavist.com/apartheidanalogy (letzter Zugriff: 30.3.21)

Ders. (2016a): The society of enmity. In: Radical Philosophy 200, Nov/Dec. 2016. https://www.radicalphilosophyarchive.com/article/the-society-of-enmity/ (letzter Zugriff: 8.6.20)

Ders. (2016b) [2000]: Postkolonie. Zur politischen Vorstellungskraft im gegenwärtigen Afrika. Wien.

Ders. (2020a): »Diese Unterstellung trifft mich in meiner Seele«. https://www.deutschlandfunkkultur.de/achille-mbembe-antwortet-kritikern-diese-unterstellung.1013.de.html?dram:article_id=475398 (letzter Zugriff: 8.6.20)

Ders. (2020b): Die Welt reparieren. In: Die Zeit Nr. 18/2020

Ders. (2020c) [2016]: Politik der Feindschaft. 2. Aufl. Berlin.

Mc Clintock, Anne (1995): Introduction: Postcolonialism and the Angel of Progress. In: Dies.: Imperial Leather. Race, Gender and Sexuality in the Colonial Contest. London/New York.

Mecheril, Paul/Kooroshy, Shadi/Shure, Saphira (2018): Rassismus in der Migrationsgesellschaft. In: Neue. Praxis. Zeitschrift für Sozialarbeit, Sozialpädagogik und Sozialpolitik. Sonderheft 15.

Melber, Henning/Kößler, Reinhart (2020): Gegen Antisemitismus als Immunisierungsstrategie. In: Politik&Kultur, Nr.6/ Juni 2020.

Memri (2023): Hamas Official Mousa Abu Marzouk: The Tunnels In Gaza Were Built To Protect Hamas Fighters, Not Civilians. https://www.memri.org/reports/hamas-official-mousa-abu-marzouk-tunnels-gaza-were-built-protect-hamas-fighters-not (letzter Zugriff: 1.11.23)

Mendel, Meron (2023): Antizionismus und Antisemitismus: »Wir müssen einen Konsens finden«. Interview mit Anna Staroselski und Meron Mendel. https://taz.de/Antizionismus-und-Antisemitismus/!5927531/ (letzter Zugriff: 29.8.23)

Mernissi, Fatima (1987) [1975]: Geschlecht, Ideologie, Islam. München.

Michman, Dan (2014): The Jewish Dimension of the Holocaust in Dire Straits? Current Challenges of Interpretation and Scope. In: N. Goda (Hg.): Jewish Histories of the Holocaust. New Transnational Approaches. New York.

Ders. (2017): Adolf Hitler, the decision-Making Process leading to the »final solution of the Jewish Question«, and the grand Mufti of Jerusalem Hajj Amin al-Hussayni: the current state of research. Jerusalem.

Mignolo, Walter (2009): Dispensable and Bare Lives: Coloniality

and the Hidden Political/Economic Agenda of Modernity. Human Architecture. Vol 7/Issue 2.
Ders. (2019) [2006]: Epistemischer Ungehorsam. Rhetorik der Moderne, Logik der Kolonialität und Grammatik der Dekolonialität. Wien.
Miles, Robert (1991) [1989]: Rassismus. Einführung in die Geschichte und Theorie eines Begriffs. Hamburg.
Miller, David (2023): https://twitter.com/Tracking_Power/status/1689359912437006336?s=20 (letzter Zugriff: 1.9.23)
Moghissi, Haideh (1999): Feminism and Islamic Fundamentalism. The Limits of Postmodern Analysis. London.
Mohler, Armin (1987): Nachlese zur ›Postmoderne‹. In: Criticon Nr. 99.
Moller Okin, Susan (2010) [1998]: Konflikte zwischen Grundrechten. Frauenrechte und die Probleme religiöser und kultureller Unterschiede. In: S. Gosepath/G. Lohmann (Hg.): Philosophie der Menschenrechte. Frankfurt/M.
Momigliano, Anna (2014): Well-known Italian philosopher: ›I'd Like to Shoot Those Bastard Zionists‹. https://www.haaretz.com/.premium-id-like-to-shoot-those-bastard-zionists-1.5256424. (letzter Zugriff: 29.6.23)
monopol. Magazin für Kunst und Leben (2023): Was hat die Documenta den Kollektiven gebracht? https://www.monopol-magazin.de/was-hat-die-documenta-den-kollektiven-gebracht (letzter Zugriff: 29.9.23)
Morris, Benny (2001): Righteous Victims. A History of the Zionist-Arab Conflict 1881-2001. New York.
Ders. (2008a): Der erste arabisch-israelische Krieg. Interview mit Benny Morris. https://www.bpb.de/internationales/asien/israel/44999/interview-benny-morris?p=all (letzter Zugriff: 23.11.20)
Ders. (2008b): 1948. The First Arab-Israeli War. New Haven/ London.
Ders. (2008c): The Tangled Truth. https://newrepublic.com/article/64363/the-tangled-truth (letzter Zugriff: 31.10.23)
Ders. (2009): Explaining Transfer: Zionist Thinking and the Creation of the Palestinian Refugee Problem. In: R. Bessel/ C.B. Haake (Hg.): Removing Peoples. Forced Removal in the Moderm World. Oxford.
Ders. (2017): Israel Had No ›Expulsion Policy‹ Against the Palestinians in 1948. https://www.haaretz.com/life/books/.premium-israel-had-no-expulsion-policy-against-thepalestinians-in-1948-1.5436863 (letzter Zugriff: 23.11.20)

Ders. (2023): 1948. Der erste arabisch-israelische Krieg. Leipzig.
Ders. (2023b): Explaining Transfer: Zionistisches Denken und der Ursprung des palästinensischen Flüchtlingsproblems. https://www.mena-watch.com/zionistisches-denken-und-bevoelkerungstransfer/ (letzter Zugriff: 1.11.23)
Moses, A. Dirk (2008): Empire, Colony, Genocide. Keywords and the Philosophy of History. In: Ders. (Hg.): Empire, Colony, Genocide. Conquest, Occupation, and Subaltern Resistance in World History. New York.
Ders. (2010): Colonialism. In: P. Hayes/J.K. Roth (Hg.): The Oxford Handbook of Holocaust Studies. Oxford.
Ders. (2021): Der Katechismus der Deutschen. https://geschichtedergegenwart.ch/der-katechismus-der-deutschen/ (letzter Zugriff: 21.7.21)
Ders. (2021b): Dialectic of Vergangenheitsbewältigung. https://newfascismsyllabus.com/opinions/the-catechism-debate/dialectic-of-vergangenheitsbewaltigung/ (letzter Zugriff: 8.11.23)
Ders. (2023): https://twitter.com/mena_watch/status/1726978587293856203?s=46&t=Zu38D-ZyduvM2eoQvlzocg (letzter Zugriff: 7.1.24)
Motadel, David (2017): Für Prophet und Führer. Die Islamische Welt und das Dritte Reich. Stuttgart.
Ders. (2019): The Global Authoritarian Moment and the Revolt against Empire. In: American Historical Review. Vol. 124. Issue 3.
Mouffe, Chantal (2007): Über das Politische. Wider die kosmopolitische Illusion. 2. Aufl. Frankfurt/M.
Movement for Black Lives (2016): A Vision for Black Lives. Policy Demands for Black Power, Freedom, and Justice. https://web.archive.org/web/20160825165429/https://policy.m4bl.org/invest-divest/ (letzter Zugriff: 23.2.21)
Mühlen, Patrik von zur (1979) [1977]: Rassenideologien. Geschichte und Hintergründe. 2. Aufl. Berlin/Bonn.
Müller, Ingo (1989) [1987]: Furchtbare Juristen. Die unbewältigte Vergangenheit unserer Justiz. München.
Münker, Stefan/Roesler, Alexander (2012): Poststrukturalismus. 2. akt. u. erw. Aufl. Stuttgart/Weimar.
Münkler, Herfried (2010): Die neuen Kriege. 4. Aufl. Hamburg.
Nagel, Tilman (2014): Angst vor Allah? Auseinandersetzungen mit dem Islam. Berlin.
Ders. (2018): Was ist der Islam? Grundzüge einer Weltreligion. Berlin.

Ders. (2018b): Die erdrückende Last des ewig Gültigen. Der sunnitische Islam in dreißig Portraitskizzen. Bd. 1. Berlin.

Nancy, Jean-Luc (2018): Der ausgeschlossene Jude in uns. Zürich.

Nanda, Meera (2001) We are All Hybrids Now. The Dangerous Epistemology of Post-Colonial Populism. In: The Journal of Peasant Studies, 28:2

Naudh, H. [Heinrich G. Nordmann] (2016) [1880]: Professoren über Israel. In: W. Boehlich (Hg.): Der Berliner Antisemitismusstreit. Frankfurt/M.

Ndlovu-Gatsheni, Sabelo J. (2018): Epistemic Freedom in Africa. Deprovincialization and Decolonization. London.

Ders. (2020): Decolonization, Development and Knowledge in Africa. Turning Over a New Leaf. London/New York.

Neiman, Susan (2006): Das Böse denken. Eine andere Geschichte der Philosophie. Frankfurt/M.

Dies. (2021): Ignoranz aus Scham. https://www.zeit.de/2021/22/von-den-deutschen-lernen-susan-neiman-vergangenheitsaufarbeitung-antisemitismus/komplettansicht (letzter Zugriff: 27.12.23)

Nelson, Cary (2019): Israel Denial: Anti-Zionism, Anti-Semitism, & the Faculty Campaign Against the Jewish State. Indiana.

Neumann, Peter (2023): Hamas-Terror: Haben sie das Mitgefühl verlernt? In: Die Zeit, 25.10.2023.

Nietzsche, Friedrich (1988a) [1873]: Ueber Wahrheit und Lüge im aussermoralischen Sinne. In: Ders.: Kritische Studienausgabe Band 1, München/Berlin/New York.

Ders. (1988b) [1886]: Jenseits von Gut und Böse. Vorspiel einer Philosophie der Zukunft. In: Ders.: Kritische Studienausgabe Bd. 5, München/Berlin/New York.

Ders. (1988c) [1887]: Zur Genealogie der Moral. Eine Streitschrift. In: Ders.: Kritische Studienausgabe Bd. 5, München/Berlin/New York.

Ders. (1988d): Die fröhliche Wissenschaft. In: Ders. Kritische Studienausgabe Band 3, München/Berlin/New York.

Nirenberg, David (2015) [2013]: Anti-Judaismus. Eine andere Geschichte des westlichen Denkens, München.

Omer, Atalia (2019): Days of Awe. Reimagining Jewishness in Solidarity with Palestinians. Chicago/London.

ORF (2021): Ein Stein des Antoßes. https://orf.at/stories/3209 185/ (letzter Zugriff: 20.2.23)

Osterhammel, Jürgen (1997): Edward W. Said und die »Orientalismus«-Debatte. Ein Rückblick. In: asien afrika lateinamerika 25.

Ourghi, Abdel-Hakim (2023): Die Juden im Koran. Ein Zerrbild

mit fatalen Folgen. München.
Özyürek, Esra (2023): »So verfestigt sich der Hass«. https://www.zeit.de/sinn/2023-10/esra-oezyuerek-deutschland-nahostkonflikt-antisemitismus-muslime-soziologie/komplettansicht (letzter Zugriff: 8.11.23)
Pagano, John-Paul (2016): Anti-Racism Erases Anti-Semitism. In: Tablet-Mag, 21.6.2016. http://www.tabletmag.com/ jewish-news-and-politics/204990/anti-racism-erases-anti-semitism (letzter Zugriff: 8.6.20)
Palästina spricht (2023a): Gaza just broke out of Prison. https://twitter.com/PalestinSpricht/status/1710655880016 904332 (letzter Zugriff: 1.11.23)
Dies. (2023b): Palästina wird frei sein! https://www.facebook.com/photo?fbid=309551155045378&set=pcb.3095512283 78704 (letzter Zugriff: 19.10.23)
Dies. (2023c): A Lesson in Liberation from Palestine. https://www.facebook.com/PalastinaSpricht (Screenshot vom 5.11.2023)
Pardo, Eldad (2018): The New Palestinian Curriculum. https://www.impact-se.org/wp-content/uploads/The-New-PA-2018-Curriculum_Grades-1-12.pdf (letzter Zugriff: 8.4.21)
Paresky, Pamela (2021): Critical Race Theory and the ›Hyper-White‹ Jew. https://sapirjournal.org/social-justice/2021/05/ critical-race-theory-and-the-hyper-white-jew/ (letzter Zugriff: 3.7.22)
Paxton, Robert (2006) [2004]: Anatomie des Faschismus. München.
Penslar, Derek J. (2008): Zionism, colonialism and Postcolonialism. In: Journal of Israeli History: Politics, Society, Culture, 20:2-3
Pergher, Roberta/Roseman, Mark (2013): The Holocaust – an imperial genocide? In: *Dapim—Studies on the Holocaust* 27, No. 1.
Pfahl-Traughber, Armin (2020): »Islamophobie« und »Antimuslimischer Rassismus« – Dekonstruktion zweier Hegemoniekonzepte aus menschenrechtlicher Perspektive. In: Zeitschrift für Politik, 67. Jg., Heft 2.
Ders. (2021): Es gibt eine »Islamisierung«, aber keine »Verjudung« – Kritische Anmerkungen zu falschen Gleichsetzungen. https://www.hagalil.com/2021/03/islamisierung-verjudung/ (letzter Zugriff: 23.3.21)
Ders. (2023): Die zweite Charta der Hamas. https://www.hagalil.com/2023/10/zweite-charta-der-hamas/ (letzter Zugriff:

3.11.23)
Pfister, René (2023): Wie der Hass auf Israel intellektuell veredelt wird. https://www.spiegel.de/politik/deutschland/postcolonial-studies-wie-der-hass-auf-israel-intellektuell-veredelt-wird-a-d222da2c-c61d-4793-a82b-875f9e6b0732 (letzter Zugriff: 23.10.23)
Pinsker, Leon (1917) [1882]: »Auto-Emanzipation!«. Mahnruf an seine Stammesgenossen von einem russischen Juden. Berlin.
Piorkowski, Christoph David (2021): Vom Sinn und Unsinn des Holocaustvergleichs. In: Der Tagesspiegel, 18.9.2021
Piper, Ernst (2023): Das Problem ist nicht Philosemitismus, sondern ein israelfeindlicher Antisemitismus. https://www.freitag.de/autoren/ernst-piper/ernst-piper-widerspricht-susan-neiman-unser-problem-ist-nicht-philosemitismus (letzter Zugriff: 18.1.24)
Pluckrose, Helen/Lindsay, James (2022) [2020]: Zynische Theorien. Wie aktivistische Wissenschaft Race, Gender und Identität über alles stellt – und warum das niemandem nützt. München.
Pofalla, Boris (2023): Der Israelhass ist ein strukturelles Problem. https://www.welt.de/kultur/plus247900902/Rechtfertigung-des-Terrors-Der-Israelhass-ist-ein-strukturelles-Problem.html (letzter Zugriff: 11.10.23)
Pohl, Dieter (2011) [2008]: Die Herrschaft der Wehrmacht. Deutsche Militärbesatzung und einheimische Bevölkerung in der Sowjetunion 1941-1944. Frankfurt/M.
Pohl, Rolf (2006): Projektion und Wahn. Adorno und die Sozialpsychologie des Antisemitismus. In: J. Perels (Hg.): Leiden beredt werden lassen. Beiträge über das Denken Theodor W. Adornos. Hannover.
Ders. (2011): Ganz normale Massenmörder? Zum Normalitätsbegriff in der neueren NS-Täterforschung. In: Ders./M. Brunner/u.a. (Hg.): Volksgemeinschaft, Täterschaft und Antisemitismus- Beiträge zur Psychoanalytischen Sozialpsychologie des Nationalsozialismus und seiner Nachwirkungen. Gießen.
Polaschegg, Andrea (2005): Der andere Orientalismus. Regeln deutsch-morgenländischer Imagination im 19. Jahrhundert. Berlin.
Poliakov, Léon (1992) [1969]: Vom Antizionismus zum Antisemitismus. Freiburg i.Br.
Ders. (2022) [1983]: Von Moskau nach Beirut. Essay über die Desinformation. Freiburg i.Br./Wien.
Pollack, Eunice G. (2017): Foundation Myths of Anti-Zionism. In: Dies. (Hg.): From Antisemitism to Anti-Zionism. The Past and

Present of a Lethal Ideology. Boston.
POOL-Kollektiv/AK diskriminierungskritische Uni (2019): Statement. https://uol.de/fileadmin/user_upload/fachschaften/fsphilo/Hochschulpolitik/Statement_POOL_Kollektiv_AK_diskriminierungskritische_Uni.pdf (letzter Zugriff: 8.6.20)
Posener, Alan (2020a): Wann wird man den Juden Auschwitz verzeihen? https://starke-meinungen.de/blog/2020/06/30/ wann-wird-man-den-juden-auschwitz-verzeihen/?fbclid=IwAR18-0CrFRwuPJqcC7aZ3RdRaZZNShgcRvOzxLmw NYunOOpq3KwVaus-xBE (letzter Zugriff: 30.6.20)
Ders. (2020b): Der gute Herr Detjen und der böse Herr Klein. https://starke-meinungen.de/blog/2020/05/24/der-gute-herr-detjen-und-der-finstere-herr-klein/ (letzter Zugriff: 13.4.21)
Ders. (2021a): Institutionalisierte Israel-Diskriminierung. https://www.zeit.de/politik/ausland/2021-03/menschenrechte-israel-palaestina-un-antisemitismus-bds (letzter Zugriff: 17.3.21)
Ders. (2021b): Michael Rothberg und Jürgen Zimmerer. Akademische Zwerge verfälschen die Geschichte. https://starke-meinungen.de/blog/2021/04/03/michael-rothberg-und-juergen-zimmerer-akademische-zwerge-verfaelschen-die-geschichte/ (letzter Zugriff: 4.4.21)
Postone, Moishe (2000): Hannah Arendts *Eichmann in Jerusalem*: Die unaufgelöste Antinomie von Universalität und Besonderem. In: G. Smith (Hg.): Hannah Arendt revistited. *Eichmann in Jerusalem* und die Folgen. Frankfurt/M.
Ders. (2005) (1979): Antisemitismus und Nationalsozialismus. In: Ders.: Deutschland, die Linke und der Holocaust. Politische Interventionen. Freiburg i.Br.
Priester, Karin (1997): Rassismus und kulturelle Differenz. Münster.
Dies. (2003): Rassismus. Eine Sozialgeschichte. Leipzig.
Dies. (2014): Mystik und Politik. Ernesto Laclau, Chantal Mouffe und die radikale Demokratie. Würzburg.
PSR (2023): Public Opinion Poll No. 88. https://www.pcpsr.org/sites/default/files/Poll%2088%20English%20full%20text%20June%202023.pdf (letzter Zugriff: 29.11.23)
Puar, Jasbir (2007): Terrorist Assemblages: Homonationalism in Queer Times. Durham.
Qutb, Sayyid (2008): Our Struggle with the Jews. In: A.G. Bostom (ed.): The Legacy of Islamic Antisemitism. From Sacred Texts to Solemn History. Amherst/New York.

Rabe, Jens-Christian (2023): https://www.sueddeutsche.de/kultur/erinnerungskultur-tagung-ns-vebrechen-1.5740589?fbclid=IwAR049tqhnpE42NuHvysbnYKC96WtpOUZzxIwsgyeAjGHiNGbtMGV1SULxZc

Radai, Itamar (2022): The Palestinians in the 1948 War and recent historiography in Israel. In: Journal of Israeli History 7.6.2022. https://doi.org/10.1080/13531042.2021.2075107 (letzter Zugriff: 29.12.23)

Radcliffe Richards, Janet (1996): Why Feminist Epistemology isn't. In: P.R. Gross/N. Levitt/M. W. Leiws (Hg.): The Flight from Science and Reason. New York

Randall, David (2023): David Miller's Antisemitic Ideology. https://www.thesocialreview.co.uk/2023/08/21/david-millers-antisemitic-ideology/ (letzter Zugriff: 1.9.23)

Reemtsma, Jan Philipp (1995): Die Idee des Vernichtungskrieges. Clausewitz – Ludendorff – Hitler. In: H. Heer/K. Naumann (Hg.): Vernichtungskrieg. Verbrechen der Wehrmacht 1941-1944. 2. Aufl. Hamburg.

Rehmann, Jan (2004): Postmoderner Links-Nietzscheanismus. Deleuze&Foucault. Eine Dekonstruktion. Hamburg.

Reichardt, Sven (2009) [2002]: Faschistische Kampfbünde. Gewalt und Gemeinschaft im italienischen Squadrismus und in der deutschen SA. 2. Aufl. Köln/Weimar/Wien.

Reinhard, Wolfgang (2022): Vergessen, verdrängen oder vergegenwärtigen? https://zeitung.faz.net/faz/politik/2022-01-10/vergessen-verdraengen-oder-vergegenwaertigen/710853.html (letzter Zugriff: 20.2.23)

Reisin, Andrej (2023): Von wegen »doppelte Standards« in der deutschen Gaza-Krieg-Berichterstattung. https://uebermedien.de/90356/von-wegen-doppelte-standards-in-der-deutschen-gaza-krieg-berichterstattung/ (letzter Zugriff: 7.1.24)

Rensmann, Lars (1998): Kritische Theorie über den Antisemitismus. Studien zu Struktur, Erklärungspotential und Aktualität. Berlin-Hamburg.

Ders. (2001a): Die Erlösung der Nation I. Es reicht jetzt! In: Jungle World Nr.8/14.2.2001

Ders. (2001b): Die Erlösung der Nation II. Finkelstein, hilf! In: Jungle World Nr. 9/21.2.2001

Ders. (2005) [2004]: Demokratie und Judenbild. Antisemitismus in der politischen Kultur der Bundesrepublik Deutschland. 2. Aufl. Wiesbaden.

Ders. (2020): The Contemporary Globalization of Political Antisemitism: Three Political Spaces and the Global Mainstreaming of the »Jewish Question« in the Twenty-First Century. In: Journal of Contemporary Antisemitism Vol. 3, No. 1/Spring.

Ders. (2021): Israelbezogener Antisemitismus. Formen, Geschichte, empirische Befunde. https://www.bpb.de/politik/extremismus/ antisemitismus/326790/israelbezogener-antisemitismus (letzter Zugriff: 17.2.21)

Ders. (2022): The Politics and Ethics of Anti-Antisemitism: Lessons from the Frankfurt School. In: A. Lange/K. Mayerhofer/D. Porat u. a. (Hg.): Confronting Antisemitism from Perspectives of Philosophy and Social Sciences. Berlin.

Ders. (2023): Die »Jerusalemer Erklärung«. Eine Kritik aus Sicht der Antisemitismusforschung. In: A. Stahl/S. Grigat/J. Hoffmann/M. Seul (Hg.): Erinnern als höchste Form des Vergessens? (Um-)Deutungen des Holocaust und der »Historikerstreit 2.0«. Berlin.

Rensmann, Lars/Beyer, Heiko u.a. (2024): Antisemitismus in der Gesamtgesellschaft von Nordrhein-Westfalen im Jahr 2024. https://www.sozwiss.hhu.de/fileadmin/redaktion/Fakultaeten/Philosophische_Fakultaet/Sozialwissenschaften/Soziologie_IV/Dateien/Abschlussbericht_Antisemitismus_in_NRW_Beyer_Rensmann_et_al-1.pdf (letzter Zugriff: 16.11.24)

Rettig Gur, Haviv (2021): A hatred that dwells alone? Antisemitism debate cuts to heart of Zionist vision. https://www.timesofisrael.com/a-hatred-that-dwells-alone-antisemitism-debate-cuts-to-heart-of-zionist-vision/ (letzter Zugriff: 15.8.21)

Rickenbacher, Daniel (2020) [2018]: Der »jüdisch-westliche Krieg gegen den Islam« – Genealogie und Aktualität einer Verschwörungstheorie. In: M. Grimm/B. Kahmann (Hg.): Antisemitismus im 21. Jahrhundert. Virulenz einer alten Feindschaft in Zeiten von Islamismus und Terror. 2. Aufl. Berlin.

Ders. (2020b): Grundlagen und Formen der Annäherung zwischen dem Islamismus und der radikalen »globalen Linken« nach 9/11. In: N. Hagen/T. Neuburger (Hg.): Antisemitismus in der Migrationsgesellschaft. Theoretische Überlegungen, Empirische Fallbeispiele, Pädagogische Praxis, Innsbruck.

Rickermann, Jan (2018): Die »letzte Sinnlosigkeit«. Zur Kritik des Kommenden Politischen Existentialismus bei Giorgio Agamben (v.a. Abschnitt »Shoah und Biopolitik«). In: Zeitschrift für kritische Sozialtheorie und Philosophie, Band 5/Heft 2

Riebe, Jan (2023): Rechte Praxis und Strategiedebatten. Multikulti von rechts? https://www.belltower.news/rechte-praxis-und-strategiedebatten-multikulti-von-rechts-148487/ (letzter Zugriff:

2.5.23)
Robinson, Jacob (1970): Psychoanalysis in a Vacuum. Bruno Bettelheim and the Holocaust. New York.
Römer, Felix (2017): Die narzisstische Volksgemeinschaft. Theodor Habichts Kampf 1914-1944. Frankfurt/M.
Rosenfeld, Alvin H. (2015) [2011]: Das Ende des Holocaust. Göttingen.
Rosenfeld, Gavriel (1999): The Politics of Uniqueness. Reflections on the Recent Polemical Turn in Holocaust and Genocide Scholarship. In: Holocaust and Genocide Studies, January 1999.
Rothberg, Michael (2001): W.E.B. Du Bois in Warsaw: Holocaust Memory and the Color Line, 1949-1952. In: The Yale Journal of Criticism. Vol. 14/No.1.
Ders. (2009): Multidirectional Memory. Remembering the Holocaust in the Age of Decolonization. Stanford.
Ders. (2011): From Gaza to Warsaw: Mapping Multidirectional Memory. In: Criticism. Fall, Vol. 53/No.4.
Ders. (2020): Das Gespenst des Vergleichs. https://www.goethe.de/ prj/lat/de/dis/21864662.html (letzter Zugriff: 23.7.20)
Ders. (2021): Multidirektionale Erinnerung. Holocaustgedenken im Zeitalter der Dekolonisierung. Bonn.
Ders. (2021b): Facebook-Post vom 5.3.2021. https://www.facebook.com/profile/100001188544393/search/?q=organized%20campaign (letzter Zugriff: 31.10.23)
Rothberg, Michael/Cheyette, Bryan (2019): Relational Thinking: A Dialogue on the Theory and Politics of Research on Antisemitism and Racism. In: Lernen aus der Geschichte. Magazin, 27.11.2019. http://lernen-aus-der-geschichte.de/ Lernen-und-Lehren/Magazin/14649 (letzter Zugriff: 8.6.20)
Rothberg, Michael/Zimmerer, Jürgen (2021): Enttabuisiert den Vergleich! Die Zeit Nr. 14, 31.3.21
Rubinstein, Amnon (2001): Geschichte des Zionismus. Von Theodor Herzl bis heute. München.
Saar, Martin (2009): Genealogische Kritik. In: R. Jaeggi/T. Wesche (Hg.): Was ist Kritik? Frankfurt/M.
Sabel, Robbie (2022): International Law and the Arab-Israeli Conflict. Cambridge.
Safian, Alex (2012): Deconstructing »Israeli Apartheid«. https://www.camera.org/article/deconstructing-israeli-apartheid/ (letzter Zugriff: 16.8.23)
Ders. (2021): Human Rights Watch's New Report A Dud As Anti-Israel Charges Fizzle. https://www.camera.org/article/human-rights-watchs-new-report-a-dud-as-anti-israel-charges-fizzle/

(letzter Zugriff: 11.9.23)
Ders. (2022): Amnesty International's Big Lie About Israel. https://www.camera.org/article/amnesty-internationals-big-lie-about-israel/ (letzter Zugriff: 11.9.23)
Said, Edward (1980) [1979]: The Question of Palestine. New York.
Ders. (2017) [1978]: Orientalismus. 5. Aufl. Frankfurt/M.
Salzborn, Samuel/Kahlweiß, Luzie (2012): »Islamophobie« als politischer Kampfbegriff. Zur konzeptionellen und empirischen Kritik des Islamophobiebegriffs. In: Jahrbuch für Extremismus- und Terrorismusforschung 2011/2012 (II)
Salzborn, Samuel (2010b): Antisemitismus und Nation. Zur historischen Genese der sozialwissenschaftlichen Theoriebildung. In: Österreichische Zeitschrift für Politikwissenschaft. 39. Jg., Heft 4.
Ders. (2018): Globaler Antisemitismus. Eine Spurensuche in den Abgründen der Moderne. Weinheim/Basel.
Samuels, Maurice (2016): Alain Badiou and Antisemitism. In: L. Brozgal/S. Kippur (Hg.): Being Contemporary: French Literature, Culture and Politics Today, Liverpool.
Sarsour, Linda (2017): »On Antisemitism: Solidarity and the Struggle for Justice«. https://www.facebook.com/JewishVoiceforPeace/videos/10156056191824992 (letzter Zugriff: 8.6.20)
Sartre, Jean-Paul (1994) [1946]: Überlegungen zur Judenfrage. In: Ders.: Überlegungen zur Judenfrage. Hamburg.
Satloff, Robert (2021): What's wrong with the NY Times' report on children's deaths? So much. https://blogs.timesofisrael.com/what-was-wrong-with-the-ny-times-report-on-childrens-deaths-so-much/ (letzter Zugriff: 4.2.22)
Schäfer, Michael (1994): Die »Rationalität« des Nationalsozialismus. Zur Kritik philosophischer Faschismustheorien am Beispiel der Kritischen Theorie. Weinheim.
Schäfer, Peter (2010): Judenhaß und Judenfurcht. Die Entstehung des Antisemitismus in der Antike. Berlin.
Schapira, Israel (1927): Der Antisemitismus in der französischen Literatur. Edouard Drumont und seine Quellen. Berlin.
Scheit, Gerhard (2020a): Der unbewaffnete Weltsouverän und die Bewaffnung des Gegengestors (Theorie des Zionismus, Kritik des Antizionismus, Teil 3). In: sans phrase. Zeitschrift für Ideologiekritik, Heft 16/Sommer
Ders. (2020b): Dekonstruktion »jüdischer Souveränität« als »ehrbarer Antisemitismus«. Judith Butler liest Hannah Arendt. In: N.

Hagen/T. Neuburger (Hg.): Antisemitismus in der Migrationsgesellschaft. Theoretische Überlegungen, Empirische Fallbeispiele, Pädagogische Praxis, Innsbruck https://www.uibk.ac.at/iup/buch_pdfs/antisemitismus/10.1520399106-015-4-05.pdf (letzter Zugriff 17.1.23)

Scherschel, Karin (2006): Rassismus als flexible symbolische Ressource. Eine Studie über rassistische Argumentationsfiguren. Bielefeld.

Schiffauer, Werner (2009): Es geht nicht um einen Dialog. Integrationsgipfel, Islamkonferenz und Anti-Islamismus. Werner Schiffauer und Manuela Bojadzijev im Gespräch. In: S. Hess/J. Binder/J. Moser (Hg.): No Integration?! Kulturwissenschaftliche Beiträge zur Integrationsdebatte in Europa. Bielefeld.

Schindler, Frederik (2020): Bagatellisierung des Judenhasses. In: Welt am Sonntag, 26.7.2020.

Ders. (2023a): Besondere Verantwortung für das jüdische Volk? Die Deutschen sind gespalten. https://www.welt.de/politik/deutschland/article245315650/ Israel-Besondere-Verantwortung-fuer-das-juedische-Volk-Deutschen-gespalten.html (letzter Zugriff: 15.5.23)

Ders. (2023b): Wenn linke Studenten die rechtsextreme »Schuldkult«-Legende neu aufwärmen. https://www.welt.de/debatte/kommentare/article248081004/ Anti-Israel-Demo-Berlin-Linke-Studenten-und-die-Schuldkult-Legende.html (letzter Zugriff: 23.10.23)

Schmid, Thomas (2020): Politik der Feindschaft. Der Historiker Achille Mbembe ist in Deutschland preisgekrönt. Hat denn niemand sein perfides Werk gelesen? https://schmid.welt.de/2020/08/28/politik-der-feindschaft-der-historiker-achille-mbembe-ist-in-deutschland-preisgekroent-hat-denn-niemand-sein-perfides-werk-gelesen (letzter Zugriff: 18.9.23)

Schmitt, Carl (1934): Staat, Bewegung, Volk. Die Dreigliederung der politischen Einheit. 2. Aufl. Hamburg.

Ders. (1988) [1950]: Der Nomos der Erde im Völkerrecht des Jus Publicum Europaeum. 3. Aufl. Berlin.

Ders. (1991) [1945/47]: Glossarium. Aufzeichnungen der Jahre 1947-1951. Berlin.

Ders. (1995a) [1939/41]: Völkerrechtliche Großraumordnung mit Interventionsverbot für raumfremde Mächte. In: Ders.: Staat, Großraum, Nomos. Arbeiten aus den Jahren 1916-1969. Berlin.

Ders. (1995b) [1952]: Die Einheit der Welt. In: ebd.

Ders. (2002) [1932]: Der Begriff des Politischen. Text von 1932 mit einem Vorwort und drei Corollarien, 7. Aufl. 5. Nachdruck der Ausgabe von 1963. Berlin.

Ders. (2006) [1921]: Die Diktatur. Von den Anfängen des modernen Souveränitätsgedankens bis zum proletarischen Klassenkampf. 7. Aufl. Berlin.

Schmitt-Egner, Peter (1976): Wertgesetz und Rassismus. Zur begrifflichen Genesis kolonialer und faschistischer Bewußtseinsformen. In: Gesellschaft. Beiträge zur Marxschen Theorie 8/9. Frankfurt/M.

Schneider, Christoph (2011): Täter ohne Eigenschaften? Über die Tragweite sozialpsychologischer Modelle in der Holocaust-Forschung. In Mittelweg 36, 20. Jg., Okt./Nov.

Scholtz, Gunter (1997): Zum Historismusstreit in der Hermeneutik. In: Ders. (Hg.): Historismus am Ende des 20. Jahrhunderts. Eine internationale Diskussion. Berlin.

Schraub, David (2019): White Jews: An Intersectional Approach. In: AJS Review 43:3 (November 2019)

Schreiber, Konstantin (2020) [2019]: Kinder des Koran. Was muslimische Schüler lernen. Berlin

Schubert, Karsten (2020): »Political Correctness« als Sklavenmoral? Zur politischen Theorie der Privilegienkritik. In: Leviathan 48. Jg. Nr. 1.

Schuberth, Richard (2015): Bevor die Völker wussten, dass sie welche sind. Ethnizität, Nation, Kultur. Eine (antiessenzialistische) Einführung. Wien.

Ders. (2023): Der Orientalismus – Okzidentalismus – Zirkel. https://versorgerin.stwst.at/artikel/08-2023/der-orientalismus-okzidentalismus-zirkel (letzter Zugriff: 5.9.23)

Schuck, Hartwig (2012): Macht und Herrschaft. Eine realistische Analyse. In: I. Elbe/S. Ellmers/J. Eufinger (Hg.): Anonyme Herrschaft. Zur Struktur moderner Machtverhältnisse. Münster.

Schulz, Jörn (2017): ›Islamfaschismus‹ und Fundamentalismus. Begriffsprobleme am Beispiel des iranischen Regimes und des sunnitischen Islamismus. In: S. Grigat (Hg.): Isran, Israel, Deutschland. Antisemitismus, Außenhandel und Atomprogramm. Leipzig.

Schulze Wessel, Martin (2021): Zur Singularität des Holocaust. Eine Antwort auf Sebastian Conrad. In: Merkur, Nr. 869.

Schwarz-Friesel, Monika (2023): documenta fifteen: Eyes Wide Shut vor ostentativen Antisemitismen. In: RIAS Hessen (Hg.): documenta fifteen. »Es wurde eine dunkelrote Linie überschritten«. Marburg.

Schwarz-Friesel, Monika/Reinharz, Jehuda (2013): Die Sprache

der Judenfeindschaft im 21. Jahrhundert. Berlin.
Schwartz, Adi/Wilf, Einat (2022): Der Kampf um Rückkehr. Wie die westliche Nachsicht für den palästinensischen Traum den Frieden behindert hat. Leipzig.
Schweppenhäuser, Gerhard (2005): Die Antinomie des Universalismus. Zum moralphilosophischen Diskurs der Moderne. Würzburg.
Sebag Montefiore, Simon (2023): Das Narrativ der Dekolonialisierung ist gefährlich und falsch – es beschreibt weder die Gründung Israels noch die Tragödie der Palästinenser richtig. https://www.nzz.ch/feuilleton/narrativ-der-dekolonisierung-ist-gefaehrlich-und-falsch-ld.1764234 (letzter Zugriff: 11.11.23)
Seibel, Wolfgang (1998): Staatsstruktur und Massenmord. Was kann eine historisch-vergleichende Institutionenanalyse zur Erforschung des Holocaust beitragen? In: Geschichte und Gesellschaft 24.
Sellner, Martin (2021): Postkoloniale Angriffe auf den »Auschwitz-Mythos«. https://sezession.de/64268/postkoloniale-angriffe-auf-den-auschwitz-mythos (letzter Zugriff: 21.2.23)
Shapira, Anita (2016): The Debate over the »New Historians« in Israel. In: E. Ben-Rafael/J.H. Schoeps u.a. (Hg.): Handbook of Israel: Major Debates. Berlin/Boston.
Sharansky, Natan (2004): Antisemitismus in 3-D. https://www.hagalil.com/antisemitismus/europa/sharansky.htm (letzter Zugriff: 8.4.21)
Shooman, Yasemin (2018a): Islamfeindlichkeit – Rassismus unter dem Deckmantel der Religionskritik. https://de.qantara.de/inhalt/islamfeindlichkeit-rassismus-unter-dem-deckmantel-der-religionskritik (letzter Zugriff: 8.6.20)
Dies. (2018b): »Deutschenfeindlichkeit« – rechtsextremer Topos und Ausblendung von Machtverhältnissen. http://www.bpb.de/politik/extremismus/rechtsextremismus/266358/debattenbeitrag-dr-yasemin-shooman (letzter Zugriff: 8.6.20)
Sicher, Efraim (2011): The Image of Israel and Postcolonial Discourse in the Early 21st Century: A View from Britain. In: Israel Studies Volume 16/No. 1
Simmel, Ernst (1980) [1946]: Antisemitismus und Massen-Psychopathologie. In: H. Dahmer (Hg.): Analytische Sozialpsychologie Bd. 1. Frankfurt/M.
Slabodsky, Santiago (2014): Decolonial Judaism. Triumphal Failures of Barbaric Thinking. New York.
Ders. (2016): In Network: The Case For Decolonial Jewish

Thought. In: Politics and Religion No. 2/2016 Vol. X.
Slaby, Jan (2017): Affekt und Politik. Neue Dringlichkeiten in einem alten Problemfeld. In: Philosophische Rundschau 64.
Sociologists in Solidarity with Gaza and the Palestinian People (2023).https://docs.google.com/document/d/1wIKLuNYWre8jdV-tqqVJjz_GyM9_WasWjVuV9HSwazs/edit (letzter Zugriff: 15.1.24)
Spencer, Richard (2015): Moderate Sunni Islam leader blames Zionism and ›new colonialism‹ for Middle East collapse. https://www.telegraph.co.uk/news/worldnews/middleeast/ saudiarabia /11430829/Moderate-Sunni-Islam-leader-blames-Zionism-and-new-colonialism-for-Middle-East-collapse.html (letzter Zugriff 22.7.20)
Spiegel-Online (2020): Bundestag sieht Israels Annexionspläne »im Widerspruch zu internationalem Recht«. https://www.spiegel.de/politik/deutschland/israel-bundestag-kritisiert-annexionsplaene-fuer-das-westjordanland-scharf-a-3ba36583-20a8-4408-9c4b-65dd19311110 (letzter Zugriff: 20.7.23)
Spivak, Gayatri Chakravorty (2004): Terror: A Speech After 9-11. In: boundary 2 31:2.
SPME (Scholars for Peace in the Middle East) (o.J.): Das Israelbild in deutschen Schulbüchern. Oldenburg.
Dies. (2023): Hamas attack on Gaza unleashes global antisemitic onslaught. https://spme.org/boycotts-divestments-sanctions-bds/hamas-attack-on-gaza-unleashes-global-antisemitic-onslaught-universities-face-massive-bds-linked-antisemitism-from-students-and-faculty/27863/ (letzter Zugriff: 1.11.23)
Staff, Toi (2021): TV: Palestinians stocked rocks for Temple Mount riots, police caught unawares. https://www.timesofisrael.com/tv-palestinians-stocked-rocks-for-temple-mount-riots-police-caught-unawares/ (letzter Zugriff: 29.12.23)
State of Israel (2019): Behind the Mask. The Antisemitic Nature of BDS Exposed. https://www.gov.il/en/departments/general/behind_the_mask (letzter Zugriff: 16.8.23)
Steil, Armin (1984): Die imaginäre Revolte. Untersuchungen zur faschistischen Ideologie und ihrer theoretischen Vorbereitung. Marburg.
Steinbacher, Sybille (2022): Über Holocaustvergleiche und Kontinuitäten kolonialer Gewalt. In: Dies/N. Frei u.a.: Ein Verbrechen ohne Namen. Anmerkungen zum neuen Streit über den Holocaust. München.
Steinvorth, Ulrich (2002): Was ist Vernunft? Eine philosophische Einführung. München.

Stender, Wolfram (2023): Zwischen Kritik und Denunziation. In: Widersprüche 169

Sternberg, Yitzhak (2016): The Colonialism/Colonization Perspective on Zionism/Israel. In: E. Ben-Rafael/J.H. Schoeps u.a. (Hg.): Handbook of Israel: Major Debates. Berlin/Boston.

Stock, Kathleen (2022): Material Girls. Warum die Wirklichkeit für den Feminismus unerlässlich ist. Berlin.

Stögner, Karin (2020) [2018]: Natur als Ideologie. Zum Verhältnis von Antisemitismus und Sexismus. In: M. Grimm/B. Kahmann (Hg.): Antisemitismus im 21. Jahrhundert. Virulenz einer alten Feindschaft in Zeiten von Islamismus und Terror. Berlin.

Stop the Wall immediately (2003): https://web.archive.org/web/20040209034704/http://www.petitiononline.com/stw/ (letzter Zugriff: 8.6.20)

Stosberg, Tim (2021): Der arabisch-israelische Konflikt im Fokus postkolonialer Theorien. Eine kritische Rekonstruktion von Edward Saids »Zionism from the Standpoint of its Victims«. Masterarbeit. Frankfurt/M. (unv. Ms.)

Ders.: (2022): »Once Victims Themselves«: Edward Saids *Orientalism* als Wegbereiter des postkolonialen Antisemitismus. In: I. Elbe/ K. Henkelmann/A. Stahl u.a. (Hg.): Probleme des Antirassismus. Postkoloniale Studien, Critical Whiteness und Intersektionalitätsforschung in der Kritik, Berlin.

Strauss, Leo (2001) [1935]: Hobbes' politische Wissenschaft in ihrer Genesis. In: Ders.: Gesammelte Schriften. Bd. 3: Hobbes' politische Wissenschaft und zugehörige Schriften. Stuttgart/Weimar.

Strohschein, Juliane (2009) [2005]: Als *weiße* Studierende in einer *weißen* Universität. In: M. Eggers/G. Kilomba u.a. (Hg.): Mythen, Masken und Subjekte. Kritische Weißseinsforschung in Deutschland. 2. Aufl. Münster.

Sznaider, Natan (2022): Fluchtpunkte der Erinnerung. Über die Gegenwart von Holocaust und Kolonialismus. München.

Ders. (2022b): Gekaperte Erinnerung. https://www.juedische-allgemeine.de/kultur/gekaperte-erinnerung/ (letzter Zugriff: 2.1.24)

Tabarovsky, Izabella (2022): Demonization Blueprints: Soviet Conspiracist Antizionism in Contemporary Left-Wing Discourse. In: Journal of Contemporary Antisemitism, Vol 5/ No.1.

Tagesschau (2023a): Rücktrittsforderungen gegen US-Uni-Präsidentinnen. https://www.tagesschau.de/ausland/amerika/ unis-usa-genozid-juden-israel-100.html (letzter Zugriff: 17.12.23)

Dies. (2023b): Warum Erdogan die Hamas lobt. https://www.ta-

gesschau.de/ausland/asien/erdogan-israel-hamas-100.html (letzter Zugriff: 12.11.23)
Dies. (2023c): Erdogan vergleicht Netanyahu mit Hitler. https://www.tagesschau.de/ausland/erdogan-netanyahu-hitler-nahost-krieg-100.html (letzter Zugriff: 7.1.24)
Dies. (2024): Antisemitismus in Deutschland nimmt zu. https://www.tagesschau.de/inland/gesellschaft/antisemitismus-straftaten-102.html (letzter Zugriff: 26.1.24)
Tallis, Raymond (1995) [1988]: Not Saussure. A Critique of Post-Sausurrean Literary Theory. New York.
Tarach, Tilman (2022): Teuflische Allmacht. Über die verleugneten christlichen Wurzeln des modernen Antisemitismus und Antizionismus. Berlin/Freiburg.
Taylor, Blair (2016): Eine Linke ohne Aufklärung? Postkolonialismus in einer Epoche des Terrors. In: Phase 2. Zeitschrift gegen die Realität, Nr. 52.
Teitelbaum, Joshua/Litvak, Meir (2022) [2006]: Edward Said und seine Schüler. Eine Bestandsaufnahme des ›Orientalismus‹. In: I. Elbe/K. Henkelmann/A. Stahl u.a. (Hg.): Probleme des Antirassismus. Postkoloniale Studien, Critical Whiteness und Intersektionalitätsforschung in der Kritik. Berlin.
Terkessidis, Mark (1995): Kulturkampf. Volk, Nation, der Westen und die Neue Rechte. Köln.
Teschke, Benno (2007) [2003]: Mythos 1648. Klassen, Geopolitik und die Entstehung des europäischen Staatensystems. Münster.
The Times of Israel (2017): Fliers blaming Jews for social injustice found at Chicago university. https://www.timesofisrael.com/jewish-privilege-key-to-social-injustice-flyers-found-at-chicago-university (letzter Zugriff: 13.7.20)
Dies. (2019): Activist Sarsour says Israel built on idea of Jewish supremacy. https://www.timesofisrael.com/activist-sarsour-says-israel-built-on-idea-of-jewish-supremacy/ (letzter Zugriff: 25.3.21)
Thiel, Thomas (2019): Der Kurswechsel wird zum Kraftakt. In: FAZ, 17.12.2019.
Thiele, Anja (2021): Struktureller Antisemitismus von links – Das Beispiel DDR. https://www.belltower.news/tacheles-struktureller-antisemitismus-von-links-das-beispiel-ddr-112115/ (letzter Zugriff: 18.2.21)
Töllner, Axel (2022): Von christlichem Antijudaismus im modernen Antisemitismus. In: Zeitschrift für Religion, Gesellschaft und Politik Nr. 6, Heft 1.
Tooze, Adam (2005): Einfach verkalkuliert. https://taz.de/!635819/

(letzter Zugriff: 8.6.20)
Traverso, Enzo (2017) [2013]: Das Ende jüdischen Moderne. Geschichte einer konservativen Wende. Hamburg.
Trom, Danny (2007): La promesse et l'obstacle. La gauche radicale et le problème juif, Paris.
Tuck, Eve/Yang, K. Wayne (2012): Decolonization is not a metaphor. In: Decolonization: Indigeneity, Education&Society. Vol 1, No.1.
Ucar, Bülent (2017): Tendenziöse Islamdiskurse. In: Neue Zürcher Zeitung, 5.1.2017. https://www.nzz.ch/meinung/diskussionen-um-die-scharia-tendenzioese-islamdiskurse-ld.138123?fbclid (letzter Zugriff: 8.6.20)
Uhlig, Tom/Mendel, Meron (2017): Falsche Freunde, Falsche Feinde. Antisemitismus in postkolonialen Zusammenhängen. In: Lernen aus der Geschichte, 2.10.2017.
Ullrich, Peter/Kohlstruck, Michael (2015): Antisemitismus als Problem und Symbol. Phänomene und Interventionen in Berlin. https://depositonce.tu-berlin.de/bitstream/11303/4866/1/kohlstruck_et-al.pdf (letzter Zugriff: 8.6.20)
UN (2023): UN General Assembly. A/RES/194 (III) 11 December 1948. https://web.archive.org/web/20150506062438/domino.un.org/unispal.nsf/0/c758572b78d1cd0085256bcf0077e51a?OpenDocument (letzter Zugriff: 15.8.23)
UNHCR (2010): Convention and Protocol Relating to the Status of Refugees. https://www.unhcr.org/media/convention-and-protocol-relating-status-refugees (letzter Zugriff: 15.8.23)
UNRWA (2023a): FAQ zur UNRWA. https://www.unrwa.org/node/42581(letzter Zugriff: 15.8.23)
Dies. (2023b): Protection in Jordan. https://www.unrwa.org/activity/protection-jordan (letzter Zugriff: 15.8.23)
Veracini, Lorenzo (2018): Israel-Palestine Through a Settler-Colonial Studies Lense. Interventions. International Journal of Postcolonial Studies.
https://doi.org/10.1080/1369801X.2018.1547213 (letzter Zugriff: 5.1.24)
Vogt, Stefan (2017): Zionismusgeschichte und *postcolonial studies*. Überlegungen zu einem uneingestandenen Verwandtschaftsverhältnis. In: Werkstattgeschichte, Heft 76.
Volkov, Shulamit (2000) [1990]: Antisemitismus als kultureller Code. Zehn Essays. 2. Aufl. München.
Vukadinović, Vojin Saša (2019): Kann das weg? https://schweizermonat.ch/kann-das-weg/ (letzter Zugriff: 8.6.20)

Ders. (2020): Das rassistische Bedürfnis. Gender-Theorie, xenophile Projektion, narzisstische Kränkung. In: T. Amelung (Hg.): Irrwege. Analysen aktueller queerer Politik. Berlin.
Wagener, Volker (2017): Deutschland: Gute Integration – schlechte Integration. https://www.dw.com/de/deutschland-gute-integration-schlechte-integration/a-40240315 (letzter Zugriff: 18.8.20)
Walker, Jackie (2020): ›Why is the Nazi holocaust more important?‹ https://twitter.com/Jackiew80333500/status/1270256477886955528 (letzter Zugriff: 17.3.21)
Wallat, Hendrik (2012): Die Affirmation des ›Naturzustands‹. Nietzsches Ontologie der Herrschaft. In: I.Elbe/S.Ellmers/ J.Eufinger (Hg.): Anonyme Herrschaft – Zur Struktur moderner Machtverhältnisse. Münster.
Walz, Rainer (1995): Der vormoderne Antisemitismus: Religiöser Fanatismus oder Rassenwahn? In: Historische Zeitschrift, Bd. 260.
Watrobski, Kristina (2023): US student groups blame Israel after Hamas terrorist invasion: 'Act of liberation'. https://cbsaustin.com/ news/nation-world/us-student-groups-back-palestine-after-hamas-attack-the-apartheid-regime-is-to-blame-israel-middle-east-conflict-iran-terrorism-terrorist (letzter Zugriff: 7.1.24)
Weber, Fabian (2020): Projektionen auf den Zionismus. Nichtjüdische Wahrnehmungen des Zionismus im Deutschen Reich 1897-1933. Göttingen.
Wehler, Hans-Ulrich (1988): Entsorgung der deutschen Vergangenheit? Ein polemischer Essay zum Historikerstreit. München.
Ders. (1999): Die Herausforderung der Kulturgeschichte. München.
Weidner, Stefan (2019): Arabischer Antisemitismus im globalen Spannungsfeld. https://www.deutschlandfunk.de/neuer-antisemitismus-4-6-arabischer-antisemitismus-im-100.html (letzter Zugriff: 21.12.22)
Weigel, Bjoern (2009): Drumont, Edouard Adolphe. In: W. Benz (Hg.): Handbuch des Antisemitismus. Judenfeindschaft in Geschichte und Gegenwart. Band 2/1: Personen. Berlin.
Weinstock, Nathan (2019): Der zerrissene Faden. Wie die arabische Welt ihre Juden verlor: 1947-1967. Freiburg i.Br.
Weiß, Ulrich (1980): Das philosophische System von Thomas Hobbes. Stuttgart-Bad Canstatt.
Wendel, Hans-Jürgen (1989): Moderner Relativismus. Zur Kritik antirealistischer Sichtweisen des Erkenntnisproblems. Tübingen.
Wessels, Sebastian (2021): Im Schatten guter Absichten. Die postmoderne Wiederkehr des Rassendenkens. Wroclaw.

Ders. (2022a): Vorurteil plus Macht? Zur Inkohärenz des systemischen Rassismusbegriffs. In: In: I. Elbe/K. Henkelmann/A. Stahl u.a. (Hg.): Probleme des Antirassismus. Postkoloniale Studien, Critical Whiteness und Intersektionalitätsforschung in der Kritik. Berlin.
Ders. (2022b): Ferda Atamans Mitstreiter: Sie wollen alle Weißen des Rassismus überführen. In: https://www.berliner-zeitung.de/politik-gesellschaft/rassismus-detektive-im-auftrag-der-regierung-wenn-weisse-immer-die-taeter-sind-li.243542 (letzter Zugriff: 25.8.23)
Wetzel, Juliane (2012): Parallelen zwischen Antisemitismus und Islamfeindschaft heute. In: G. Botsch/O. Glöckner u.a. (Hg.): Islamophobie und Antisemitismus – ein umstrittener Vergleich. Berlin.
Weyand, Jan (2016): Historische Wissenssoziologie des modernen Antisemitismus. Genese und Typologie einer Wissensformation am Beispiel des deutschsprachigen Diskurses. Göttingen.
Wick, Lukas (2009): Islam und Verfassungsstaat. Theologische Versöhnung mit der politischen Moderne? Würzburg.
Wiedemann, Charlotte (2021): Lob der Verunsicherung. https://taz.de/Debatte-um-Erinnerungskultur/!5754783/ (letzter Zugriff: 17.3.21)
Wildt, Michael (2007): Volksgemeinschaft als Selbstermächtigung. Gewalt gegen Juden in der deutschen Provinz 1919-1939. Hamburg.
Ders. (2008) [2002]: Generation des Unbedingten. Das Führungskorps des Reichssicherheitshauptamtes. 2. Aufl. Hamburg.
Winter, Ofir/Barak, Michael (2023): From Moderate Islam to Radical Islam? Al-Azhar Stands with Hamas. https://www.inss.org.il/publication/al-azhar/ (letzter Zugriff: 24.12.23)
Wisse, Ruth (2017): The Functions of Anti-Semitism. In: National Affairs/Fall. https://www.nationalaffairs.com/publications/detail/the-functions-of-anti-semitism (letzter Zugriff: 29.12.22)
Wistrich, Robert (1987) [1985]: Der antisemitische Wahn. Von Hitler bis zum Heiligen Krieg gegen Israel. Ismaning bei München.
Ders. (2012): Muslimischer Antisemitismus. Eine aktuelle Gefahr. 2. durchges. Aufl., Berlin.
Wittler, Kathrin (2013): »Muselmann«. Anmerkungen zur Geschichte einer Bezeichnung. In: Zeitschrift für Geschichtswissenschaft 61/Heft 12.
Wolfe, Patrick (2006): Settler colonialism and the elimination of the native. In: Journal of Genocide Research, 8:4.

Ders. (2013): Recuperating Binarism: a heretical introduction. In: Settler Colonial Studies, 3:3-4.
Wolffsohn, Michael (2020): Der Israel-Vergleich von Achille Mbembe bestätigt das verbreitete antisemitisch-antizionistische Muster der Linken. In: NZZ, 28.4.2020
Ders. (2022): Eine andere jüdische Weltgeschichte. Freiburg i.Br.
Wolter, Udo (2008): Die Würde des Islam ist unantastbar. https://jungle.world/artikel/2008/32/die-wuerde-des-islam-ist-unantastbar (letzter Zugriff: 12.10.23)
World Social Forum (2016): Terrorizm, Wahhabism, Zionism. https://www.cbc.ca/news/canada/montreal/mps-call-world-social-forum-cartoon-anti-semitic-1.3713169 (letzter Zugriff: 25.9.23)
Wuliger, Michael (2019): Welche Farbe haben die Juden? Online: https://www.juedische-allgemeine.de/kultur/welche-farbe-haben-juden (letzter Zugriff: 15.1.23)
Yakira, Elhanan (2010): Post-Zionism, Post-Holocaust. Three Essays in Denial, Forgetting, and the Delegitimation of Israel. Cambridge.
Yakobson, Alexander/Rubinstein, Amnon (2010): Israel and the Family of Nations. The Jewish nation-state and human rights, New York.
Dies. (2022): Zionismus als kolonialistisches Phänomen? Kolonialismus und imperialistische Unterstützung. In: I. Elbe/ K. Henkelmann/A. Stahl u.a. (Hg.): Probleme des Antirassismus. Postkoloniale Studien, Critical Whiteness und Intersektionalitätsforschung in der Kritik, Berlin.
Yancey-Bragg, N'Dea (2021): What is systemic racism? Here's what it means and how you can help dismantle it. https://eu.usatoday.com/story/news/nation/2020/06/15/systemic-racism-what-does-mean/5343549002/ (letzter Zugriff: 8.3.21)
Yemini, Ben-Dror (2017) [2014]: Industry of Lies. Media, Academia, and the Israeli-Arab Conflict. Oxford.
Yeòr, Bat (Gisèle Littman) (2005) [1991]: Der Niedergang des orientalischen Christentums unter dem Islam. 7.-20. Jahrhundert. Zwischen Dschihad und *Dhimmitude*. 2. Aufl., Gräfelfing.
Youtube (2021): Covid, Climate, Chronic Emergency: Antinomies of the State | Red May 2021. https://www.youtube.com/live/p_pamp3oi78?feature=share (letzter Zugriff: 27.6.23)
Zachor Legal Institute (2019): The New Antisemites. How the Delegitimization Campaign Against Israel Drives Hatred and Violence in America. https://www.stopantisemitism.org/new-

anti-semites-report (letzter Zugriff: 16.8.23)
ZDF (2023): Berlin direkt. https://www.zdf.de/politik/berlin-direkt/berlin-direkt-vom-12-november-2023-100.html (letzter Zugriff: 17.11.23)
Ziai, Aram (2016): Einleitung: Unsere Farm in Zhengistan. Zur Notwendigkeit postkolonialer Perspektiven in der Politikwissenschaft. In: Ders. (Hg.): Postkoloniale Politikwissenschaft. Theoretische und empirische Zugänge. Bielefeld.
Ders. (2023): Der Streit über postkoloniale Studien – Es geht letztlich um gleiche Rechte für alle Menschen. https://www.fr.de/kultur/gesellschaft/der-streit-ueber-postkoloniale-studien-es-geht-letztlich-um-gleiche-rechte-fuer-alle-menschen-92758868.html (letzter Zugriff: 8.1.24)
Zick, Andreas/Küpper, Beate (2011): Antisemitische Mentalitäten. Berichte über Ergebnisse des Forschungsprojekts Gruppenbezogene Menschenfeindlichkeit in Deutschland und Europa. https://fis-portal.uni-bielefeld.de/vivo/individual/publ_207098 (letzter Zugriff: 8.6.20)
Zima, Peter V. (2016a): Moderne/Postmoderne. Gesellschaft, Philosophie, Literatur. 4., korr. Aufl. Tübingen.
Zimmermann, Michael (1996): Rassenutopie und Genozid. Die nationalsozialistische »Lösung der Zigeunerfrage«. Hamburg.
Ders. (1998): Die nationalsozialistische »Lösung der Zigeunerfrage«. In: U. Herbert (Hg.): Nationalsozialistische Vernichtungspolitik. Neue Forschungen und Kontroversen. 2. Aufl. Frankfurt/M.
Zimmerer, Jürgen (2003): Krieg, KZ und Völkermord in Südwestafrika. Der erste deutsche Genozid. In: Ders./J. Zeller (Hg.): Völkermord in Deutsch-Südwestafrika. Der Kolonialkrieg (1904-1908) in Namibia und seine Folgen. Berlin.
Ders. (2011): Von Windhuk nach Auschwitz. Beiträge zum Verhältnis von Kolonialismus und Holocaust, Münster.
Ders. (2022): »Wer #Kampagne gegen Antirassismus macht…«. https://x.com/JuergenZimmerer/status/1606383820659429397?t=_zLRzxRCdCjM6trmpTG9wQ&s=35 (letzter Zugriff: 30.10.23)
Zizek, Slavoj (2019): There is no conflict between the struggle against antisemitism and the struggle against Israeli occupation. https://www.independent.co.uk/voices/labour-jeremy-corbyn-antisemitism-zionism-israel-slavoj-zizek-a9231006.html (letzter Zugriff: 10.6.20)
Zollmann, Jakob (2007): Polemics and Other Arguments. A Ger-

man Debate Reviewed. In: Journal of Namibian Studies: History, Politics, Culture 1

Ders. (2019): From Windhuk to Auschwitz – old wine in new bottles? Review article. In: W. Hartmann (ed.): Nuanced Considerations. Recent Voices in Namibian-German Colonial History. Windhoek.

Zuckermann, Moshe (2004): Kritische Theorie in Israel. In: Ders. (Hg.): Theodor W. Adorno. Philosoph des beschädigten Lebens. Göttingen.